广西先秦岩洞葬

广西文物考古研究所
南 宁 市 博 物 馆 编著

科 学 出 版 社
北 京

内容简介

本书对广西目前已发现的先秦时期岩洞葬的全部资料进行了综合整理，详细介绍了各岩洞葬的基本情况，并对先秦岩洞葬的分布、分区、葬所和葬制以及文化内涵、特征、年代、分期、族属、起源等做了系统的研究，对先秦岩洞葬文化的源流及发展过程中与周边文化的关系进行了探讨。本书不仅对岩洞葬的起源、发展、年代和族属、岩洞葬文化等方面的探索产生深远的影响，并对广西古代地方史、丧葬文化的研究以及广西新石器时代向青铜时代过渡阶段的文化面貌及先秦文化的发展与演变的探索有着十分重要的意义。

本书资料丰富、内容翔实，可供广大考古学、历史学、民族学者及高等院校相关专业师生参考、阅读。

图书在版编目（CIP）数据

广西先秦岩洞葬/广西文物考古研究所，南宁市博物馆编著. —北京：科学出版社，2007

ISBN 978-7-03-020405-9

Ⅰ. 广… Ⅱ. ①广…②南… Ⅲ. 溶洞－墓葬（考古）－发掘报告－广西－先秦时代 Ⅳ. K878.85

中国版本图书馆CIP数据核字（2007）第172425号

责任编辑：宋小军 / 责任校对：张怡君

责任印制：赵德静 / 封面设计：王 浩

科学出版社 出版

北京东黄城根北街16号

邮政编码:100717

http://www.sciencep.com

中国科学院印刷厂 印刷

科学出版社发行 各地新华书店经销

*

2007年12月第 一 版　开本：787×1092 1/16

2007年12月第一次印刷　印张：15 1/4 插页：50

印数：1—2 100　字数：460 000

定价：168.00元

（如有印装质量问题，我社负责调换〈科印〉）

本书出版得到

国家重点文物保护专项补助经费

资　助

前　言

岩洞葬又称崖洞葬，是以天然洞穴作为葬地来安置死者的一种丧葬形式，是古代南方民族地区一种较为特殊的埋葬习俗，主要分布于广西、贵州两省区的石灰岩地区。

广西是世界上最重要的岩溶区之一，岩溶洞穴众多，这不仅为古人类的生存提供了十分有利的条件，也为岩洞葬的起源、发展、流行提供了良好的自然地理条件。据不完全统计，从20世纪80年代以来，广西已在26个县市共发现了不同时期的岩洞葬138处，主要集中在桂西、桂西南、桂西北和桂中地区的左江、右江、红水河、柳江流域，部分见于桂东、桂东北地区，年代从新石器时代末期一直到明清时期，但大部分年代较晚，约在南朝以后，尤以明清时期居多。在这些岩洞葬中，有一部分年代为先秦时期的岩洞葬，它们随葬品丰富，在埋葬方式上与晚期的岩洞葬有着较大的区别。因此，我们将其从岩洞葬中分离出来进行专门的研究，汇集所有的资料编写成此书。

广西先秦岩洞葬早在20世纪70年代就已发现，由于当时岩洞葬发现很少，对这一特殊葬俗还认识不足，往往将其作为洞穴遗址来对待。80年代以来，广西调查发现了大量的岩洞葬，一些先秦时期的岩洞葬因为不同时期曾多次作为葬地，洞内遗物早晚混杂，加上没有地层关系，在一定程度上影响了对岩洞葬年代的判断，也没能将先秦时期的遗物与后期的分辨出来，而是笼统地将它们的年代定为最晚遗物的年代。90年代中期以后，随着广西考古工作的深入开展，一些新石器时代晚期文化遗址的发现和发掘，为我们认识先秦岩洞葬的年代和文化面貌提供了十分重要的对比资料。加上部分年代明确的先秦时期岩洞葬的陆续发现，特别是21世纪初，武鸣县岜旺、弄山、敢猪等几处岩洞葬的发现和科学发掘，不仅仅是新资料的发现，而且对先秦岩洞葬的年代、分期和文化面貌及特征等相关问题的综合研究带来了可能，本书就是在此基础上所做的初步尝试。

由于广西地区保存并发现的先秦时期的遗址太少，而岩洞葬遗存则分布广、数量多且延续时间长，保存状况也相对较好，因此，对先秦岩洞葬进行深入的研究，将有助于认识和把握广西地区青铜时代的发展脉络及其文化特征，对广西岩洞葬的起源、发展、年代和族属、岩洞葬文化等方面的探索产生深远的影响，并对研究广西新石器时代向青铜时代过渡阶段的文化面貌及陶器的发展与演变有着十分重要的意义。

因岩洞葬的葬地多较隐秘，部分在人迹罕至的悬崖峭壁之上，有的虽在低矮的山腰和山脚，但洞口都用石块封堵，因而很难发现。目前已经发现的这个时期的岩洞葬，绝大部分是当地村民进洞寻宝或在生产中偶然发现。广西境内洞穴数以万计，在这些山洞中还有多少先秦时期的岩洞葬我们现在不得而知，也许发现的只是冰山一角，而且，目前我们还没有很好的方法去探寻其踪影，“藏之幽谷，秘而不识”，古人对岩洞葬的性状早已做了最真实的描绘。因此，我们对先秦时期岩洞葬的文化内涵和面貌的了解还非常有限，鉴于此，本书对广西先秦时期岩洞葬的一些认识也许尚显肤浅，希望能在今后发现更多、更新的材料之后加以补充和完善。我们编写此书的目的，只是希望能提供较为全面的参考资料，供学者们研究，也让社会大众对岩洞葬这一丧葬习俗有更多的了解，以求古代岩洞葬之习俗虽“藏之幽谷”，却“秘而有识”。

目　　录

插图目录

图版目录

第一章　绪　　论

第一节　史地沿革简况

广西位于我国南部，地处东经104°28′～112°03′，北纬20°54′～26°23′。东、北、西三面分别与广东省、湖南省、贵州省和云南省接壤，西南与越南相连，南临南海北部湾。面积23万多平方公里，总人口4830万。

先秦时期，广西属百越（粤）地，秦代属桂林郡和象郡。汉属交州、荆州、益州。三国吴属广州、荆州、益州和交州北部。晋属广州、荆州和益州小部。南朝宋、齐、梁、陈属广州、湘州和越州、交州北部。隋属扬州、荆州。唐属岭南道。五代先属楚后属南汉。宋代属广南西路和湖南路的全州及广南东路的贺州。元代先属湖广行中书省，后分设广西行中书省。明代为广西布政使司。清和“民国”为广西省。建国初仍设广西省，1958年成立广西壮族自治区。

广西地处云贵高原东南边缘，地形复杂，地势自西北向东南倾斜。四周多山，呈一个不完整的盆地状。山系主要分盆地边缘山脉和盆地内部山脉两类。边缘山脉在桂北以凤凰山、九万大山、八十里大南山和天平山等为骨架；桂东北主要有猫儿山、越城岭、海洋山、都庞岭和萌渚岭等平行排列；桂东南有云开大山；桂南有大容山、六万大山、十万大山等；桂西多为岩溶山地；桂西北有金钟山、青龙山等。内部山脉东翼为东北至西南走向的驾桥岭、大瑶山和莲花山，西翼为西北至东南走向的都阳山和大明山，东西两翼在镇龙山会合，构成完整的弧形。境内河流众多，分内流和独流入海两种。内流河大部分属珠江水系，有左江、右江、郁江、浔江、黔江、柳江、红水河、桂江、贺江等主要支流。桂东北局部属长江水系，支流主要有湘江和资江。独流入海的河流主要在南部，主要支流有南流江、钦江、北仑河等。气候属亚热带季风气候，年平均气温16℃～22℃，年降水量1200～1800毫米。

第二节　岩溶地貌特征及分布

广西是世界上最重要的岩溶区之一。岩溶分布十分广泛，从桂西、桂北边缘的高原山地到桂东、桂南的丘陵平原，从陆地到海洋均有岩溶分布，面积达9.87万平方公里，占广西总面积的41.75%。由于广西境内碳酸盐岩分布面广、厚度大、质地纯、组合类型复杂多样和气候湿热等自然地理和地质环境，为岩溶地貌的形成和演化提供了无比优越的条件。广西岩溶类型多种多样，是世界上热带亚热带岩溶发育最完美的地区。广西岩溶地貌发育，类型齐全，形态多样，分布普遍。岩溶山地、丘陵、平原及礁岛在不同地区有不同程度的表现。广西岩溶地貌主要表现为成因不同的三大系列：一是由纯碳酸盐发育形成的全岩溶地貌；二是由不纯碳酸盐岩发育形成的半岩溶地貌；三是由生物（珊瑚）礁发育形成的生物（礁）岩溶地貌。三类岩溶地貌被划分为七种类型：峰丛洼地、峰林平原、丘陵谷地、丛丘谷地、缓丘台地、缓丘平原及珊瑚礁。全岩溶（岩溶峰林地貌）和半岩溶地貌皆发育完美，特别是全岩溶地貌发育最好，分布最广，其分布面积为62760.73平方公里，占广西岩溶地貌总面积的63.1%，是全球岩溶峰林地貌的最典型代表。广西是我国岩溶峰林地貌（峰丛洼地和峰林平原）最发育而又最典型的地区，岩溶峰林地貌分布面积约占全国的60%。而岩溶峰林地貌中又以峰丛洼地最为发育，其分布面积约为峰林平原的3.8倍。峰林平原由峰林、孤峰与岩溶平原组合而成。地面上耸立着拔地而起、相互离立、疏密不一、形态各异及坡度陡峭的石峰，石峰边坡角普遍大于45°，相对高度一般不超过200米，并以100米以内的为多。峰体大多岩溶洞穴化，横向型洞穴极其发育，脚洞、岩溶泉、潭等甚为普遍，主要分布在广西中部、西南部及东北部。峰丛洼地由众多高低错落的联座尖峭（锥状）山峰与其间形态各异的多边形封闭洼地组成的山地，主要集中分布在中西部和西南部。

广西岩溶地貌有明显的区域分异，可被分为10个岩溶地貌区和2个岩溶地貌亚区：Ⅰ区，桂北中山地丘陵谷地区；Ⅱ区，桂西北高原斜坡峰丛洼地及丘陵谷地区；Ⅲ区，桂东北山间盆地谷地峰丛洼地及峰林平原区；Ⅳ区，桂中盆地峰丛洼地及峰林平原区（包括两个亚区：中、西、北部峰丛洼地亚区和东、南部峰林平原及缓丘平原亚区）；Ⅴ区，桂西中低山地峰丛洼地区；Ⅵ区，西江谷地峰林平原及缓丘平原区；Ⅶ区，桂西南中低山地峰丛洼地区；Ⅷ区，桂东南断陷盆地谷地缓丘平原；Ⅸ区，桂南低山丘陵地丘陵谷地及丛丘谷地区；Ⅹ区，北部湾海域珊瑚礁区①（图一）。

广西岩溶洞穴众多，区域分布上遍布整个岩溶区。北自全州、南丹，南至陆川、宁明，东起贺州，西达那坡、西林，皆有洞穴分布。仅在桂林附近350平方公里范围内，已知洞穴数就已超过600个。按照广西洞穴发育密度每平方公里0.8～1个计算，广西6万多平方公里的岩溶峰林地貌分布区中至少有洞穴6万个。由于洞穴的发育受制于气候、地质、地貌等多种因素，所以其分布也有一定的规律。虽然洞穴在各种岩溶地貌类型区都有分布，但类型、数量、形态、规模有所差异，峰林地貌（峰丛洼地和峰林平

① 广西壮族自治区地方志编纂委员会：《广西通志·岩溶志》，广西人民出版社，2000年。

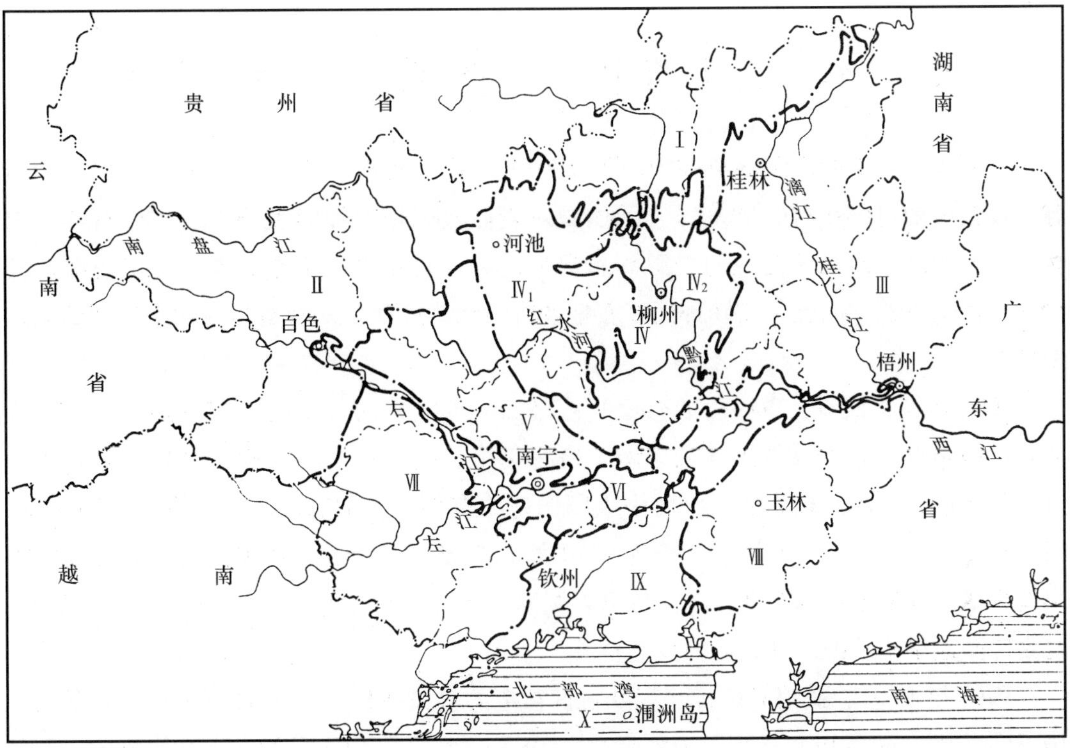

图一 广西岩溶地貌分区示意图

Ⅰ. 桂北中山山地岩溶地貌区 Ⅱ. 桂西北高原斜坡岩溶地貌区 Ⅲ. 桂东北山间盆地谷地岩溶地貌区 Ⅳ. 桂中盆地岩溶地貌区 $Ⅳ_1$ 中、西、北部峰丛洼地貌区 $Ⅳ_2$ 东、南部峰林平原、缓丘平原及丛丘谷地貌区 Ⅴ. 桂西中低山地岩溶地貌区 Ⅵ. 西江谷地岩溶地貌区 Ⅶ. 桂西南低中山地岩溶地貌区 Ⅷ. 桂东南断陷盆地谷地岩溶地貌区 Ⅸ. 桂南低山丘陵地岩溶地貌区 Ⅹ. 北部湾海域岩溶地貌区

原）区域中的洞穴数量最多、规模最大①。

广西众多的岩溶洞穴为古人类的生存和遗体的保存提供了十分有利的条件。一方面，洞穴冬暖夏凉，既可以遮风避雨又可以抵御猛兽的袭击，是早期人类最理想的居住地。另一方面，洞穴又是人类死后很好的灵魂安息之处。因此，广西的岩溶洞穴中有相当部分留下人类活动的痕迹。大约从旧石器时代晚期开始就有人类在广西的山洞中居住生活且死后也埋葬于洞内，广西现已发现旧石器时代晚期到新石器时代末期的洞穴遗址近百处，较著名的有柳江县通天岩、柳州白莲洞、桂林甑皮岩、那坡感驮岩等。大约从新石器时代末段开始，人们就以天然的岩溶洞穴作为专门的葬地来安置死者，这一丧葬习俗一直延续到明清时期，在现代的一些少数民族地区至今还保留着这种习俗。据不完全统计，广西到目前为止，已发现岩洞葬138处②。

① 广西壮族自治区地方志编纂委员会：《广西通志·岩溶志》，广西人民出版社，2000年。
② 广西壮族自治区文物工作队：《广西先秦崖洞葬综述》，《广西考古文集》，文物出版社，2004年。

第三节　先秦岩洞葬的发现、分布与研究

广西先秦时期的岩洞葬早在20世纪70年代就已发现。1973年，大新县榄圩乡新球村逐标屯的村民在村旁歌寿山一天然石灰岩洞穴内挖岩泥时发现有陶器、石器等遗物，由于当时广西地区发现的岩洞葬非常少，对岩洞葬这一特殊的埋葬习俗还知之甚少，认识也不够，因此，文物部门在实地调查后认为此处是一新石器时代中晚期的洞穴遗址①。

1985年冬，武鸣县覃内村的村民到岜马山一处洞穴内寻宝时发现有陶器、石器等遗物。1986年，广西文物工作队、南宁市博物馆、武鸣县文物管理所等单位对岩洞葬进行了清理，现场清理和从村民手中收回的遗物有陶釜、陶罐、陶壶、陶杯、陶纺轮、石戈、石凿、石刻刀、石锛、玉镯等约20件。调查整理后认为其年代约为商代或西周早期到西周晚期至春秋时期②。岜马山岩洞葬是当时广西发现年代最早的一处岩洞葬，也是广西最早确认的一处先秦时期岩洞葬。

1986年11月，武鸣县两江乡三联村伏帮屯的村民在村后独山的一处岩洞内发现有10余件铜器、陶器和玉石器等文化遗物。1987年5月，武鸣县文物管理所会同广西文物工作队、南宁市文物管理委员会对岩洞进行了实地调查，证实其为一处战国时期的岩洞葬③。

1989年12月，忻城县红渡镇矮山村村民在其村旁红水河对岸悬崖峭壁上的一处岩洞内寻宝时，发现洞内有人骨和陶器、石器、铜器、瓷器、海贝等遗物，并将大部分物品取出。1990年12月，广西文物工作队、忻城县土司衙门博物馆对洞内进行了实地考察，在洞内发现石器、海贝、骨器、小饰片等遗物，当时认为其是一处西晋时期的岩洞葬④。

1989年，来宾县（今来宾市兴宾区）溯社乡古梧村村民罗光生在古旺村附近的古旺山一岩洞中发现有青铜器、石器、陶片等遗物，县文物管理所在接到报告后对岩洞进行了调查，证实其为一处西周至春秋时期的岩洞葬⑤。

1991～1992年，广西文物工作队在大化县北景乡百达村红水河岸腊岜山的两处岩

① 蒋廷瑜：《广西新石器时代考古述略》，《中国考古学会第三次年会论文集》，文物出版社，1984年。

② 广西壮族自治区文物工作队、南宁市文物管理委员会、武鸣县文物管理所：《广西武鸣岜马山岩洞葬清理简报》，《文物》1988年第12期。

③ 武鸣县文物管理所：《武鸣独山岩洞葬调查简报》，《文物》1988年第12期。

④ 郑超雄：《忻城红渡西晋岩洞葬》，《中国考古学年鉴》（1991年），文物出版社，1992年。

⑤ 杨向东：《广西来宾古旺山岩洞葬调查简报》，《广西文物》1991年第2期。

洞葬（1、2号洞）内发现有人骨、石器、骨器、陶片及棺木等遗物，由于洞内被扰乱严重，年代难以判断。后来经与其他岩洞葬对比，认为该岩洞葬至少有两个时期的遗物，早期的年代为商周时期①。

1991年7月，贺县（今贺州市八步区）沙田镇龙中村村民在红朱岩山西南麓半山坡上的一处岩洞内追捕一只狐狸时，在洞内发现有青铜器。随后，贺县博物馆在接到报告后，即派人前往调查并进行了清理。该洞共出土铜器、陶瓷器和海贝等33件，是一处战国时期的岩洞葬②。

1991年9月，灵川县海洋乡水头村一位村民在村西北约500米的牯牛山一处天然洞穴内发现并挖出一批青铜器，后经文物部门确认为一处战国时期的岩洞葬③。

1998年，宜州市矮山乡六桥村坪上屯村民在村东北约400米的凤凰山山麓的一处岩洞内发现有少量的陶片、较多的石器和人骨等，后经当地文物部门调查确证为一处岩洞葬，年代为商周时期。

1998年初，灵川县文物管理所在灵川县潮田乡一带进行洞穴遗址调查时，发现富足村的几位村民在该村后龙山半山腰的一处岩洞内挖掘出一批青铜器，经调查为一处战国时期的岩洞葬④。

1999年，宜州市祥贝乡古龙村下地良屯村民覃安庭在村西南鹞鹰山上的一处岩洞内寻宝时，发现有陶片、石器、玉器、骨器和海贝等物品，当地文物部门在接到报告后，实地调查证实为一处先秦时期的岩洞葬。

2000年10月，武鸣县两江镇英俊村岜旺屯村民在其村后的一处山洞内寻宝时发现有人骨和陶器。南宁市博物馆接到报告后，立即派专业人员前往进行实地调查，调查证实为一处古代的岩洞葬。2001年2～3月，南宁市博物馆会同广西壮族自治区文物工作队、武鸣县文物管理所对该处岩洞葬进行了发掘。2003年5月，武鸣县仙湖镇邓吉村村民在雷兰屯东约400米的弄山山脚开山炸石时炸出一个岩洞，并在洞内发现有陶器、石器和蚌器等遗物。2003年6～7月，广西壮族自治区文物工作队、南宁市博物馆、武鸣县文物管理所等单位对岩洞葬进行了清理。这两处岩洞葬共发掘出陶器、石器、玉器等100余件，两者所出的遗物基本相同，年代约为新石器时代晚期末段⑤。

2006年8月，广西文物考古研究所等单位在对武鸣县马头乡那堤村敢猪山一处天

① 广西壮族自治区文物工作队：《广西先秦崖洞葬综述》，《广西考古文集》，文物出版社，2004年。

② 贺县博物馆：《广西贺县龙中岩洞墓清理简报》，《考古》1993年第4期。

③ 灵川县文物管理所：《灵川岩洞出土的青铜器》，《文物》2003年第4期。

④ 同③。

⑤ 广西壮族自治区文物工作队、南宁市博物馆、武鸣县文物管理所：《广西武鸣县岜旺、弄山岩洞葬发掘报告》，《广西考古文集》（第二辑），科学出版社，2006年。

然洞穴进行调查时发现较多的陶片，根据出土的陶片确证其为一处岩洞葬后随即进行了发掘，发现较多的人骨和陶器、石器、玉器、骨器等遗物，年代约为商代晚期或西周早期。该洞1974年曾发现1件商代铜戈①，文物部门也曾对此洞进行过实地调查，因受制于当时的认识水平，没能认识到这是一处先秦时期的岩洞葬。

2006年下半年，龙州县逐卜乡三叉村谷更屯的村民梁永忠等5人到村前的更洒山上寻蛇时，在山上的一个洞穴中发现有陶器、石器等文化遗物。龙州县博物馆接到报告后，派人到实地查看，证实是一处古代岩洞葬。2007年3月，广西文物考古研究所会同龙州县博物馆到实地进行调查并对该洞进行了清理，从出土遗物看，年代约为商代前期。

迄今为止，广西发现并经调查的先秦时期的岩洞葬有18处。此外，在武鸣、忻城、来宾、宜州、南丹等地还零星发现部分先秦时期的岩洞葬，但都没有进行深入的调查，详情不清。

从广西目前发现的先秦岩洞葬来看，主要分布在广西西南部的左江、右江流域，中北部的红水河流域、柳江支流龙江流域和东北部的湘江、漓江、贺江流域（图二），以西南部的左右江流域数量最多，保存也最好。对照广西岩溶地貌分区图，广西先秦岩洞葬主要分布在Ⅲ、Ⅳ1、Ⅴ、Ⅶ四个区，即桂东北山间盆地谷地峰丛洼地及峰林平原区；桂中盆地中、西、北部峰丛洼地亚区；桂西中低山地峰丛洼地区；桂西南中低山地峰丛洼地区。从中可以看出，广西先秦岩洞葬所在地均为岩溶地貌中较典型的峰丛洼地区，尤以海拔高度200～900米、相对高度100～810米的低峰丛洼地区为主。这从各岩洞葬所在地周围的小环境也可以看到，特别是桂西南区的岩洞葬，其四周为众多高低错落的联座尖峭（锥状）山峰，山间是面积狭小且封闭、相对独立的溶蚀洼地。

由于广西先秦岩洞葬发现少，认识晚，而且大部分是群众进洞寻宝时所发现，洞内多被扰乱，加上自然的破坏，资料均不完整，除随葬品外，其余与墓葬有关的信息大多已很难收集。因此，相对于南朝以后的岩洞葬，先秦岩洞葬的调查发掘报告及对相关问题的研究就少得多。在已发现的18处先秦岩洞葬中，已发表的报告有：《广西武鸣岜马山岩洞葬清理简报》、《武鸣独山岩洞葬调查简报》、《广西贺县龙中岩洞墓清理简报》、《广西来宾古旺山岩洞葬调查简报》、《广西武鸣县岜旺、弄山岩洞葬发掘报告》等。零星介绍的文章有：《灵川岩洞出土的青铜器》、《忻城红渡西晋岩洞葬》等。研究性的文章有：黄云忠1988年在《广西民族研究》第2期上发表的《武鸣岩洞葬的发现与研究——兼论广西岩洞葬的起源及其族属》；彭长林在《广西

① 广西壮族自治区博物馆：《近年来广西出土的先秦青铜器》，《考古》1984年第9期。

民族研究》2001 第 4 期上发表的《广西早期岩洞葬初探》；彭书琳、彭长林等在《广西考古文集》上发表的《广西先秦崖洞葬综述》；彭书琳 2004 年在《广西博物馆文集》（第一辑）上发表的《广西崖洞葬的青铜器》，李珍、杨轲 2006 年在《华南及东南亚地区史前考古——纪念甑皮岩遗址发掘 30 周年国际学术研讨会论文集》上发表的《广西武鸣弄山、岜旺岩洞葬的发掘与研究——兼论广西早期岩洞葬的有关问题》等。

第四节 资料整理和报告编写

2006 年 9 月，广西文物考古研究所和南宁市博物馆决定合作编写《广西先秦岩洞葬》一书，具体由李珍和黄云忠两位同志负责。由于田野考古工作任务繁重，资料的整理和报告的编写工作从 2007 年 1 月底才正式开始。而且墓中出土的大部分遗物均分散于各地的文物部门，收集资料的过程又花费了很多的时间。

本书共收录 18 处进行过详细调查或发掘的先秦岩洞葬和 6 处零星发现有先秦时期遗物的岩洞葬。为保持各岩洞葬资料的完整性，便于读者对各岩洞葬状况的了解，我们在报告中大致按年代的早晚关系对每一处岩洞葬单独进行分节描述，并把每处墓葬的基本材料用线图和照片加以介绍。由于大多数墓葬没有进行过考古发掘，随葬器物也多被当地村民取出，保管在各地文物部门中的遗物多与馆藏文物统一编号，为叙述方便，我们对各岩洞葬出土的器物重新进行了编号。由于墓葬资料分散，各人的认识不一，墓葬中随葬品的名称、分型分式也多不一致，为保证报告的统一性，我们将所有的器物重新进行了统一命名和分型；资料已发表的，我们力求在原报告的基础上，进行最小限度的改动。

报告编写期间，在龙州县逐卜乡三叉村谷更屯新发现一处先秦时期的岩洞葬，2007 年 3 月，广西文物考古研究所等对此岩洞葬进行了调查和清理。为使本书的内容更加丰富，我们请韦江、何安益两位同志将调查清理资料整理后纳入本书之中。2006 年 8 月我们在武鸣县马头镇那堤村敢猪岩发现并清理的岩洞葬资料也一并编入此书。

本报告的资料整理和编写工作具体分工如下：

岜马山、独山岩洞葬的整理和报告编写由黄云忠负责。

岜旺、弄山、敢猪岩洞葬的资料整理由李珍、黄强、韦志贞、黄云忠、刘康体负责，报告由李珍完成。

更洒岩洞葬的资料整理和报告编写由韦江、何安益负责。

龙中岩洞葬由于某种原因，我们没有机会对出土的遗物重新进行观察，因此，只能将已发表的报告全部纳入，并略作修改。

其余岩洞葬在零星发表的材料基础上，由李珍整理完成。

器物拍摄由王梦祥负责。器物修复和线图的绘制由蒋新荣负责。

图版、插图、表格的编排制作和审定工作由黄云忠负责。

广西文物考古研究所彭书琳研究员负责对出土的人骨进行鉴定。

广西地质矿产局邝国敦先生对敢猪岩洞葬的部分玉石器做矿物学和岩石学鉴定。

最后由李珍、黄云忠负责资料的综合整理，并由李珍统稿完成全书。

第二章　先秦岩洞葬综述

第一节　岜旺岩洞葬

一、岩洞葬概况

岜旺岩洞葬位于武鸣县两江镇英俊村岜旺屯东约20米，岜旺山西南山脚的一个天然岩洞内。2000年10月，武鸣县两江镇英俊村岜旺屯村民在其村后的一处山洞内寻宝时发现有人骨和陶器。因洞口封闭不严，在秋冬季节，由于内外温差、干湿的不同，洞内就会往外冒雾气。洞口前原葬有一墓，将洞口全部挡住，而且洞口又用石块封堵，发现前根本看不见洞口，因此村民以为气是从墓内发出，认为墓内可能埋有宝藏，遂组织去挖宝，挖时发现洞口，将封堵洞口的石块取出后进入洞内发现人骨和陶器。南宁市博物馆接到报告后，即派专业人员前往进行实地调查，调查证实为一处古代的岩洞葬。为进一步了解岩洞葬的文化面貌和文化内涵，南宁市博物馆会同广西壮族自治区文物工作队、武鸣县文物管理所，于2001年2～3月，对该处岩洞葬进行了发掘。

岜旺山（又称横山）为一座东北西南向呈半月形的石山，长约1400、宽约700米，海拔高度418米，相对高约220米；山的东北不远处为大明山，南部有一小溪从东往西流，周围为宽阔的田地。该地地貌属小型的岩溶峰从平原。岩洞葬即位于山的西南侧，洞口高出地面约6米，圆形，径长0.8米；洞口原用一块大石封堵，后被村民移开（图版一）。从洞口垂直往下约6米，便可到达洞室。洞室略呈不规则长方形，长约20米，宽约10米，面积约200平方米。洞的西南有一支洞，进去不远即为与地下河相通的水潭，长度不清。洞内空间低矮，大多需蹲伏行走，只有西北部较为宽敞，最高约3.5米。洞内地面较平，地势自洞口向里逐渐倾斜。发现时在洞内地表可见少量的陶片和较完整的陶器，后由于村民的挖掘而遭轻微破坏（图三）。

由于洞室内空间狭窄，只能有选择的进行布方发掘，分别在洞室的东北和中部布5个大小不一的探方，后因需要只保留T1、T2两个探方。从发掘情况来看，在洞的西北、东北和西南的水洞口处发现较多的人骨和陶器、石器等遗物，以东北部的T1处最为集中（图四；图版二）。但人骨和陶器较为分散，分散的陶器大部分靠近洞壁处，产生这种现象的原因可能是地下河水上涨所致，水退后，少数陶器被搁置在高出洞底的石

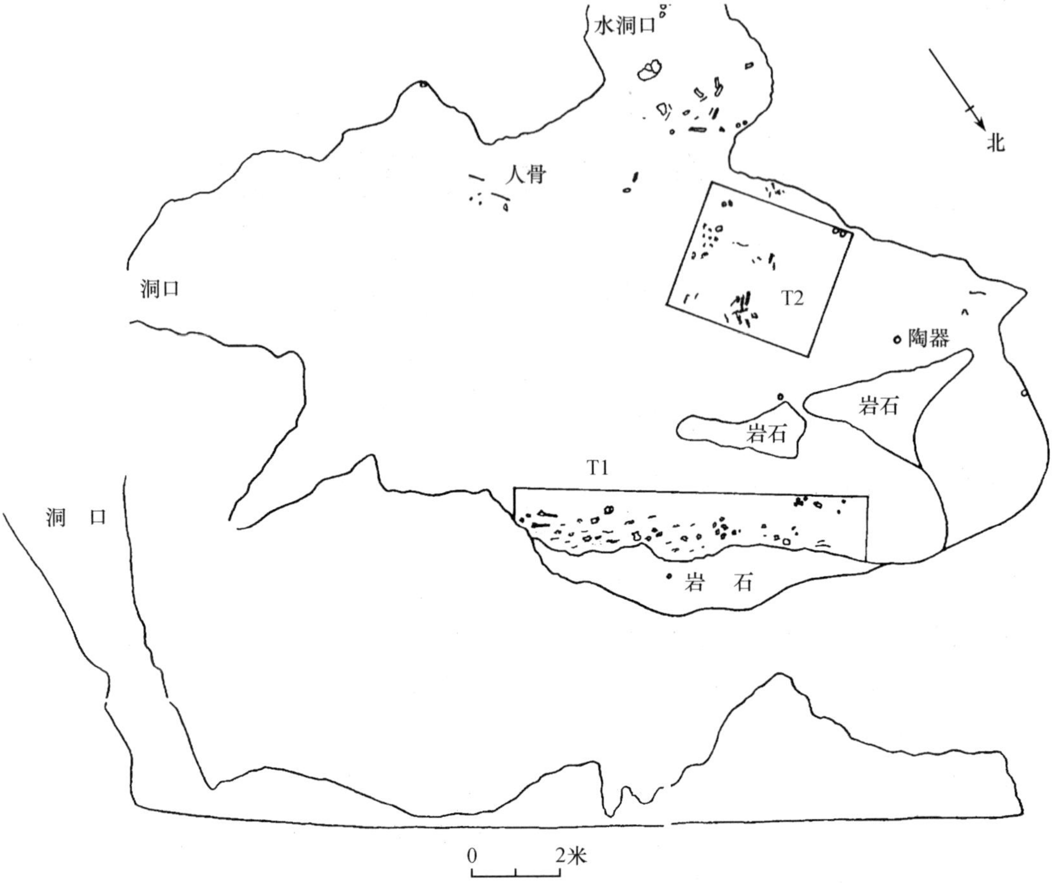

图三　岜旺岩洞葬平、剖面图

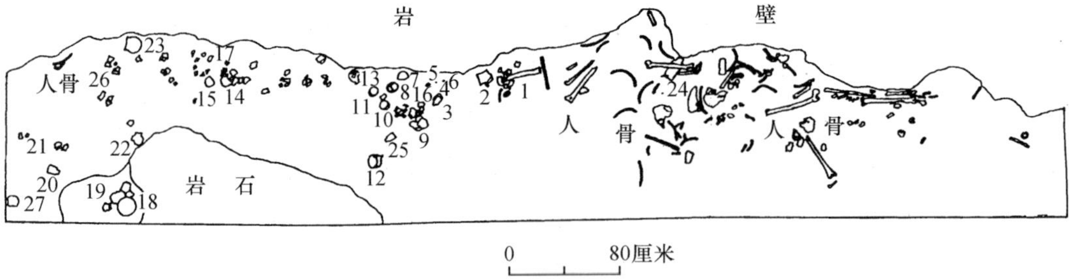

图四　岜旺岩洞葬T1器物分布图

1、2、13、14、18、26、27. 陶釜　3. 石斧　4、20、24、25. 石锛　5、6. 玉坠饰　7、8、10、11、15. 陶杯　9、12、17、19、21. 陶三足釜　16. 玉玦　22. 陶钵　23. 陶三足罐

缝处，现已被钙化板胶结而无法取出，大部分随葬品和人骨被厚约40厘米的泥土所覆盖。洞内没有发现墓坑和葬具，人骨残缺不全且散布于洞内各处，葬式不清。从随葬品和人骨所处的位置分析，死者主要置于洞室的东北部（T1的东南）和中部宽敞处。所采集的人骨经鉴定约有12个个体，6男5女，年龄以中老年居多（见附录五）。

二、随 葬 器 物

该岩洞葬内发现较完整的随葬器物有30余件，种类有陶器、石器和玉器，以陶器为主。

1. 陶器

以夹细砂的红褐、灰褐陶为主，少量泥质陶；纹饰主要是交错细绳纹，部分在绳纹上再施多线刻划纹，少量彩绘宽带纹。器形主要有釜、杯、钵和三足器等，以釜为主。因地下水的作用，经长时间的漂移、碰撞，大部分陶器已经破碎，因此，发现的多为陶片，完整的器物很少，修复后较完整的陶器有27件，器形有釜、罐、杯、钵等，主要为釜、罐类。以圜底器为主，部分三足器。

釜　15件。分属A、B二型（所有器物均统一分型，釜共分三型，岜旺岩洞葬有A、B二型，后同）。

A型　8件。有Aa、Ab、Ad三亚型。

Aa型　3件。敞口，尖唇，高直领，圆鼓腹，圜底略尖，颈、肩相交处微折。通体饰交错细绳纹，底部纹饰较乱，领部绳纹有的已被抹平，但隐约可见有的在绳纹之上再饰多线刻划纹。WBT2∶01，夹细砂红褐陶，器底和腹部有烟炱痕，腹部在绳纹上再刻划五或六线组合的刻划纹，线略呈弧形，四组多线刻划纹两两相对构成三个相同的花纹单位。高14.8、口径10、腹径14.2厘米（图五，1；图版三，3）。WB采∶02，夹细砂红褐陶，器底和腹部有烟炱痕，领部纹饰已基本被抹平。高13.2、口径9.1、腹径12.9厘米（图五，2；图版三，2）。WBT1∶13，夹细砂红陶，通体饰细绳纹，领部纹饰已基本被抹平。高10.4、口径7.8、腹径10.4厘米（图五，4；图版三，1）。

Ab型　3件。夹细砂灰褐陶，敞口，短直领，圆鼓腹呈球形，圜底略尖，最大径在腹中部。器身通体饰细绳纹，部分交错，领部绳纹多被抹平，有的在绳纹之上再饰多线刻划纹。器底和腹部有烟炱痕。WBT2∶06，高13.6、口径8.6、腹径14.3厘米（图五，5；图版三，4）。WB采∶01，高11.6、口径7.9、腹径12.5厘米（图五，6）。WBT1∶30，腹部略扁圆鼓，器体矮胖，肩、腹部在绳纹上再饰连续的弧形多线刻划纹。高11.8、口径8.1、腹径13.4厘米（图五，3；图版三，5）。

Ad型　2件。夹细砂红褐陶，敞口，尖唇，短直领，斜肩，扁鼓腹下坠，圜底近平；肩部有一对用泥条黏贴而成的耳。器表通体饰交错细绳纹，有的绳纹上再饰多线刻划纹。WBT1∶29，肩、腹部在绳纹上再饰四组四线斜直线刻划纹。高11.6、口径8.6、腹径13.4厘米（图六，1；图版三，6）。

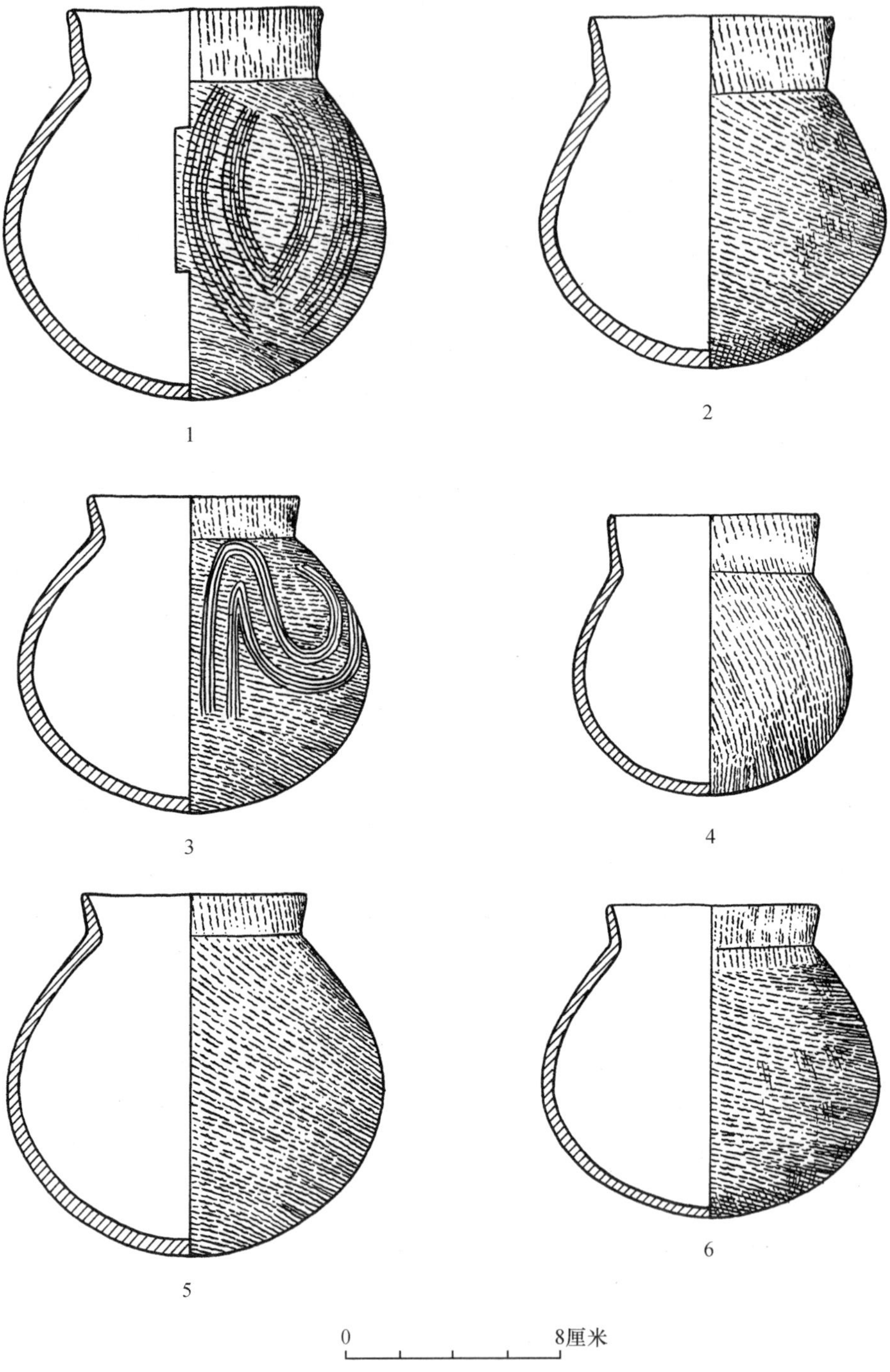

图五　邑旺岩洞葬A型陶釜

1、2、4. Aa型釜（WBT2:01、WB采:02、WBT1:13）　3、5、6. Ab型釜（WBT1:30、WB采:01、WBT2:06）

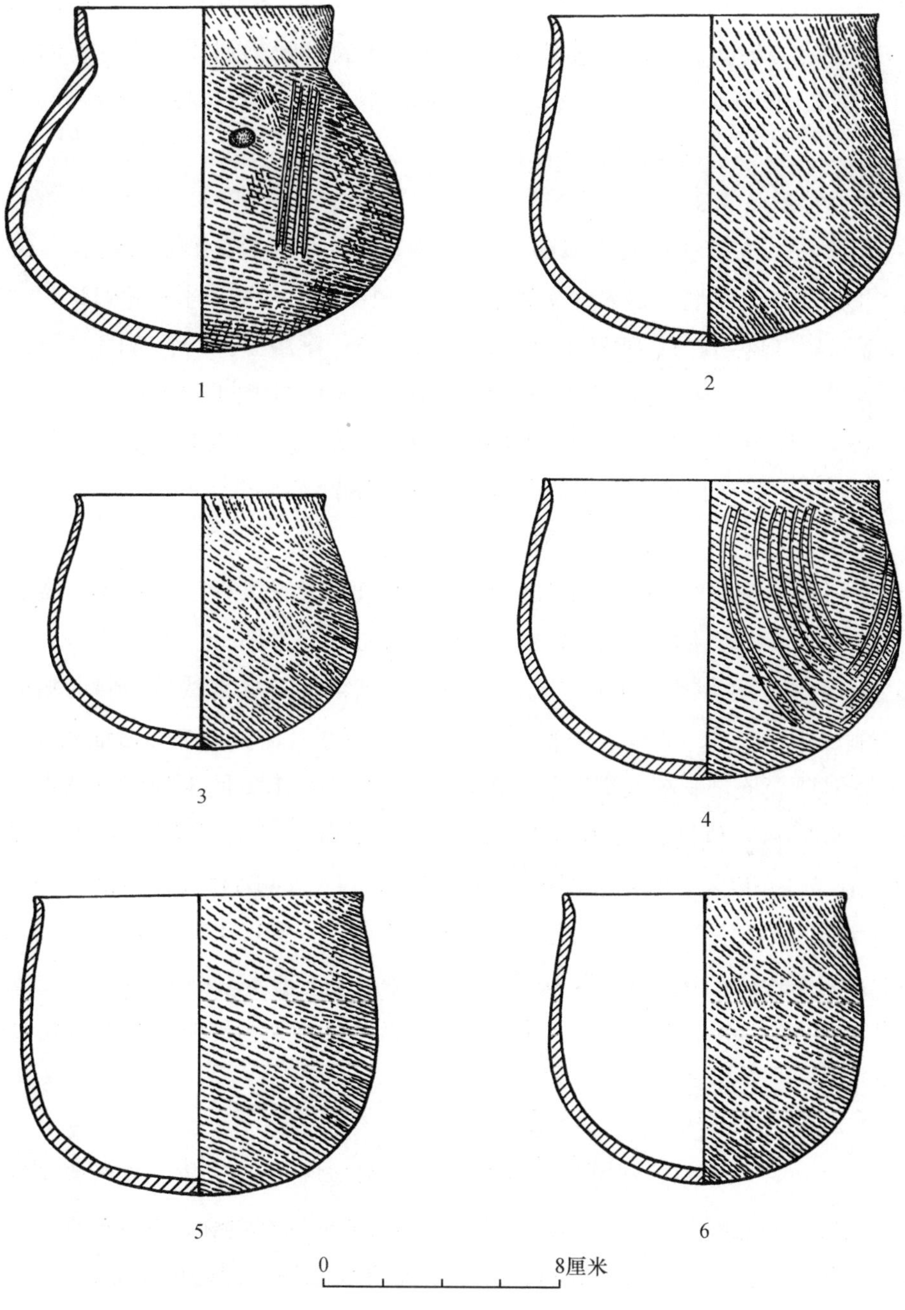

图六　岜旺岩洞葬 A、B 型陶釜

1. Ad 型釜（WBT1∶29）　2～4. Ba 型釜（WBT1∶02、WBT1∶31、WBT1∶18）　5、6. Bb 型釜（WBT1∶14、WBT1∶28）

B 型　7 件。有 Ba、Bb 二亚型。

Ba 型　3 件。大敞口，尖唇，沿微外翻，无领，弧腹，最大径在下腹部，圜底；器表通体饰细绳纹，部分交错，有的在绳纹之上再饰多线刻划纹，颈部纹饰多被抹平。

WBT1∶02，夹细砂红褐陶。高 11.5、口径 11.2、腹径 12.6 厘米（图六，2；图版四，2）。WBT1∶31，夹细砂灰褐陶，腹部绳纹上有很浅的多线刻划纹，现已模糊不清。高 8.6、口径 8.4、腹径 10.4 厘米（图六，3；图版四，1）。WBT1∶18，夹细砂灰黑陶，腹部绳纹之上饰三组两两相对的多线弧形刻划纹。高 10.2、口径 11.4、腹径 13.1 厘米（图六，4；图版四，4）。

Bb 型　2 件。夹砂红褐或灰褐陶，有的器底和腹部有烟炱痕。微敞口，尖唇，上腹近直，下腹微鼓，圜底；器表饰交错细绳纹，颈部纹饰多被抹平。WBT1∶14，夹细砂灰褐陶。高 11、口径 11.1、腹径 12 厘米（图六，5；图版四，3）。WBT1∶28，夹细砂红褐陶。高 9.8、口径 9.6、腹径 10.6 厘米（图六，6；图版四，5）。

钵　1 件。属 D 型。WBT1∶22，夹细砂红褐陶，微敛口，深腹，圜底。器表通体饰细绳纹。高 7.4、口径 8 厘米（图七，2；图版四，6）。

杯　5 件。均为 A 型，有 Aa、Ab 二亚型。

Aa 型　1 件。WBT1∶15，夹细砂红褐陶，敞口，尖唇，直腹，圜底，器表通饰交错细绳纹。高 5.6、口径 6.6、腹径 6.7 厘米（图七，1；图版五，5）。

Ab 型　4 件。均为泥质红或红褐陶，泥土不纯，含少量自然砂。器形相同、大小相近，烧制的火候较高。直口，平唇，直腹，圜底近平。器表通饰交错细绳纹，在绳纹之上从口沿往下至底部彩绘八道红色、蓝色相间，宽 1～1.2 厘米的竖直宽带纹，最后相交于底部正中的位置；有的在口沿下彩绘一圈红色宽带纹，唇上均施红彩。WBT1∶07，高 5.1、口径 7 厘米（图七，3；图版五，1）。WBT1∶10，口沿下饰一周宽带彩绘。高 5.3、口径 7.2 厘米（图七，4；图版五，2）。WBT1∶11，高 4.9、口径 6.6 厘米（图七，5；图版五，4）。WBT1∶08，高 5.1、口径 6.8 厘米（图七，6；图版五，3）。

三足器　7 件。分别为三足釜、罐。足均较矮小外撇，与器身分制然后黏接而成。

三足釜　6 件。分属 A、B 二型。

A 型　4 件。有 Aa、Ab、Ae 三亚型。

Aa 型　2 件。均夹细砂红褐陶，器身形状与 Aa 型釜相近。直口微敞，圆唇，直领较高，圆鼓腹，圜底附三锥状足，有的已残。器身通体饰细绳纹，领部的绳纹多已被抹平，腹部绳纹之上再饰刻划纹。WBT1∶17 的领部和腹部还饰深蓝色宽带彩绘。2 件器物形制相同，只是器体大小不一。WBT1∶09，足残，底部有三足的接痕。器身先饰细绳纹，然后再刻划三组四线反“∽”形曲线纹。残高 10、口径 7.3、腹径 10.2 厘米（图八，3；图版六，2）。WBT1∶17，通高 11.6、足高 2.1、口径 6.5、腹径 9.6 厘米（图八，4；图版六，1）。

Ab 型　1 件。WBT2∶02，夹细砂红褐陶，器身形状与 Ab 型釜相近。微敞口，圆唇，直领，颈部平滑，斜肩，圆鼓腹微扁，圜底附三乳足，足身粗矮，肩部用泥土附加

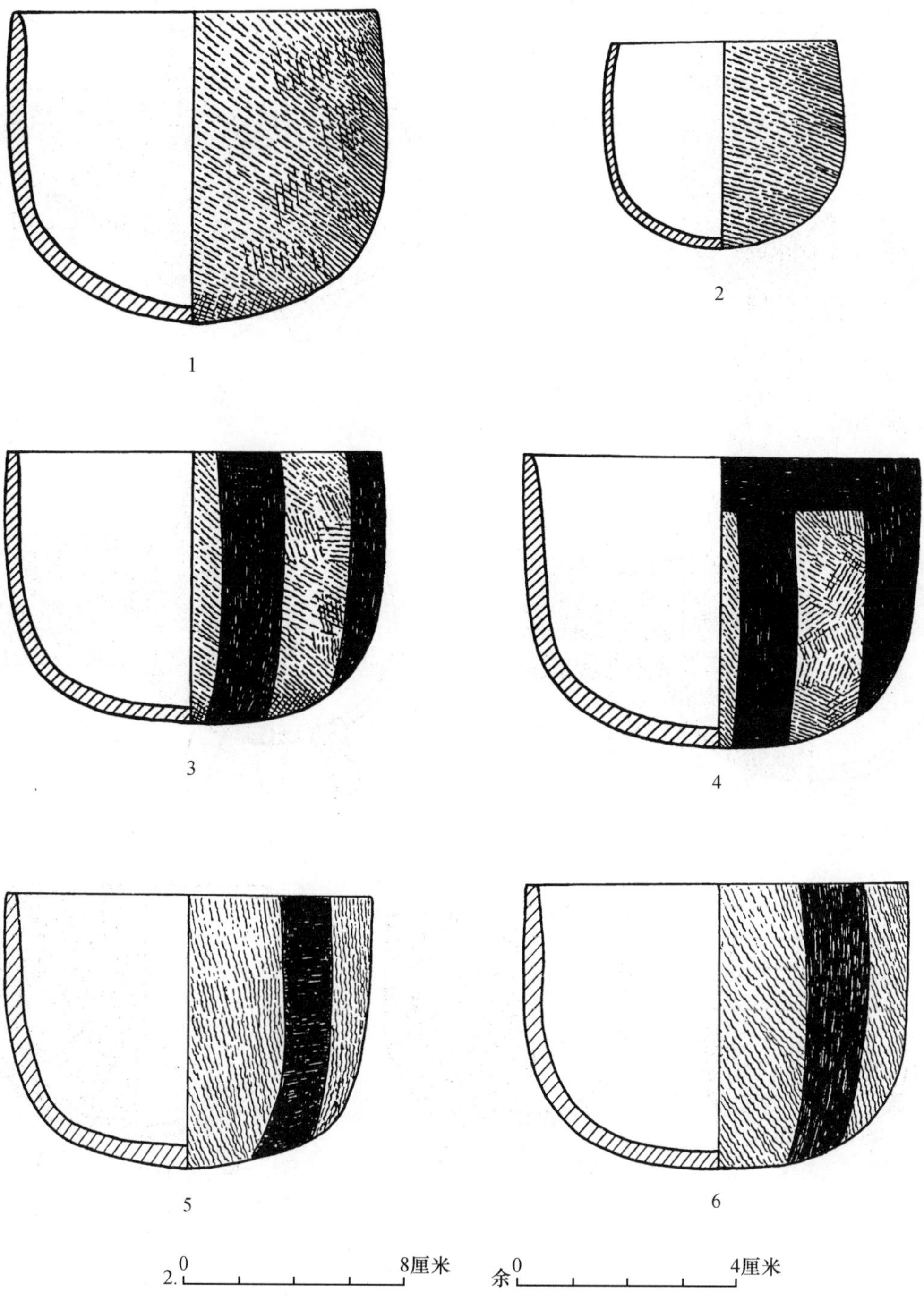

图七　岜旺岩洞葬陶钵、陶杯

1. Aa 型杯（WBT1∶15）　2. D 型钵（WBT1∶22）　3～6. Ab 型杯（WBT1∶07、WBT1∶10、WBT1∶11、WBT1∶08）

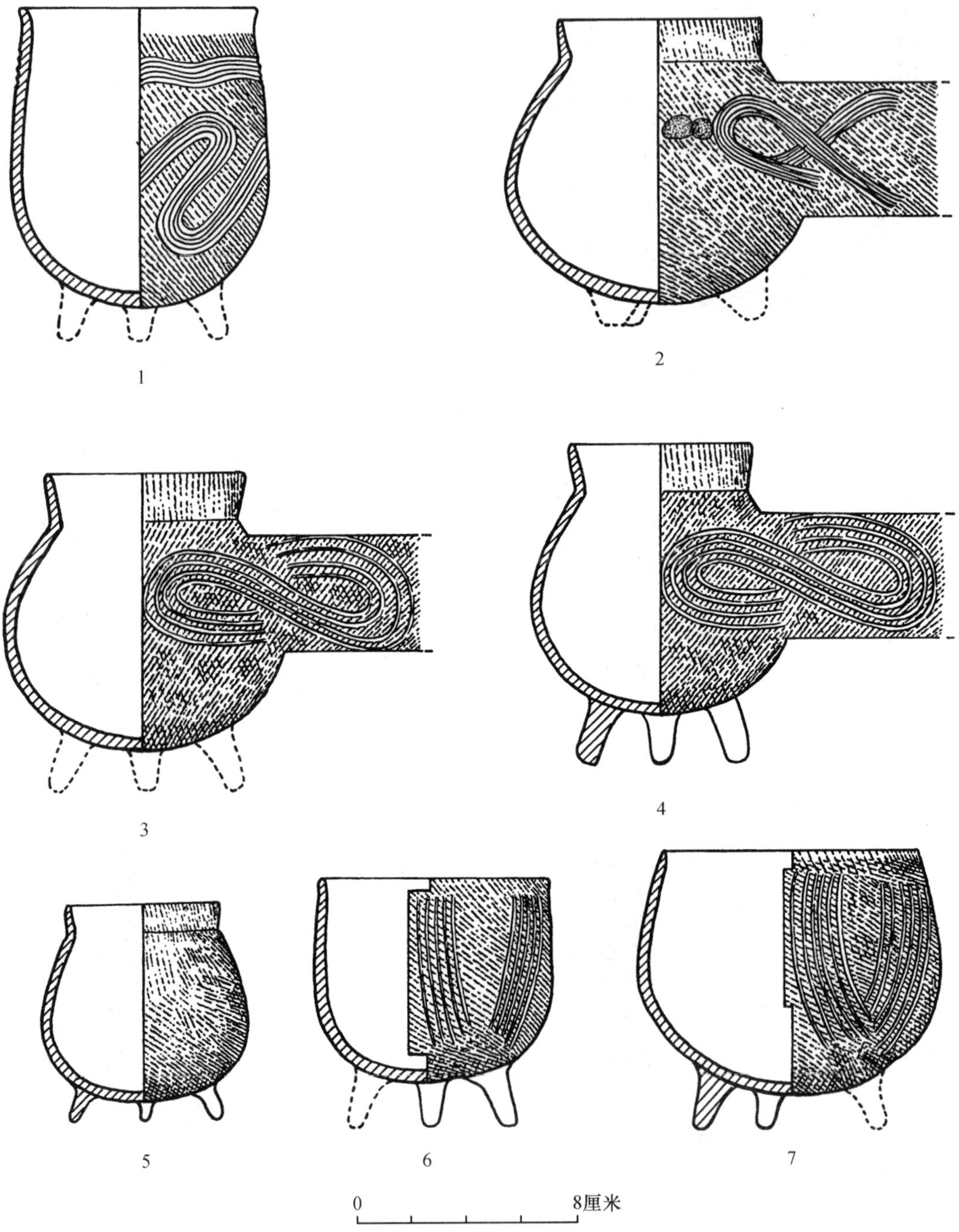

图八　岜旺岩洞葬陶三足器

1. A 型三足罐（WBT1∶23）　2. Ab 型三足釜（WBT2∶02）　3、4. Aa 型三足釜（WBT1∶09、WBT1∶17）　5. Bc 型三足釜（WBT1∶21）　6. Ae 型三足釜（WBT1∶12）　7. Ba 型三足釜（WBT1∶19）

堆成双耳，耳、足与器身分制黏接而成，底部有烟熏痕迹。器表通体饰交错细绳纹，在腹上半部的绳纹之上，再饰“∞”形多线刻划纹。高11.4、口径7.6、腹径11.5、足高1厘米（图八，2；图版六，4）。

Ae型 1件。WBT1:21，夹细砂红褐陶，器身形状与Af型釜相近。敞口，短直领，圆腹微下坠，圜底附三锥状足。器身通体饰交错细绳纹。通高7.8、足高1.2、口径5.9、腹径7.6厘米（图八，5；图版六，3）。

B型 2件。有Ba、Bc二亚型。

Ba型 1件。夹细砂灰褐陶，器身形状与Ba型釜相近。微敛口近直，尖唇，腹微鼓，圜底，底附三外撇矮锥状足，现仅存一足。通体饰交错细绳纹，腹部在绳纹上饰六线一组的弧形刻划纹。口沿下和腹部原绘有彩色宽带纹，现已全部脱落，色彩不清。WBT1:19，通高10、足高1.4、口径9.4、腹径11.2厘米（图八，7；图版五，6）。

Bc型 1件。WBT1:12，夹细砂红褐陶，所夹砂粒以蚌壳末为主，陶色内外红中间黑，火候较低。器身形状与Bb型釜相近。微敞口，尖唇，沿微向外翻，颈部不明显；直腹壁微鼓，圜底附三矮锥足，足外撇。腹以上先饰细绳纹，然后在腹部从上往下刻划五线一组的刻划纹，线条微弧。底部素面。高9、足高1.8，口径8.4、腹径8.6厘米（图八，6；图版六，5）。

三足罐 1件。属A型。WBT1:23，夹细砂灰褐陶，火候较高。器身形状与弄山的圈足罐相近。口微敞，圆唇，沿微外翻，短颈微束，深直腹，下部微鼓，圜底附三足。足与器身分制黏接而成，现足已不存。器内及颈部施一层黑褐色的陶衣，器内平滑，颈部经磨光。器身通体饰交错细绳纹，然后在绳纹之上、颈腹相交处再刻划一周七线曲折纹，腹部饰七线连续反“∽”形刻划纹。残高10.9、口径8.7、腹径9.4厘米（图八，1；图版六，6）。

2. 玉石器

8件。均磨制，器类有双肩石锛、双肩石斧和作装饰品的玉玦、坠子等。

双肩石斧 1件。属Ca型。WBT1:03，灰白色片岩，短宽柄，双斜肩，双面斜弧刃近直，刃部的磨刃面一面较宽，另一面则很窄；刃角前端尖，后端呈弧形，刃面从右往左倾斜。器身扁平，通体磨制光滑，但仍保留部分琢打的疤痕。器身长7.4、宽4.4、柄宽2.9、厚0.6厘米（图九，2；图版七，1）。

双肩石锛 4件。分属B、C二型。

B型 3件。均属Ba型。窄体长身，斜肩不对称。WBT1:25，泥质粉砂岩，柄较长，双斜肩，弧刃；两侧边平直，通体磨光，只柄部和侧边尚有部分疤痕。长8.1、宽

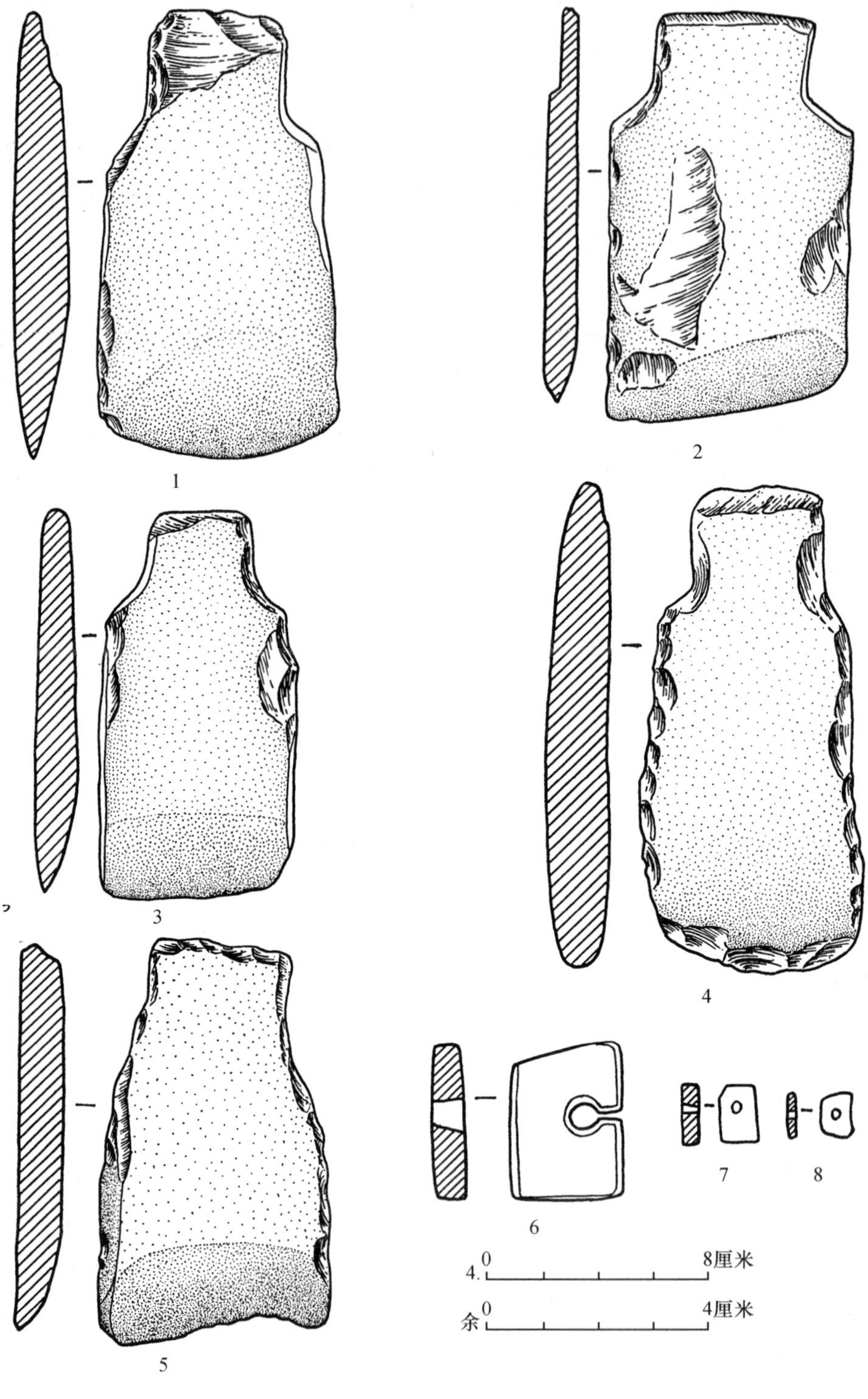

图九　岜旺岩洞葬石器、玉器

1、3、4. Ba 型双肩石锛（WBT1∶25、WBT1∶04、WBT1∶24）　2. Ca 型双肩石斧（WBT1∶03）　5. C 型双肩石锛（WBT1∶20）6. Aa 型玉玦（WBT1∶16）　7、8. 玉坠（WBT1∶06、WBT1∶05）

4.4、柄宽2.5、厚1厘米（图九，1；图版七，3）。WBT1∶04，灰白色片岩，长身，双斜肩，斜刃近直，两刃角为弧形，刃面斜直。通体磨光，两侧边平直。长7.1、宽3.6、柄宽1.9、厚0.8厘米（图九，3；图版七，2）。WBT1∶24，用石英细砂岩磨制而成，器体厚重。宽柄，双斜肩，刃端钝厚，可能刃部尚未磨成，器体周缘保留有较多的打制疤痕。长18.6、宽7.8、柄宽4.8、厚2.2厘米（图九，4；图版七，4）。

C型　1件。WBT1∶20，石质较差，风化较甚。长柄，身较宽短，双斜肩不太明显，刃部残。残长7.3、宽4.3、柄宽2.6、厚0.8厘米（图九，5）。

玉饰品　3件。灰绿色玉石制成，通体磨光，制作精致。

玦　1件。属Aa型。WBT1∶16，不规则扁平长方形，一面微鼓；一侧的中部有单圆孔，孔为单向管钻而成，孔径由大到小。从近孔的侧边到孔部开一长方形缺口，缺口是从两面分别按不同的方向切割而成。长3、宽2、厚0.5～0.6厘米，孔径0.6～0.8厘米，缺口宽0.2厘米（图九，6；图版七，5）。

坠饰　2件。平面近扁平长方形，中间对穿一孔，2件形状相同，大小有别。WBT1∶06，长1.1、宽0.7、厚0.35、孔径0.13厘米（图九，7；图版七，6右）。WBT1∶05，长0.9、宽0.6、厚0.1、孔径0.1厘米（图九，8；图版七，6左）①。

第二节　弄山岩洞葬

一、岩洞葬概况

2003年5月，武鸣县仙湖镇邓吉村村民在雷蓝屯东约300米的弄山山脚开山炸石时炸出一个岩洞，并在洞内发现有陶器、石器和蚌器等遗物。2003年6～7月，广西壮族自治区文物工作队、南宁市博物馆、武鸣县文物管理所等单位对岩洞葬进行了清理。

弄山岩洞葬位于武鸣县仙湖镇邓吉村雷蓝屯东约300米的弄山山脚，北距镇政府所在地约3公里。弄山为数座相对高度40～120米的石灰石山峰所组成、相对独立的一座石山，呈西北东南向的不规则长条形，东西长约1500、宽150～800米。海拔高度约325米，相对高度约120米。东、北、南三面为低矮的丘陵、小河流冲积平原和分散的石山，西面不远为连绵的高山。岩洞葬即位于山的西南山脚一处天然洞穴内（图版八，1）。岩洞大致为南北向，内略呈“十”字形，由洞厅和4个支洞组成，面积约200平方米，地势北高南低。其中洞厅和1支洞地面较平、空间宽敞，其中洞厅长约13、宽

① 广西壮族自治区文物工作队、南宁市博物馆、武鸣县文物管理所：《广西武鸣县岜旺、弄山岩洞葬发掘报告》，《广西考古文集》（第二辑），科学出版社，2006年。

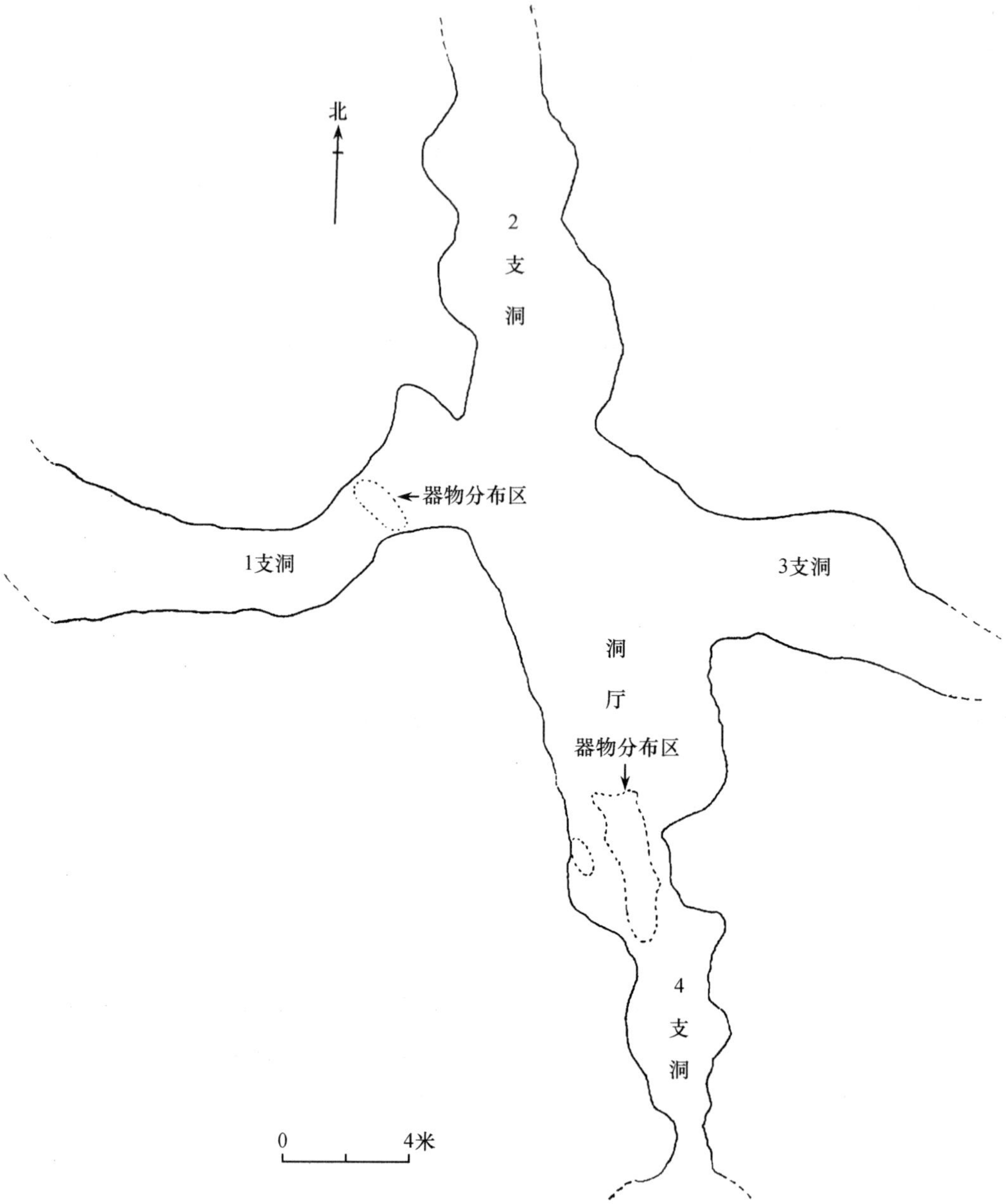

图一〇　弄山岩洞葬平面图

3～7米，顶最高约9米（图一〇）。现今洞口为开山炸石所致，原来的自然洞口经发掘时调查，应位于洞的西北即1支洞所在地、高出地面约9米的山腰上。从洞内在相当于洞口的位置可以见到较多大小不一、自然的石灰石块，这些石块应是当时用于封堵洞口的。洞口宽约1米，从洞口到洞底有长约5米的斜坡形通道，高差约4米，由于当时在埋葬死者后已用石块将洞口全部封堵，加之年深日久，现在从山外已找不见原来的洞口。洞内因开山炸石时将洞顶和洞壁上的部分石块震落于地面，将洞内地面大部分覆盖，这给发掘工作带来一定的困难，为便于工作，发掘者采取分块发掘的方法，将除2支洞以外的地方全部进行了清理。在洞厅及1、3、4支洞均发现有遗物，3、4支洞内的遗物多位于两侧近洞壁处，绝大部分为陶器；洞厅和1支洞的遗物相对较为集中，且出土较多的石器，其中洞厅西南是遗物最集中的地方，出有陶、石、蚌器约40件（图版八，2、3；图版九；图一一、图一二）。这些遗物由于地下水上涨的作用，随着水的涨落而漂浮于洞内各处并停留于地势较低的地方或洞壁拐弯处，之后大部分被厚20~50厘米、松软的灰黄色泥土所覆盖。在1支洞和洞厅发现少量零星分散的人骨，人骨仅存少许不完整的椎、肋、肢骨和牙齿，经鉴定，属于4个不同的个体（见附录五）。由于人骨和随葬品因地下水的作用大部分已移离原位，具体埋葬的地点和葬式不清，但从石器较集中的洞厅和1支洞来分析，死者应葬于此两处，其埋葬方法可能是平地摆放。此外，在3、4支洞的黄色黏土中还发现部分动物化石，经鉴定有野猪、鹿、犀牛、猩猩、豪猪、牛、熊、剑齿象、东风剑齿象、羊、巨貘、麂、竹鼠等13种。

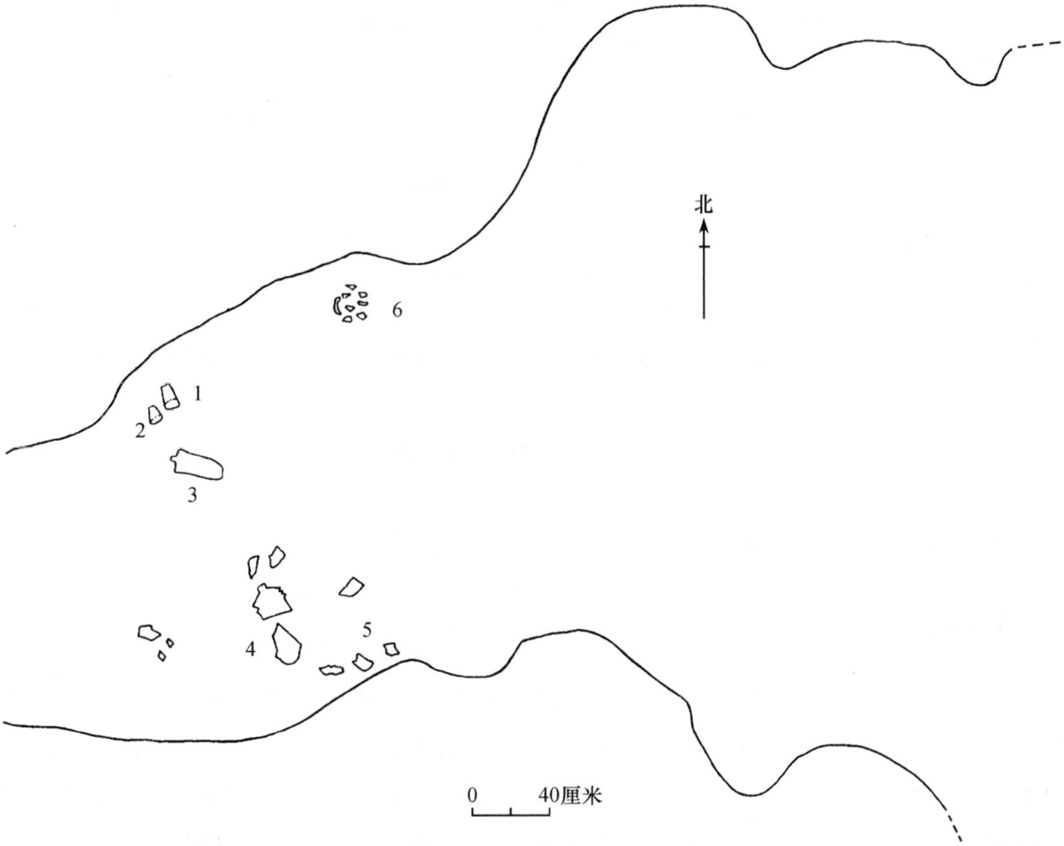

图一一　弄山岩洞葬1支洞器物分布图

1. 石锛　2. 石斧　3~5. 大石铲　6. 陶片

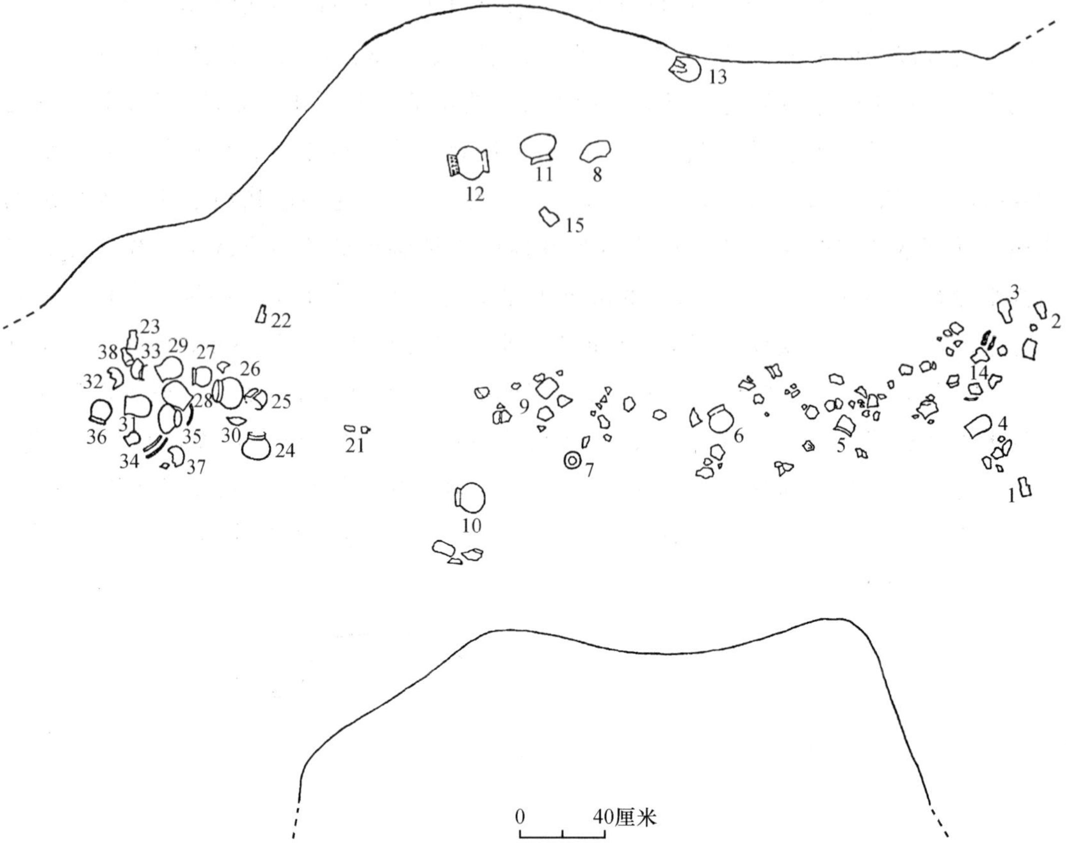

图一二　弄山岩洞葬洞厅器物分布图

1～3、14、22、38. 石锛　4、13、28、31～33、37. 陶罐　5、8. 陶钵　6、9、10、24～27、29、35、36. 陶釜　7. 陶圈足　11. 陶三足釜　12. 陶壶　15、23. 石斧　21. 大石铲　30. 陶碗　34. 陶杯（16～20 在洞中其他位置，无法标出）

二、随葬器物

随葬器物数量较多，有陶器、石器、玉器和蚌器等 100 余件，以陶器为主。

1. 陶器

因为地下水上涨时，陶器与洞壁及器物之间的相互碰撞，大量的陶器已破碎，发掘出土时多为碎片，计有 1300 余片。陶器以夹砂陶为主，约占陶片总数的 92% 以上，泥质陶约占 18%；夹砂陶大部分所夹砂粒较细，主要为方解石及少量蚌壳末；泥质陶的陶土经过筛选、淘洗，但不纯，含有天然砂泥。泥质陶火候高，胎体较薄，最薄的厚仅 1 毫米。陶色驳杂，以红褐陶、黑陶为主，部分灰黑、灰褐陶，少量红陶、橙黄陶；陶器器表颜色不匀，同一件器物上多有两种以上不同的颜色，胎内多呈红色。大部分器物底部或腹部有烟熏的痕迹，呈黑色。器表除个别素面外，98%以上饰绳纹，极少量刻划纹、彩绘、镂空及附加堆纹（表一）。绳纹以细绳纹为主，大部分较浅，多交错，为滚压而成，一般先从口沿至底竖直滚压，然后再从肩部从左上往右下腹斜向滚压形成交错，底部多凌乱，绳纹交错较甚。有的在绳纹之上再饰多线刻划纹，多线刻划纹主要在肩、腹部，线条二至七道不等，有"S"形和反"∽"形、"∧"形、连续的曲线及水波纹等（图一三，图一四）。部分颈部和全身用细泥涂抹光滑，像上了一层陶衣。饰纹方法应是用竹片按需要做成工具后在器表刻划，水波纹则是在陶衣上刻划。彩绘多用上陶衣的细泥绘成，少量用红或蓝色颜料。陶器采用贴片法制成，有的可以清晰地见到贴片的痕迹。器形较规整，多为手制，部分器物可能已使用慢轮修整。现存较完整和修复的有70余件；器形有罐、釜、壶、钵、碗、杯等，主要为圜底、三足和圈足器，不见平底器，以圜底的罐、釜为主。

表一　弄山岩洞葬陶片统计表　　单位：件

陶色 \ 陶质 纹饰	夹砂陶				泥质陶				总计	百分比（%）
	细绳纹	细绳+刻划纹	刻划纹	素面	细绳纹	细绳+刻划纹	刻划纹	素面		
红	8	3			6				17	1.2
红　褐	443	21	2	12	107	27	1	18	631	46
灰　褐	164	13		4					181	13.2
橙　黄	16				13	3			32	2.3
黑	260	49	7		17	8			341	24.9
灰　黑	112	9			41	6		1	169	12.3
总　计	1003	95	9	16	184	44	1	19	1371	
百分比（%）	73.2	6.9	0.7	1.2	13.4	3.2	0.07	1.4		100

釜　30件。分属A、B二型。

A型　19件。以敞口或近直口、斜直领、圜底为特征，器形矮胖，底和腹部大都有烟炱痕。根据各器物颈、腹部的细部差异，又分属Ac、Ad、Ae、Af、Ag五亚型。

Ac型　2件。敞口，高直领，深圆鼓腹，圜底微尖。器表通体饰交错细绳纹，领部纹饰多被用细泥抹平，肩和腹上部在绳纹之上饰多线刻划纹。WL支4∶12，夹细砂红褐陶。肩和腹上部刻划纹样为五线不连续、呈"∩"形的曲线纹六组。高12.4、口径8、腹径12.6厘米（图一五，2；图版一〇，1）。WL支4∶21，夹细砂红陶，器表肩和上腹部绳纹之上饰双线组合、反"∽"形的刻划曲线纹四组，肩部有一对对称的锯齿状附加堆纹（图版一〇，2）。

Ad型　8件。敞口或微敞口近直，高领近直或斜直，斜肩，颈与肩相接处转折明显，鼓腹下坠，腹微折，圜底，器体最大径在腹下部近底处。器表通体饰交错细绳纹，

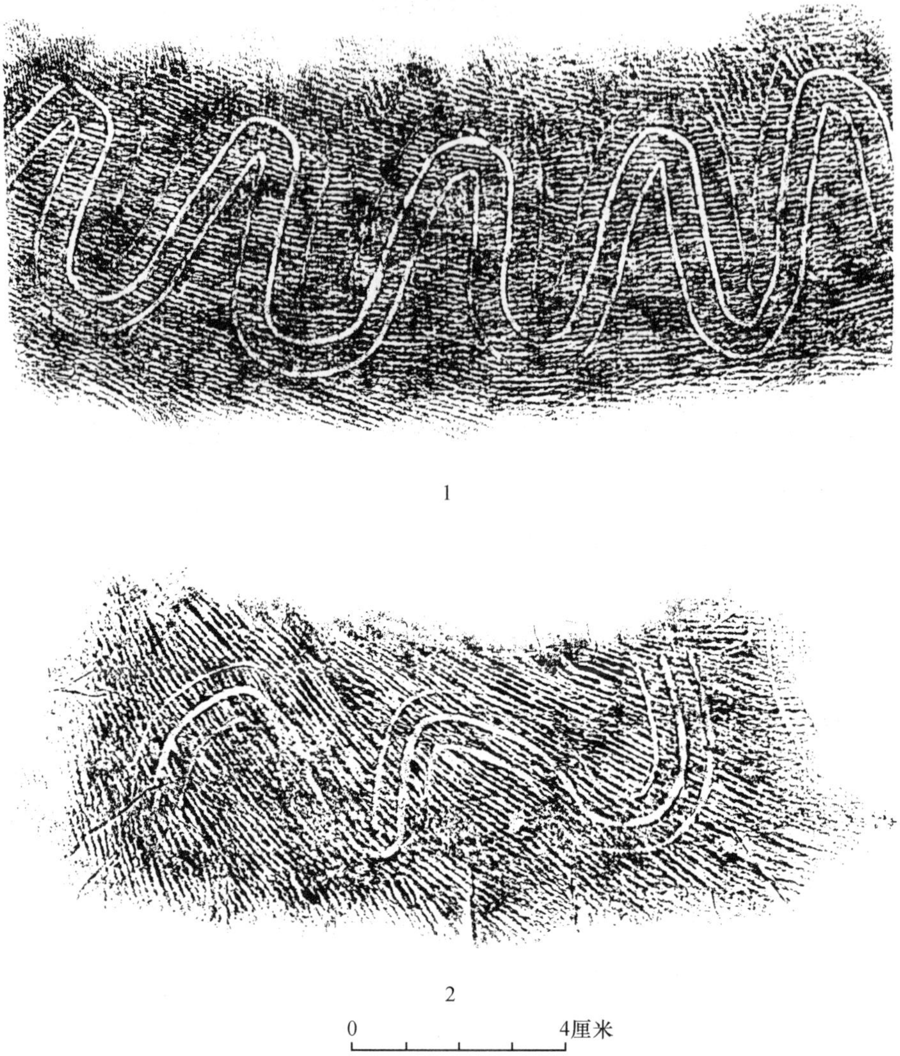

图一三　弄山岩洞葬陶器纹饰拓片

1、2. 细绳纹和连续的多线刻划曲线纹

领部纹饰多被用细泥抹平，肩和腹上部在绳纹之上饰多线刻划纹，纹样为双线、三线或四线反“∽”形。有的在肩部用泥块附加成堆纹。WL 厅:35，夹细砂红褐陶，微敞口，高领近直，领部纹饰部分被抹平，器表肩和上腹部绳纹之上饰三线组合、两个反“∽”形一组的刻划曲线纹三组。高 10.6、口径 7.4、腹径 13.8 厘米（图一五，1；图版一〇，3）。WL 支 4:06，夹细砂红褐陶，圜底微尖，器表大部分有烟熏的黑色痕迹。领部纹饰大部被抹平，器表肩和上腹部绳纹之上饰四线组合、反“∽”形的刻划曲线纹六组，肩部有三个锯齿状的附加堆纹。高 12.8、口径 9.2、腹径 13.8 厘米（图一五，3；图版一〇，4）。WL 支 3:26，夹细砂灰褐陶，腹微扁鼓。领部纹饰大部被抹平，器

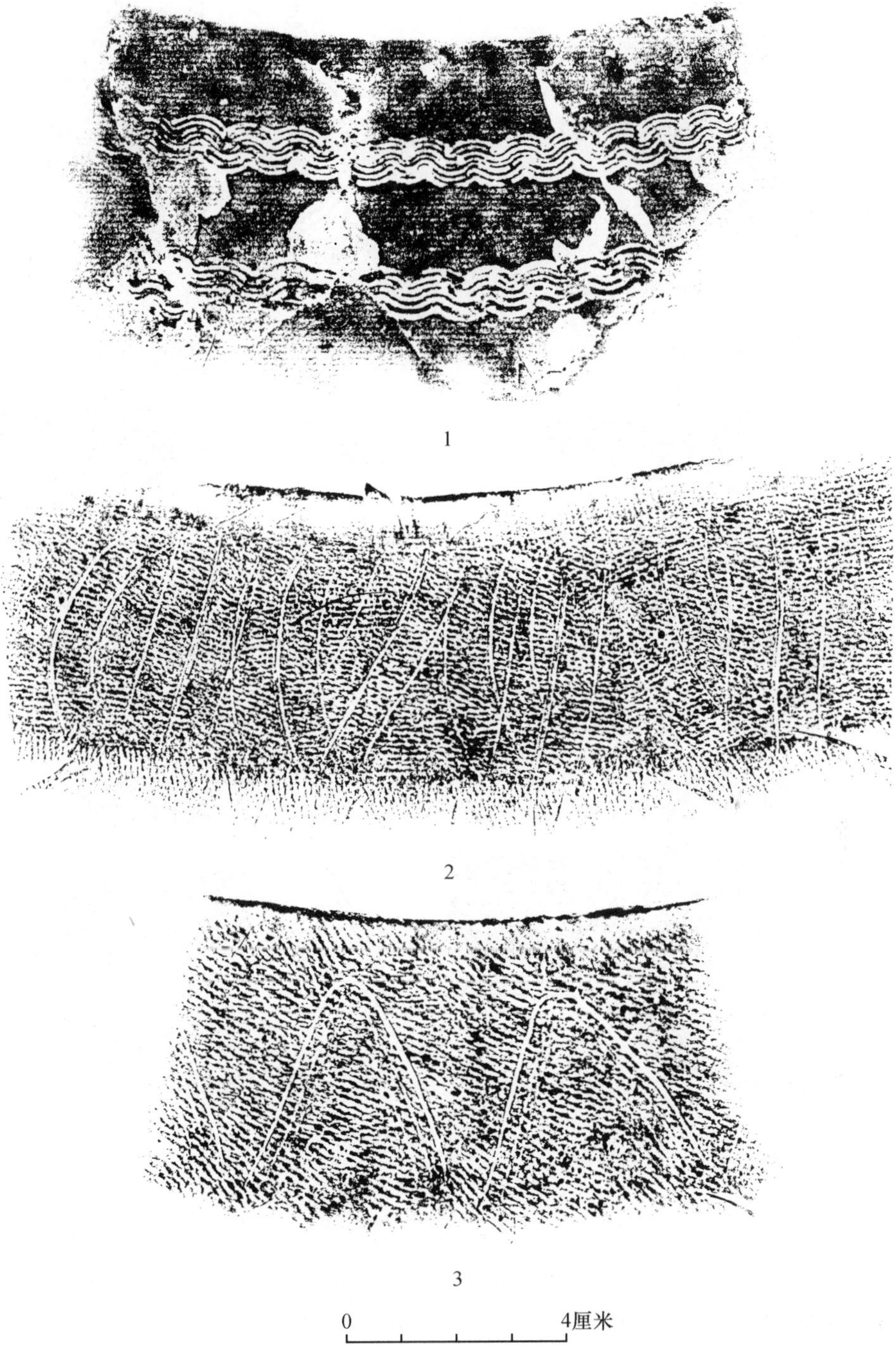

图一四　弄山岩洞葬陶器纹饰拓片

1. 刻划水波纹　2. 细绳纹和多线刻划纹　3. 细绳纹和“∧”刻划纹

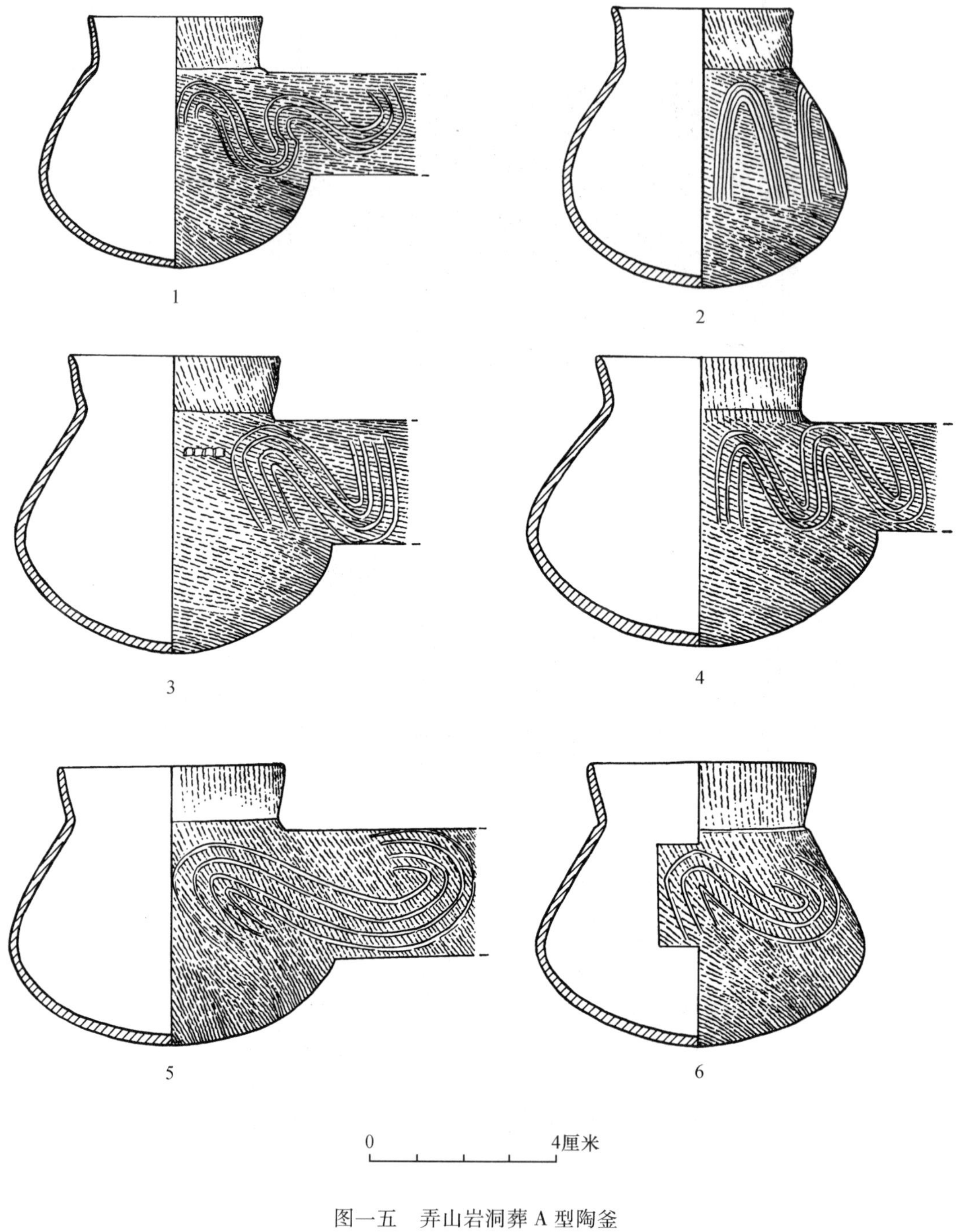

图一五　弄山岩洞葬A型陶釜

1、3～6. Ad型釜（WL厅:35、WL支4:06、WL支3:26、WL厅:06、WL厅:50）　2. Ac型釜（WL支4:12）

表肩和上腹部绳纹之上饰三线组合、反"ᔕ"形的刻划曲线纹六组。高13、口径9.2、腹径15.4厘米（图一五，4；图版一〇，5）。WL厅:06，夹细砂红褐陶，腹扁鼓。领部纹饰大部被抹平，器表肩和上腹部绳纹之上饰四线组合、反"ᔕ"形的刻划曲线纹三组。高11.9、口径9.8、腹径14.2厘米（图一五，5；图版一一，1）。WL厅：50，夹细砂红褐陶，腹扁鼓。领部和肩上部纹饰大部被抹平，器表肩和上腹部绳纹之上饰三线组合、反“∽”形的刻划曲线纹六组。高12.1、口径9.6、腹径14.1厘米（图一五，6；图版一〇，6）。WL厅:26，夹细砂红褐陶，腹扁鼓。领部纹饰大部被抹平，器表肩和上腹部绳纹之上饰二线组合、连续的刻划曲线纹一周。高12.1、口径9.6、腹径14.1厘米（图一六，1；图版一一，2）。WL支4:18，夹细砂红陶，微敞口近直，高直领。器表领部纹饰大部被抹平，肩和上腹部在绳纹之上饰双线、反“∽”形的刻划曲线纹六组。领、肩分制，然后黏合而成。高11.2、口径8.2、腹径12.6厘米（图一六，2；图版一一，3）。

Ae型　2件。均夹细砂红褐陶。敞口，尖唇，沿微外翻，短直领，扁鼓腹，圜底，器体扁矮。器表通体饰交错细绳纹，领部绳纹有的被抹平，肩和腹上部在绳纹上饰三线组合、反“∽”形的刻划曲线纹六组。WL厅:10，高9.8、口径9、腹径13.6厘米（图一六，5；图版一一，5）。WL支4:02，高10.2、口径9.4、腹径14厘米（图一六，6；图版一一，6）。

Af型　2件。均夹细砂红褐陶。敞口，斜直领，圆腹略下坠，圜底。器表通体饰交错细绳纹，领上部近口处涂抹一层细泥将绳纹覆盖，领肩相交处刻划两道凹弦纹；腹上部在绳纹上刻划双线连续的弧形曲线纹一周。WL支3:25，红褐陶，尖唇，圜底近平，微内凹。高10.8、口径8.8、腹径11.2厘米（图一六，4；图版一一，4）。WL支3:27，高10、口径9、腹径10.6厘米（图一六，3；图版一二，1）。

Ag型　5件。均夹细砂红褐陶。敞口，圆唇，短斜直领，圆鼓腹，圜底。器表通体饰交错细绳纹，有的领部用细泥抹平，不见绳纹，还有的在绳纹之上刻划多线弧形纹。肩部有的用小泥块堆成二或三个对称的附加堆纹，状似耳，但一般不能作耳使用。WL厅:27，肩部饰二个凸点为一组的附加堆纹四处。高10.2、口径8.8、腹径11.6厘米（图一七，1；图版一二，3）。WL支4:05，领部用细泥抹平，肩和腹上部饰“∩”和“∪”形弧线交叉组合的刻划纹六组。高10.2、口径8.2、腹径11.4厘米（图一七，2；图版一二，2）。WL支3:08，领部用细泥抹平，肩部饰对称的三个凸点为一组的附加堆纹二组。高12.9、口径9、腹径14.4厘米（图一七，3；图版一二，4）。WL支3:14，腹圆鼓，通体饰细绳纹。高9.6、口径7.8、腹径10.8厘米（图一七，4；图版一二，6）。WL支4:08，器体较大，通体饰细绳纹。高13.8、口径10.2、腹径16.6厘米（图一七，5；图版一二，5）。

B型　11件，分属Ba、Bb、Bc、Bd四亚型。

Ba型　3件。敞口，尖唇，沿微外翻，微束颈，鼓腹下坠，圜底。器表通体饰细绳纹，有的在绳纹之上刻划曲线纹，有的饰宽带彩绘，有的口沿下刻划一周凹弦纹。器

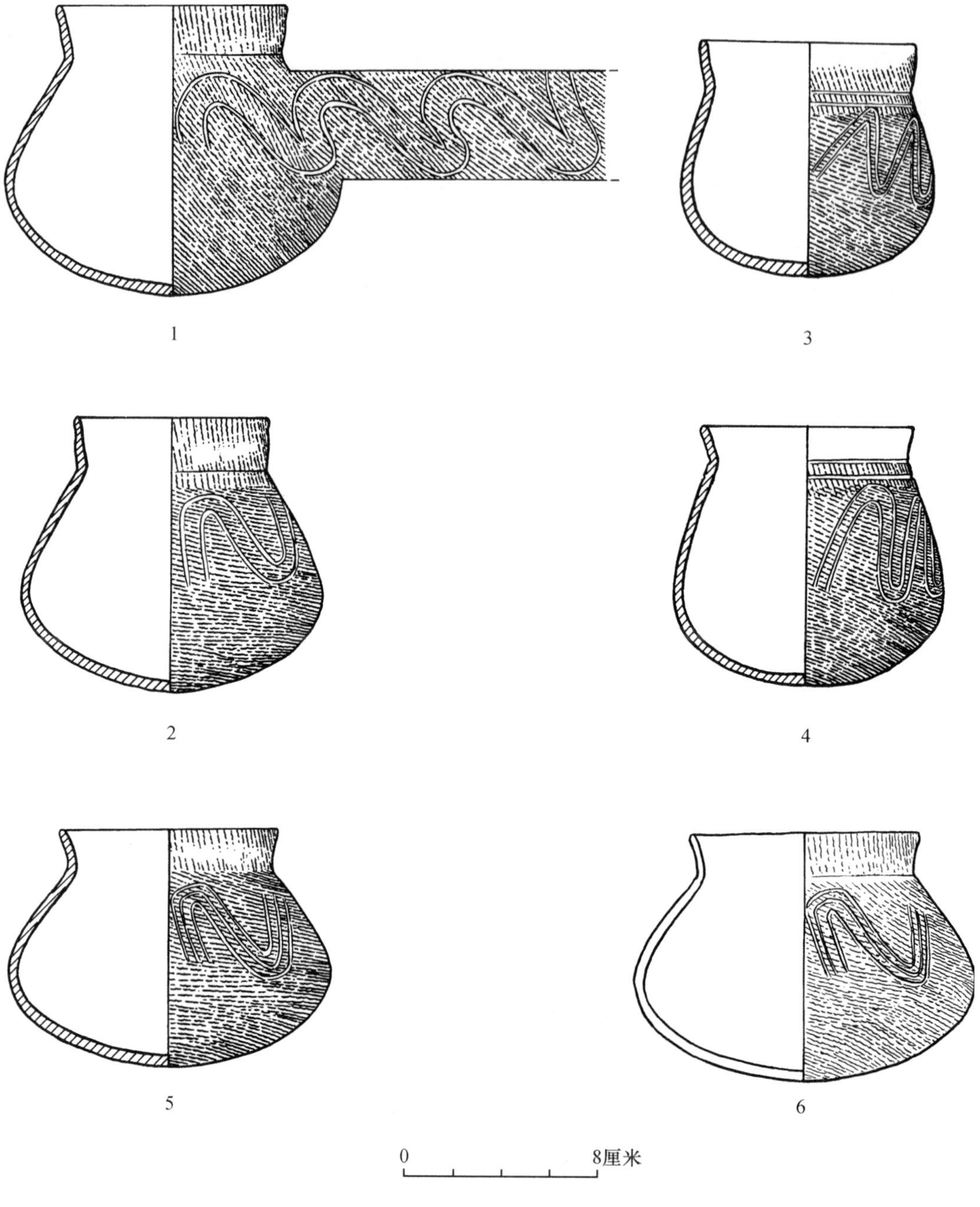

图一六　弄山岩洞葬A型陶釜

1、2. Ad型釜（WL厅:26、WL支4:18）　3、4. Af型釜（WL支3:27、WL支3:25）

5、6. Ae型釜（WL厅:10、WL支4:02）

体的大小不同。WL支4:04，夹细砂红褐陶，腹上部的刻划纹为三线组合的反“ᔕ”形，共有三组。高10.4、口径9.6、腹径11.8厘米（图一八，1；图版一三，1）。WL支4:20，夹细砂红褐陶，器表饰错乱的细绳纹。高12、口径12.8、腹径15.6厘米

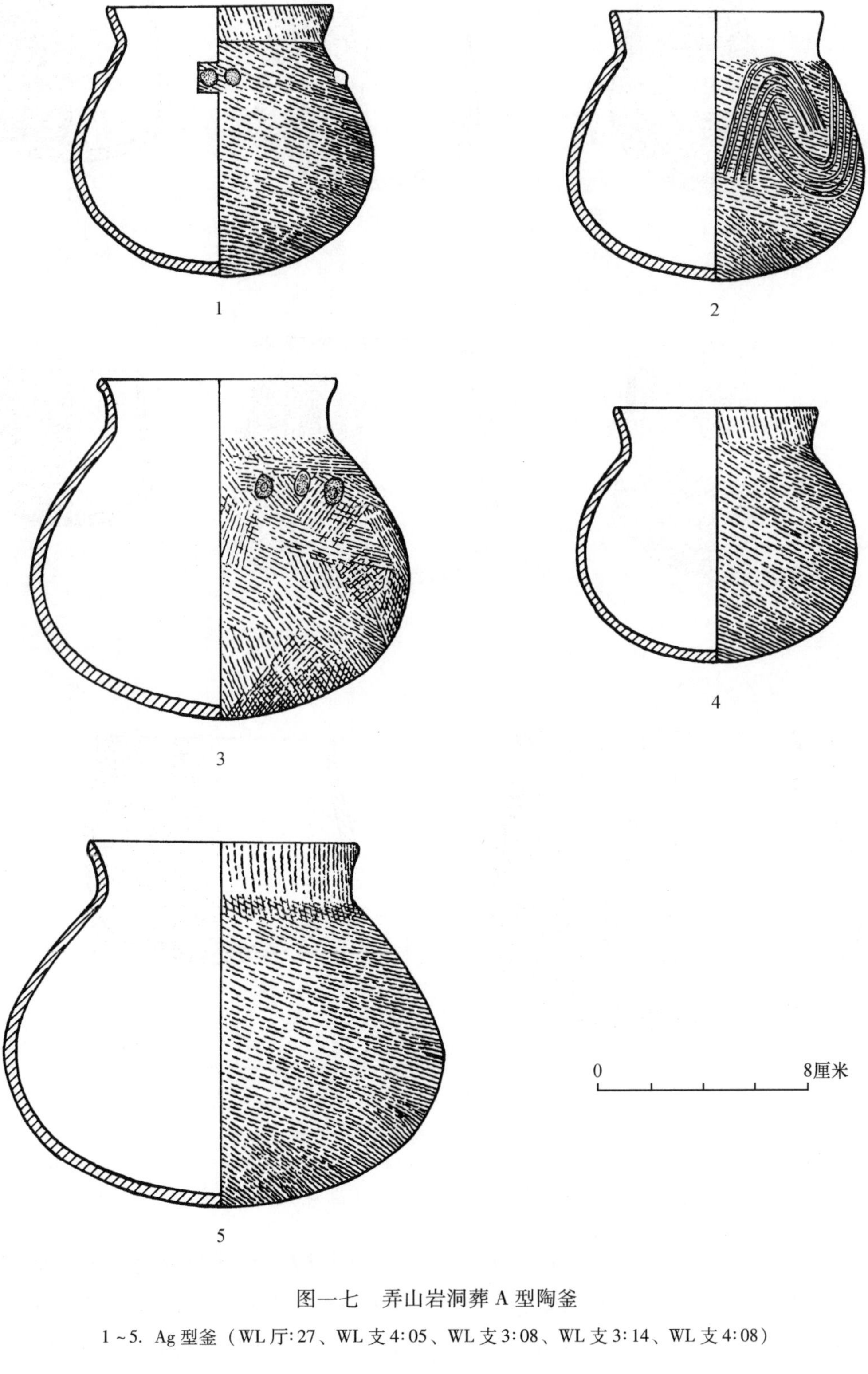

图一七　弄山岩洞葬A型陶釜

1～5. Ag型釜（WL厅:27、WL支4:05、WL支3:08、WL支3:14、WL支4:08）

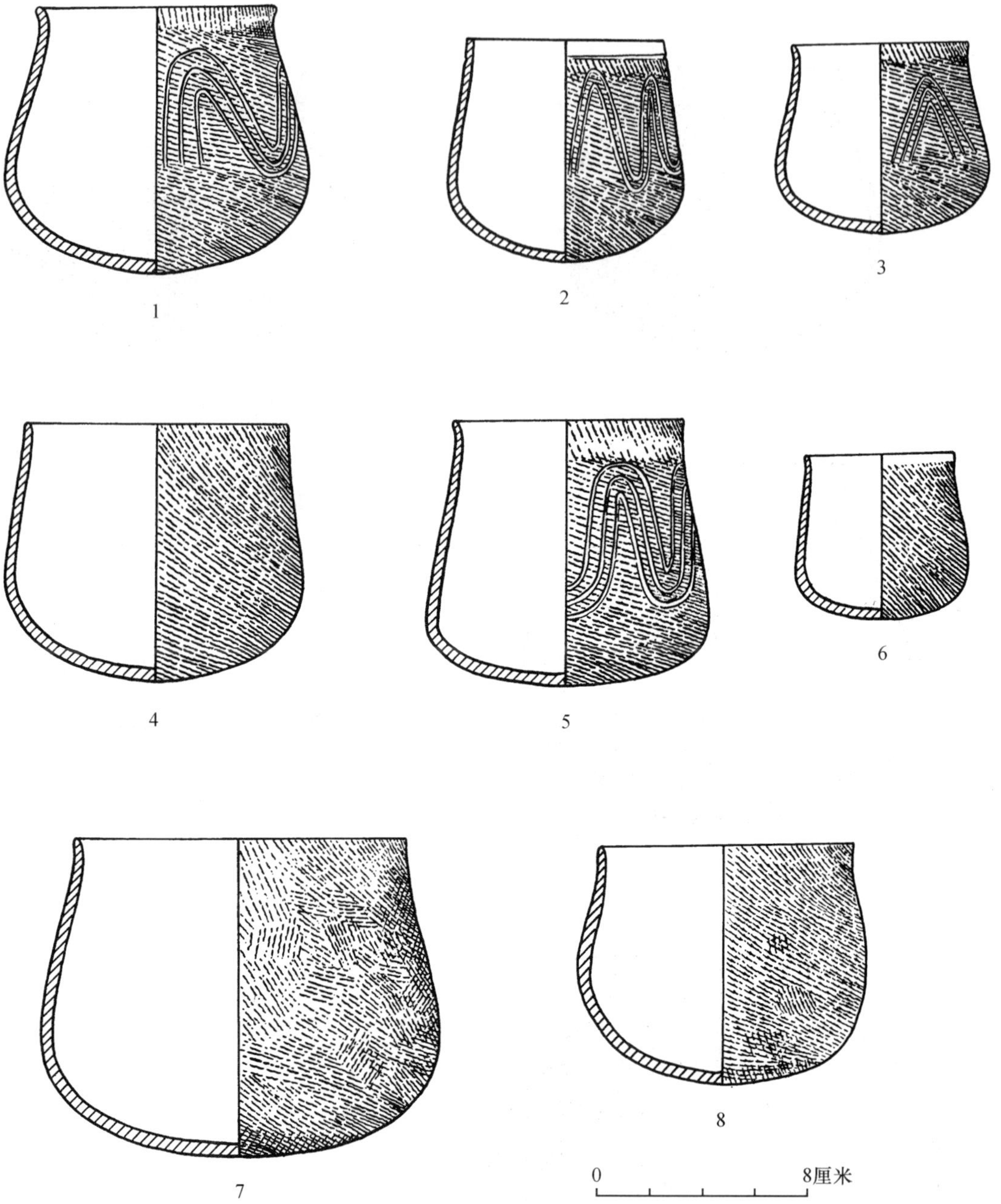

图一八　弄山岩洞葬 B 型陶釜

1、7. Ba 型釜（WL 支 4∶04、WL 支 4∶20）　2、4. Bb 型釜（WL 厅∶24、WL 厅∶25）　3、5、6. Bd 型釜（WL 支 3∶03、WL 厅∶29、WL 厅∶36）　8. Bc 型釜（WL 支 3∶23）

（图一八，7；图版一三，2）。WL 支 4∶11，夹细砂红陶，底部为黑色。颈部被抹平，并彩绘一周深蓝色的宽带，从口至底有三道竖向的蓝色宽带彩绘（图版一三，3）。

Bb 型　2 件。微敞口，深圆腹，直壁，圜底近尖。器表饰细绳纹，底和腹下部有烟炱痕。WL 厅:24，夹细砂红褐陶，口沿下纹饰被抹平，并刻划一周凹弦纹，腹上部刻划双线组合、连续的曲线纹一圈。高 8.4、口径 7.5、腹径 9 厘米（图一八，2；图版一三，5）。WL 厅:25，夹细砂红褐陶。高 10.2、口径 10.6、腹径 11.6 厘米（图一八，4；图版一三，4）。

Bc 型　1 件。WL 支 3:23，夹细砂红褐陶。敞口，尖唇，微束颈，圆鼓腹，最大径在腹中部，圜底。器表通体饰交错细绳纹，纹饰较凌乱，颈部部分绳纹被抹平。高 9、口径 9.8、腹径 11.1 厘米（图一八，8；图版一三，6）。

Bd 型　5 件。形状与 Bb 型相似，但比其要瘦高。敞口，尖唇，沿微外翻，微束颈，深腹下坠，腹下部微折，圜底近平；器表饰交错细绳纹，有的在绳纹上再饰多线刻划纹。器体大小不一，WL 厅:36，高 6.3、口径 5.8、腹径 6.6 厘米（图一八，6；图版一四，4）。WL 厅:29，夹细砂红褐陶，颈部纹饰被抹平，腹上部绳纹上的刻划纹为三线组合、彼此相连的一组曲线纹，像一群连绵起伏的山峰。高 10.2、口径 9、腹径 10.8 厘米，是此式器物中最大的一件（图一八，5；图版一四，3）。WL 支 3:03，夹细砂灰黑陶，底呈黑色。腹部绳纹上为六组三线不相连的呈“∧”形的刻划弧线纹，看上去像一座座独立的山峰（图版一四，2）。

罐　21 件。可分为四型。

A 型　1 件。WL 支 3:17，微敞口近直，圆唇，直领，圆腹，圜底。肩以下饰交错细绳纹，口至肩涂抹一层细泥并磨光。高 10.1、口径 9.2、腹径 11.8 厘米（图一九，1；图版一四，5）。

B 型　1 件。WL 支 3:22，夹细砂黑陶，微敞口，高直领，颈肩相交处下折，圆肩，深圆腹，圜底。器表通体饰交错细绳纹，器内全部及器表口至肩上部有薄陶衣。底和腹部有烟炱痕。高 15.9、口径 9.2、腹径 14.4 厘米（图一九，3；图版一四，6）。

C 型　16 件。均敞口，束颈，圜底，器内全部和器外表口至肩部涂抹一层细泥，并多经磨光，将颈部的纹饰覆盖。有 Ca、Cb、Cc、Cd、Ce 五亚型。

Ca 型　2 件。大敞口外侈较甚，圆唇，沿外翻，束颈，高领，圆腹，圜底。领高腹浅，体矮胖。肩以下至底饰极细的交错细绳纹。WL 支 3:28，高 9.6、口径 8.8、腹径 10.4 厘米（图一九，2；图版一五，1）。

Cb 型　1 件。WL 厅:33，敞口，尖唇，微束颈，圆鼓腹。肩以下至底饰交错细绳纹。高 11、口径 7.8、腹径 12 厘米（图一九，5；图版一五，2）。

Cc 型　4 件。敞口外侈较甚，圆唇，束颈，高领，深圆腹微鼓，圜底。肩以下至底饰交错细绳纹。底和腹部有烟炱痕。WL 支 3:02，高 14.4、口径 9.6、腹径 13.6 厘米（图一九，4；图版一五，3）。WL 支 3:16，高 12.5、口径 9.4、腹径 12.2 厘米（图一九，6；图版一五，5）。

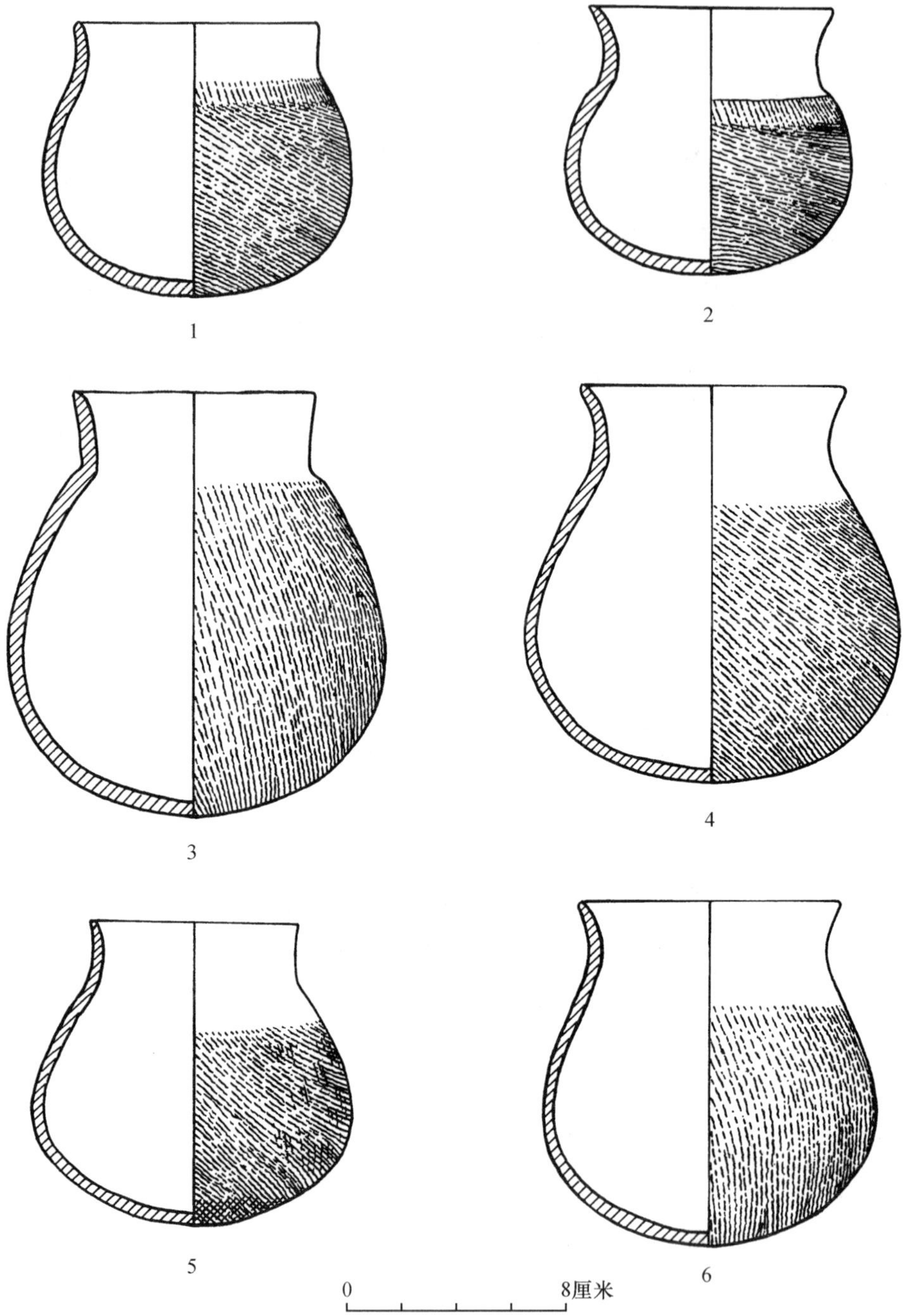

图一九　弄山岩洞葬陶罐

1. A 型罐（WL 支 3:17）　2. Ca 型罐（WL 支 3:28）　3. B 型罐（WL 支 3:22）
4、6. Cc 型罐（WL 支 3:02、WL 支 3:16）　5. Cb 型罐（WL 厅:33）

Cd 型　2 件。敞口，尖唇，微束颈，折肩，扁鼓腹下坠，腹浅而宽，圜底近平。肩以下至底饰交错细绳纹。底和腹部有烟炱痕。WL 支 3∶29，通高 12.6、口径 8.8、腹径 14.4 厘米（图二〇，1；图版一五，6）。

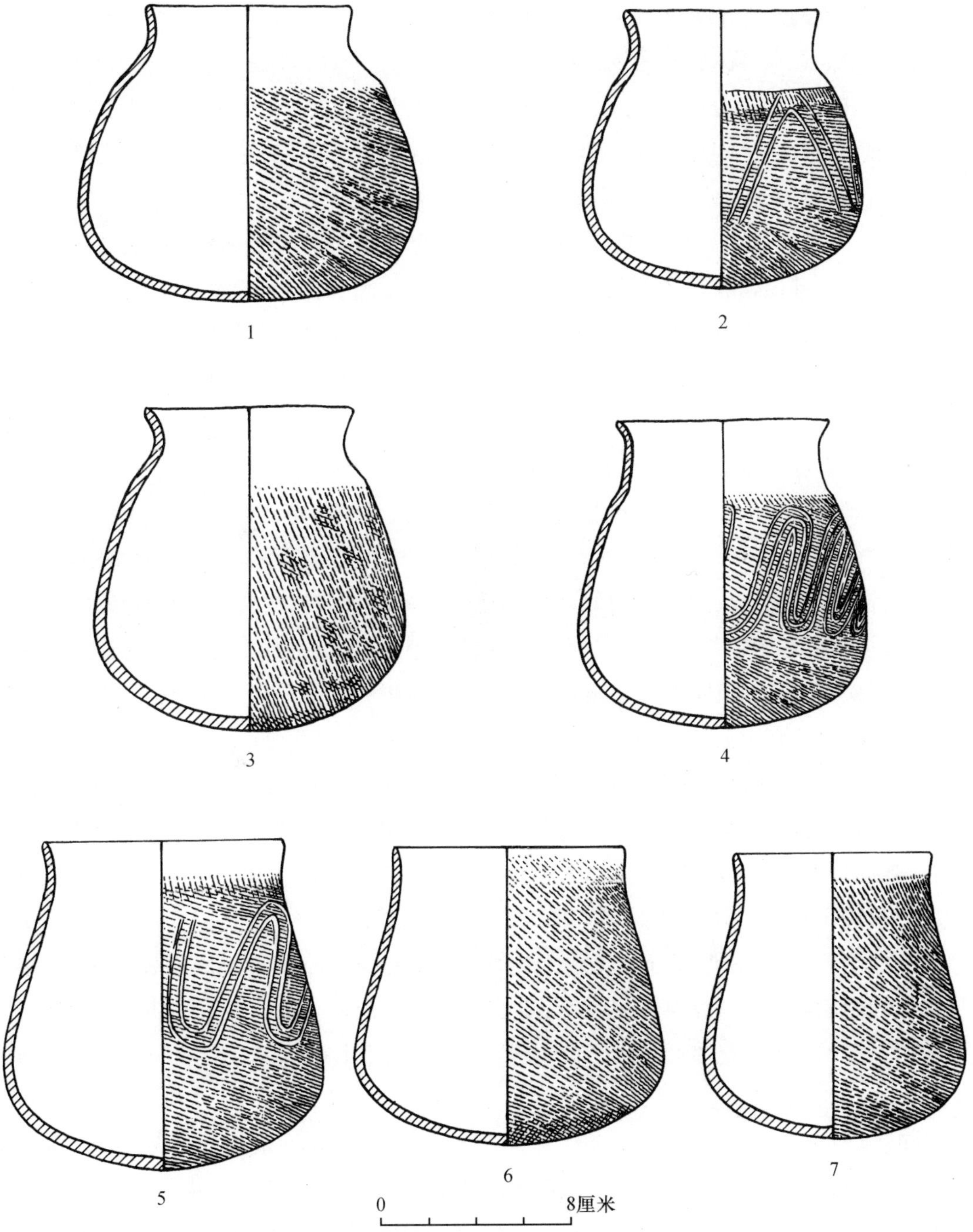

图二〇　弄山岩洞葬陶罐

1. Cd 型罐（WL 支 3∶29）　2～4. Ce 型罐（WL 厅∶44、WL 厅∶28、WL 支 4∶19）　5～7. D 型罐（WL 厅∶13、WL 厅∶37、WL 厅∶31）

Ce型　7件。敞口，束颈，肩微折，深腹下坠内折，圜底，器物最大径在下腹部近底处。肩以下至底饰交错细绳纹，绳纹之上多刻划双线曲折或连续的曲线纹。底和腹部有的有烟炱痕。器体大小不一，最大的一件腹径约22、残高18.2厘米。WL厅:44，肩和腹上部在绳纹之上刻划五组双线“∧”形纹。通高11.8、口径8.4、腹径12厘米（图二〇，2；图版一六，1）。WL厅:28，通高13.7、口径8.8、腹径13.2厘米（图二〇，3；图版一六，2）。WL支4:19，口外敞较甚，颈部较长，有一近直的短领。肩和腹上部在绳纹之上刻划一周连续的三线曲线纹。通高13、口径9.1、腹径12.4厘米（图二〇，4；图版一六，3）。

D型　3件。敞口，短颈微束，深腹近直，腹下部圆鼓，腹下坠，圜底。器表饰交错细绳纹，口部至颈涂抹一层很薄的细泥将绳纹覆盖，有的在绳纹之上刻划双线曲线纹。器底和下腹部有烟炱痕。WL厅:13，腹上部在绳纹之上刻划连续的双线曲线纹。高13.8、口径10.2、腹径13.6厘米（图二〇，5；图版一六，4）。WL厅:37，高12.6、口径9.8、腹径13.6厘米（图二〇，6；图版一六，5）。WL厅:31，高12、口径8.6、腹径11.2厘米（图二〇，7；图版一六，6）。

圈足罐　4件。属A型，其中3件保存较完整，罐身与D型罐相似。敞口，尖唇，沿微外翻，束颈，深直腹下坠，最大径在腹下部，圜底，下附圈足。因足与器身分制，然后黏接而成，很容易脱落，因此足均不见，但底部多留有与圈足相接的痕迹。经与WL支3:30圈足相比较，形状、大小与之相同。腹底饰细绳纹，之上一直到口沿内外全部涂一层很薄的褐色陶衣，磨光后，再在外表颈下部刻划一周由五至七道细线组成的水波纹，腹部为五至七个不相连的、由五至七道细线刻划而成的“S”形纹共同构成。因陶衣较薄，部分已脱落。WL厅:04，夹细砂红陶，颈下部刻划一周由七道细线组成的水波纹，腹部为七个交叉不相连的、由七道细线刻划而成的“S”纹。残高12.9、口径7.7、腹径9.6厘米（图二一，1；图版一七，2）。WL厅:32，大小、形状、纹饰与WL厅:04基本相同，只是腹部的“S”纹较少，间距也较大（图二一，3；图版一七，1）。另有一件WL厅:51为近直口，直领，深直腹，圜底，底下部残。器表底部以上涂抹一层很薄的黑色陶衣，然后腹部在陶衣上刻划四组横向的六线水波纹，底部饰细绳纹。残高10.8、口径8.6、腹径11.2厘米。（图二一，2；图版一七，3）。

杯　1件。WL厅:34，属B型。夹细砂褐陶，微泛黄，器表可见细小的白色砂粒。微敛口，深腹近直，喇叭形圈足，足与器身分制，然后黏接而成。器表无绳纹，腹部从上往下刻划三组“八”字形纹。通高7.8、口径7.2厘米（图二一，4；图版一七，4）。

壶　1件。为A型。WL厅:12，近泥质红褐陶，黑胎，胎薄。壶身与Ad型釜相同。微敞口，高直领，斜肩，折腹，圜底，底附喇叭形高圈足，足与器身分制，然后黏接而成。器身通体饰细绳纹，肩和腹上部在绳纹之上再刻划五组三线曲折纹。肩部有三

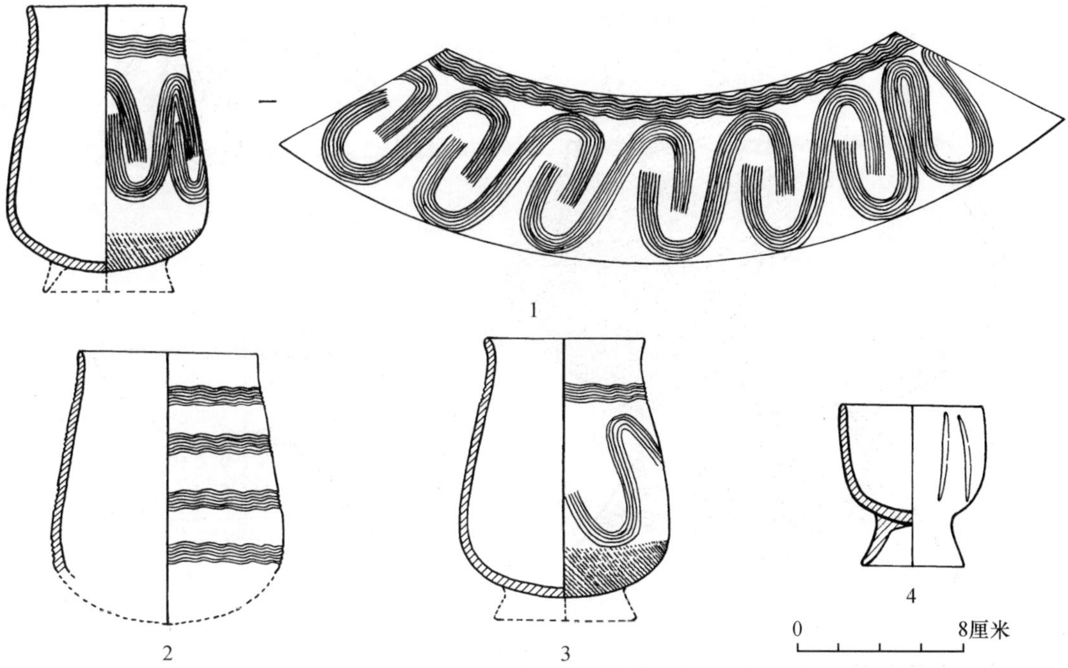

图二一　弄山岩洞葬圈足陶罐、陶杯

1～3. 圈足陶罐（WL厅:04、WL厅:51、WL厅:32）　4. B型陶杯（WL厅:34）

个锯齿状的附加堆纹。圈足上饰三角形镂孔，三个一组。通高18、口径10.4、腹径16.6厘米（图二二，1；图版一九，3）。

碗　1件。WL厅:30，夹细砂黑陶，敞口，浅弧腹，圜底，底附喇叭形矮圈足。器表饰交错细绳纹，近口部内外上有陶衣并磨光。通高6.6、口径15.8厘米（图二二，4；图版一七，5）。

圈足　3件。均为喇叭形。WL支3:30，高圈足，上与器底相连。夹细砂红褐陶，砂粒以自然砂为主，足表装饰细绳纹和刻划、戳印组合纹，上部纹样为两边各有一条斜直线，上窄下宽呈“八”字形，中间有两排从左上往右下倾斜的锥刺纹，并在这两排锥刺纹两侧边和中间刻划三道细线，将纹饰分成两组，另再在两排锥刺纹的两端和两侧有四个半圆形刻划纹和较深的长方形戳印纹，有的已戳穿，变成镂孔。下部为细绳纹。残高4.2厘米（图二二，2）。WL支3:15，上与器底相连。夹细砂黄褐陶，足表经磨光，上饰两排近长方形镂孔。足高2.6、底径6.8厘米（图二二，3；图版一七，6）。WL厅:07，喇叭形矮圈足。夹细砂灰黑陶，砂粒主要为蚌壳末和自然砂，器表素面。高3.8、足径12.6厘米（图二二，5）。

钵　6件，有A、B、C、D、E五型。

A型　1件。WL厅:08，夹细砂黑陶。敞口，圆唇，微束颈，深弧腹，圜底，口沿

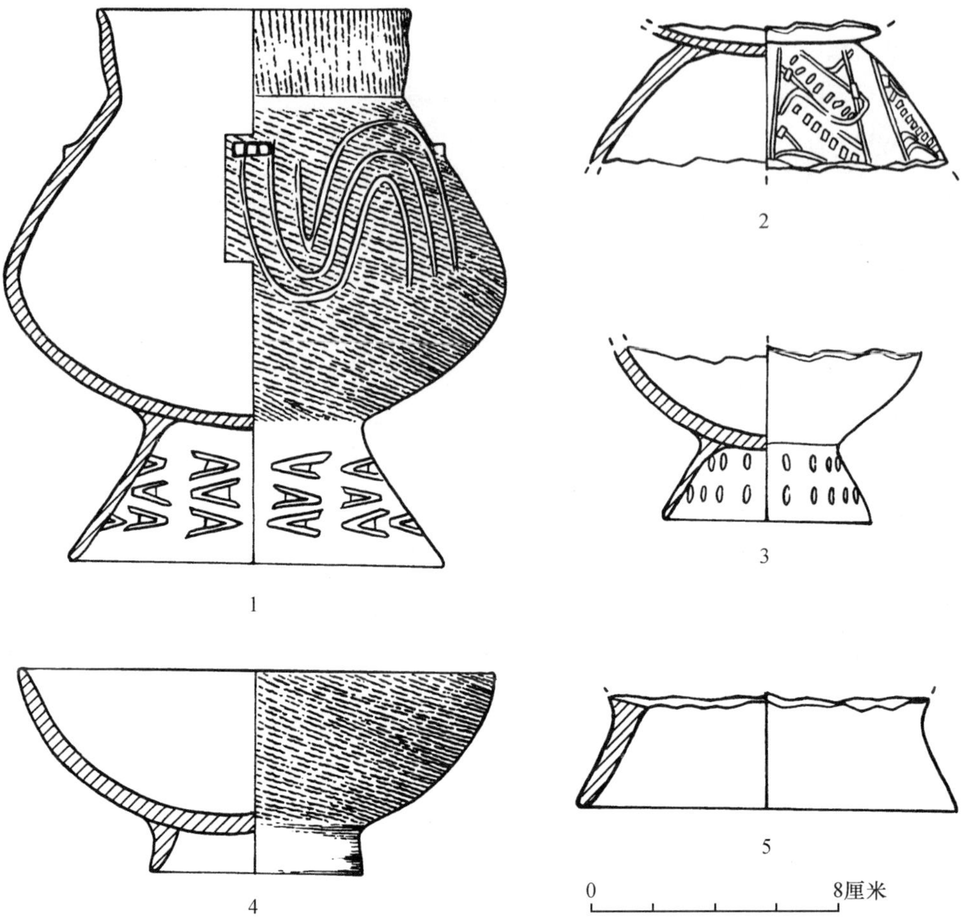

图二二　弄山岩洞葬陶圈足器

1. A 型陶壶（WL 厅: 12）　2、3、5. 陶圈足（WL 支 3: 30、WL 支 3: 15、WL 厅: 07）　4. 陶碗（WL 厅: 30）

上有对称的两个半圆形立耳。器表饰交错细绳纹，颈至口部在绳纹上抹一层细泥，将绳纹盖住。高 7.2、口径 11.7、腹径 10.6 厘米（图二三，5；图版一八，6）。

B 型　2 件，夹细砂红褐陶，砂粒粗细不匀。敞口，圆唇、沿微外翻，微束颈，弧腹，圜底。器表饰交错细绳纹，颈至口部在绳纹上抹一层细泥，将绳纹盖住。器底和部分腹部有烟炱痕。有 Ba、Bb 二亚型。

Ba 型　1 件。深弧腹。WL 支 3: 24，高 7、口径 11.4、腹径 10.6 厘米（图二三，6；图版一八，2）。

Bb 型　1 件。浅腹，圜底近平。WL 支 4: 07，高 5.4、口径 12.4、腹径 12 厘米（图二三，3；图版一八，1）。

C 型　1 件。夹细砂黑陶，敛口，平唇，弧腹，圜底近平微内凹；器表饰交错细绳纹，纹路较深；器内外有烟炱痕。WL 支 4: 13，高 7、口径 14.4、腹径 14.6 厘米（图

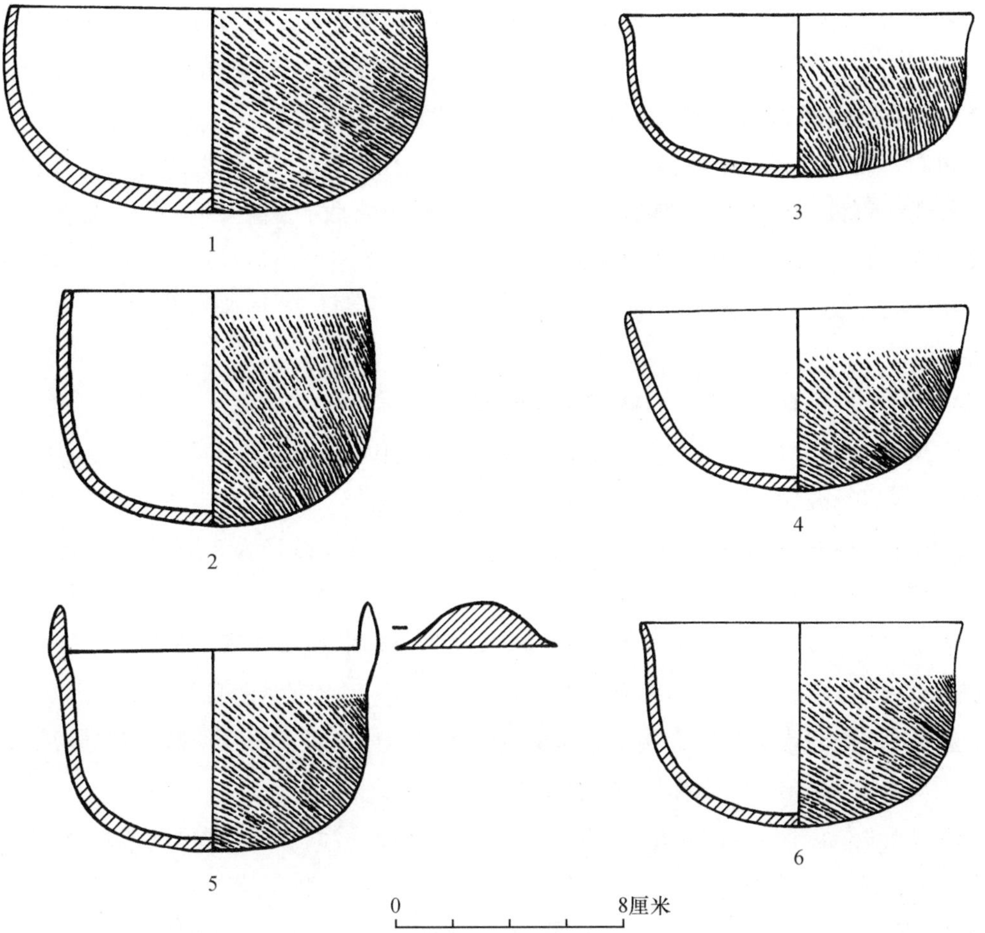

图二三　弄山岩洞葬陶钵

1. C 型钵（WL 支 4∶13）　2. D 型钵（WL 支 3∶31）　3. Bb 型钵（WL 支 4∶07）　4. E 型钵（WL 厅∶05）　5. A 型钵（WL 厅∶08）　6. Ba 型钵（WL 支 3∶24）

二三，1；图版一八，3）。

D 型　1 件。直口，圆唇，直腹较深，圜底，器表通体饰交错细绳纹，口下部用细泥抹平。WL 支 3∶31，高 8、口径 10.5 厘米（图二三，2；图版一八，5）。

E 型　1 件。夹细砂灰褐陶，敞口，尖唇，斜直腹，圜底。器表饰交错细绳纹，口下部在绳纹上抹一层薄薄的细泥，并磨光，将绳纹盖住。器底和腹部有烟炱痕。WL 厅∶05，高 6.2、口径 12 厘米（图二三，4；图版一八，4）。

三足器　10 件。有三足釜、罐、钵等。

三足釜　6 件。分属 A、B 二型。

A 型　2 件。有 Ac、Ad 二亚型。

Ac 型　1 件。WL 支 3∶05，夹细砂红褐陶。器身与 Ac 型釜相近。敞口，高直领，圆鼓腹，圜底，底附三细小矮锥足，足与器身分制黏接而成，足外撇。器表通体饰细绳纹，领部和肩上部的绳纹多被抹平，腹部在绳纹之上刻划三组三线组合的曲线纹。高13.4、口径9.4、腹径12.6厘米（图二四，8；图版一九，2）。

Ad型　1件。WL支3∶12，近泥质红褐陶，胎质细腻，胎壁很薄，最薄处仅1毫米。敞口，圆唇，高直领，斜肩，扁鼓腹，腹折而内收，圜底，底附三锥状足，足外撇；足与器身分制，然后黏接而成。器表从领至底全饰细绳纹，肩部在绳纹之上刻划六个双线反"∽"形纹。通高20、口径13.2、腹径26厘米（图二四，1；图版一九，5）。

B型　4件。有Bb、Bc、Bd、Be四亚型。

Bb型　1件。WL支4∶03，夹细砂红褐陶，器身与Ba型釜相同。敞口，尖唇，沿微外翻，斜肩，鼓腹稍内折，圜底，底附三足，足外撇。器表饰交错细绳纹，上腹部在绳纹上再饰五组斜线和弧线刻划纹，纹饰较乱。高9.2、口径8.8、腹径10厘米（图二四，6；图版二〇，5）。

Bc型　1件。WL厅∶11，夹细砂红褐陶，器身与Bc型釜相同。微敞口，尖唇，沿微外翻，深腹近直，圜底，底原有三圆锥状足，现不存，底部还可以见到足与器身相接的痕迹。器表饰交错细绳纹，腹部在绳纹上再施三组五线反"∽"形的刻划纹。残高9.4、口径9.2、腹径10厘米（图二四，9；图版二〇，6）。

Bd型　2件。器身与Bd型釜相同。敞口，尖唇，沿微外翻，深腹下坠，腹下部圆鼓或微折，圜底，底附三圆锥足，足外撇。器表饰细绳纹和多线刻划纹。WL支3∶21，夹细砂灰黑陶。整个腹部涂抹一层细泥，将绳纹遮盖住，然后刻划多线曲线纹，纹较浅，现已模糊不清；口下部和底部保留绳纹。高9、口径7、腹径8.4厘米（图二四，5；图版二〇，3）。WL支3∶20，夹细砂红褐陶，腹部在绳纹之上刻划由六线组成的连续曲线纹。高8.8、口径7.2、腹径8.2厘米（图二四，10；图版二〇，4）。

Be型　1件。WL支3∶09，夹细砂红褐陶，敞口外侈，微束颈，折腹，上腹壁斜直，圜底近平，底附三足，现足已不存，但可以清晰地见到三足与器身黏接的痕迹。器表通饰从左往右的斜向细绳纹，腹部在绳纹之上再饰五组三线组合的反"∽"形刻划纹，以及一组从上往下的竖划纹。颈部纹饰被用细泥抹平。残高7.5、口径9.7厘米（图二四，7；图版二〇，2）。

三足罐　1件，属Ba型。WL支3∶06，夹细砂红褐陶，器身与Ce型罐相同。敞口，束颈，深腹近直，腹下部圆鼓下坠，圜底，底附三个外撇的矮乳足。口内外和领至肩部涂抹一层薄薄的暗褐色陶衣，并经磨光；肩至底滚压交错细绳纹，腹上部在绳纹之上用上陶衣的细泥绘一道连续的宽带曲线纹。高14、口径9.6、腹径13.4厘米（图二四，3；图版一九，1）。

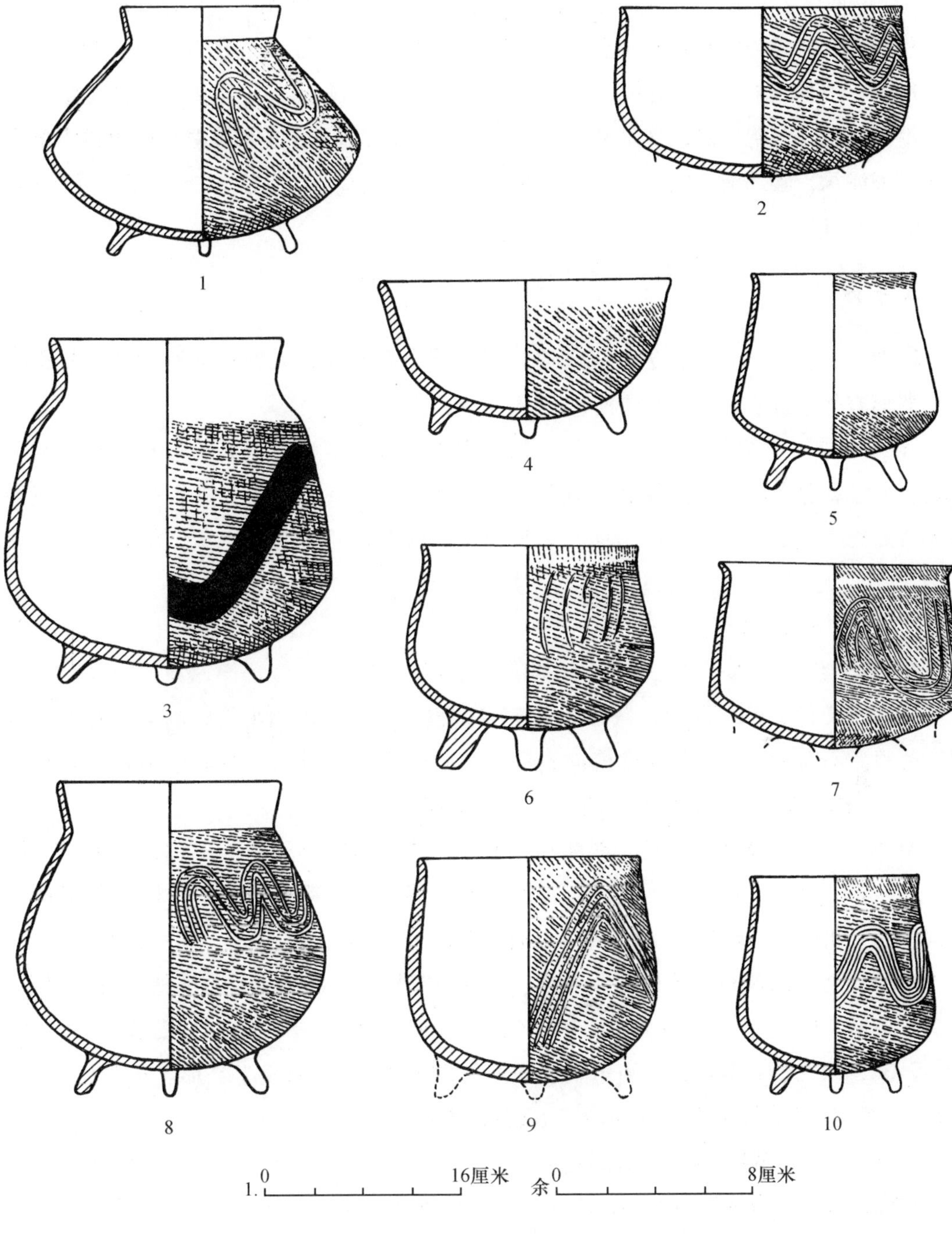

图二四　弄山岩洞葬陶三足器

1. Ad 型三足釜（WL 支 3:12）　2. B 型三足钵（WL 支 4:16）　3. Ba 型三足罐（WL 支 3:06）　4. A 型三足钵（WL 支 3:07）　5、10. Bd 型三足釜（WL 支 3:21、WL 支 3:20）　6. Bb 型三足釜（WL 支 4:03）　7. Be 型三足釜（WL 支 3:09）　8. Ac 型三足釜（WL 支 3:05）　9. Bc 型三足釜（WL 厅:11）

三足钵　2 件。分属 A、B 二型。

A 型　WL 支 3∶07，夹砂黑陶，器形、装饰花纹与 E 型钵相同，只是在底部加了三个微外撇的乳状足。高 6.6、口径 12、腹径 11 厘米（图二四，4；图版一九，4）。

B 型　1 件。器形与 C 型钵相同。WL 支 4∶16，夹细砂黑陶，器内外有烟炱痕。敞口，沿微外翻，底附三足，现足都已不存，但可从底部看见足与器身黏接的痕迹。器表饰交错细绳纹，腹部绳纹之上饰多线刻划的曲线纹。残高 7、口径 11.6 厘米（图二四，2；图二〇，1）。

2. 石器

23 件。用石英岩、花岗岩、火成岩、页岩等岩石制成，大部分磨制光滑，制作精致。器形有斧、锛、大石铲、碾槽、刀等。

斧　10 件。绝大多数为有肩石器，器体多不对称，器身最宽处一般在器身下部近刃处，最厚处也在肩以下开始磨刃处。通体磨制光滑，磨刃面多为斜面较陡直，正面宽，背面均磨出很窄的长条形刃面，刃缘锋利。依器物的形态分双肩、单肩和无肩三大类。

双肩斧　8 件。分属 A、B、D 三型。

A 型　6 件。有 Aa、Ab、Ac、Ad 四亚型。

Aa 型　1 件。WL 厅∶02，灰黑色石英岩，宽柄宽身，柄端平直，斜肩略对称，弧刃，两刃角不对称，整个器身微偏向右侧。正面的磨刃面较宽，略呈半环形。长 8.1、刃宽 5.8、柄宽 3、厚 1.5 厘米（图二五，1；图版二一，1）。

Ab 型　3 件。宽柄，斜肩，斜弧刃，柄端平直，两肩和刃角不对称，整个器身偏向左侧。WL 厅∶14，深灰色石英岩，正面的磨刃面较宽，略呈半环形，柄端和两肩保留较多的打制疤痕。长 7.6、刃宽 6.4、柄宽 3.8、厚 1.4 厘米（图二五，2；图版二一，2）。WL 厅∶19，灰黑色石英岩，体较小，斧身较窄长。刃部微缺，正面的磨刃面较窄，略呈长条形。长 6.4、刃宽 4.4、柄宽 2.6、厚 0.85 厘米（图二五，6；图版二一，4）。WL 厅∶38，灰黑色石英岩，右刃角残缺，正面的磨刃面宽，略呈半环形。长 7.6、刃残宽 5.8、柄宽 3.3、厚 1.9 厘米（图二五，4；图版二一，3）。

Ac 型　1 件。WL 厅∶01，灰黑色石英岩，宽长柄，短宽身，长斜肩，斜弧刃。双肩不对称，整个器身微偏向右侧，正面的磨刃面较宽，略呈长条形，左侧刃角残断。长 7.9、刃残宽 5.1、柄宽 3.6、厚 1.7 厘米（图二五，3；图版二一，5）。

Ad 型　1 件。为小石斧。WL 支 3∶01，白色石英岩，宽长柄，短宽身，斜肩不对称，斜弧刃。整个器身偏向右侧，最宽处在肩下部。正面的磨刃面较宽，略呈三角形，柄右上角保留较多的打制疤痕。长 5.2、刃宽 4.4、柄宽 2.8、厚 1 厘米（图二五，5；

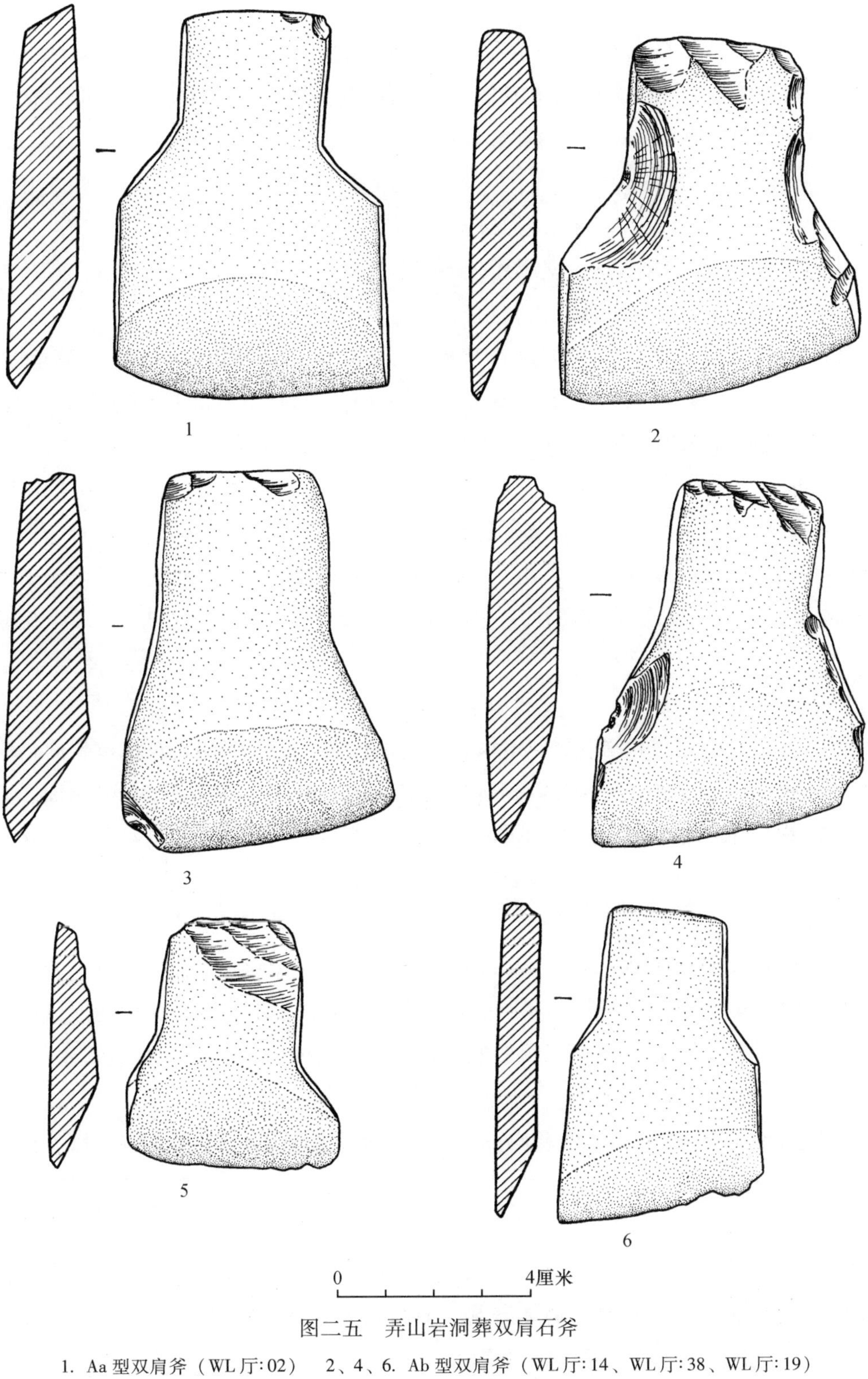

图二五 弄山岩洞葬双肩石斧

1. Aa 型双肩斧（WL 厅:02） 2、4、6. Ab 型双肩斧（WL 厅:14、WL 厅:38、WL 厅:19）
3. Ac 型双肩斧（WL 厅:01） 5. Ad 型双肩斧（WL 支 3:01）

图版二一，6）。

B型　1件。WL厅:03，深灰色花岗岩，长身，长柄，长斜肩，两肩对称，斜弧刃，整个器身偏向右侧，最宽处在肩部。正面的磨刃面较宽，略呈长方形，柄上端保留较多的打制疤痕。长10.5、肩宽5.5、柄宽3.4、厚1.3厘米（图二六，1；图版二二，1）。

D型　1件。WL厅:39，深灰色石英岩，短身，长柄，长斜肩不对称，直刃。正面的磨刃面较宽，略呈梯形，柄上端保留较多的打制疤痕。长6.7、刃宽4.6、柄宽2.7、厚0.9厘米（图二六，4；图版二二，4）。

单肩斧　1件。为A型。WL厅:22，灰白色火山岩，长窄柄，单斜肩，肩角近圆，斜弧刃，刃微缺，两刃角不对称。通体磨光，柄部有一块打制时留下的较深的凹疤，无肩的一侧有三道切割的凹槽。长10、宽4.2、柄宽2.2、厚1.2厘米（图二六，2；图版二二，2）。

无肩斧　1件。WL支1:02，灰褐色石英岩，器体较小，近梯形，微束腰，腰部往下斜直至刃角，斜弧刃近直，两刃角上挑，正面的磨刃面略呈较宽的梯形。器形似从双斜肩石斧变化而成。顶端制作较粗糙，未磨平。长5.8、宽5、柄宽3.1、厚0.9厘米（图二六，3；图版二二，3）。

双肩锛　3件。分属A、B、C三型。

A型　1件。为宽体石锛。WL支4:10，黑色火成岩，短宽柄，对称双斜肩，肩角近圆，弧刃，刃部残缺，有明显的使用痕迹，正面有一较窄、呈长条形的磨刃面。器体扁平对称，除柄部外，余磨光。长10.6、宽9.4、柄宽5.4、厚1.3厘米（图二六，4；图版二三，2）。

Bb型　1件。WL厅:23，黑色石英岩，体长，最宽处近肩部。长宽柄，短斜肩，长身，身宽上下相近，斜弧刃，两肩和刃角互不对称，左刃角长尖而微上挑，右刃角短近圆；通体磨制，两侧边平直，背平，正面隆起，中部两侧磨成斜面，中间形成一不太明显的凸棱，正面近刃部有一呈三角形的宽磨刃面。长9.1、宽4.8、柄宽3.8、厚1.2厘米（图二七，1；图版二三，3）。

C型　1件。WL支1:01，白色石英岩，长宽柄，长斜肩，肩部不太明显，微弧刃，刃残缺，正面有一较宽的磨刃面。长10.6、宽6、柄宽3.8、厚2.4厘米（图二七，5；图版二三，1）。

单肩锛　1件。属A型。WL厅:15，灰黑色石英岩，两面均微隆起。长身，宽柄，右侧单斜肩，微弧刃，刃口缺。通体磨制，上部保留有部分打制疤痕。长10.1、宽5、柄宽3.8、厚1.7厘米（图二七，2；图版二三，4）。

碾槽　1件。WL支4:01，红色细砂岩，外形不规则，中间有椭圆形凹槽，槽口

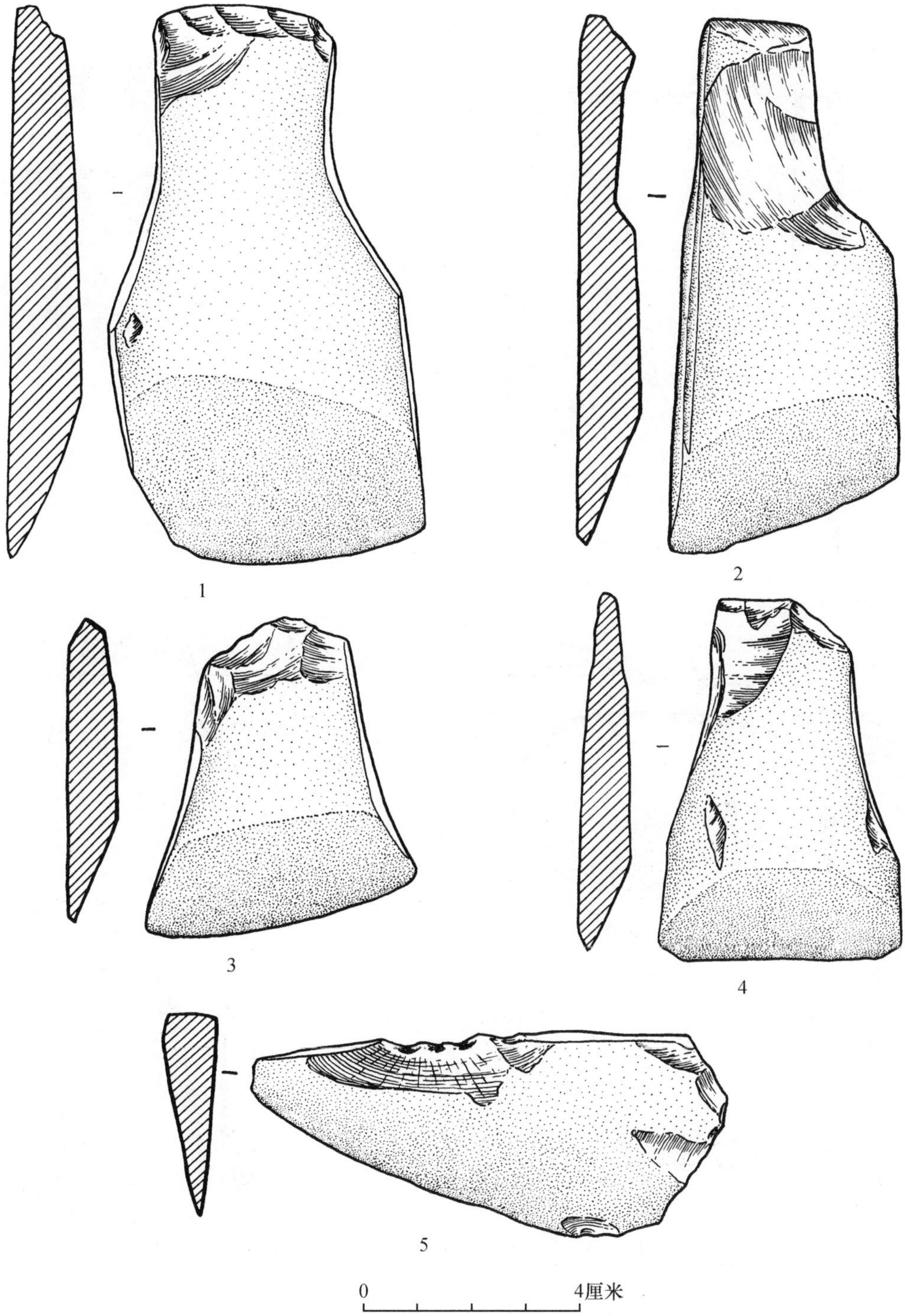

图二六　弄山岩洞葬石器

1. B型双肩斧（WL厅:03）　2. A型单肩斧（WL厅:22）　3. 无肩斧（WL支1:02）
4. D型双肩斧（WL厅:39）　5. A型刀（WL支1:07）

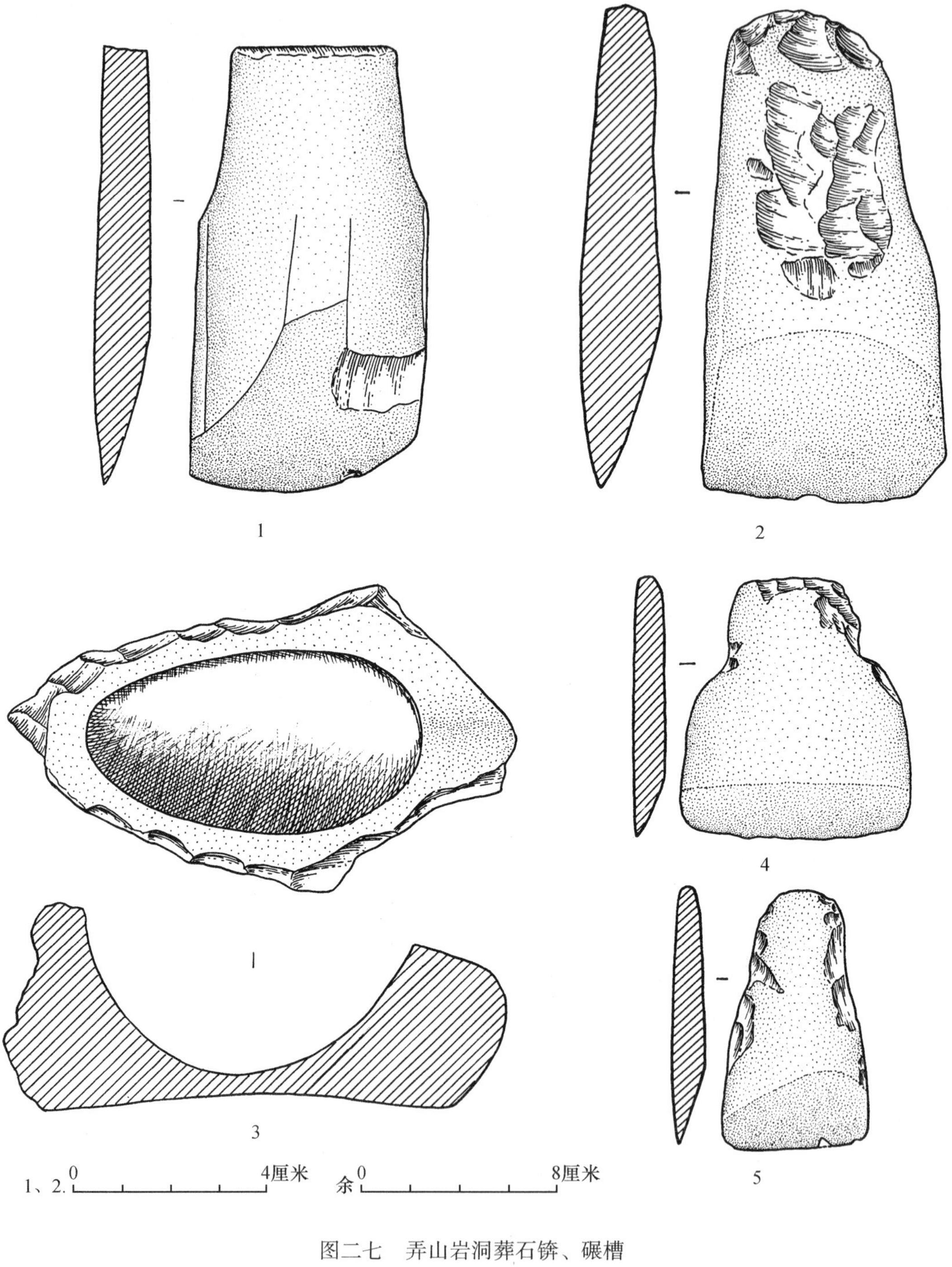

图二七　弄山岩洞葬石锛、碾槽

1. Bb型双肩锛（WL厅:23）　2. A型单肩锛（WL厅:15）　3. 碾槽（WL支4:01）
4. A型双肩锛（WL支4:10）　5. C型双肩锛（WL支1:01）

宽底窄，较深，内光滑。器底和一侧面磨平。器长21、宽12.6、高8.8，槽口径8.8~14、深5.2厘米（图二七，3；图版二二，5）。

大石铲　7件。其中有6件保存较完整，绝大部分用页岩制成，质软易碎。依器物的形态可分为四型。

A型　1件。WL厅:18，灰黑色页岩，长柄，宽平肩，肩角上翘，束腰，圆弧刃；刃缘钝厚，不开刃。通体磨制。通长22、腰宽11.8、厚1.6厘米（图二八，5；图版二四，1）。

B型　1件。WL支1:04，灰黄色页岩，短柄，斜肩，锯齿形短袖，束腰，弧刃；刃部较钝，微缺，不开刃。器体中部微鼓，通体磨制。通长28、腰宽14、厚1.2厘米（图二八，1；图版二四，2）。

C型　3件。短柄，平肩，直边，弧刃；器形瘦长，器体扁薄，腰不明显，一般刃部钝厚，不开刃。通体磨制。WL厅:46，灰色页岩，器表呈黑色。通长28、中部宽10、厚1.2厘米（图二八，2；图版二四，4）。WL厅:45，灰色页岩，通长27.2、中部宽13.6、厚1.2厘米（图二八，4；图版二四，3）。WL支1:03，灰色页岩，两肩微斜（图版二四，5）。

D型　1件。WL厅:21，灰白色石英岩，短宽柄，窄平肩，锯齿状短袖不明显，束腰，尖圆刃呈舌头状。通体磨光，器小巧精致。通长9.7、腰宽3.5、厚0.4厘米（图二八，3；图版二四，6）。

刀　1件。属A型。WL支1:07，白色石英岩，平面近三角形，双面直刃，刃缘锋利；前端尖部单面磨成弧刃，刀背平直。正面磨制光滑，反面微磨，保留较多细小的琢打疤痕。长8.8、宽3.8、厚1厘米（图二六，5；图版二二，6）。

3. 玉器、蚌器

玉器　4件。全为饰品，有玦、坠子两种。

玦　3件。为三种不同的式样，分属A、B、C三型。

Ab型　1件。WL厅:40，灰白色，平面近长方形，通体磨光，两侧边平直，两端分从两面磨成斜直边；中间从两面对穿一圆孔，在一侧从两面对切一缺口，在一端的中部单面穿一小圆孔。长2.9、宽1.4、厚0.5、中部孔径0.6~0.8、一端的孔径0.2~0.4厘米，缺口两面宽中间窄，宽0.2~0.4厘米（图二八，8；图版二五，2）。

B型　1件。WL厅:17，灰绿色，平面为不规则五边形，通体磨光，四边平直，在一侧中部穿一圆孔，并在侧边开一缺口。长2.2、宽1.4、厚0.4、孔径0.55、缺口宽0.2厘米（图二八，9；图版二五，1）。

C型　1件。WL支4:17，淡绿色，平面为近梯形，通体磨光，四边平直，在中间

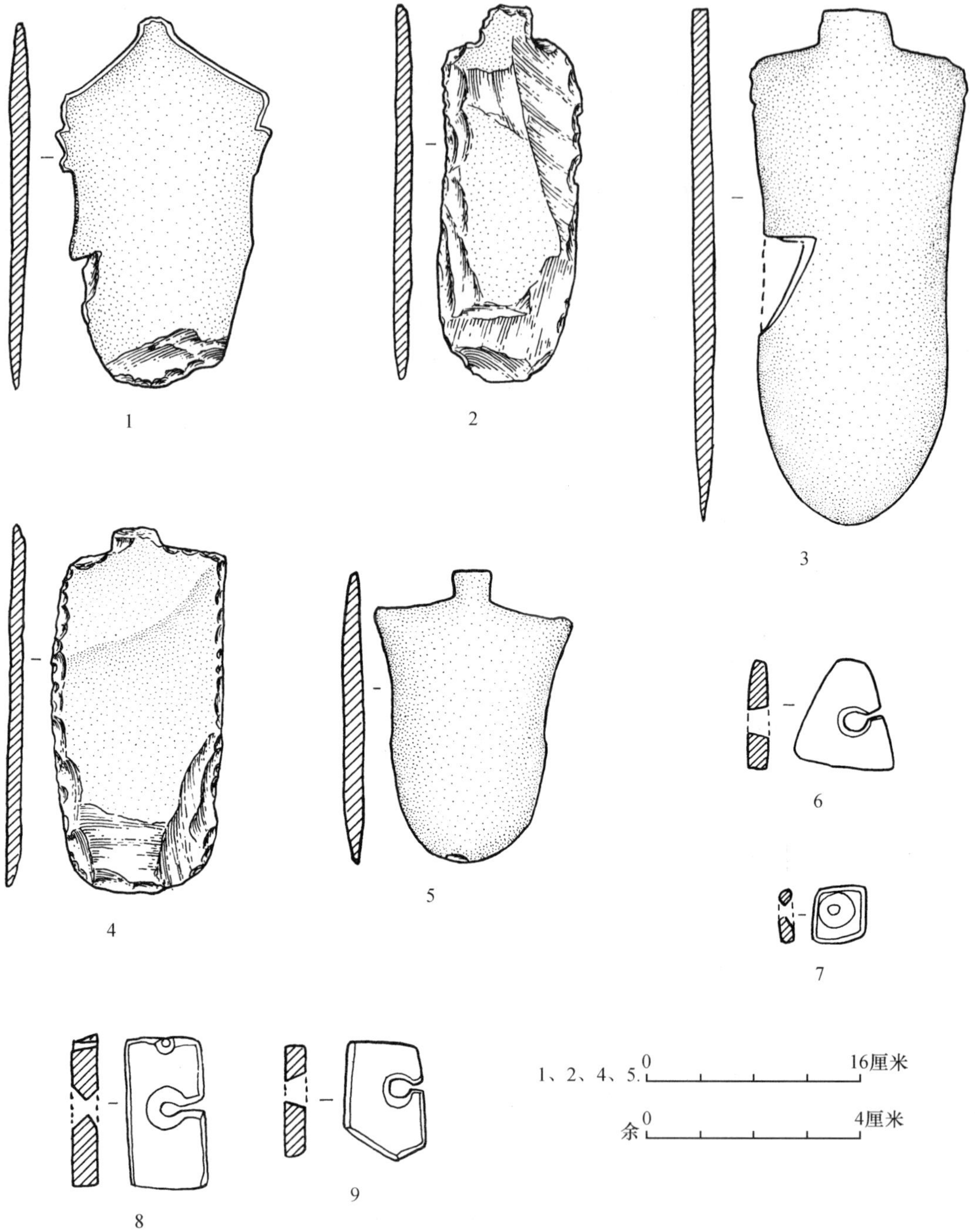

图二八　弄山岩洞葬大石铲、玉器

1. B型石铲（WL支1:04）　2、4. C型石铲（WL厅:46、WL厅:45）　3. D型石铲（WL厅:21）　5. A型石铲（WL厅:18）　6. C型玉玦（WL支4:17）　7. 玉坠（WL支3:18）　8. Ab型玉玦（WL厅:40）　9. B型玉玦（WL厅:17）

偏一侧穿一圆孔，并开一缺口，缺口为从一面往另一面切割而成。长2.1、上宽0.5、下宽1.9、厚0.4，孔径0.5~0.55、缺口宽0.2厘米（图二八，6；图版二五，3）。

坠子　1件。WL支3∶18，淡绿色，平面近方形，通体磨光，中间单面斜穿一圆孔。长宽1、厚0.2、孔径0.25~0.6厘米（图二八，7；图版二五，4）。

贝饰　4件。用文蛤壳制成，在蛤壳顶端磨制出一个小平面，中间再钻一圆孔。WL厅∶20，长10.2、宽8.8厘米（图二九，4；图版二五，6）。WL支3∶19，长7、宽5.3厘米（图二九，1）。

蚌饰　7件。分别用蚌壳磨成长条形，再在两端穿孔而成，孔部多残缺，形状与玉璜相似；器形大部分为长条弧形，断面多呈圆形和椭圆形，7件的长短不一，似为从短到长的一组串饰。最小的长2.8、宽0.5厘米，最大的长5.3、宽0.9厘米。WL厅∶49，

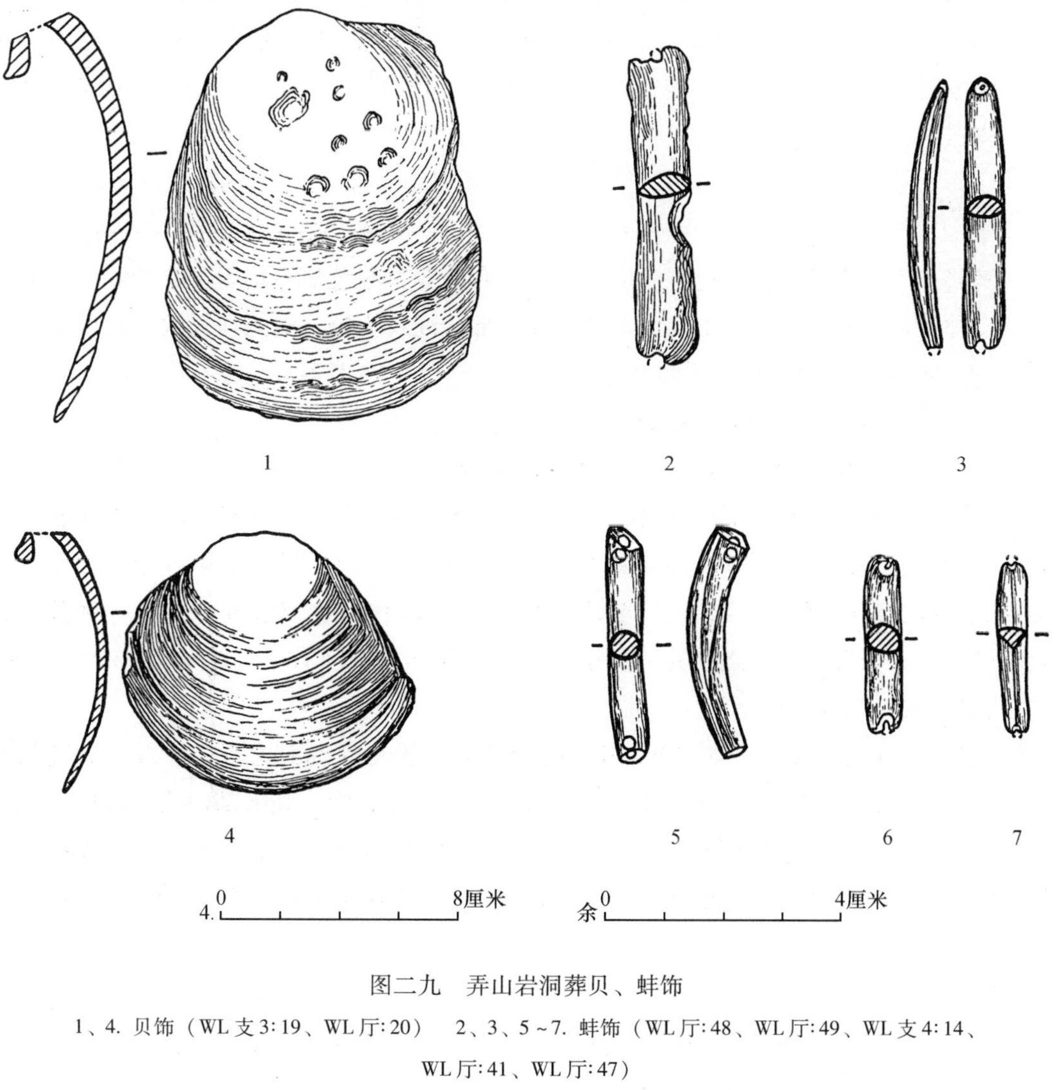

图二九　弄山岩洞葬贝、蚌饰

1、4. 贝饰（WL支3∶19、WL厅∶20）　2、3、5~7. 蚌饰（WL厅∶48、WL厅∶49、WL支4∶14、WL厅∶41、WL厅∶47）

残长4.7、宽0.7厘米（图二九，3；图版二五，5中）。WL厅:48，残长5.3、宽1厘米（图二九，2；图版二五，5下）。WL厅:41，残长2.9、宽0.5厘米（图二九，6）。WL厅:47，残长2.8、宽0.5厘米（图二九，7）。WL支4:14，长3.9、宽0.6厘米（图二九，5；图版二五，5上）①。

第三节 歌寿岩岩洞葬

歌寿岩岩洞葬位于大新县榄圩乡新球村逐标屯东北约200米的歌寿山一天然石灰岩洞穴内（图版二六，1）。歌寿山海拔532米，高约286米。岩洞在山的西北面，距地面约60米；洞口宽约2米，高约2.7米，进深约50米。岩洞外宽内窄，洞室平面呈喇叭形，面积约100平方米。因洞内有古人烧火留下的火灰，故当地群众将此岩洞称为“歌寿岩”（“歌”当地壮话是“生火”的意思，“寿”是“火灰”）。1973年当地群众在洞内挖岩泥时发现，内有完整的陶器10余件，但大部分已被扔掉，后收集到少量陶片、陶器和磨制石器。

1. 陶器

陶器均为夹细砂陶，陶色有红褐、灰黑、灰黄等，颜色多不均匀，有的同一件器物上有多种颜色。器表多在肩部以下饰细绳纹，部分绳纹交错，有的在绳纹上再刻划多线曲线纹，多为反“ᔕ”形。采集的多为碎片，只有2件陶器较完整，器形主要是罐、釜类，以圜底器为主，少量三足器。

釜 1件。属Ad型。DG:02，夹细砂红褐陶，微敞口近直，高直领，斜溜肩，扁鼓腹，器体最大径在腹下部，圜底。器表肩部至底遍饰细绳纹，绳纹为从肩部往底竖向滚压而成，肩腹部纹饰规整，底部绳纹错乱。下腹部的绳纹之上，又从左至右滚压一遍绳纹，形成交错的近方格纹，从口至领肩相交处表面涂抹一层很薄的细泥浆。底部有黑色的烟炱痕。器形规整，烧制的火候较高。通高16.6、口径12.4、腹径18.6厘米（图三〇，2；图版二六，2）。

三足罐 1件。属Bb型。DG:01，夹细砂陶，器表颜色不均，有红褐、灰黑和黑色等。微敞口，高直领，斜肩，肩下腹部折而直下，深直腹，腹下部内收，圜底，底附三矮小乳状足。器表遍饰细绳纹，饰纹方法为从领至底滚压而成，领和肩上部涂抹有一层细泥浆，将绳纹覆盖。肩和腹上部在绳纹之上饰有多线刻划曲线纹，纹较浅不太清

① 广西壮族自治区文物工作队、南宁市博物馆、武鸣县文物管理所：《广西武鸣县岜旺、弄山岩洞葬发掘报告》，《广西考古文集》（第二辑），科学出版社，2006年。

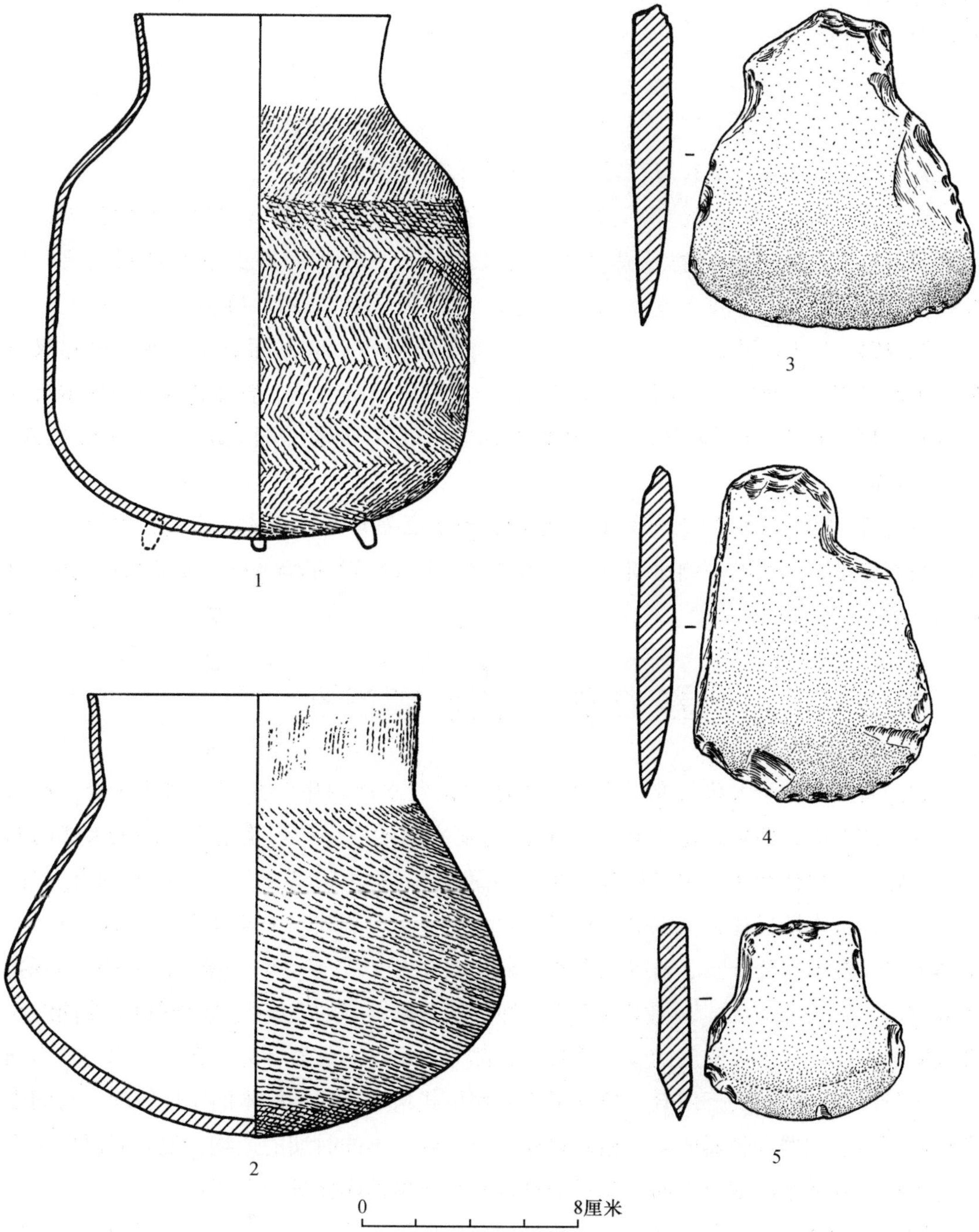

图三〇　歌寿岩岩洞葬陶器、石器

1. Bb 型三足陶罐（DG:01）　2. Ad 型陶釜（DG:02）　3. A 型双肩石锛（DG:03）
4. B 型单肩石锛（DG:04）　5. E 型双肩石斧（DG:05）

楚。肩下部和腹下部在原绳纹上又从左至右横向滚压一周细绳纹，这两处与底部一样纹饰较错乱。通高 19.9、口径 9.5、最大腹径 15.8、足高 0.8 厘米（图三〇，1；图版二六，3）。

2. 石器

共 3 件。均为磨制的有肩石器，器形有斧和锛两种。

双肩斧　1 件。属 E 型。DG∶05，青灰色石质，宽柄，对称双斜肩，双面弧刃，一面磨刃面较窄，另一面的磨刃面较宽。通体磨光，只在一面有少量的打制疤痕。长 7.4、柄宽 4.4、刃宽 7.2、厚 1.2 厘米（图三〇，5；图版二六，4）。

双肩锛　1 件。属 A 型。DG∶03，系用青色砾石石片磨制而成。宽柄，对称双斜肩，单面弧刃。一面平，一面微呈弧形。通体磨制，只柄上端、肩部和两侧边保留有少量打制疤痕。长 11.9、柄宽 5.6、刃宽 10.4、厚 1.4 厘米（图三〇，3；图版二六，5）。

单肩锛　1 件。属 B 型。DG∶04，系用青色砾石石片磨制而成。窄柄，单斜肩，弧刃。两面扁平，无肩的一侧边斜直。通体磨光。长 12.3、柄宽 4.2、刃宽 8.6、厚 1.4 厘米（图三〇，4）①。

第四节　北景岩洞葬

北景岩洞葬位于大化县北景乡百达村腊岜山红水河两岸，共有岩洞葬 4 处，1、2 号洞在河的左岸，两者高差约 10 米，3、4 号洞在河的右岸。均是利用山崖上天然的洞穴、裂隙、岩厦作葬所，洞口相对高度 30～50 米。其中 1、2 号岩洞葬内发现有人骨、石器、骨器、陶器残片和棺木等。石器主要出自 2 号岩洞葬，均器体较大，加工精致、通体磨光，器形有斧、锛、凿等。陶器主要出自 1 号岩洞葬，均为夹细砂灰陶，胎薄，火候较高，器表饰绳纹，以细绳纹为主，绳纹多交错，有的在绳纹之上刻划多线曲线纹和饰附加堆纹。器形以圜底的釜、罐为主，部分三足器。骨器多为骨笄。棺木为整木圆棺，子母口扣合，棺头、尾有牛角燕尾式或燕尾式角饰。这种棺木的年代较晚，与洞中所出的石器、陶器和骨器的年代相差较远，应为两个不同时期的遗物，说明岩洞葬至少可分为早、晚两个时期。下面主要对 1 号岩洞葬所出的陶器进行介绍：

陶器均为残片，但数量不多，采集有 50 余片，没有完整器，可辨别器形的有 13 件，均为陶釜。分属 A、B 二型。

---

① 广西壮族自治区文物工作队：《广西先秦崖洞葬综述》，《广西考古文集》，文物出版社，2004 年。

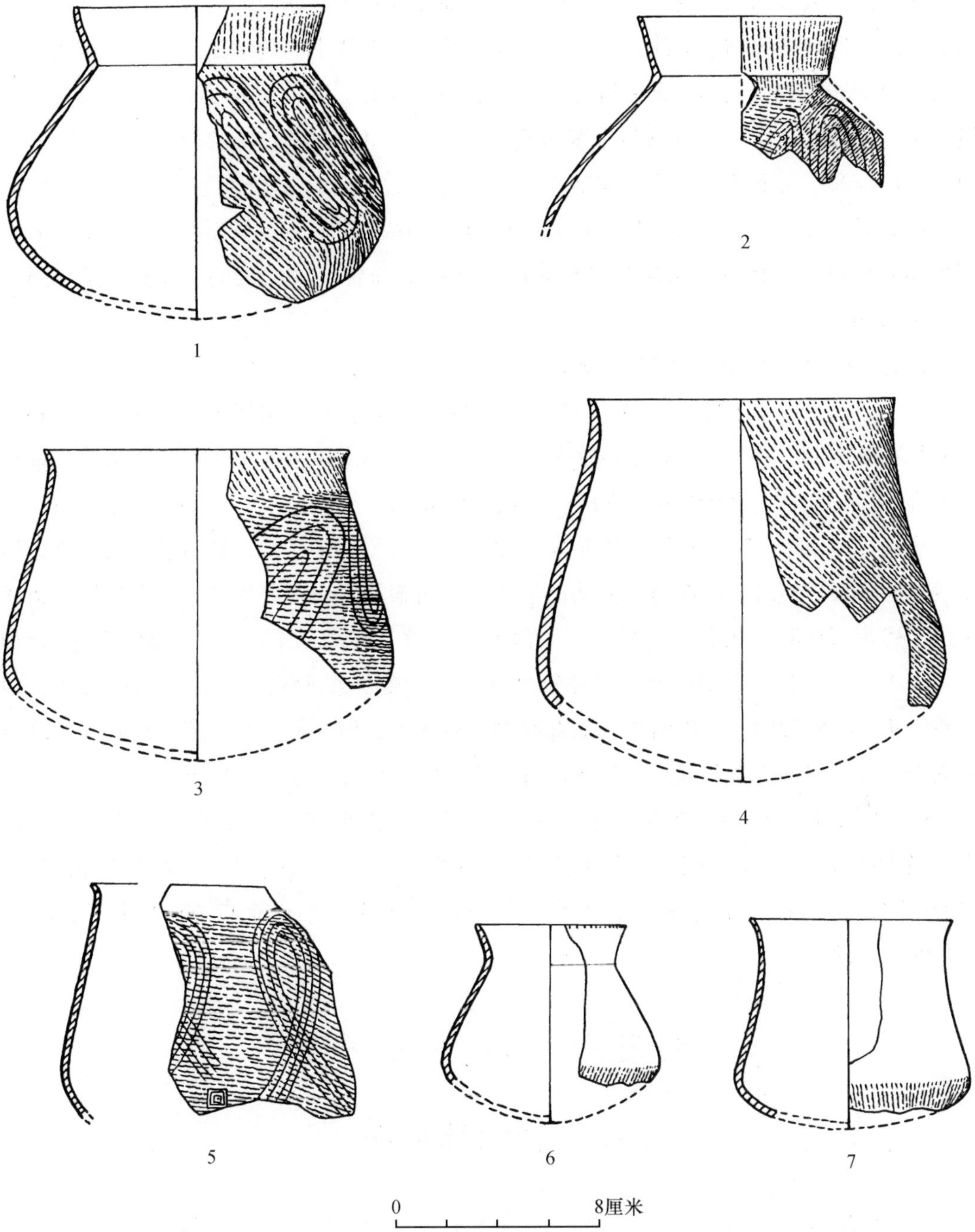

图三一　北景岩洞葬陶器

1、2、6. Ad型釜（DBD1:01、DBD1:02、DBD1:06）　3～5. Ba型釜（DBD1:03、DBD1:04、DBD1:05）

7. Be型釜（DBD1:07）

A 型　3 件。均属 Ad 型。敞口，斜直领，斜肩，扁圆鼓腹，最大径在腹下部，圜底，底残；器表多饰细绳纹，有的在绳纹上再饰多线组合的刻划曲线纹。DBD1∶01，夹细砂灰陶，器表通体饰细绳纹，领和肩上部绳纹为从上往下竖向滚压，肩、腹部为从左往右斜向滚压而成，领部纹饰后被抹平，但仍隐约可见；肩、腹部在绳纹之上又刻划三线一组、连续的“∽”形曲线纹。复原后通高 12.3、口径 10、腹径 15 厘米（图三一，1）。DBD1∶02，腹下部残。器表纹饰与上一件相同，只上腹部饰有乳钉纹。残高 8.4、口径 8.2 厘米（图三一，2）。DBD1∶06，夹细砂红陶，腹下坠，折而内收，腹最大径在下腹部近底处。口沿和肩部饰有零星绳纹，下腹部饰中绳纹。残高 6.2、口径 6 厘米（图三一，6）。

B 型　10 件。有 Ba、Be 二亚型。

Ba 型　8 件。微敞口，尖唇，微束颈，肩、腹壁斜直，腹下坠，外鼓折而内收，最大径在腹下部，有的已接近于器底处，圜底均残；器表多通体饰绳纹，大部分在绳纹上再饰多线刻划纹。DBD1∶04，腹下部残，器体较高，深腹，下腹圆鼓，通体饰细绳纹。残高 12、口径 12、腹径 16.2 厘米（图三一，4）。DBD1∶03，器体显得略矮胖，腹较浅；通体饰细绳纹，颈部绳纹为从口沿往下斜向滚压，肩至底为从左至右近横向滚压而成，肩腹部在绳纹之上再刻划三线一组的曲线纹。残高 9.4、口径 12.2、腹径 15.4 厘米（图三一，3）。DBD1∶05，通体饰细绳纹，颈部绳纹为从口沿往下斜向滚压，肩至底为从左至右近横向滚压而成，颈部纹饰后被抹平，但隐约可见，肩腹部在绳纹之上再刻划三线一组的交叉曲线纹，腹下部有一刻划的菱形纹。残高 9 厘米（图三一，5）。

Be 型　2 件。敞口，尖唇，束颈较甚，颈肩部内束明显，腹外鼓下坠，折而内收，最大径在下腹部近底处，圜底近平。器形与Ⅳ式相近，只是颈部内束较甚。DBD1∶07，口部有零星绳纹，上腹素面，下腹饰细绳纹。残高 7.8、口径 8、腹径 9.4 厘米（图三一，7）①。

第五节　更洒岩洞葬

一、岩洞葬概况

更洒岩洞葬位于龙州县逐卜乡三叉村谷更屯东约 200 米的更洒山上，地处北纬 23°36′44.6″，东经 107°01′40.5″。2006 年下半年，谷更屯的村民梁永忠等 5 人到村前的更洒山上寻蛇时，在山上的一个洞穴中发现有陶器、石器等文化遗物。龙州县博物馆接

① 广西壮族自治区文物工作队：《广西先秦崖洞葬综述》，《广西考古文集》，文物出版社，2004 年。

到报告后，派人到实地查看，证实是一处古代岩洞葬。2007 年 3 月，广西文物考古研究所会同龙州县博物馆到实地进行调查并对该洞进行了清理。

谷更屯四面环山，所在的山间谷地面积约 1 平方公里，谷地东面是连绵的山体，当地人称之为更洒山，该山由数个连成一体的高低错落的山峰组成，高度为 100～200 米，从远处仰望，在面向谷地的山体不同的高度上隐约可见一些裂缝和洞口（图版二七，1）。岩洞葬所在洞穴，高出地面约 21 米，洞口朝西北（273°），洞口略呈长方形，宽 3 米，高 1～1.9 米，洞内由主洞及支洞组成，主洞平面呈长弧形，长约 37 米，宽 3.9～7.5 米，高 0.5～5.1 米，进洞约 12 米右侧的洞壁上有一壁洞，洞口高出主洞地面 3.8 米，洞口略呈三角形，宽约 1.5 米，高约 1 米，被板状岩块遮挡并分成左右两个入口，左低右高。洞体平面呈长方形，外高内低，长约 6.8 米，宽 0.6～1.8 米，高 0.6～2 米。人骨、陶器和石器均发现于此壁洞内，因此，此处就是岩洞葬所在地。据发现者陈述，他们进到壁洞时，发现陶器主要摆放在洞内左侧靠近洞壁的地方，出于好奇，他们将洞内暴露的文化遗物全部取出并打碎了部分陶器，还挖开洞内所有堆积以寻宝。壁洞内堆积现已全部被挖开，器物的原始摆放位置已经无法复原。洞内采集和清理出土的遗物有陶器、石器、人牙、骨骼碎片等。其中采集人牙 60 颗。经鉴定，分属 10 个个体。计未成年人 3 个，青年人 5 个，中年人 2 个（见附录五）。

二、随 葬 器 物

随葬品有陶器、石器两大类，以陶器为主。

1. 陶器

28 件。其中 18 件可修复。均为夹细砂、夹炭陶，不见泥质陶。陶色不均匀，以灰黑、红褐色为主，也见有少量灰褐、灰陶，器内多为红褐色。陶质普遍较疏松，表皮多有剥落现象，器表有较多小孔隙，少量较硬。陶器火候普遍较低，器壁较薄。纹饰绝大多数为细绳纹，仅见一片为刻划纹。绳纹装饰风格一般为竖向、斜向，以竖向为主，腹部纹饰比较规整细密，底部错乱，施纹方法为竖向、斜向滚压而成。陶器制作方法均为泥片贴塑，口和领部有轮制痕迹；绝大多数陶器器内和器表领（颈）部和肩上部抹有一层细泥浆，有的抹平且抛光。陶器有圜底器、圈足器，以圜底器为主，另见有一件平底器。圈足足跟较矮，与器身分制，然后捏附在圜底上，足与器底相连处抹平，器形有罐、壶、碗、杯等。

罐　20 件。其中 8 件可复原，其余为口沿残片。分属 A、C、E 三型。

A 型　8 件。其中 2 件可复原。直口，直领，圆肩，圆鼓腹，圜底。器表通体饰细绳纹，绳纹分两次滚压而成，先从口至底竖向滚压一遍，然后再从肩至底部由左往右近横向或斜向滚压一遍，领部涂抹一层细泥浆，后抹平，将领部的绳纹全部覆盖。07LG∶03，夹细砂灰褐陶，局部呈灰黑色。近直口，口略外撇，斜平唇，矮直领，溜圆肩，圆鼓腹，圜底。高 13、口径 10.2、最大腹径 14.2 厘米（图三二，3；图版二七，2）。07LG∶5，夹细砂灰黑陶。直口，平唇，矮直领，圆肩，圆鼓腹，圜底。肩上端饰细密竖向绳纹，下端至底装饰斜绳纹，底部纹饰较杂乱。高 16、口径 10.7、最大腹径 18.4 厘米（图三二，1；图版二七，3）。

C 型　10 件。其中 5 件可复原。敞口，束颈，溜肩，深腹微下坠，圜底。器表从口至底饰竖向细绳纹，绳纹规整且浅，底部纹饰较杂乱，口至肩上部均涂一层很薄的细泥浆并抹平，将绳纹覆盖。器形比较规整，大小不一。有 Cc、Cf 二亚型。

Cc 型　完整的 1 件。07LG∶02，夹细砂灰黑陶。敞口，尖圆唇，领较矮，溜肩，圆腹，圜底。高 14、口径 10、最大腹径 14 厘米（图三三，2；图版二八，3）。

Cf 型　可复原的 4 件。敞口外侈较甚，尖圆唇，高领中间近直，溜肩，深圆腹微下坠，圜底或近平。07LG∶01，夹细砂灰褐陶，局部呈灰黑色和红褐色。高 16、口径 10.4、最大腹径 15 厘米（图三三，1；图版二八，2）。07LG∶06，夹细砂灰黑陶，局部呈灰褐色和红褐色。敞口略外撇，斜直领，圜底略尖。高 17.6、口径 11.3、最大腹径 15.3 厘米（图三三，3；图版二八，5）。07LG∶09，夹细砂灰褐陶，局部呈红褐色。敞口外撇，圆腹略扁，圜底近平。高 20.8、口径 13.8、最大腹径 20.4 厘米（图三三，5；图版二八，1）。07LG∶07，夹细砂灰褐陶，局部呈红褐色和灰黑色。高 25.6、口径 16.6、最大腹径 23.2 厘米（图三三，4；图版二八，4）。

E 型　2 件。其中 1 件可复原。器型瘦长。小敞口外侈，圆唇，高斜领近直，长溜肩，深腹下坠，最大径在腹下部近底处，圜底近平。通体装饰细密竖绳纹，较浅且规整。口至肩上部均涂一层很薄的细泥浆并抹平，将绳纹覆盖。07LG∶10，夹细砂红褐陶，底部残，已修复完整。高 33.2、口径 13.5、最大腹径 24.6 厘米（图三二，2；图版二九，1）。07LG∶12，底部已残，为腹部以上残片。夹细砂灰褐陶，局部呈红褐色。残高 28、口径 11.6 厘米（图三二，4）。

壶　6 件，其中 2 件可复原。均属 B 型。敞口略外侈，圆唇，高斜领，溜肩，圆鼓腹，矮圈足。通体装饰细密竖绳纹，较规整且浅。口至肩上部均涂一层很薄的细泥浆并抹平，将绳纹覆盖。07LG∶08，夹细砂红褐陶。高 20.4、口径 11.6、最大腹径 16.8 厘米（图三二，6；图版二九，3）。07LG∶11，仅残剩下腹部及足跟。残高 20、最大腹径 21.7 厘米（图三二，5）。

簋　4 件。均属 A 型，其中 2 件复原完整。微敞口或敛口，平唇，深弧腹，圜底，底附矮圈足。通体装饰细密斜绳纹，口部下端有抹平痕迹，器内平滑。07LG∶24，夹细

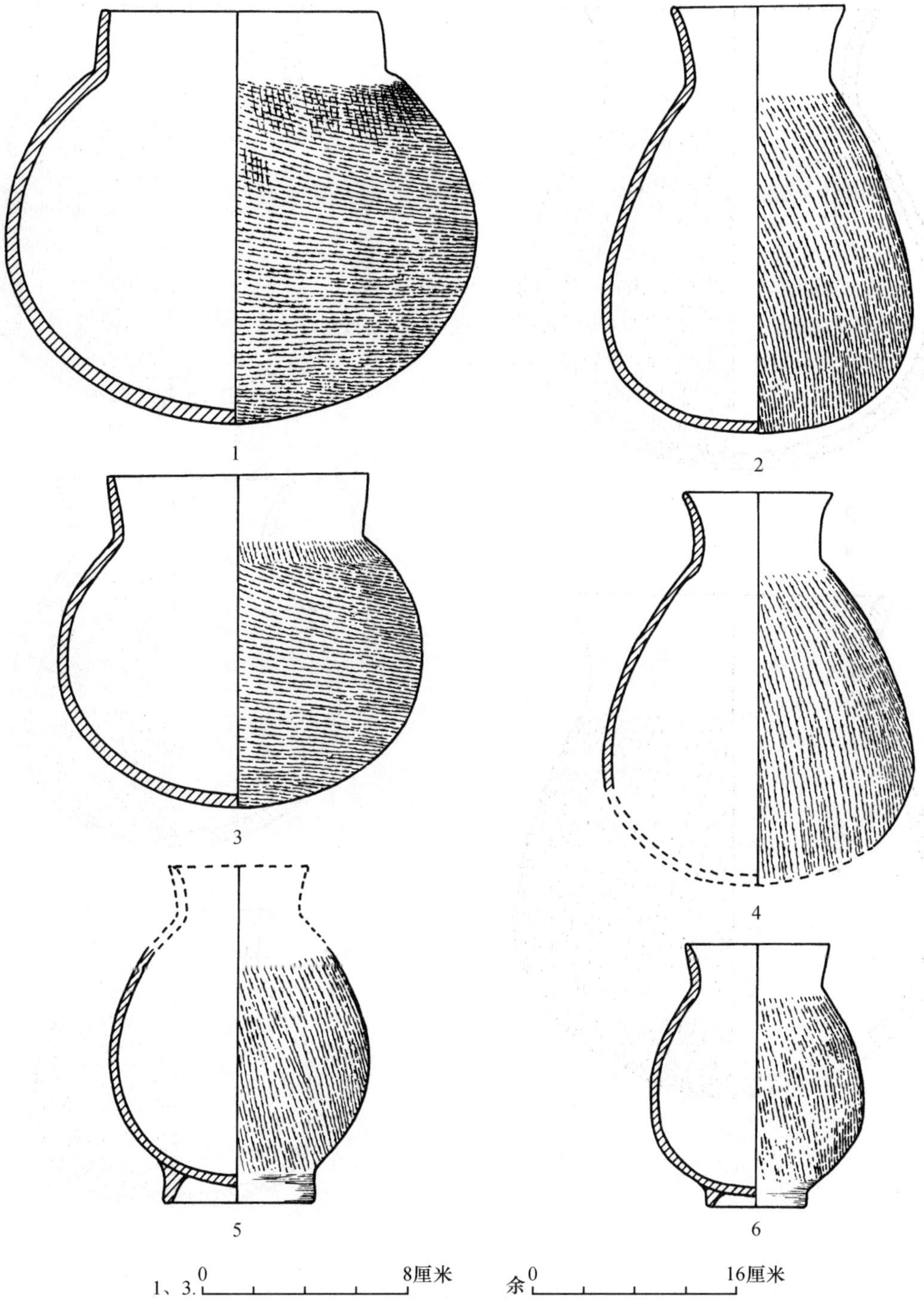

图三二　更洒岩洞葬陶器

1、3. A型罐（07LG∶05、07LG∶03）　2、4. E型罐（07LG∶10、07LG∶12）　5. B型壶（07LG∶11）　6. B型壶（07LG∶08）

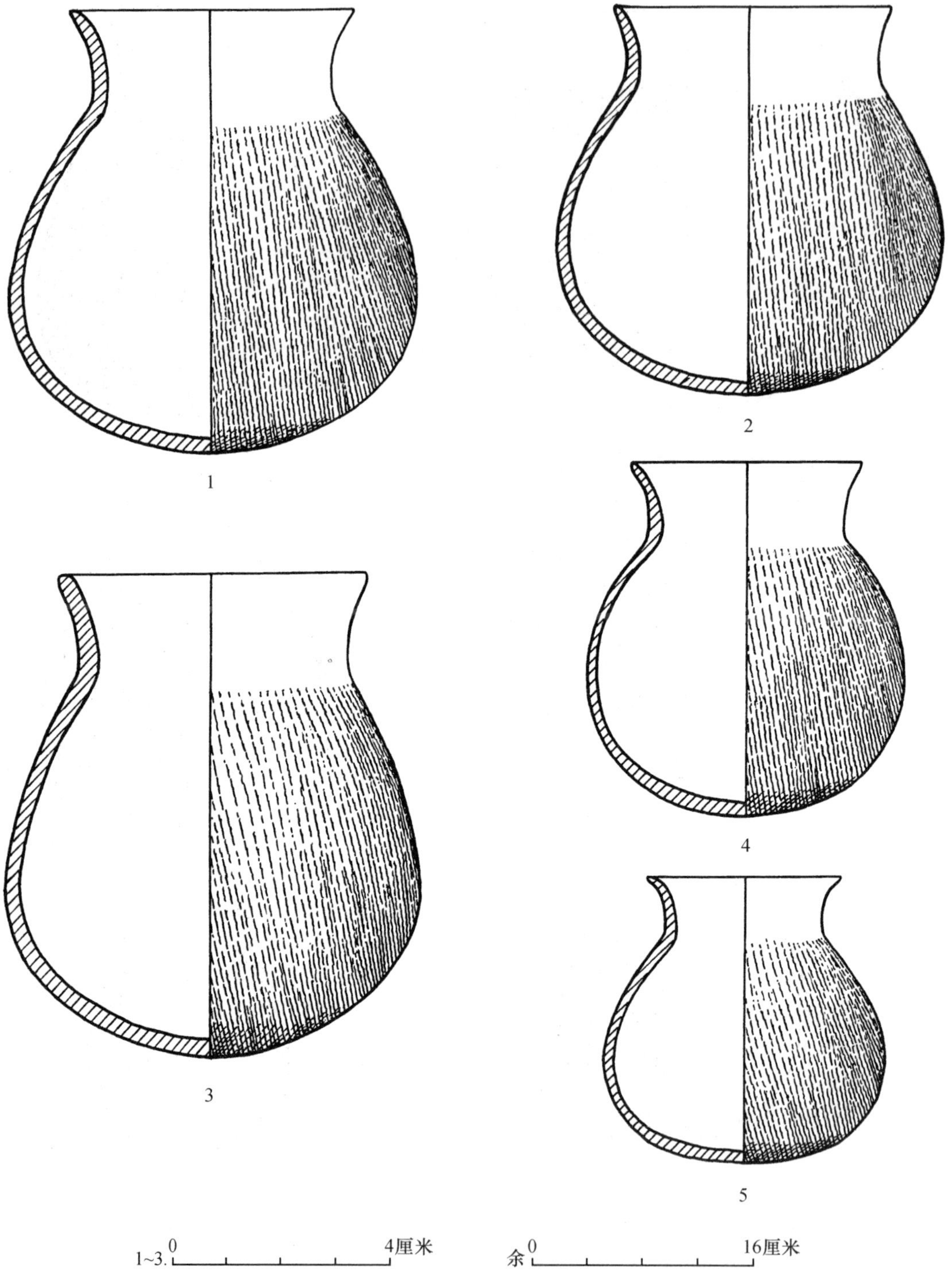

图三三　更洒岩洞葬陶罐

1、3～5. Cf 型（07LG：01、07LG：06、07LG：07、07LG：09）　2. Cc 型（07LG：02）

砂红褐陶，局部呈灰黑色。微敛口，圈足残。残高 9、口径 14.4 厘米（图三四，3）。07LG: 04，夹细砂红褐陶，局部呈灰褐色和灰黑色。微敞口近直，腹壁上部直。高 11.9、口径 17.5 厘米（图三四，1；图版二九，2）。07LG: 23，夹细砂红褐陶，局部呈灰褐色。上腹部微外凸。高 7.6、口径 13 厘米（图三四，2；图版二九，4）。

杯　仅为底部残片，无法复原，器形不详。平底，直壁，腹部装饰绳纹和刻划纹（图三四，4）。

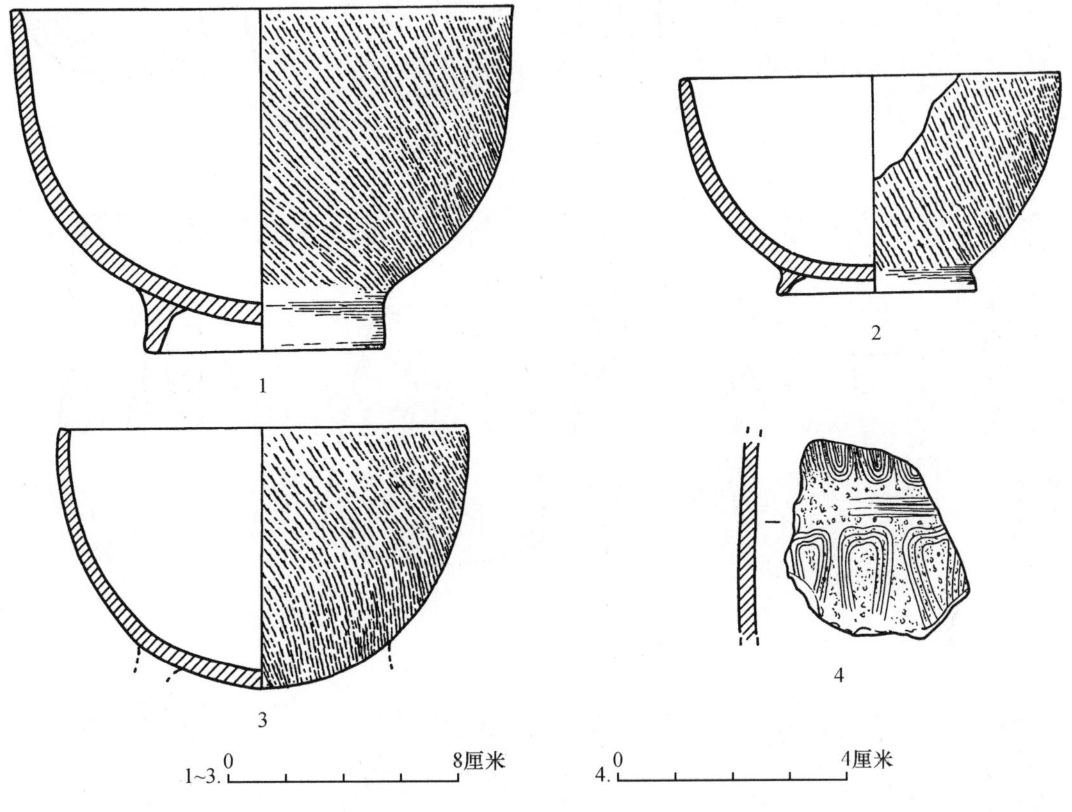

图三四　更洒岩洞葬陶器

1～3. A 型簋（07LG: 04、07LG: 23、07LG: 24）　4. 杯（07LG: 26）

2. 玉石器

9 件。均磨制。器形较小，制作精致，绝大部分为硅质岩，部分为玉质。计有斧、锛、凿、玦等。

双肩石斧　1 件。属 F 型。07LG: 20，灰黄色硅质岩。宽长柄，顶端呈弧形，不对称长双斜肩，长宽身，半圆弧刃，刃面平缓，刃缘已钝。两侧边和表面略平直。通体磨光，肩部有打制疤痕，表面风化严重。通体长 12.8、宽 8、最厚 1.5 厘米（图三五，3；图版三〇，2）。

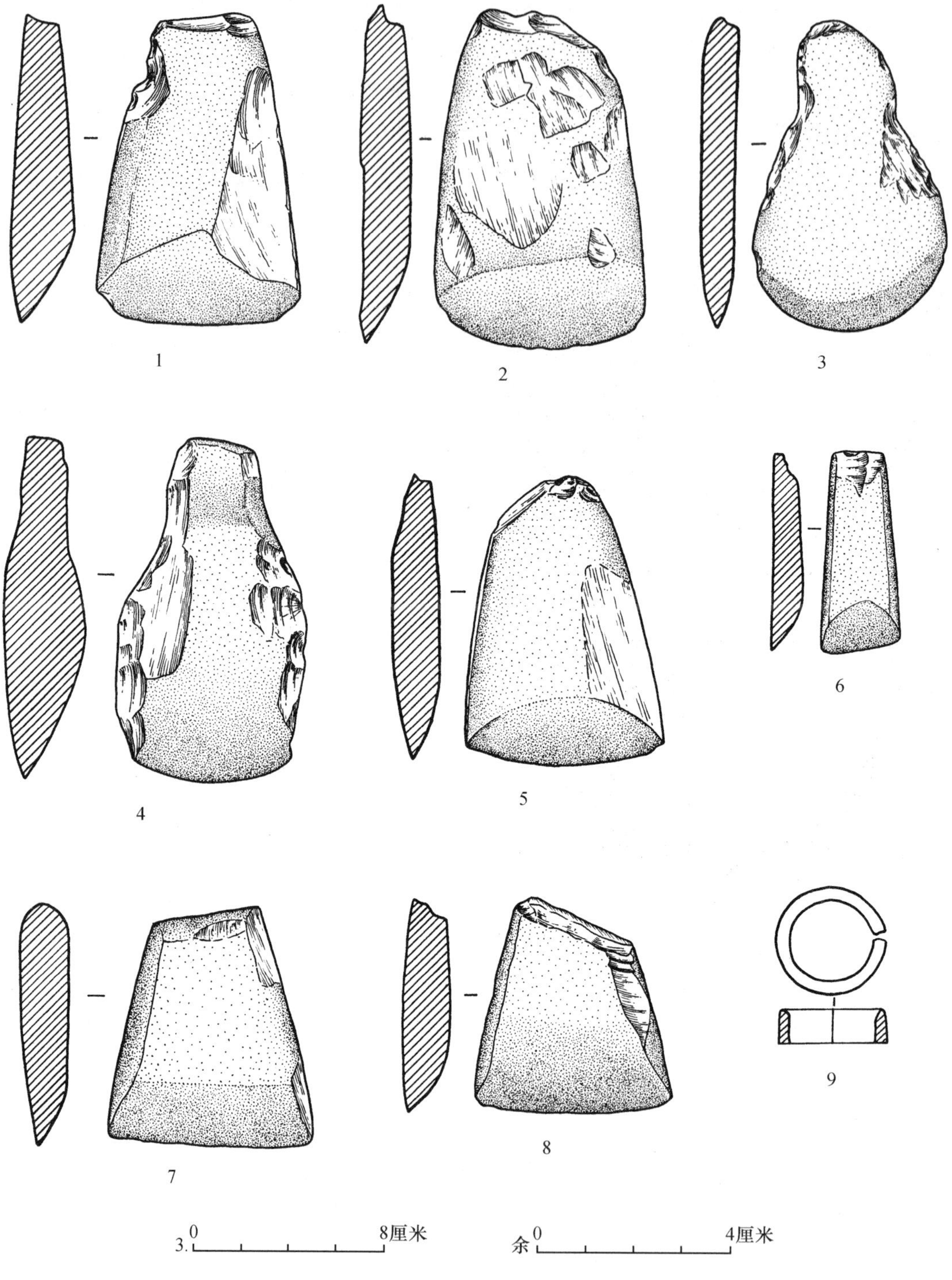

图三五　更洒岩洞葬玉石器

1、2、5. Aa型无肩石锛（07LG:06、07LG:19、07LG:14）　3. F型双肩石斧（07LG:20）　4. D型双肩石锛（07LG:17）　6. B型玉凿（07LG:18）　7、8. Ba型无肩石锛（07LG:13、07LG:15）　9. Da型玉玦（07LG:21）

石锛　6件。有双肩锛和无肩锛两类。

双肩锛　1件。属D型。07LG:17，灰色硅质岩。短宽柄，长身，不对称双斜肩，器身一侧边已残，顶端平，正面略凸，背面平直，单面弧刃，磨刃面较陡，刃缘锋利。通体磨光，但表面保留有较多的打制疤痕。长7、刃宽3.4、最厚1.6厘米（图三五，4；图版三〇，1）。

无肩锛　5件。分属Aa、Ba二型。

Aa型　3件。平面略呈长梯形。07LG:19，深红褐色硅质岩。通体磨光。器身较小，顶端向上凸，正面向下平直，背面向下内收，两侧边斜直。单面弧刃，刃面呈较宽的半环形，较陡，刃缘锋利。通体长6.8、上宽2.6、刃宽4、最厚1厘米（图三五，2；图版三〇，6）。07LG:16，深灰黄色硅质岩。通体磨光，局部有打制的疤痕。器身较小，顶端平，正面向上隆起，背面平直，侧边斜直。单面微弧刃，刃面较陡略呈三角形，刃缘锋利。通体长6.3、上宽2、刃宽4.1、最厚1.2厘米（图三五，1；图版三〇，8）。07LG:14，深灰黄色硅质岩。通体磨光，局部有打制的疤痕。器身较小，顶端略弧，正面平直，背面有一大疤痕，侧边斜直。单面微弧刃，刃面较陡呈半环形，刃缘锋利。通体长5.9、上宽2.2、刃宽4.1、最厚1厘米（图三五，5；图版三〇，7）。

Ba型　2件。器身较小，平面呈短梯形。07LG:15，深灰色硅质岩。通体磨光，顶端及侧边有疤痕。表面平直，侧边斜直，单面弧刃，刃面较陡，刃缘锋利。通体长4.4、上宽2.6、刃宽4.1、最厚1厘米（图三五，8；图版三〇，5）。07LG:13，灰黑色硅质岩。通体磨光。顶端斜平，表面平直，侧边斜直。单面弧刃，刃面较陡，刃缘锋利。通体长4.9、上宽2.4、刃宽4.4、最厚1厘米（图三五，7；图版三〇，4）。

玉凿　1件。属B型。07LG:18，灰绿色玉质。通体磨光且抛光。平面呈近长方形，器身较小，瘦长。顶端和两侧边平直，正面略隆起，背面平直。单面斜直刃，正面有一较宽而陡、略呈三角形的磨刃面，刃缘锋利。通体长4.1、宽1.6、最厚0.55厘米（图三五，6；图版三〇，3）。

玉玦　1件。属Da型。07LG:21，灰黄色，表面风化严重。圆环状，边缘有缺口。直径2.3、高0.7、厚0.25厘米（图三五，9；图版三〇，9）。

第六节　矮山、翠屏山岩洞葬

一、矮山岩洞葬

矮山岩洞葬位于忻城县红渡镇西北500米的矮山村东、红水河左岸的悬崖峭壁上。洞口位于一块呈90°的天然石壁中间，石壁长30、高20米（图版三一，1）。洞口东南向，略呈圆形，高 1.6、宽 1.4 米，高出红水河面约 30 米（图版三一，2）。洞内底部为平整的石灰岩石板，进深 4.6 米，最宽 6 米。1989 年 12 月当地村民进洞寻宝时发现有人骨、石器、陶器、瓷器、骨器、蚌器、铜器等遗物，并将大部分随葬品取回家中。1990 年 12 月，广西文物工作队等对该岩洞葬进行了清理，发现石锛 2 件、海贝 2 枚，玉饰片近百件。同时从群众手中收回石锛、石斧、石凿、陶釜、陶罐、瓷钵、铜铃、海贝等遗物 40 余件①。

1. 陶器

陶器较少，多为碎片，有少部分口沿和 2 件较完整的陶器。陶片多为近泥质陶（陶泥经淘洗过，但洗得不干净，仍含有少量自然砂粒），少量夹细砂；陶色有红褐、灰黑、黑色等几种，以红褐陶为主。器表大部分饰绳纹，以细绳纹为主；有的在绳纹之上饰刻划的多线曲线纹，少量有锯齿状的附加堆纹。从残存的口沿和陶片看，陶器以敞口为主，器形主要有釜、罐、豆、纺轮等，釜、罐等全部是圜底器，不见圈足器。胎薄，胎质细腻，烧制火候高。

罐　3 件，只有 1 件较完整。属 F 型。敞口，高领，折腹下坠，圜底近平。XA∶02，近泥质红褐陶，薄胎，胎厚 0.15～0.2 厘米。敞口，尖唇，高领，领与肩相接处有一微折，扁腹下坠，腹下部折而内收，圜底近平。器体最大径在腹下部，整个器形看上去像一个竹制的鱼篓。领部上段饰七道平行的刻划纹，下段为七道平行的呈反“Z”形的刻划纹，中间转折的空白处另饰短的斜线刻划纹。从肩至腹下部，先从左往右通施近横向的细绳纹，然后在绳纹上再施 5 线一组、连续的曲线刻划纹。底部从腹下部往底饰较粗而深的、交错的中绳纹。底部有烟炱痕。通高 10.2、口径 5.8、腹径 11.6 厘米（图三六，1；图版三一，4）。另 2 件残，器形略有区别。XA∶44，近泥质黑陶，敞口，直领，微折肩，下腹折而下坠。器表通体饰斜向细绳纹，领肩相交处纹饰被抹平，在肩腹部的细绳纹上饰 5 线连续的曲线刻划纹一周，并在肩部刻划纹之上黏贴横向一条、竖向二条呈锯齿状的附加堆纹。残高 7.5 厘米（图三六，3）。XA∶45，近泥质红褐陶，敞口，直领，溜肩，下腹微折。领部饰细密的多线刻划纹，肩腹部饰细绳纹。残高 4.3 厘米（图三六，5）。

釜　4 件，1 件完整，余均残，分属 Ba、Bd、Bf 型。

Ba 型　2 件。敞口，尖唇，微束颈，无领，腹壁微弧，有的近直，腹下坠，最大径在腹下部近底处，圜底。器表均饰细绳纹，有的绳纹上再饰多线刻划纹和附加堆纹。XA∶46，近泥质红褐陶，腹微鼓，器表通体饰细绳纹，腹部饰双折线刻划纹。残高 5.3

---

① 郑超雄：《忻城红渡西晋岩洞葬》，《中国考古学年鉴》（1991 年），文物出版社，1992 年。

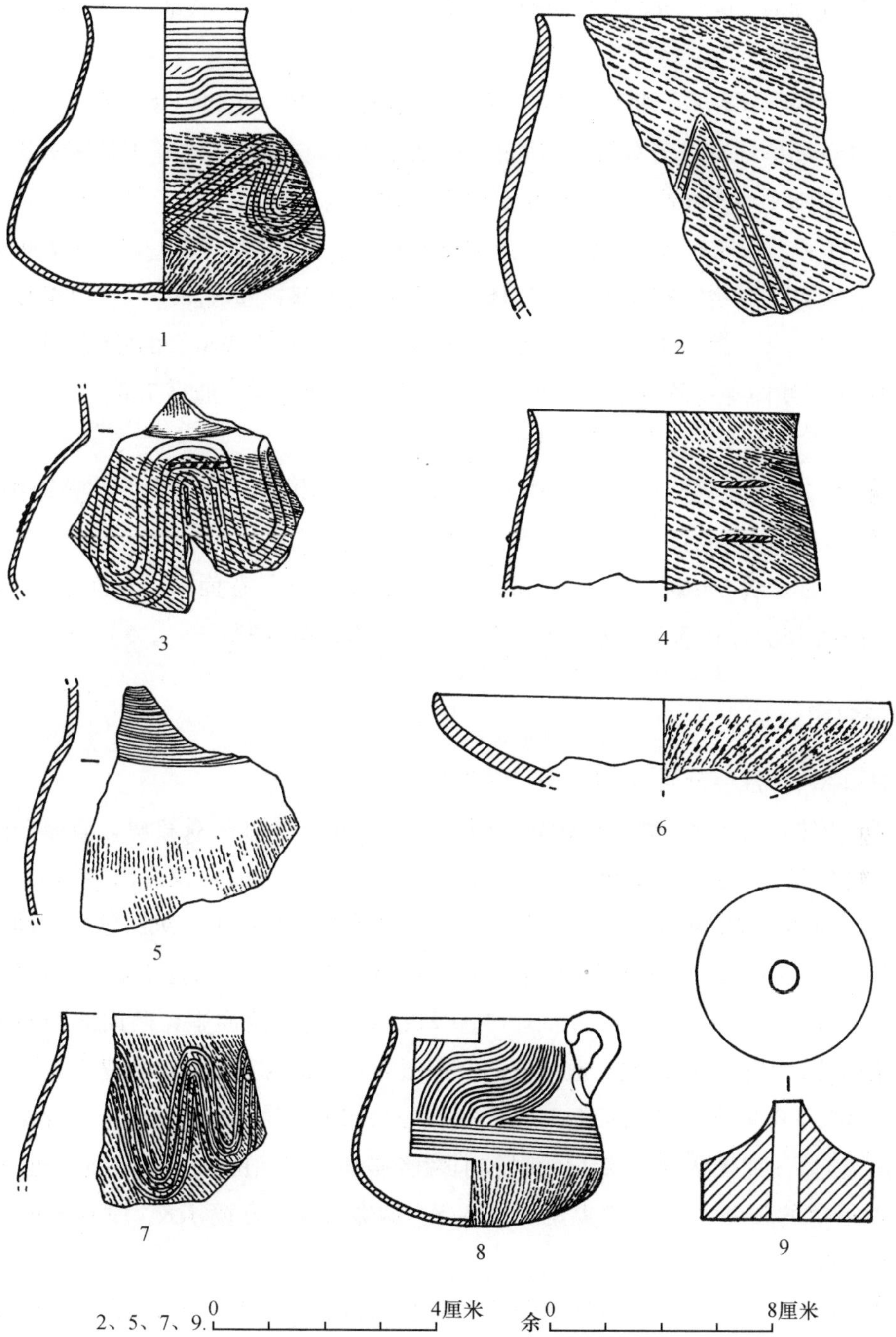

图三六　矮山岩洞葬陶器

1、3、5. F型罐（XA:02、XA:44、XA:45）　2、7. Ba型釜（XA:46、XA:48）　4. Bd型釜（XA:47）　6. Ab型豆（XA:49）　8. Bf型釜（XA:03）　9. Da型纺轮（XA:11）

厘米（图三六，2）。XA∶48，近泥质红褐陶，微鼓腹下坠。肩腹部饰细绳纹，绳纹上再饰5线一组连续的“∽”形多线刻划纹，腹上部装饰一乳突，颈部纹饰被抹平。残高3.4厘米（图三六，7）。

Bd型　1件。XA∶47，腹中部以下残。近泥质红褐陶，敞口，微束颈，腹壁近直，器表从口往下通体饰自左至右斜向滚压的细绳纹，肩部有两条横向并排呈绹索状的附加堆纹。外表有烟炱痕。残高7、口径9.8厘米（图三六，4）。

Bf型　1件。为带耳釜。XA∶03，近泥质红褐陶，胎体薄，厚0.15～0.2厘米。敞口，尖唇，束颈，斜肩，圆腹下坠，器体最大径在腹下部，圜底。一侧在口至腹上部黏附一半环形耳，耳上端高出器口。肩和上腹部从上往下饰17线组合的曲线刻划纹三组，中腹处饰11道横向平行的刻划纹绕腹一周，底饰交错细绳纹。通高7.8、口径6.4、腹径9厘米（图三六，8；图版三一，3）。

豆　1件。只存部分盘口。属Ab型。XA∶49，微敞口，浅弧腹，外表饰细绳纹。残高3.2、口径16.4厘米（图三六，6）。

纺轮　1件。属Da型。XA∶11，圆形，正面向上突起，背面平，断面略呈凸字形，中穿孔。高2.15、外径3.1、孔径0.4厘米（图三六，9；图版三一，5）。

2. 玉石器

双肩石斧　9件。分属A、C、D、G四型。

A型　3件。均属Aa型。短宽柄，柄都歪向一侧，近对称双斜肩，肩短，倾斜面较平缓；宽短身，双面弧刃，两面的磨刃面宽度不一样，背面常仅磨出很窄的一长条，刃角圆钝。通体磨制，但顶、肩部多保留有琢打的疤痕。XA∶20，灰白色，背面平，正面微突起，正面有一较宽的磨刃面，背面磨刃面较窄。长7、柄宽2.6、刃宽5.5、厚0.8厘米（图三七，1；图版三二，3）。XA∶21，灰白色，两面平，两面的磨刃面均较窄，刃角圆钝，但有一刃角残。通体磨制，但留有较多的琢制疤痕。长7.2、柄宽3.1、刃残宽5.8、厚0.9厘米（图三七，2；图版三二，2）。XA∶22，灰黑色，背面凹凸不平，正面突起，柄歪较厉害，双肩倾斜较前两者略甚；正面的磨刃面较宽，近三角形，背面仅为很窄的长条，一刃角尖锐。长6.5、柄宽2.4、刃宽4.8、厚0.8厘米（图三七，3；图版三二，1）。

C型　4件。短宽柄，不对称双斜肩，肩长斜度大，长身，双面弧刃。有Cb、Cc二亚型。

Cb型　3件。双斜肩较长。身近长方形，微弧刃。XA∶16，灰白色，背面微弧，正面略突起，正面的磨刃面为宽三角形，背面为很窄的长条形，一刃角和顶残，通体磨光。残长9.2、柄宽2.5、刃宽4.6、厚1.1厘米（图三七，8；图版三二，5）。XA∶17，

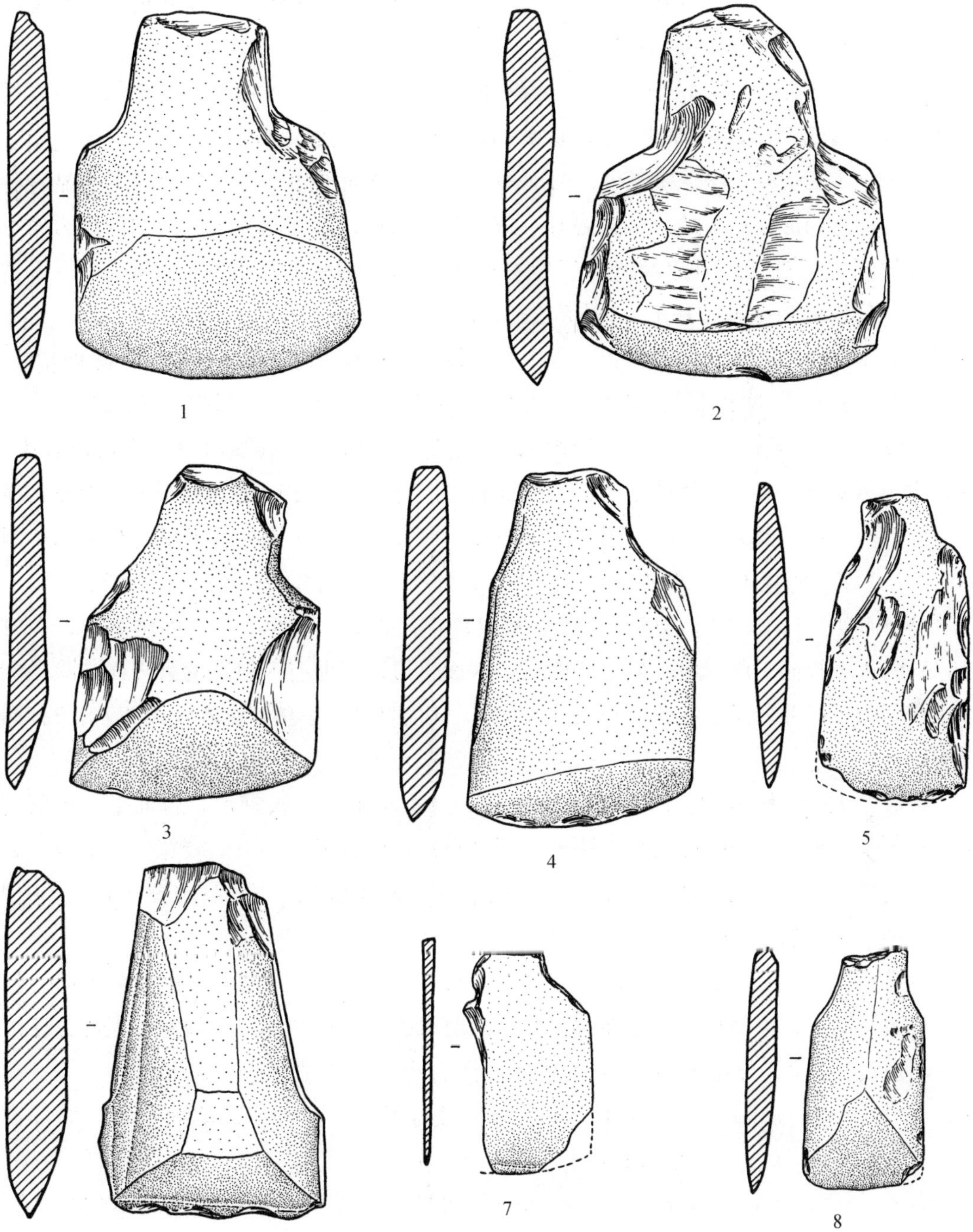

图三七　矮山岩洞葬双肩石斧

1～3. Aa型（XA∶20、XA∶21、XA∶22）　4. Cc型（XA∶18）　5、7、8. Cb型（XA∶17、XA∶23、XA∶16）　6. G型（XA∶01）

灰白色，柄歪向一侧，两面微弧形隆起，两面的磨刃面均较窄，一刃角残，刃残缺较多，通体磨制，但留有少量的琢制疤痕。残长 11.8、柄宽 2.6、刃宽 5.8、厚 1.2 厘米（图三七，5；图版三二，4）。XA:23，深灰色，仅存一大半，器扁平，两面的磨刃面均较窄，两刃角残。长 8.4、最厚 0.4 厘米（图三七，7；图版三二，6）。

Cc 型　1 件。XA:18，墨绿色，两面平，一肩较宽而平缓，另一肩较窄不明显且陡直，身较短近梯形，微肩的一侧边缘有一道切割的凹痕；双面斜弧刃，两面的磨刃面宽度基本相同，均较宽，通体磨光，但留有少量的琢制疤痕。长 6.9、柄宽 2.2、刃宽 4.3、厚 0.85 厘米（图三七，4；图版三三，1）。

D 型　1 件。XA:27，黑色，两面平，两肩较斜长，两面的磨刃面均较窄。除顶端外，余均磨光。长 5.4、柄宽 2.8、刃宽 3.8、厚 0.8 厘米（图三八，1；图版三三，2）。

G 型　1 件。XA:01，黑色，宽长柄，宽短身近长方形，双微斜肩，肩很短较平、不对称、不明显，肩在器体的下半部，双面直刃。背面平，正面突起有多个磨制面，横断面呈近六边形。磨刃面较窄，刃部残缺较多，除顶端外，余磨光，但留有少量的琢制疤痕。长 6.8、柄宽 3.1、刃残宽 4.1、厚 1.2 厘米（图三七，6；图版三三，3）。

单肩石斧　1 件。属 B 型。XA:25，灰黑色，长条形。背面平，正面微突起，一侧厚，一侧薄。长柄，单斜肩，肩短不明显，双面直刃，正面有一较宽的磨刃面。除顶端外，余磨制，但部分还留有琢制疤痕。长 6.9、刃宽 2.3、厚 0.7 厘米（图三八，3；图版三三，4）。

石锛　1 件。属 Ab 型。XA:24，灰白色，为上窄下宽的长梯形，背面平，正面突起，有多个磨平面，横断面略呈六边形；顶平直，单面直刃，磨刃面较宽分二部分，刃部为较陡的长条形，往上是一个呈三角形的磨面，通体磨光。长 6、刃宽 3.6、厚 0.9 厘米（图三八，2；图版三三，6）。

单肩石锛　1 件，属 C 型。长条形单肩。XA:19，黑色，背面平，正面微突起，长柄，肩短不明显，单面直刃，正面有一较宽的磨刃面。除顶端外，余磨制，但部分还留有琢制疤痕。长 8、刃宽 2.6、厚 0.6 厘米（图三八，6；图版三三，5）。

石凿　1 件。属 C 型。XA:10，灰色，长弓背形，上宽下窄，单面窄刃，局部磨光。长 8.3、刃宽 0.9、最厚 1.1 厘米（图三八，5）。

石矛　1 件。XA:28，绿色，略呈三角形，磨制。长 8.6、宽 4.3、厚 1.3 厘米（图三八，8；图版三四，2）。

玉斧　1 件。上端残，无法分型，从残存的部分看，可能是梯形，浅灰白色，有透明感。背面平，正面微呈弧形隆起，双面弧刃，正面磨刃面宽略呈半环形，背面磨刃面只有很窄的一小条。通体磨光，局部还留有琢打痕迹。XA:14，长 6.2、刃宽 5.1、厚 1 厘米（图三八，7；图版三四，1）。

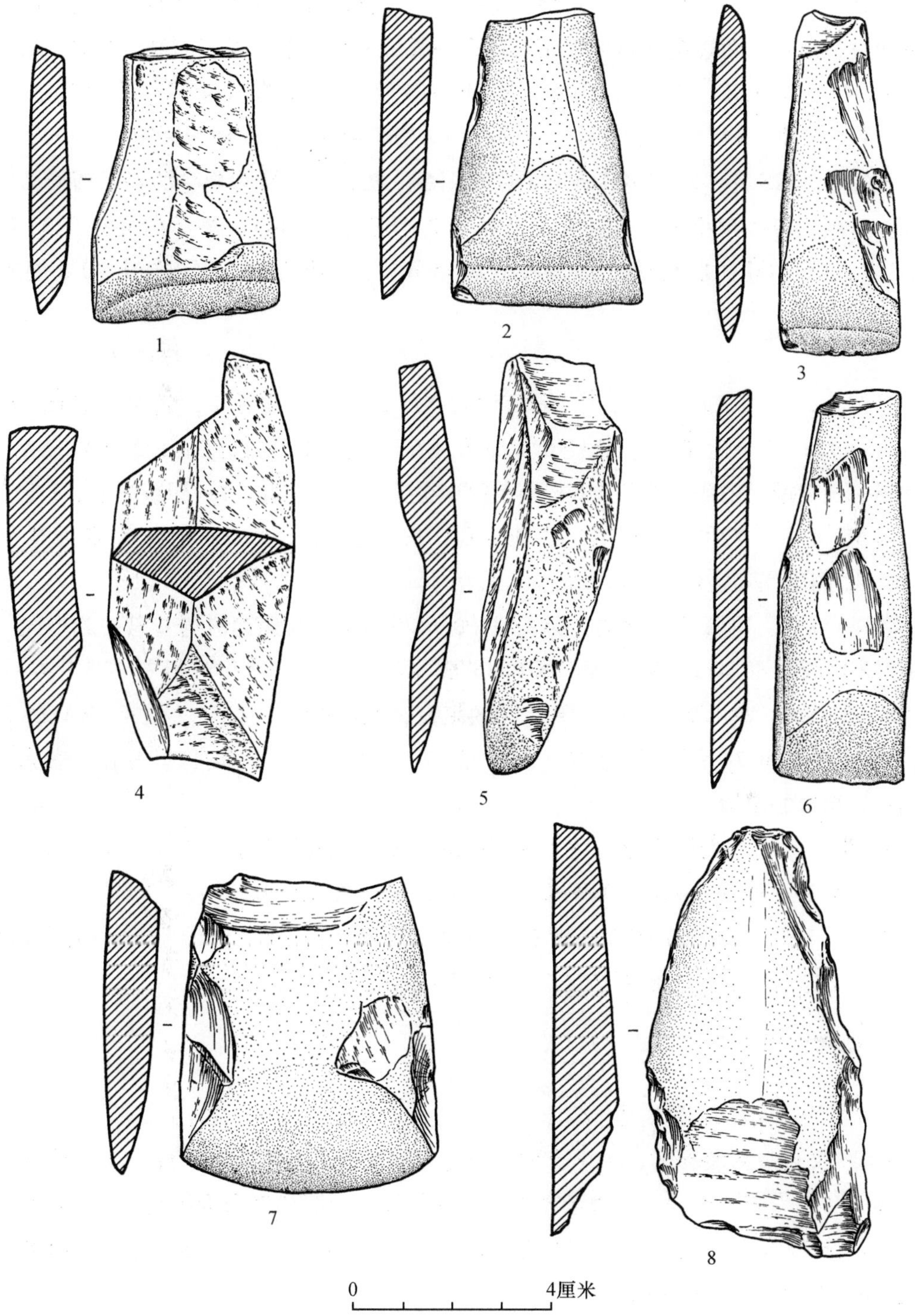

图三八　矮山岩洞葬玉石器

1. D型双肩石斧（XA∶27）　2. Ab型石锛（XA∶24）　3. B型单肩石斧（XA∶25）　4. 玉锛（XA∶13）
5. C型石凿（XA∶10）　6. C型单肩石锛（XA∶19）　7. 玉斧（XA∶14）　8. 石矛（XA∶28）

玉锛　1件。不完整，无法分型。XA∶13，灰色，背面弧形，正面长轴上有一脊，横断面呈三角形，两边向外弧，背面右侧有一条长3.6厘米的锯痕，单面凹刃，除右侧面磨光外，余均未磨。长8.5、最宽3.8、厚1.4厘米（图三八，4；图版三四，3）。

玉料　1件。XA∶12，长条形，一侧有一道切断后的磨痕（图版三四，4）。

玉饰片　128片，较完整的有125片（图版三四，5）。皆为规整的扁平圆形，中有穿孔。磨制光滑，大小不一，最大的外径1.2（图三九，14）、最小的外径0.35厘米（图三九，15）。孔径最大的0.3、最小的0.15厘米。器体很薄，厚仅0.1～0.3厘米。

3. 骨、蚌器

骨针　2件。长扁圆锥形，中部微弯曲。XA∶29，端磨出针尖，后端稍扁有一圆形穿孔，长9.6、最大径0.45、孔径0.1厘米（图三九，2；图版三五，2下）。XA∶30，端残断，仅存前、中部，残长6.8、最大径0.5厘米（图三九，1；图版三五，2上）。

骨管　1件。XA∶04，柱形，中间穿孔。长3.2、直径0.5、孔径0.35厘米（图三九，5；图版三五，1左三）。

骨璜　4件。均弧形，两端各穿一圆孔，大小不一。其用途应与骨管一起是同一件串饰。XA∶05，长4.1、宽0.5、厚0.45厘米（图三九，3；图版三五，1左一）。XA∶06，长5.9、宽1.2、厚0.7厘米（图三九，4；图版三五，1左二）。XA∶08，端残，长3.7、宽0.7、厚0.45厘米（图三九，7；图版三五，1左三）。骨管、璜和玉片应是一件组合的串饰。

海贝　5枚。均为椭圆形齿贝，背面被磨穿成一近椭圆形孔。5件大小不同，最大的一件XA∶35，长5.1、宽2.9厘米（图三九，13；图版三四，6左三）。

蚌器　1件。原蚌壳较大，现存约一半，一端穿一孔，可能是刀一类的器物。XA∶42，长约11.7、宽5.8厘米（图三九，8）。

4. 铜器

3件。均是铜铃，分二型。

A型　2件。形制相同，大小有别。器身为圆螺形，上端有环形纽，下端张开一小口，器表两面均有纹饰，下端边缘饰半圈叶脉状纹，中部和其余为螺旋纹。XA∶37，高4.5、宽3.6厘米（图三九，10；图版三五，4右）。XA∶36，高1.8、宽1.2厘米（图三九，6；图版三五，4左）。

B型　1件。XA∶15，平顶，上有一半环纽，铃身上窄下宽，口呈鱼尾形，两角下尖，其中一角残，器身两面饰乳钉纹。高3.8、最宽4.5厘米（图三九，9；图版三五，3）。

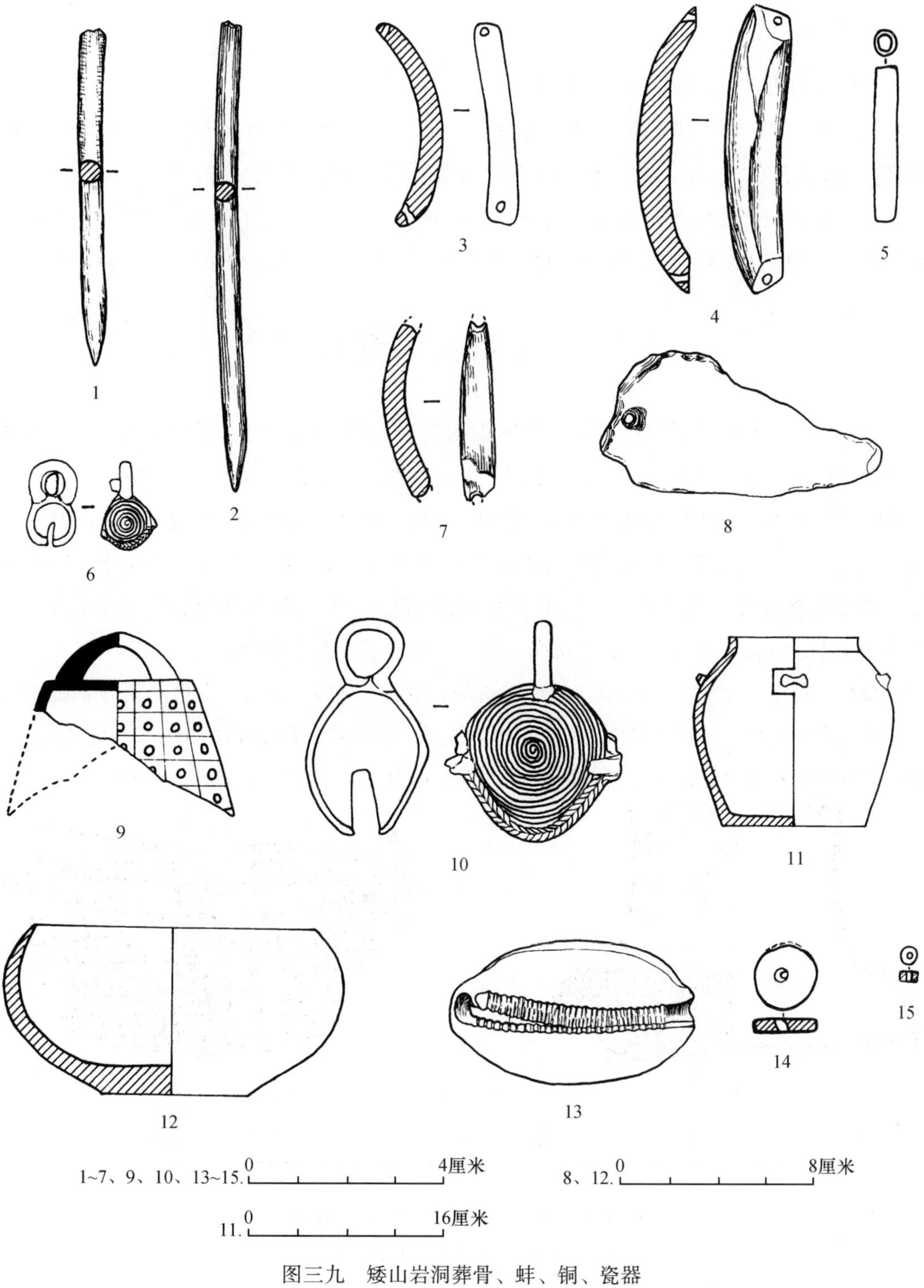

图三九　矮山岩洞葬骨、蚌、铜、瓷器

1、2. 骨针（XA:30、XA:29）　3、4、7. 骨璜（XA:05、XA:06、XA:08）　5. 骨管（XA:04）　6、10. A型铜铃（XA:36、XA:37）　8. 蚌器（XA:42）　9. B型铜铃（XA:15）　11. 瓷罐（XA:43）　12. 瓷钵（XA:41）13. 海贝（XA:35）　14、15. 玉片（XA:09）

5. 瓷器

2 件。均为青瓷，1 件四系罐和 1 件钵。

四系罐　XA:43，器表施酱釉，敞口，平沿，短直领，圆肩，平底，肩有四个半环形耳。通高 15.6、口径 11.6、底径 6 厘米（图三九，11；图版三五，5）。

钵　XA:41，青灰色，敛口，尖唇，深弧腹，平底。腹上部绕腹一周饰 22 个黄褐色的点彩。通高 14.4、口径 10.8、底径 12 厘米（图三九，12；图版三五，6）①。

二、翠屏山岩洞葬

翠屏山岩洞葬位于忻城县城南的翠屏山南侧（图版三六，1）。洞口南偏西，状如花生壳，高 4 米，最宽 2 米，高出地面约 30 米（图版三六，2）。洞内分前、中、后三室，在 20 世纪 70 年代当地群众曾在洞内挖硝泥，岩洞葬已遭严重破坏，面貌不清。1992 年调查时发现有人骨和陶罐、陶釜残片及 2 枚海贝等遗物。人骨经鉴定分属于 4 个不同的个体，其中 1 个约 55 岁的男性、1 个 30 岁左右的男性、1 个约 40 岁的女性、一个婴儿。陶器多为夹细砂红陶，数量较少，大部分为碎片，较大的一块为陶罐的口、领部。

陶罐　1 件。为 F 型。XC:01，夹细砂红陶。敞口、平唇、高领、丰肩。领部饰细绳纹，肩以下先饰细绳纹，然后从肩往底部竖向刻划 5 线一组的直线和曲线纹多组，再在其上饰三周平行的横向和竖向的附加堆纹。腹部及以下残（图四〇，1、2；图版三六，3）②。

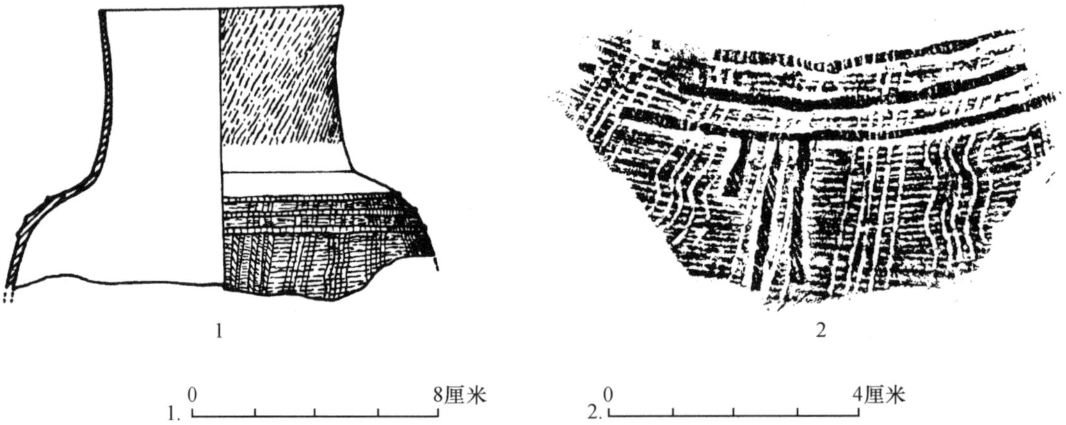

图四〇　翠屏山岩洞葬陶器及纹饰拓片

1. F 型陶罐（XC:01）　2. 纹饰拓片

① 广西壮族自治区文物工作队：《广西先秦崖洞葬综述》，《广西考古文集》，文物出版社，2004 年。

② 同①。

第七节 岜马山岩洞葬

岜马山岩洞葬位于武鸣县城东北约 12 公里的陆斡镇覃内村南的岜马山。1985 年冬，当地村民进山寻宝时发现，1986 年广西文物工作队、南宁市博物馆、武鸣县文物管理所等单位对岩洞葬进行了清理。

一、自然地理环境和岩洞葬概况

岜马山是一座呈东北西南向独立的石山，东西长约 1000 米，南北宽约 750 米，因形状似马，故称为“岜马山”（壮语谓山为岜）。山的周围为较宽阔的河流冲积平原和低缓的丘陵，地貌特征属岩溶地貌中的峰丛平原。其北面约 150 米处为武（鸣）马（山）公路，东北约 500 米有香山河自东北流向西南。山的周缘均为陡峭的石壁，主峰海拔高约 340 米，高出地面约 160 米，峰峦之间，形成六个小山弄，其中以山南的“弄伦”为大。从山的南面攀上一个高约 15 米的陡坡，走过一小山坳便进入其中。此山弄东西长约 100 米，南北宽约 50 米，四周有五处山峦环绕。这里山道艰险，弄场深幽，人少涉足，岩洞葬就位于此弄东侧的山脚下。洞口朝西，呈不规则圆形，高约 2 米，宽约 1.7 米。进入洞口就是主洞室，长约 3.5 米，宽约 2 米，洞室地面低于洞口约 1.8 米，无泥土堆积，石块狼藉。在主洞后部，距地表高约 2.5 米处有一条内高外低的斜形自然通道，通道口宽约 0.56 米，呈圆形，长约 1.8 米，可容一人匍匐而进。通道口原有大石封堵，1985 年村民进洞寻宝时才将堵洞石块撬开。进入通道后便是一个狭长垂直向上的竖洞，内洞室底部窄长，顶距底很高，洞上部、下部较宽，中部则较窄，洞壁较陡峭，难以攀登。洞室底长约 5.5、宽约 1.2、高约 9.6 米。在洞室

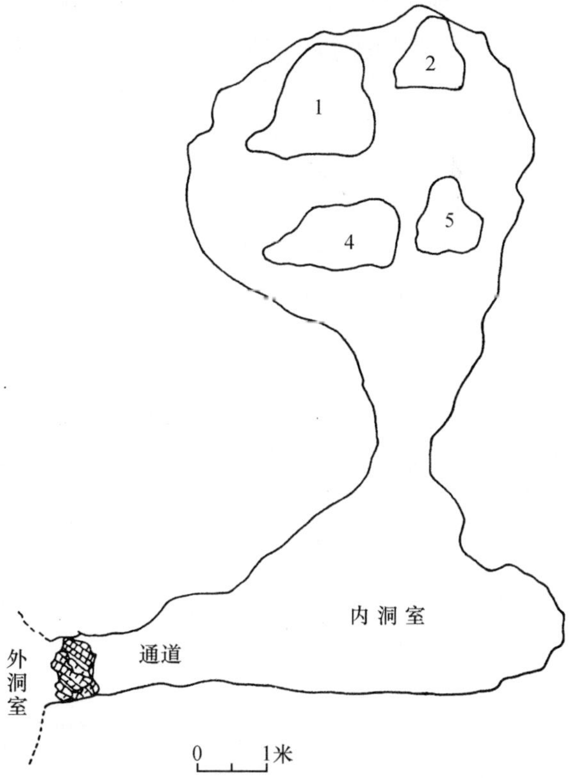

图四一 岜马山岩洞葬北壁壁洞分布图

南北两侧壁上，分布着六个大小不一的自然壁洞：北壁四个，均在上部，分上下两排，（分别编为1、2、4、5号）；南壁上部和下部各一个（分别编为3号和6号）（图四一）。

由于清理前曾被群众扰乱破坏，岩洞葬原貌已无法得知。据当事人追述现场清理所见，壁洞内均有堆积土，其中2～6号壁洞内堆积土根据土色可分上下两层：上层为灰黑色亚黏土，土质较松软，黏性大，厚10～15厘米，与洞外山坡土色基本一致；下层为灰白色黏土，含砂质较多，厚约10厘米。随葬品大都被土覆盖，少数大件陶器半露出地面，排列于洞内侧。未见葬具，仅发现零星的人体遗骸残块，葬式难以判断。各壁洞情况分别如下。

1号壁洞　位于北壁顶部，高出洞底约8.5米，洞口宽0.6、洞室宽约1、进深1.1米，高约1.1米。洞内有灰白色堆积土，厚约15厘米，未发现遗物。

2号壁洞　位于北壁上部，高出洞底约8米。东距1号壁洞约0.5米，下距4号壁洞约0.4米。洞口宽约1.5、高1.7米。洞室平面呈半圆形，宽2.2、进深1.5米。洞内积土厚20厘米。据调查原出土陶壶4件。

3号壁洞　位于南壁上部，与2号壁洞位置相对，高度也与2号壁洞相当。洞口呈半圆形，宽1.3、高0.9米。洞室平面呈半圆形，宽1.9、进深1.25米。洞内堆积土保存较好，厚25～30厘米。据调查所知出土陶壶4件，陶纺轮和石刻刀各1件（图四二）。

4号壁洞　位于2号壁洞下方，高出洞底约6米，东距5号壁洞20厘米。洞口高0.95米。洞室平面呈不规则形，内宽外窄，宽2.5、进深1.4米。洞内积土厚20～25

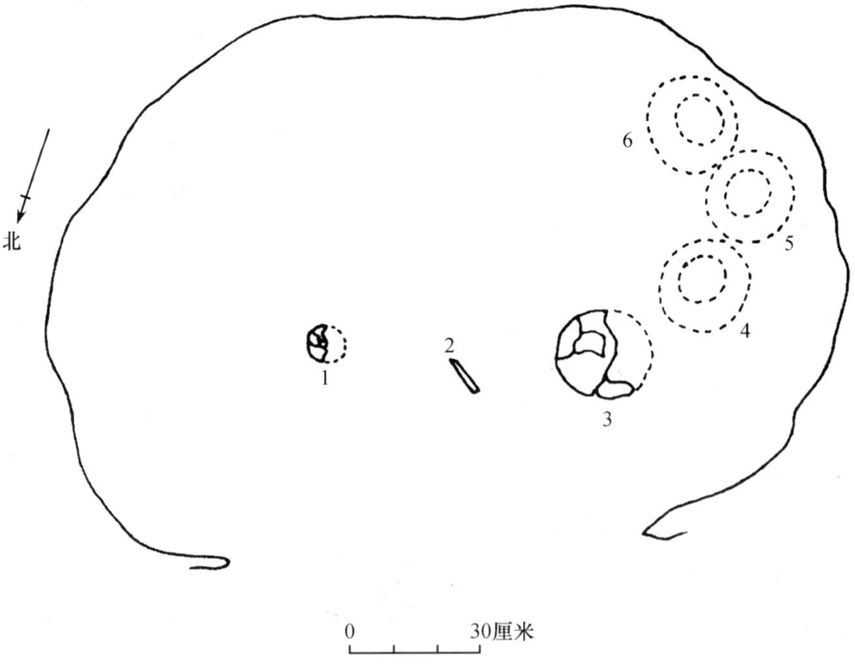

图四二　岜马山岩洞葬3号壁洞平面图

1. 陶纺轮　2. 石刻刀　3～6. 陶壶

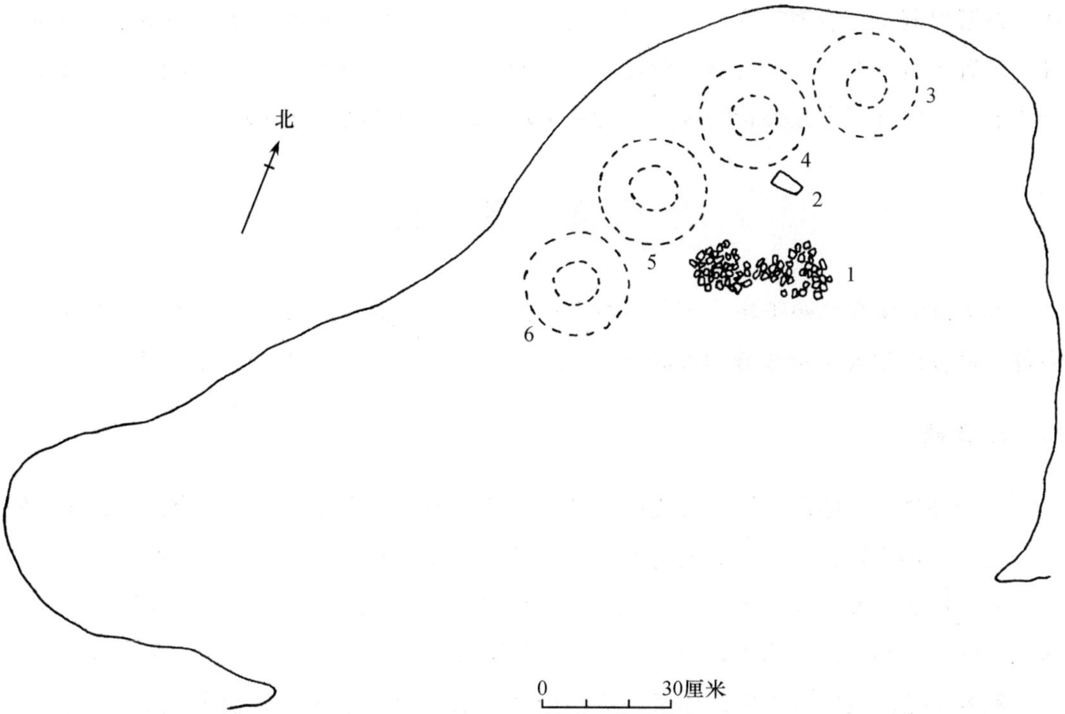

图四三　岜马山岩洞葬4号壁洞平面图

1. 小石子　2. 砺石　3～6. 陶壶

厘米。据调查知出土陶壶4件、砺石1件、小石子58颗（图四三）。

5号壁洞　位于北壁东侧，高出洞底约6.3米，上距1号壁洞约1.25米。洞口宽0.55、高0.95米。洞室平面呈半圆形，宽0.8、进深1米。洞内积土厚约15厘米。出土遗物有石刻刀、石戈各1件，石锛1件，石凿2件。还发现人体残肢骨1块（图四四）。

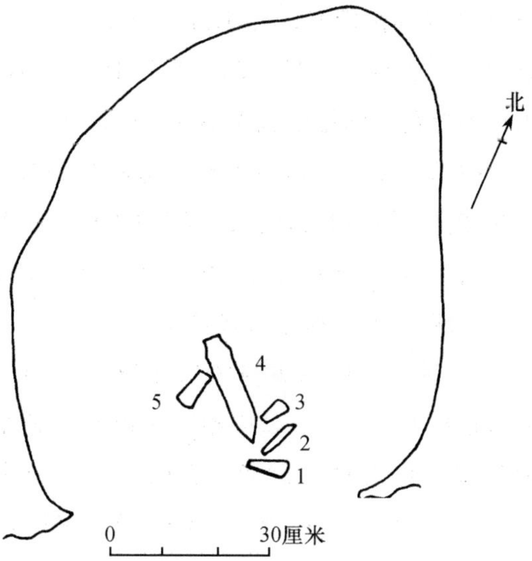

图四四　岜马山岩洞葬5号壁洞平面图

1. 石锛　2. 石刻刀　3、5. 石凿　4. 石戈

6号壁洞　位于南壁最下部，为近洞底的一个壁洞，上距3号壁洞约8米。洞口略呈半圆形，宽约3.3、高约1.2米；洞室宽约1.8、进深1.5米。在近内壁底部附近有四个天然小石坑，坑口径15～25、深15～30厘米。此壁洞为六个壁洞中最大的，受破坏也最为严重，大部分遗

物已被搬出洞外，清理时只在积土中采集到一碎陶片。据发现者追述，洞室原有陶壶3件，均置于石坑内。另有陶釜、陶杯、陶纺轮各1件，石凿2件，玉镯1件，陶纺轮置于陶壶内。此外还有人头骨残片、锁骨各1块，偶蹄类动物肢骨4块。

二、随　葬　品

因清理前洞室已被破坏，部分器物已被搬动，且陶器大多被打碎。现场清理及采集所得，可复原和可辨别器形的陶器有17件，石器8件，玉器2件，小石子58颗。

1. 陶器

均为夹砂陶。胎薄，器形较规整，部分有轮制痕迹。素面，器表打磨光滑；火候较高，大部分器表陶色不匀，有的有大块的黑色。器类有壶、杯、罐、釜、纺轮等。

壶　均属C型。据调查统计，原有15件，现经复原成形的有7件，可辨别为圈足壶的5件。形制相近，均为敞口，斜直领，深圆腹，圜底，圈足。有的圈足上部钻有四个对称的小孔。内壁不平整，器身与圈足分做，然后黏接而成。根据器物的细部特征，又可分为三个亚型。

Ca型　4件。敞口，尖唇，沿外折，圆肩上耸，深圆鼓腹，最大径在腹中部，圜底，底附矮圈足，足外撇。WBD3:03，红褐色。通高29.2、口径14.8、腹径25.8、足径16.5厘米（图四五，1）。WBD2:03，灰红色。通高28、口径12.8、腹径22、足径13.6厘米（图四五，6；图版三七，2）。WBD2:02，红褐色，腹部有大块的黑色。通高27.2、口径14.8、腹径24、足径15.6厘米（图四五，2）。WBD4:03，红褐色，腹部有大块的黑色。圈足已脱落不存。残高24.8、口径14.4、腹径23.6厘米（图四五，4）。

Cb型　2件。圆肩下溜，深圆腹微鼓，腹微下坠，最大径在腹中部偏下，喇叭形圈足较高，器体显得瘦长。WBD2:04，灰褐色。通高26.8、口径12.8、腹径22、足径14厘米（图四五，5；图版三七，3）。WBD3:04，圈足已脱落不存。残高23.2、口径13.6、腹径19.4厘米（图四五，7）。

Cc型　1件。WBD4:01，红褐色。敞口，尖唇，沿外折，领长而直，圆肩，浅圆鼓腹近球形、圜底，底附喇叭形圈足。整个器形显得矮胖。通高26.6、口径14.2、腹径23.2、足径14.8厘米（图四五，3；图版三七，1）。

釜　1件。属C型。WBD6:05，夹细砂灰褐陶，器底有烟炱痕迹，火候较高。体矮小，大敞口，短领，束颈，圆肩，圆腹，最大径在腹中部，圜底。通高12.4、口径13.7、腹径15厘米（图四六，1；图版三八，1）。

罐　1件。属G型。WBD2:05，夹细砂红褐陶，体表颜色不匀，腹部有一大块呈黑

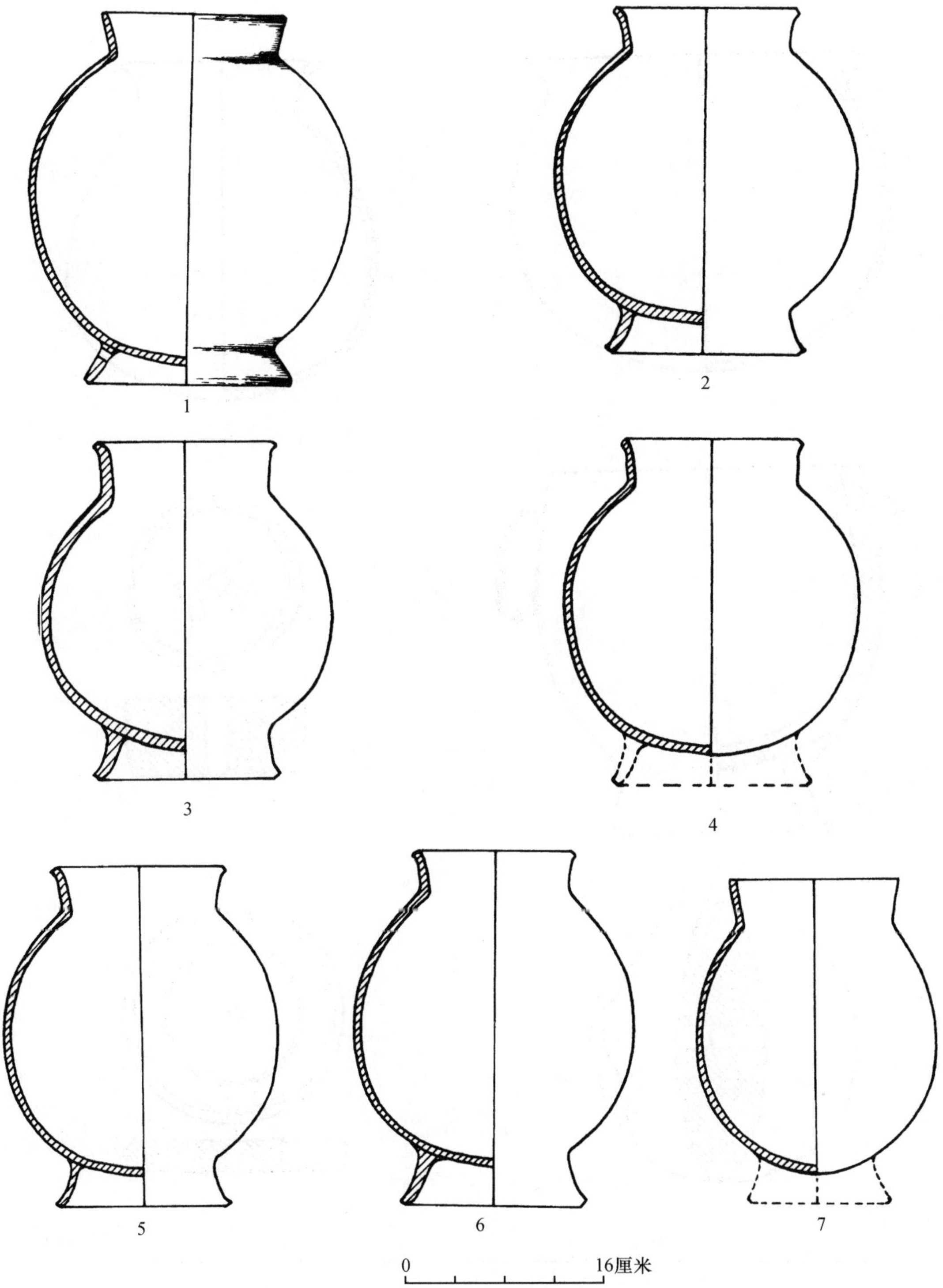

图四五　岜马山岩洞葬陶壶

1、2、4、6. Ca 型（WBD3∶03、WBD2∶02、WBD4∶03、WBD2∶03）　3. Cc 型（WBD4∶01）

5、7. Cb 型（WBD2∶04、WBD3∶04）

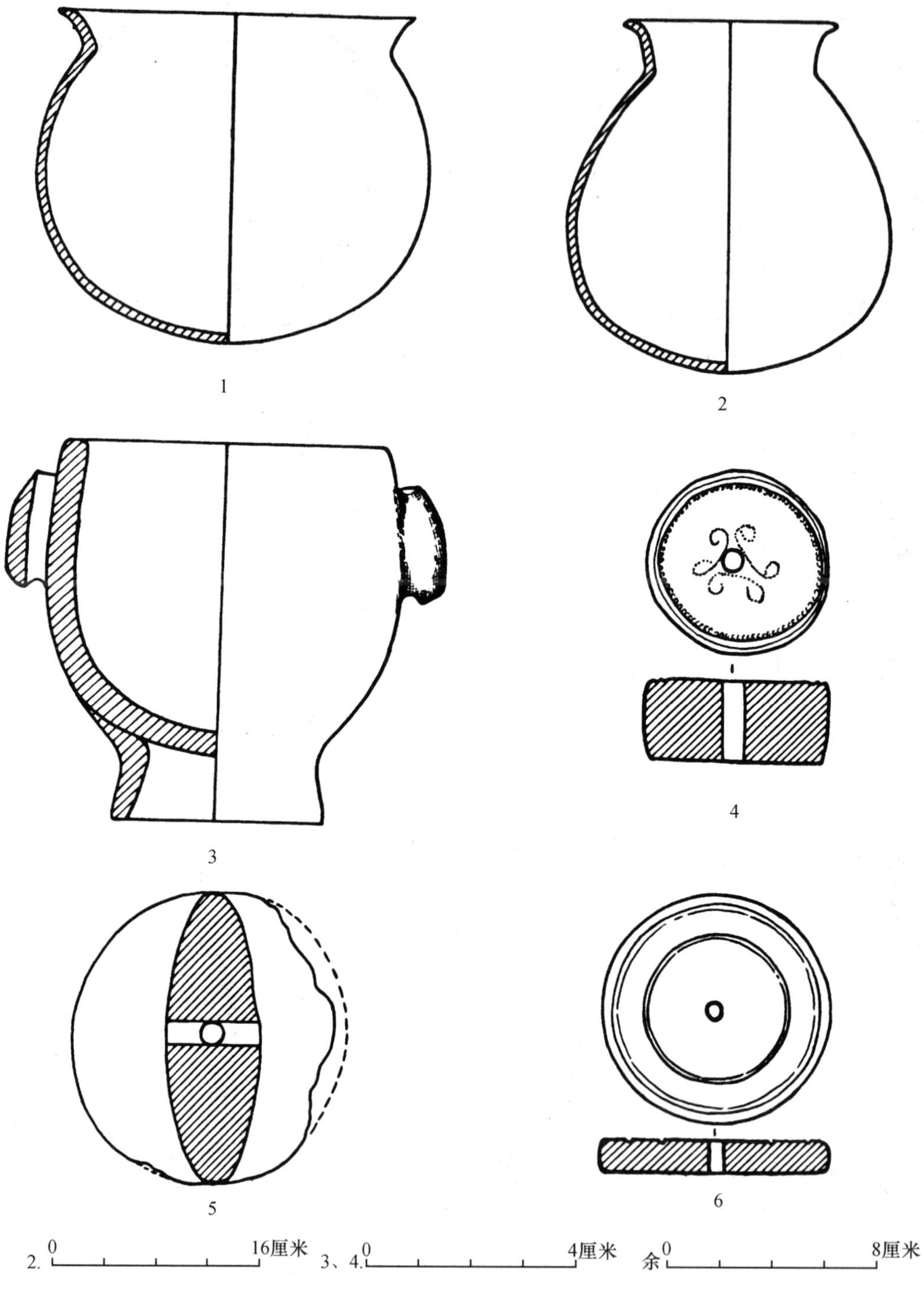

图四六　邑马山岩洞葬陶器

1. C型釜（WBD6:05）　2. G型罐（WBD2:05）　3. B型杯（WBD6:04）　4. Ba型纺轮（WBD2:01）
5. C型纺轮（WBD6:02）　6. A型纺轮（WBD3:01）

色。敞口，宽沿微外折，高领，斜溜肩，圆腹下坠，最大径在腹下部，圜底。通高26.4、口径16、腹径24.4厘米（图四六，2；图版三七，4）。

杯　1件。属B型。WBD6∶04，夹粗砂灰陶，直口微敛，深腹，腹中部微鼓，圜底，底附圈足，器身与圈足分制黏接而成，腹上部黏附双耳，现仅存一耳。手制，火候略低于陶壶。通高7、口径6、腹径6.4、足径4厘米（图四六，3；图版三八，3）。

纺轮　3件。分属A、B、C三型。

A型　1件。WBD3∶01，夹细砂黑陶。扁圆形，薄体，边缘平直，两面扁平，中部有一圆形穿孔。两面近边缘和中部各饰两道凹弦纹。直径8.5、孔径0.6、厚1.2厘米（图四六，6）。

B型　1件。属Ba型。WBD2∶01，夹细砂灰黑陶。圆形，厚体，一面在近边缘处刺有一周细小的锥刺纹，在中孔的周围刺有三组卷云纹。另一面为素面。直径3.5、孔径0.4、厚1.5厘米（图四六，4；图版三八，4）。

C型　1件。WBD6∶02，夹粗砂灰红陶，胎质松软，火候低。圆形，两面中间隆起呈弧形，往边缘变薄，边缘圆鼓，剖面呈椭圆形。中部有一圆孔。直径11、孔径0.9、厚3.5厘米（图四六，5；图版三八，2）。

2. 石器

均为磨制石器，有通体磨光的锛、凿、戈等石器及砺石和小石子等，以磨光的锛、凿、戈等生产工具和兵器为主，且这些器物的石质都较坚硬。

锛　1件。属Ca型。WBD5∶01，略呈上小下大的长条形，背面平，正面隆起略呈弧形，单面直刃，下端有较宽的磨刃面。通体磨光，只上端保留打制疤痕。长7.2、厚0.7、刃宽3.2厘米（图四七，7；图版三八，7）。

凿　1件。属B型。WBD6∶06，平面近长方形，两面平直，单面直刃，磨刃面较窄。通体磨制，正面两侧有打制疤痕。长8.7、厚0.7、刃宽3.1厘米（图四七，8；图版三八，5）。

凹刃凿　3件。分属A、B二型。

A型　2件。均属Aa型。形状与C型锛相近，略呈上小下大的长条形，背面平，正面隆起略呈弧形，单面凹弧刃，磨刃面宽而深。通体磨光，只上端保留打制疤痕。WBD6∶01，上端微残。长19.2、厚1.7、刃宽5.5厘米（图四七，2；图版三九，2）。WBD5∶05，长7.6、厚1.3、刃宽3厘米（图四七，3；图版三九，1）。

B型　1件。WBD5∶03，形状与B型凿相同。平面近长方形，两面平直，单面凹弧刃，磨刃面较宽。通体磨制，正面一侧保留有打制疤痕。长4.8、厚0.75、刃宽2.1厘米（图四七，6；图版三九，3）。

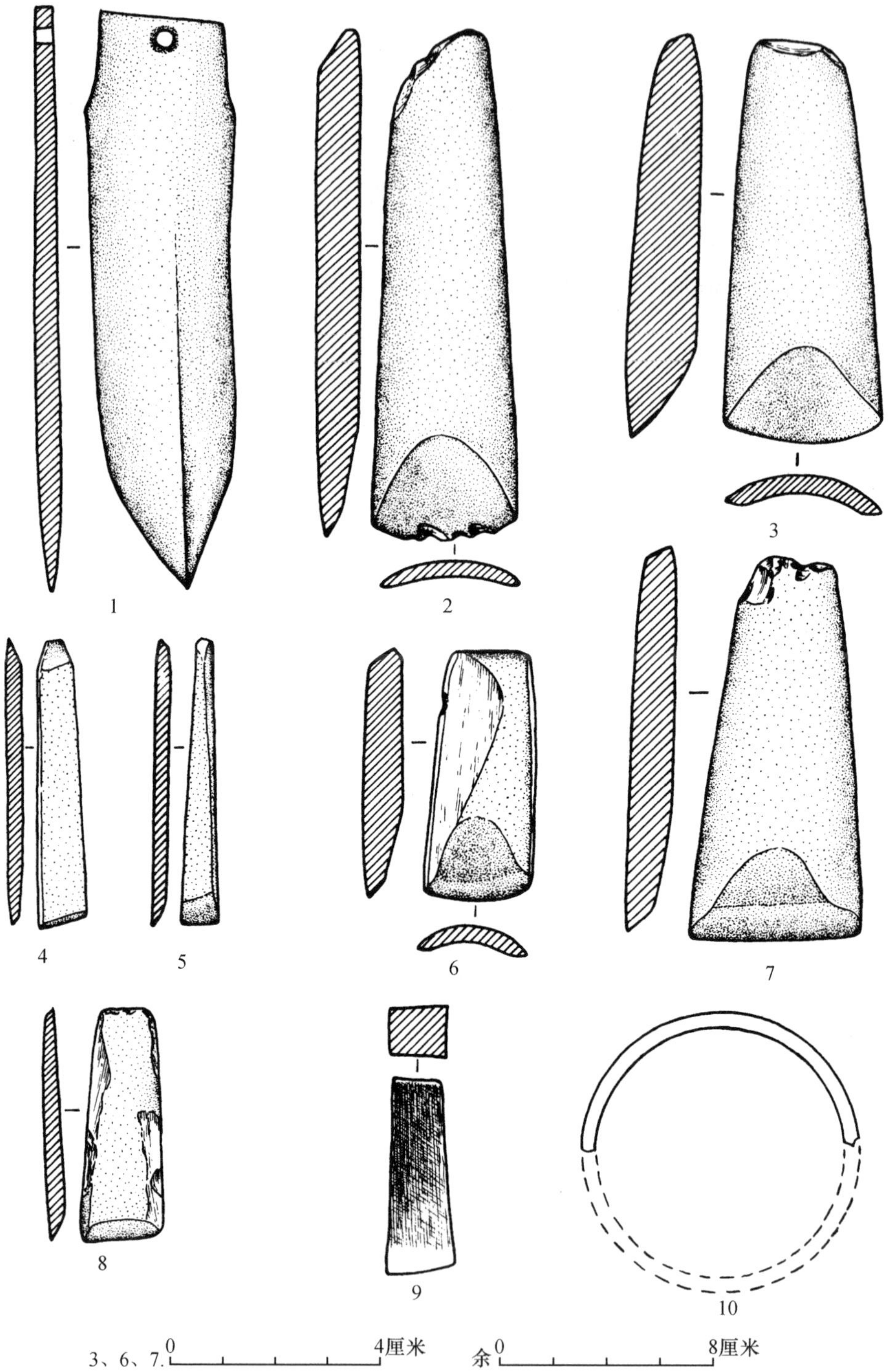

图四七　岜马山岩洞葬玉石器

1. 玉戈（WBD5：04）　2、3. Aa 型凹刃石凿（WBD6：01、WBD5：05）　4、5. 玉刻刀（WBD5：02、WBD3：02）　6. B 型凹刃石凿（WBD5：03）　7. Ca 型石锛（WBD5：01）　8. B 型凿（WBD6：06）　9. 砺石（WBD4：02）　10. A 型玉镯（WBD6：03）

砺石　1件。WBD4∶02，褐色细砂岩，长条形，一端宽一端窄，四面和两端均有磨痕。长7.2、一端宽2.4、另一端宽1.9厘米（图四七，9；图版三九，4）。

小石子　58颗，全部出于4号壁洞。均系选用河滩自然小块砾石制成。多呈扁椭圆形，有的两端略打制成不规则的方形。大小基本相同，一般长2、宽1.5、厚1厘米左右（图版三九，6）。

3. 玉器

数量较少，有刻刀、戈、镯等。

刻刀　2件。形制相同，石质坚硬。长条形，两端均有刃，上端四面磨成平刃，下端为单面斜直刃。WBD5∶02，长10.9、上刃宽0.5、下刃宽1.8、厚0.6厘米（图四七，4；图版三八，6左）。WBD3∶02，长10.9、上刃宽0.4、下刃宽1.4、厚0.6厘米（图四七，5；图版三八，6右）。

戈　1件。WBD5∶04，灰白色，石质坚硬。锋呈三角形，长援起脊，援上下两侧缘磨刃，方内较短，内后中部有一圆形穿。通体磨光。通长22厘米其中援长19、宽5.4厘米，内长3、宽4.6厘米（图四七，1；图版三九，5）。

镯　1件。WBD6∶03，青灰色，质坚硬。仅残存二分之一。圆形，断面呈长方形。直径5.2、断面长0.9、宽0.3厘米（图四七，10）①。

第八节　敢猪岩洞葬

1974年，武鸣县马头乡政府在那堤村敢猪山一处天然洞穴内挖取磷矿做肥料时，村民在洞内发现铜戈1件，并将文物送交广西博物馆，之后广西博物馆派人对此岩洞进行了调查②。2006年8月，广西文物考古研究所等单位在对该洞进行复查时发现较多的陶片，根据出土的陶片确证其为一处岩洞葬后随即进行了发掘，发现较多的人骨和陶器、石器、玉器、骨器等遗物。

一、自然地理环境和岩洞葬概况

敢猪岩洞葬位于今马头镇那堤村东约1公里的敢猪山。敢猪山是一座海拔高度约270米，相对高度约70米，东西长约600、南北宽约500米的土石山，石灰岩主要分布

① 广西壮族自治区文物工作队、南宁市文物管理委员会、武鸣县文物管理所：《广西武鸣岜马山岩洞葬清理简报》，《文物》1988年第12期。

② 广西壮族自治区博物馆：《近年来广西出土的先秦青铜器》，《考古》1984年第9期。

在山的东部和北部边缘地带，并有少量大小不一的岩溶洞穴，岩洞葬就位于东面山麓的一处天然洞穴内。敢猪山地处大明山脉腹地的边缘，周围是绵绵不断的高山和林立的山峰，东部山脚为一小块山间洼地，北部有一叫坝荷河的小河流从东向西流过，该处的地貌特征为典型的岩溶峰丛洼地。岩洞葬所在的洞穴在近山顶处，高出山脚约 60 米（图版四〇，1）。这里山势陡峭，难以攀登，洞口小而隐蔽，不易发现。洞口东南向，为椭圆形，长约 2、宽 1.2～1.5 米。据村民介绍，在 1974 年时曾将洞口炸宽，现今的洞口为炸宽后的形状，在洞口处的岩壁上我们还可以见到岩石被炸后留下的痕迹（图版四〇，2）。原洞口较现在的为小，略呈圆形，直径 0.8～1 米，位置也在现洞口的最上部，高出洞室底约 4 米。入洞后即为一个较小的洞室，在洞室的西北、西南两角又各有一个洞室，西南经过一条长约 4 米、宽仅容一人爬行通过的过道即进入南侧洞，西北有一个高、宽约 2 米的洞口与北侧洞相连，但原来被淤泥封堵，两不相通。两侧洞室很大，均低于前洞，但洞内均在 1974 年开挖磷肥时被挖乱，北洞还在其北面人工炸开一个洞口用于运送磷肥。经调查，岩洞葬主要在前洞室。

前洞为一个平面大致呈“凸”字形的洞室，近洞口处较窄为突出的部分。东西长约 6.6、南北宽约 6 米，面积约 30 平方米。洞室顶近圆锥形，南、北、西三面壁较直，最高约 7 米。地面地势从洞口往西倾斜，发掘前近洞口处有大小石块和泥土堆积，最厚约 2 米。经发掘，在洞室的西、西北和西南部地表下只零星发现有少量碎陶片，在西南部有一个凹坑，内有较多的人骨、陶片和玉石器，大量的人骨、陶片、玉石器、陶器等均位于洞室的中部，东部近洞口处基本没有发现遗物。另外，在通往两侧洞的过道中发现极少量的陶片，这些陶片估计是从前洞室随水、泥土搬运所至。从发掘情况看，墓葬主要位于前洞室的中部偏东处，呈南北向分布（图四八；图版四〇，3；图版四一，1）。西部原可能也有墓葬，但已被破坏，现地势平而低，估计是 1974 年挖磷肥时将其挖掉，因为在发掘时，我们在洞口外从洞内搬运出去的泥土中发现有较多的陶片和少量石器，而现墓葬保存较好处其上部则堆有较厚的石块和泥土，这有可能是墓葬得以保存下来的原因。

洞内堆积大致为：表层土黑而干、质疏松，很薄；之下为一层也很薄的黄褐色黏土，内含较多从洞顶掉落的石灰岩块，此层下为黄土。人骨和随葬品大多夹在黄褐色黏土层中。在人骨和随葬品处，土多呈黑色，而且黑色土大都有相对集中的分布范围，上部的人骨也多呈黑色，下部人骨则为黄色，周围的石灰岩石块有被火烧裂的现象，头骨则多数被烧成碎片。因此我们推测，当时在安放好死者之后，在尸体上覆盖一些树枝等，然后用火烧过，至于为什么要如此处理尸体，目前还不清楚。根据随葬品的位置和黑土分布的范围，我们大致可以看出有 8 处相对集中的人骨摆放处，多呈长方形，在此，为叙述方便，我们将其分为 1～8 号人骨架。1 号人骨架位于最南部，东为洞壁，

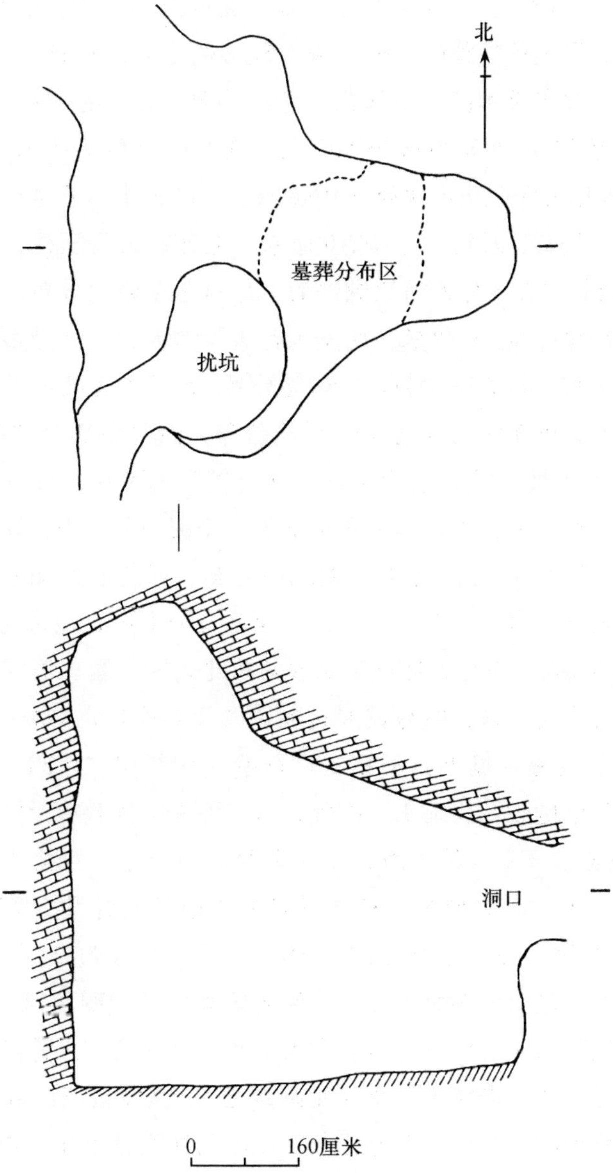

图四八　敢猪岩洞葬平、剖面图

西面即为洞内一处大凹坑，部分人骨和随葬品已崩塌到坑中；分布范围约为长方形，长约 90、残宽 55 厘米。内有少量人骨和陶豆、陶盘，海贝、贝壳等随葬品；从出土的人骨和随葬品的位置来看，人骨架应大致为南北向摆放，头向北（图版四一，2）。2 号人骨架位于 1 号人骨架的北部，呈东北西南向分布，西南部为凹坑，部分已被破坏，长约 90、宽 70 厘米。内发现有较多的人骨，有肢骨、头骨残片、人牙等，人骨少部分被烧成黑色，以及陶罐、纺轮、较多的陶片，石锛，玉凿、玉玦（图版四二，2）、玉片、贝壳等遗物。3 号人骨架位于 2 号的北部，呈东北西南向分布，长约 85、宽 80 厘米，南部拐角处可能被 2 号人骨架叠压。内发现有较多的人骨，有肢骨、肋骨、头骨残片、人牙等，人骨上部多被烧成黑色，下部为黄色；随葬品多，有陶片、玉石锛、玉石凿、玉环、玉片、骨镞等 20 余件和小石子 101 颗；其中一上肢下纵向放置有玉石器 8 件（图版四二，3），玉环大部分出自此处（图版四二，1），小石子位于人骨架的东北，呈西北东南向的长条状分布，长约 55、宽 10 厘米，上部有人骨压住，是在起取完人骨后才出露。4 号人骨架紧挨在 3 号人骨架的西南，呈西北东南向分布，西部大部分已被人为和自然破坏，长约 90、宽 70 厘米。内发现有少量的人骨，人骨多被烧成黑色，周围的土也多为黑色，另有少量的陶片和石锛等随葬品。5 号人骨架位于 3 号的北面，其南角与 3 号相接，呈西北东南向与人为 4 号平行分布，西北角部分被破坏，长约 90、宽 70 厘米。内发现有少量被烧成黑色的人骨，以及较多的陶片，海贝、石锛，大量的玉片、玉管等遗物。玉片、玉管主要集中在东南部一个很小的范围，埋葬时可能是同一件串饰。6 号人骨架在 5 号的东面，呈东南西北向分布，西部被火烧过的痕迹很明显，土呈黑色，东部也有黑土、木炭，但不成片，在西部有少量被火烧过的人骨。除几堆陶片外，不见玉石器等随葬品。7 号人骨位于墓葬的东北边缘，紧靠洞室北壁，此处没有火烧过的痕迹，也没有发现人骨，但有较多的陶片以及 1 件较完整的陶罐和 6 件陶纺轮，另外在 2 号陶片堆下发现一堆小石子和 1 件石锛（图版四二，5），因这里地势最高，这些遗物不可能从其他地方流失而来，因此，这里原来应摆放有尸体，形状不清，长约 110 厘米。8 号人骨架位于 3 号的东南，呈东南西北向分布，西北紧临 3 号人骨架，东南紧挨洞壁，长约 110、宽 70 厘米。有少量未被烧过的人骨及少量碎陶片；另外，在 3、6 和 8 号人骨架之间有一堆近方形摆放的小石子（图版四二，4），共有 400 余颗，从其所处的位置来看，最有可能为 8 号人骨架的随葬品（图四九）。

敢猪岩洞葬内发现的人骨均不完整，多为碎片，所采集的人骨经鉴定有 16 个个体，其中男性 6 个，女性 7 个，未成年 3 个（见附录五）。从发掘情况看，洞内没有发现挖墓坑的现象，安置死者的方式应为平地摆放，根据几处人骨架分布的范围和形状大致可以看出，葬式可能为屈肢葬，葬法为一次葬。

二、随　葬　品

随葬品数量较多，除陶片外，还有陶器、石器、玉器、骨器、铜器、海贝等 100 余件，以陶器和玉石器为主。

1. 陶器

陶器多为碎片，约有 1000 片，有口沿、圈足和腹片，少量较完整的陶器。从陶片的统计来看（表二），均为夹砂陶，以夹细砂为主，占陶片总数的98%以上，粗砂陶不足2%；陶色有红、红褐、橙黄、灰黑、黑等几种，以红褐、灰黑和黑色为主，但器表颜色多不均匀，一件器物上常有多种颜色并存。器表多素面，约占95%以上，少量饰细绳纹。以圜底器和圈足器为主，三足器极少，只发现1件锥状足，圈足与器身分做，然后黏接而成。从残存的口沿看，器形有壶、釜、罐、钵、杯、豆、盘、簋、纺轮等，以罐、壶为主。

表二　敢猪岩洞葬陶片统计表　　单位：件

陶质 / 陶色 / 纹饰	夹砂陶					总计	百分比（%）
	红	红褐	橙黄	灰黑	黑		
素面	71	443	61	160	211	946	95.2
细绳纹	5		8	11	24	48	4.8
总计	76	443	69	171	235	994	
百分比（%）	7.7	44.6	6.9	17.2	23.6		100

壶　26件，均属C型。敞口，尖唇，折沿，高领，圆肩，肩以下残，从发现较多的圈足来看，底为圜底加圈足。素面。根据口部的不同特征，又分属Ca、Cc二亚型。

Ca型　19件。大敞口，领斜直。06WG:92，夹细砂红褐陶，残高5.6、口径12.4厘米（图五〇，4）。

Cc型　7件。微敞口，口小，领较直。06WG:93，夹细砂红褐陶，平沿。残高5、口径7.6厘米（图五〇，5）。06WG:94，夹细砂灰黄陶。残高11.6、口径10.8厘米（图五〇，6）。06WG:95，夹细砂红褐陶，斜溜肩。残高8.8、口径10厘米（图五〇，7）。

罐　13件。数量和形制较多，分属H、I、J型。

H型　7件。大敞口，尖唇，沿外折，直领，圆肩或溜肩，肩以下残。06WG:89，夹细砂红褐陶，直领较矮，圆肩。残高5.4、口径13.8厘米（图五〇，1）。06WG:91，夹细砂红褐陶，领较高，圆肩。残高5.2、口径12.4厘米（图五〇，3）。06WG:90，夹细砂灰黑陶，领斜直，溜肩。残高5.2、口径12厘米（图五〇，2）。

Ⅰ型　5件。敞口，尖唇，束颈，圆肩或溜肩，肩以下残。有Ⅰa、Ⅰb、Ⅰc三亚型。

Ⅰa型　2件。06WG:104，夹细砂红褐陶，大敞口，宽圆肩。残高4.4厘米（图五〇，8）。

Ⅰb型　1件。06WG:97，夹细砂红褐陶，短领，溜肩。残高3.2、口径9.2厘米（图五〇，9）。

Ⅰc型　2件。06WG:98，夹细砂橙黄陶，口较小，斜溜肩。残高4.2、口径7.2厘米（图五〇，10）。

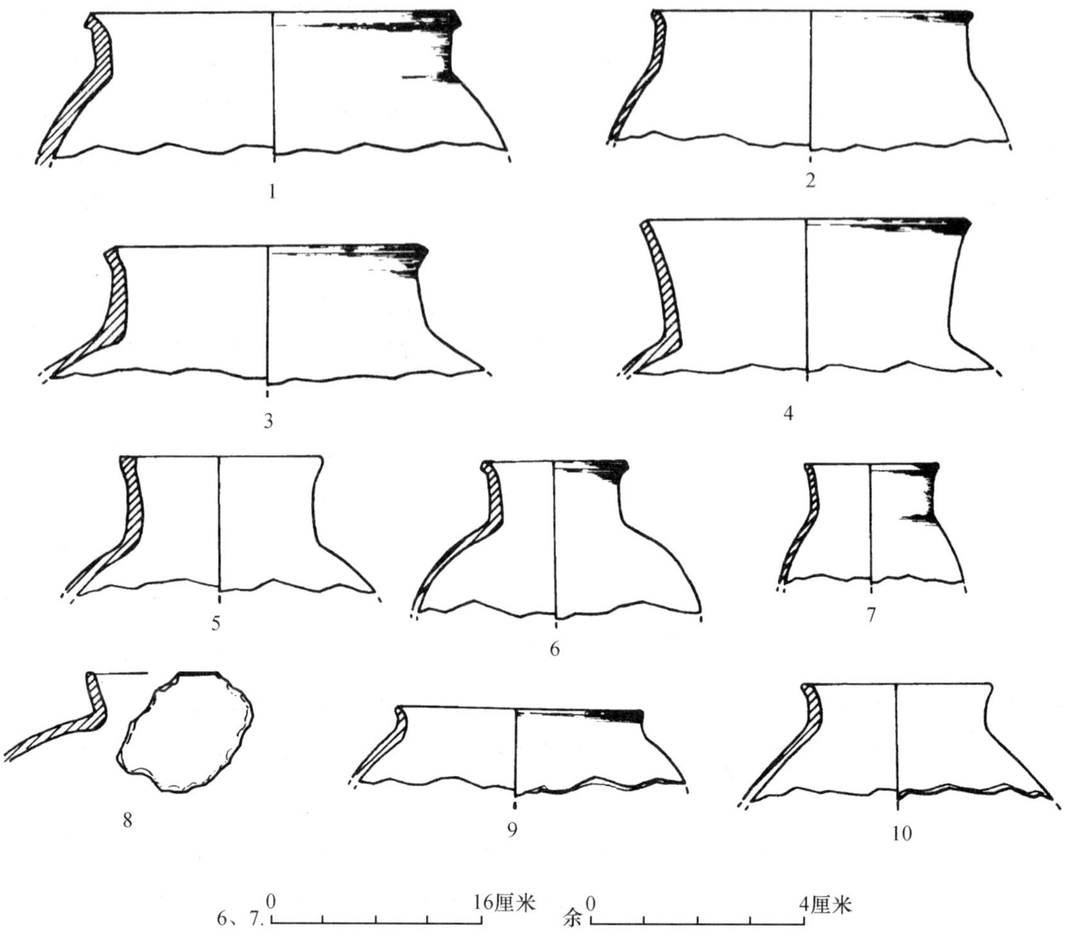

图五〇　敢猪岩洞葬陶器

1～3. Ha 型罐（06WG：89、06WG：90、06WG：91）　4. Ca 型壶（06WG：92）　5～7. Cc 型壶（06WG：93、06WG：94、06WG：95）　8. Ⅰa 型罐（06WG：104）　9. Ⅰb 型罐（06WG：97）　10. Ⅰc 型罐（06WG：98）

J 型　1 件。敛口，直领，圆肩，肩以下残。06WG：103，夹细砂灰黑陶。残高 3、口径 7.4 厘米（图五一，2）。

圈足罐　9 件。分属 B、C、D、E 四型。

B 型　6 件。敞口，平沿，束颈，深弧腹，尖圜底，底附喇叭形矮圈足，肩部有一对錾状贯耳。较完整的 4 件，又分为 Ba、Bb 二亚型。

Ba 型　2 件。溜肩，深腹内收，尖圜底，圈足较矮，两耳在肩下部。06WG：29，夹细砂红褐陶。通高 5.2、口径 6、足径 5.4 厘米（图五一，7；图版四三，2）。06WG：101，夹细砂红褐陶，圈足脱落。残高 6、口径 8.4 厘米（图五一，6）。

Bb 型　2 件。圆肩，圆腹，圜底。06WG：01，夹细砂陶，器表颜色不匀，有耳处为红褐色，两耳之间有两块黑色，圈足较高，足上穿对称的两孔。通高 7.8、口径 9、

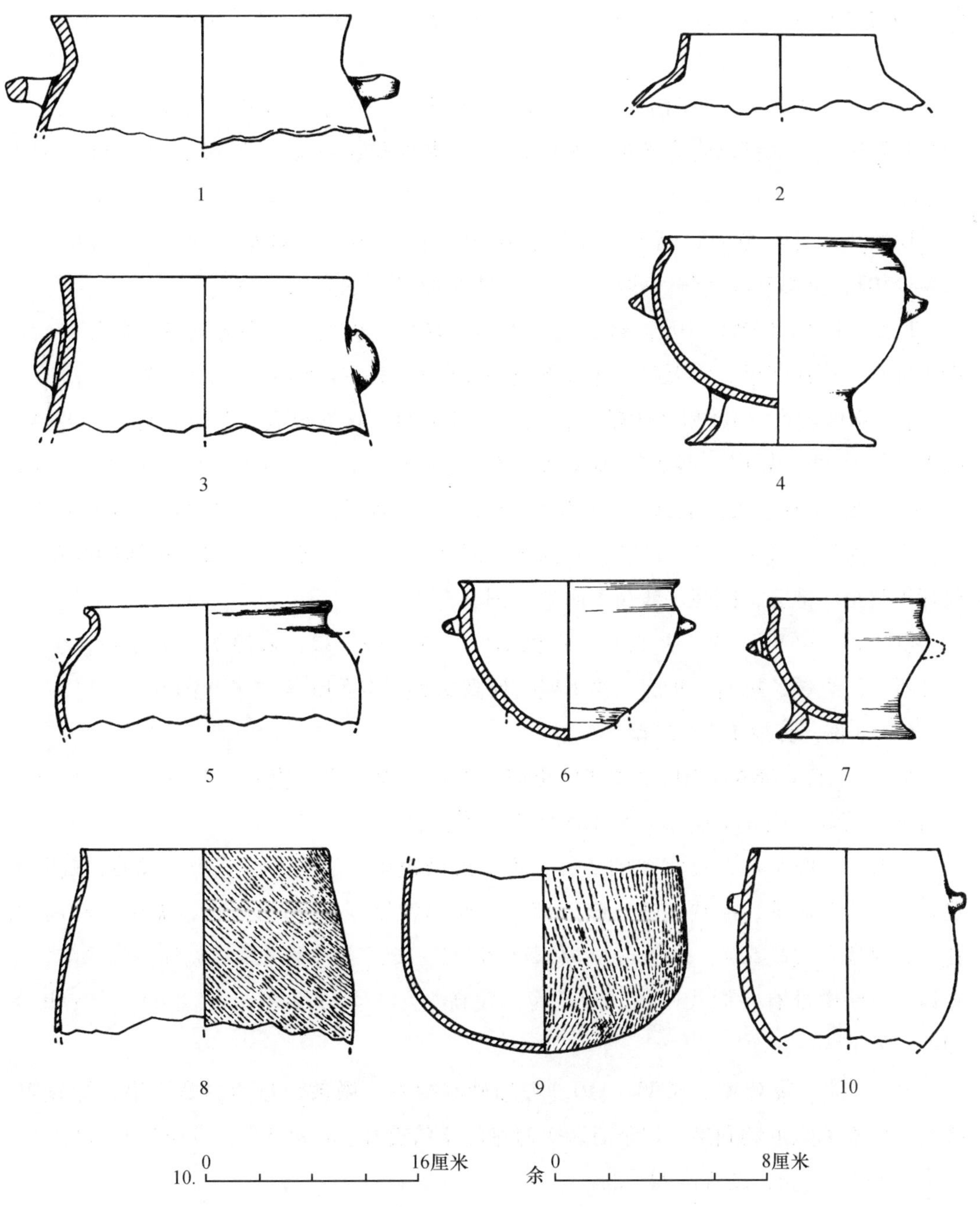

图五一　敢猪岩洞葬陶器

1. C型圈足罐（06WG：106）　2. J型罐（06WG：103）　3. D型圈足罐（06WG：107）　4、5. Bb型罐（06WG：01、06WG：113）　6、7. Ba型罐（06WG：101、06WG：29）　8、9. Bd型釜（05WG：100、06WG：102）　10. E型圈足罐（06WG：109）

足径 7.2 厘米（图五一，4；图版四三，1）。06WG∶113，夹细砂红褐陶。宽沿，短直领，圆肩，圆腹，腹下部残，肩部有耳，现已残。残高 4.6、口径 9.4 厘米（图五一，5）。

C 型　1 件。敞口，平沿，束颈，溜肩，肩上有一对鋬状贯耳，底以下残。根据其他带耳器来看，底部均附有圈足。06WG∶106，夹细砂红褐陶。残高 5、口径 11.6 厘米（图五一，1）。

D 型　1 件。微敞口近直，束颈，深腹，肩上部有一对鋬状贯耳，底以下残。06WG∶107，夹细砂红褐陶。残高 6、口径 11.2 厘米（图五二，3）。

E 型　1 件。06WG∶109，器表颜色不匀，有灰、灰黑、红褐等几种。微敛口，口沿中部有一周浅凹槽，深弧腹，底以下残。残高 14.8、口径 14.4 厘米（图五一，10）。

釜　4 件。均为 Bd 型。微敞口，尖唇，微束颈，肩不明显，深腹近直，最大径在腹下部近底处，圜底，器表饰细绳纹，有的在腹上部还有锯齿状附加堆纹，薄胎。06WG∶100，只存下腹以上部分，夹细砂灰黑陶，器表通体饰细绳纹，施纹方法为从左上往右下滚压。残高 7.2、口径 9.6 厘米（图五一，8）。06WG∶102，夹细砂灰黄陶，仅存下腹至底部分，圜底。残高 7 厘米（图五一，9）。

盆 1 件。06WG∶99，夹细砂，陶色不匀，有红褐、褐、灰黑等。大敞口，尖唇，沿外折，斜直领，折肩，折腹，腹下残。残高 5.8、口径 13.8 厘米（图五二，1）。

钵　3 件。分属 F、G 二型。

F 型　1 件。06WG∶108，夹细砂黑陶，敞口，斜平沿，直腹，腹下部残，口下有一对鋬状贯耳。残高 4.6、口径 11.4 厘米（图五二，3）。

G 型　为圈足钵，较完整的 2 件。直口或微敞口，平沿，深直腹，圜底，底附圈足，但足均已脱落，形状不清，腹上部有一对鋬状贯耳。06WG∶111，夹细砂红褐陶，直口，底残。残高 5.4、口径 12.2 厘米（图五二，6）。06WG∶112，夹细砂红褐陶，微敛口，口沿中部有一周浅凹槽，圈足残。残高 6、口径 11.2 厘米（图五二，7；图版四四，1）。

杯　1 件。属 C 型。06WG∶110，夹细砂红褐陶，微敛口近直，宽平沿，深直腹，圜底，底附喇叭形矮圈足，口下有两个对称的鋬状贯耳。通高 5.3、口径 7.2、足径 5.8 厘米（图五二，4；图版四四，2）。

豆　2 件。均属 Aa 型。夹细砂红褐陶，敞口，尖唇，微斜沿，浅盘，弧腹，下附高圈足。06WG∶51，豆盘内底和圈足内底为黑色，喇叭形高圈足，中有一小节圆柱形柄。通高 6.8、口径 10.4、盘深 2.6、圈足直径 7.4 厘米（图五三，4；图版四四，3）。06WG∶120，只存部分豆盘，圈足残。残高 2.6、口径 10.2 厘米（图五三，8）。

簋　较完整的 2 件。属 B 型。敛口近直，深直腹，圜底，底附圈足。06WG∶117，

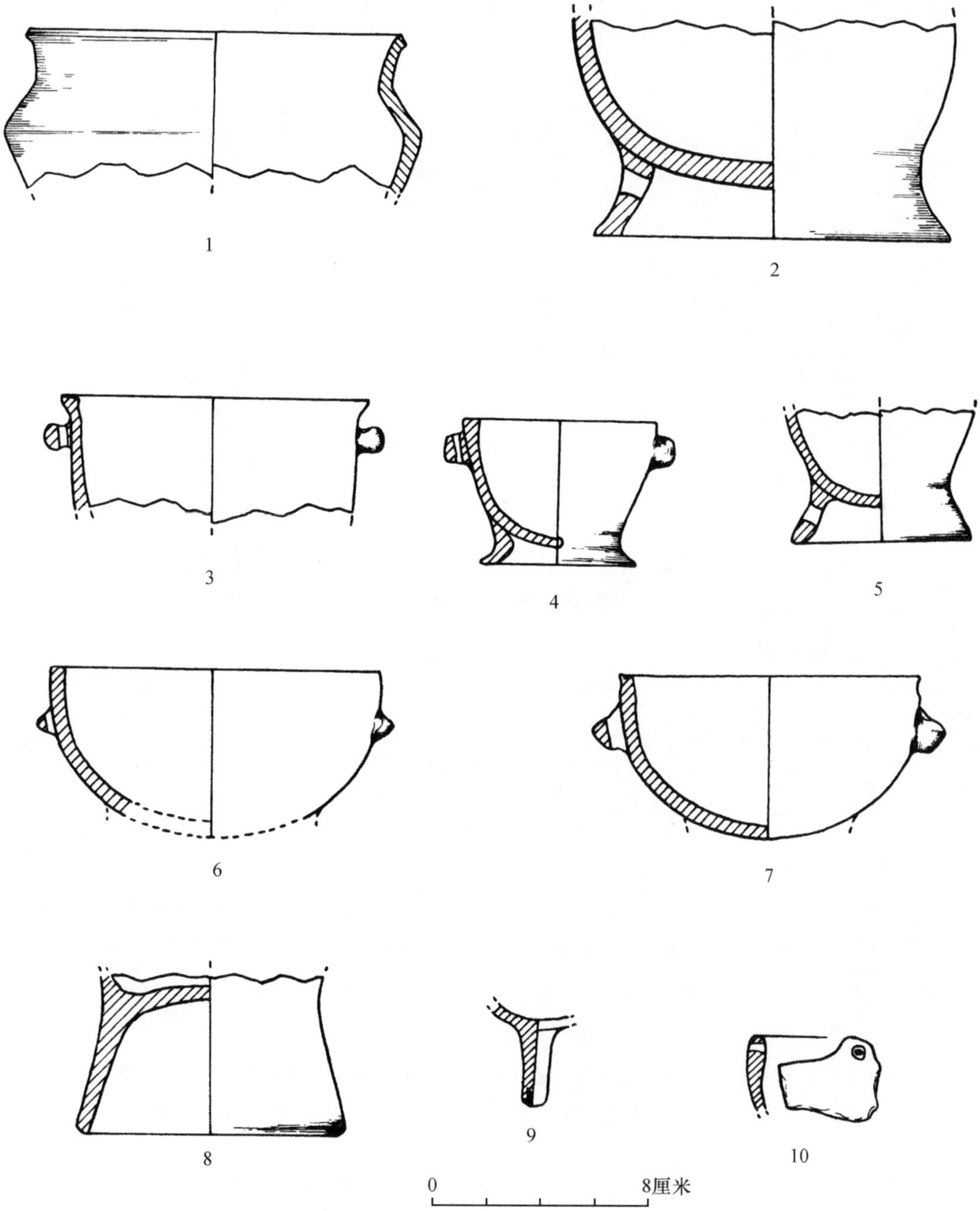

图五二　敢猪岩洞葬陶器

1. 盆（06WG:99）　2、5、8. 圈足（06WG:105、06WG:121、06WG:46）　3. F型钵（06WG:108）　4. C型杯（06WG:110）　6、7. G型钵（06WG:111、06WG:112）　9. 器足（06WG:115）　10. 器耳（06WG:114）

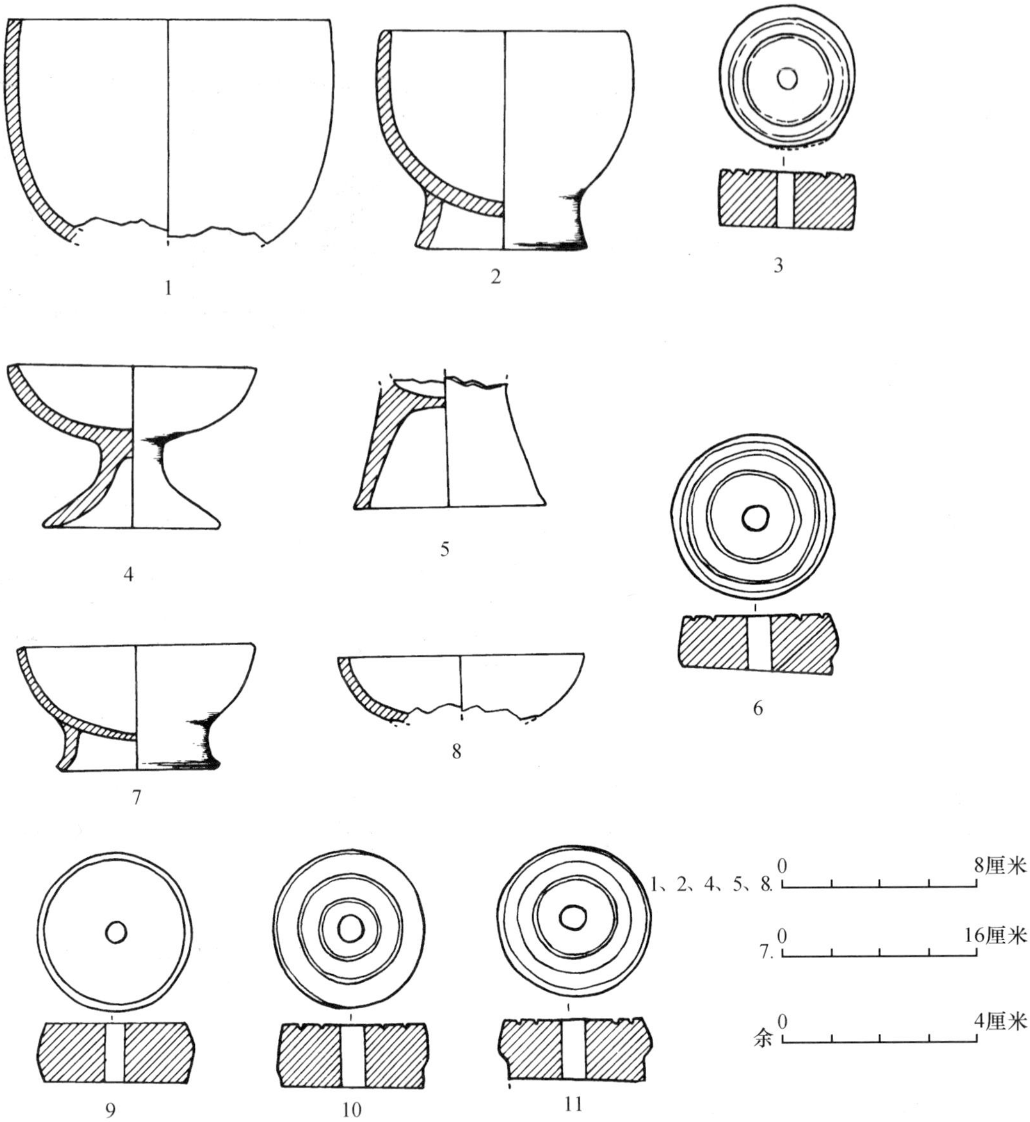

图五三　敢猪岩洞葬陶器

1、2. B型簋（06WG:116、06WG:117）　3、6、9～11. Bb型纺轮（06WG:53、07、04、05、47）
4、8. Aa型豆（06WG:51、06WG:120）　5. 豆圈足（06WG:118）　7. A型盘（06WG:30）

灰陶，器表部分有烟熏的痕迹，呈黑色；圆唇，矮圈足略外撇。通高9、口径10.4、足径6.4厘米（图五三，2；图版四三，3）。06WG:116，橙黄陶，平沿，深直腹，底以下残。残高9、口径13.6厘米（图五三，1）。

盘　1件。为A型。06WG:30，红褐陶，敞口，尖唇，微折沿，弧腹，深盘，圜底，底附矮圈足，足略外撇。器形不规整。通高10.4、口径20、足径13.6厘米（图五三，7；图版四四，4）。

圈足　数量较多，现选4件较完整的进行介绍。06WG:118，夹细砂灰黄陶，可能为豆类的高圈足，喇叭形，上接盘底。通高5.2、足径7.8厘米（图五三，5）。06WG:46，夹细砂红褐陶，喇叭形高圈足。足高5.4、足径10厘米（图五二，8）。06WG:121，夹细砂红褐陶，与器底连在一起，矮圈足外撇，中穿对称的两孔。可能是罐类的圈足。通高4.8、足高2.2、足径6.8厘米（图五二，5）。06WG:105，夹细砂灰黑陶，与器底连在一起，矮圈足外撇，中穿对称的两孔。可能是壶类的圈足。残高8、足高3.4、足径13.4厘米（图五二，2）。

纺轮　11件。均属Bb型。除1件破碎外，其余大部分保存完整。泥质陶，陶色有红、红褐、黑、灰黑、灰黄、橙黄等几种。均为圆饼形，有的外缘中间微鼓，两面平，中穿孔。除一件素面外，其余在一面刻划两圈凹弦纹（图版四三，4）。器体大小相当，仅06WG:44体略大，直径为3.85厘米。06WG:04，灰黑色，素面。直径3.3、孔径0.36、厚1.2厘米（图五三，9；图版四三，4下一）。06WG:05，红褐色，正面饰两圈凹弦纹。直径3.1、孔径0.5、厚1.3厘米（图五三，10；图版四三，4上一）。06WG:47，黑色，不太规整，背面略小，正面饰两圈凹弦纹。直径3.1、孔径0.5、厚1.2厘米（图五三，11）。06WG:07，红褐色，正面饰两圈凹弦纹。直径3.2、孔径0.5、厚1.2厘米（图五三，6；图版四三，4下二）。06WG:53，灰黄色，直壁，两面平，器形规整，正面饰两圈凹弦纹。直径2.8、孔径0.4、厚1.1厘米（图五三，3；图版四三，4上二）。

器足　1件。06WG:115，夹细砂橙黄陶，长乳突状，与器底连在一起，上饰细绳纹。为三足器之一足。足高2.8、直径1厘米（图五二，9）。

器耳　2件。均呈半环形，立于口沿之上，耳中穿一孔。因只存耳部一小块，器形不详，可能是钵类器。06WG:114，夹细砂灰黑陶。残高3.4、耳宽1.4、高0.8厘米（图五二，10）。

2. 石器

全部为磨制石器，而且磨制光滑，器形精美。绝大部分器物的顶端不加工，为凹凸不平的不规则形态。器体小，刃部大多没有使用痕迹。器类有锛、凿、钺、刀等，以锛、凿为主，多为生产工具。

锛　14件。分属B、C、D、E四型。

B型　3件，平面短梯形，背面平，正面微隆起或平，单面直刃或斜直刃，磨刃面宽而平缓，但近刃处较陡。有Ba、Bb二亚型。

Ba型　1件。体较长。06WG:88，灰黄色，器表大部被一层黑色所包裹，一刃角微缺，磨刃面为宽梯形。除顶端外，余磨光。长4.3、刃宽3.5、厚0.6厘米（图五五，2）。

Bb 型　2 件。体短而厚。06WG∶66，暗青色，顶平直，磨刃面为梯形，通体磨光。长 3、刃宽 2.9、厚 0.65 厘米（图五五，3；图版四六，3）。06WG∶48，暗青色，腰部微内凹，磨刃面呈不规则长方形，除顶端外，余磨光。长 3.4、刃宽 3.4、厚 0.6 厘米（图五五，1；图版四六，4）。

C 型　9 件。为上窄下宽的长条形。分二亚型。

Ca 型　8 件。背面平，正面多呈弧形隆起，单面微弧刃或近直刃，均有一较宽的磨刃面，顶端不规整未磨制，余磨光。06WG∶78，两面扁平，两侧边平直，磨刃面较陡直。长 10、刃宽 4.4、厚 0.9 厘米（图五四，1；图版四五，1）。06WG∶41，背面平，正面微呈弧形隆起，微弧刃，磨刃面较陡直。长 7、刃宽 3.9、厚 0.8 厘米（图五四，2；图版四五，2）。06WG∶77，上端残断。背面平，正面微呈弧形隆起，微斜弧刃，磨刃面陡直。长 4.9、刃宽 3.6、厚 0.7 厘米（图五四，6；图版四六，1）。06WG∶73，微弧刃，一刃角缺，磨刃面较宽而平缓，近刃处较陡直。长 6、刃残宽 3.3、厚 0.9 厘米（图五四，5；图版四五，4）。06WG∶23，浅褐色，上端残。微斜弧刃，磨刃面较宽而平缓，近刃处较陡直。长 6.9、刃宽 4.5、厚 1.1 厘米（图五四，8；图版四五，5）。06WG∶74，黑色，上端残，正面呈三角突起，微弧刃，磨刃面略呈三角形，较宽而平缓。残长 5.3、刃宽 4.2、厚 1.4 厘米（图五四，7；图版四五，3）。06WG∶71，浅褐色，上端残断。体小，近直刃，磨刃面呈梯形，窄而陡。长 3.6、刃宽 2.7、厚 0.5 厘米（图五四，4；图版四五，6）。06WG∶54，暗青色，微弧刃，刃缘微缺，磨刃面呈梯形，较宽而缓。长 6.2、刃宽 3、厚 0.8 厘米（图五四，3）。

Cb 型　1 件。06WG∶42，深灰色，上端残，背面为弧形，正面平，单面近直刃，一刃角缺，磨刃面较窄而平缓。残长 4.1、宽 3.2、厚 0.55 厘米（图五四，9）。

D 型　1 件。06WG∶63，深灰色硅化石灰岩，近长方形，背面平，正面微隆起，单面直刃。现仅存约一半，通体磨光。长 5.7、刃宽 3.3、厚 0.7 厘米（图五五，7）。

E 型　1 件。浅灰黄色，长梯形，两面扁平，两侧平直，横断面呈长方形，两端均有单面平直刃，但刃部不在同一面上，上端刃角为圆形，磨刃面宽而平缓；下端刃角近直，磨刃面窄而陡直。06WG∶61，器形规整，通体磨光。长 4.4、上刃宽 1.5、下刃宽 2.3、厚 0.55 厘米（图五五，6；图版四六，5、6）。

凹刃锛　2 件。均为短梯形，背面弧形，正面中部微突出，为器物的最厚处，单面凹弧刃。除上端外，余磨制光滑。06WG∶69 ，青灰色。长 3.15、刃宽 2.35、最厚 0.7 厘米（图五五，9；图版四七，2）。06WG∶70 ，灰黄色中夹白色，似玉。长 2.9、刃宽 2.1、最厚 0.65 厘米（图五五，10；图版四七，1）。

凿　2 件。分二型。

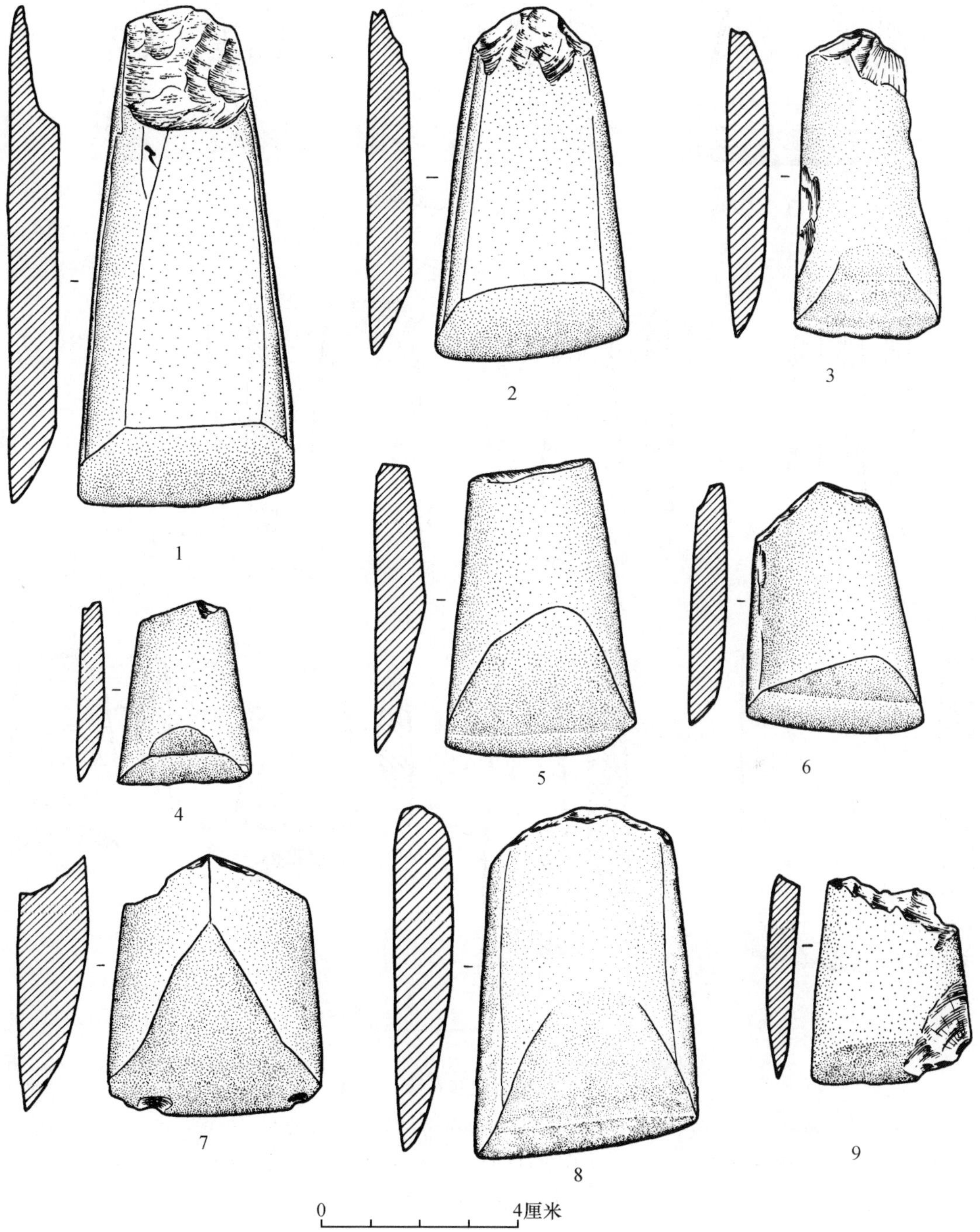

图五四　敢猪岩洞葬石锛

1～8. Ca型（06WG:78、06WG:41、06WG:54、06WG:71、06WG:73、06WG:77、06WG:74、06WG:23）

9. Cb型（06WG:42）

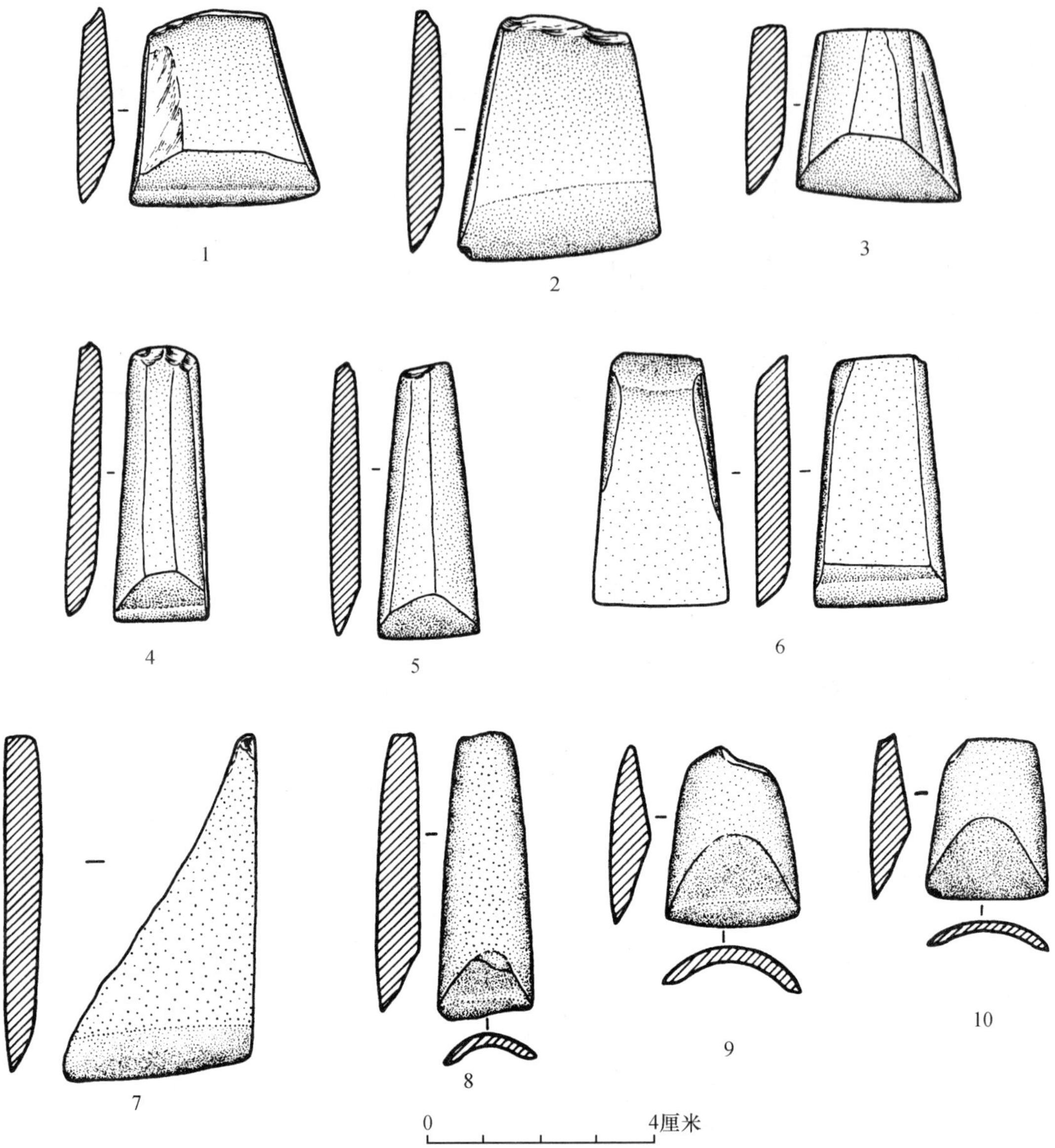

图五五　敢猪岩洞葬石锛、石凿

1、3. Bb 型锛（06WG∶48、06WG∶66）　2. Ba 型锛（06WG∶88）　4. B 型凿（06WG∶45）　5. A 型凿（06WG∶67）　6. E 型锛（06WG∶61）　7. D 型锛（06WG∶63）　8. Ab 型凹刃凿（06WG∶65）　9、10. 凹刃锛（06WG∶69、06WG∶70）

A 型　1 件。上小下大的细长条形，背面平，正面隆起，横断面近梯形，单面直刃，磨刃面近三角形，宽而平缓，通体磨光。06WG∶67，浅褐色中夹白色，似玉。长 4.8、顶宽 0.9、刃宽 1.8、厚 0.5 厘米（图五五，5；图版四七，5）。

B 型　1 件。近长方的扁平长条形，顶端略窄，两面平，两侧边平直，单面直刃，磨刃面近梯形，较窄而陡直。除顶端外，余全部磨光。06WG:45，淡青色，器表光亮似玉。长4.8、顶宽1.3、刃宽1.7、厚0.5厘米（图五五，4；图版四七，4）。

凹刃石凿　1件。为Ab型，与Aa型相比，体细长。石质和平面形状与A型凿相同，为上小下大的细长条形。但背面呈弧形，正面微隆起，单面凹弧刃。除顶端外，余全部磨光。06WG:65，长5、顶宽1、刃宽1.6、厚0.7厘米（图五五，8；图版四七，3）。

钺　1件。属A型。灰黑色细砂岩，器体为薄而扁平的梯形，双面直刃。上端和两面磨光，两侧边未磨。06WG:75，长7.26、刃宽7.8、厚0.63厘米（图五八，1；图版四七，6）。

刀　1件。属B型。石质与钺相同，体残，形状不清。器体扁平，双面直刃。06WG:86，残长7.2、宽3.85、厚0.42厘米（图五八，2）。

小石子　597颗。除8颗分散在各处外，其余分三堆集中放置在一起。7号人骨架处的06WG:56有50颗，3号人骨架处的06WG:60有101颗，8号人骨架处的06WG:16有438颗（图版四七，7）。均为采自于河滩的小砾石，多扁方形，也有部分圆形、椭圆形和不规则形等；大部分经过人为的加工，将石子的一端或两端敲掉一小部分，也有一些未经加工，为石子的自然形态。三堆石子不仅在数量上不同，在个体上也有差异，数量多的石子普遍较大，数量少的石子个体也较小。如数量最多的06WG:16，石子最大的长2.1、宽1.6、厚0.7厘米，最小的长1.3、宽0.8、厚0.5厘米，大部分为长1.4~2、宽1.2~1.6厘米。数量最少的06WG:56，石子最大的长1.5、宽1.1、厚0.7厘米，最小的长1.1、宽0.8、厚0.6厘米。而06WG:60的石子个体则介于两者之间，大小均有。

3. 玉器

数量较多，玉质为以透闪石为主的软玉类，器形有锛、凿等生产工具和玦、环、镯、璜、管饰和穿孔玉片等装饰品，以装饰品为主。玉制的生产工具与石器在器形、制作方法上相同，器体小，刃缘锋利，没有使用痕。

锛　3件。分二型。

A型　2件。形状与Ca型石锛相同，为上窄下宽的长条形，背面平，正面微隆起呈弧形，单面近斜直刃。顶端不规整，未磨制，余磨光。06WG:49，器表灰色，磨刃面较窄而陡，呈宽梯形，磨刃面上还有一略呈三角形的磨面。长5.3、顶宽1.9、刃宽2.9、厚0.6厘米（图五六，2；图版四八，1）。06WG:72，器表浅灰黑色，磨刃面较宽而平缓，呈三角形。长6.6、顶宽1.9、刃宽3.4、厚0.75厘米（图五六，1；图版四八，2）。

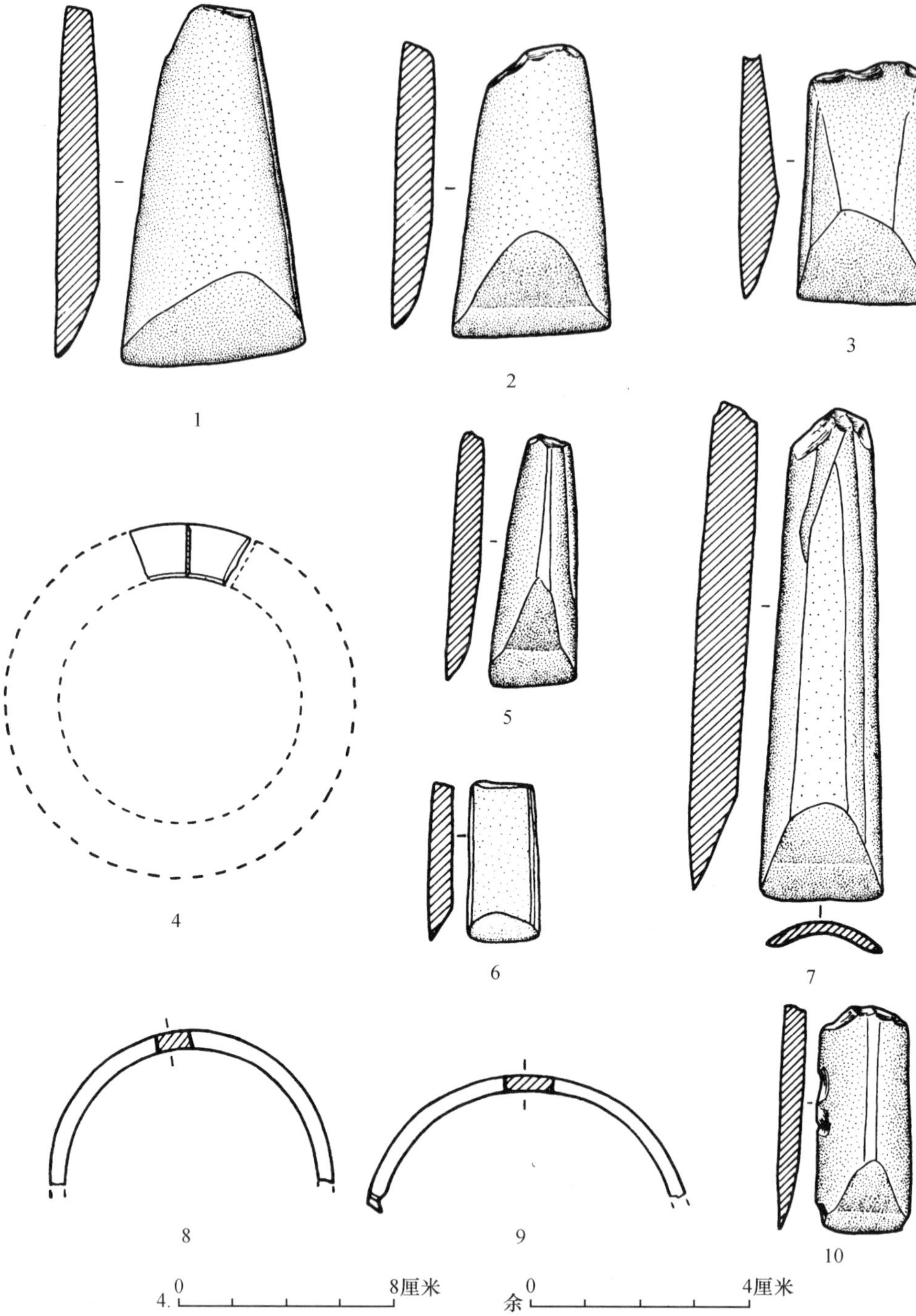

图五六　敢猪岩洞葬玉器

1、2. A型锛（06WG:72、06WG:49）　3. B型锛（06WG:59）　4. Ea型玦（06WG:27）　5. A型凿（06WG:76）　6. B型凹刃凿（06WG:68）　7. A型凹刃凿（06WG:79）　8. A型镯（06WG:81）　9. 璜（06WG:80）　10. B型凿（06WG:26）

B型　1件。近长方形，背面平，正面隆起，上端中部平，横断面呈不规则的六边形，最厚处在器身中部，单面直刃，磨刃面宽而平缓，呈近三角形。顶端不规整，未磨制，余磨光。06WG: 59，器表浅灰白色。长4.4、顶宽2.1、刃宽2.5、厚0.7厘米（图五六，3；图版四八，3）。

凿　2件。分二型。

A型　1件。形状与A型石凿相似，体细长，单面直刃，磨刃面呈平缓的梯形。06WG: 76，浅灰白色。长4.6、顶宽0.8、刃宽1.6、厚0.5厘米（图五六，5；图版四八，7）。

B型　1件。长方形，背面平，正面微隆起，单面直刃，两刃角缺，磨刃面为窄而陡直的长方形。除顶端外，余全部磨光。06WG: 26，浅灰色。长4.1、宽1.7、厚0.4厘米（图五六，10；图版四八，4）。

凹刃凿　2件。分二型。

A型　1件。形状与A型凹刃石凿相同。长条形，背面呈弧形，正面微隆起，中间平，单面凹弧刃。除顶端外，余全部磨光。06WG: 79，淡青色。长8.9、顶宽1.5、刃宽2.3、厚0.9厘米（图五六，7；图版四八，5）。

B型　1件。形状与B型玉凿相同，但器体短小，背面呈弧形，正面平，单面微凹弧刃。顶平直，一侧边有一道切割痕，通体磨光。06WG: 68，灰白色。长2.9、顶宽1.1、刃宽1.3、厚0.4厘米（图五六，6；图版四八，6）。

璜　1件。豆青色，半圆环形，断面为扁平长方形，一端内侧横向切割出一凹槽，外侧纵向切割出一道凹槽，然后在近端部内外凹槽相对处穿一小孔。另一端残断。通体磨光。06WG: 80，残长5.8、宽0.84、厚0.25厘米（图五六，9；图版四九，5）。

镯　1件。属A型。残存约五分之三。灰白色，圆形，断面为扁平长方形。06WG: 81，宽0.56、厚0.29厘米（图五六，8；图版四九，6）。

玦　4件。均属E型。但又可分为二亚型。

Ea型　2件。均为两面扁平的圆形，体薄，肉厚，中间单面钻孔，玦口两面或一面斜切。器表光滑。06WG: 21，器体呈鸡骨白色。外径3.5、孔径1.9、玦口宽0.03～0.09、厚0.12厘米（图五七，1；图版四九，1）。06WG: 27，器体呈浅灰白色，体薄半透明，残断，现仅存约八分之一，玦口单面斜切。复原后外径6.5、孔径4.5、厚0.11厘米（图五六，4）。

Eb型　2件。青灰色，外周不规整，两面平且边缘均斜削，形成双台面；中孔单面钻，孔较Ⅰ型大，肉薄，玦口双面斜切。06WG: 22，外径3.33、孔径2.13、玦口宽0.09～0.19、厚0.26厘米（图五七，3；图版四九，2右）。06WG: 20，外径3.08、孔径2.09、玦口宽0.1～0.3、厚0.22厘米（图五七，2；图版四九，2左）。

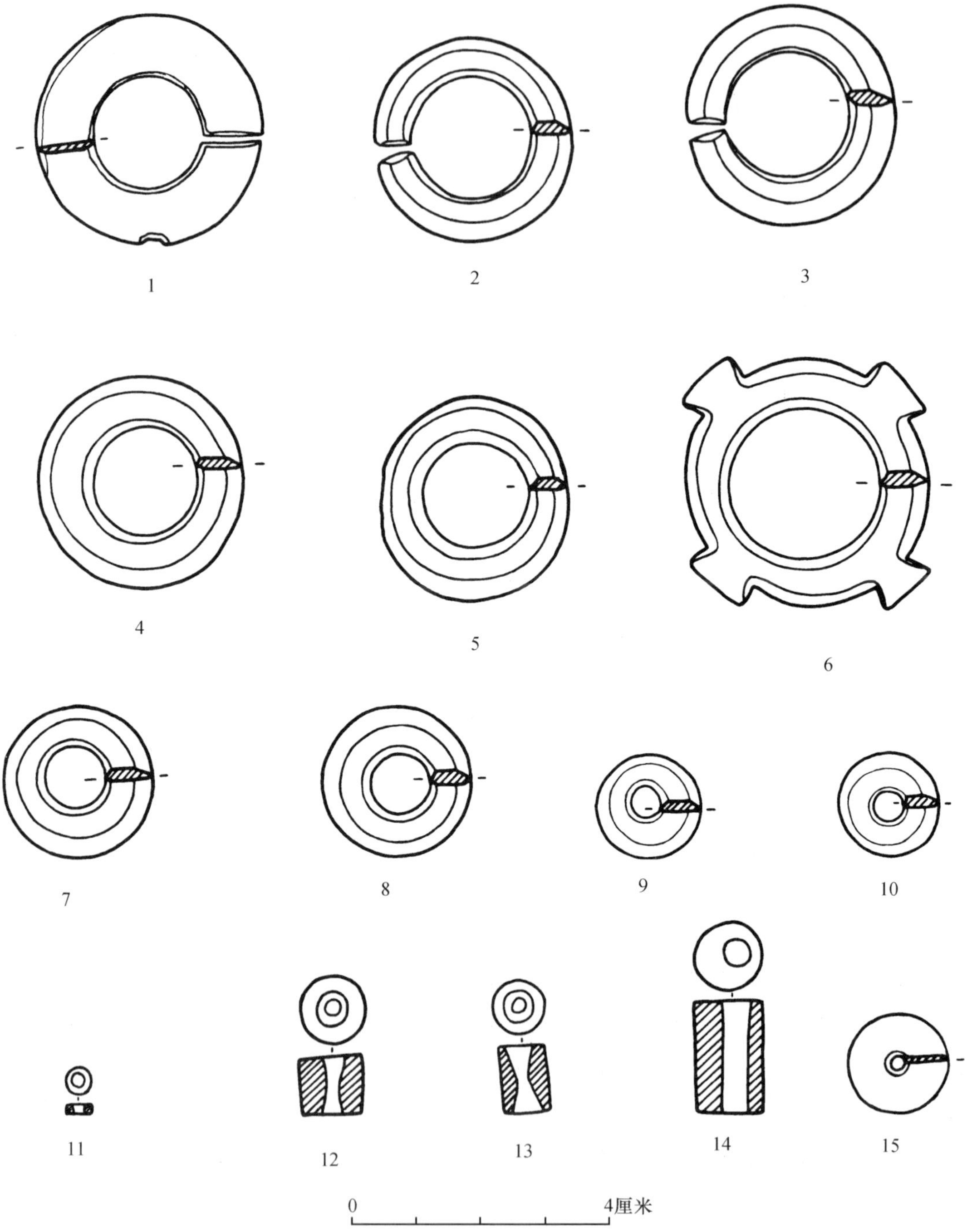

图五七　敢猪岩洞葬玉饰品

1. Ea 型玦（06WG:21）　2、3. Eb 型玦（06WG:20、06WG:22）　4、5、7～10. A 型环（06WG:58、06WG:39、06WG:57、06WG:36、06WG:37、06WG:38）　6. B 型环（06WG:40）　11～14. 管（06WG:11）　15. 穿孔玉片（06WG:11）

环　8件。其中7件完整，分二型。

A型　6件。均为青灰色，形状与Eb型玦相同，6件大小有别，似为从小到大组合的两套。不规整的扁圆形，两面平，器大者两面边缘斜削，形成双台面，正面斜削面较宽，背面较窄；器小者仅正面边缘斜削。中孔单面或双面对钻，位置都不在正中，多偏向一侧。06WG:37，外径1.55、孔径0.64、厚0.14厘米（图五七，9）。06WG:58，中孔两面对钻。外径3.28、孔径1.93、厚0.16厘米（图五七，4；图版四九，4左）。06WG:38，外径1.62、孔径0.6、厚0.16厘米（图五七，10；图版四九，4右）。06WG:57，外径2.34、孔径1.64、厚0.19厘米（图五七，7）。06WG:36，外径2.31、孔径1.12、厚0.19厘米（图五七，8；图版四九，4中）。06WG:39，近椭圆形，外径2.88～3.13、孔径1.93、厚0.18厘米（图五七，5）。

B型　2件。1件残，仅存一小块。质地、形状、制作方法与A型相似，只是外缘多了四个等距外突的边饰，器体稍大。06WG:40，中孔双面对钻。外径3.7、孔径2.62、厚0.2厘米，边饰外突0.4、宽0.88～0.99厘米（图五七，6；图版四九，3）。

管饰　33件，全部出自5号人骨架处，出土时与穿孔圆玉片集中放置在一起，原来应是同一件串饰（图版五〇，1、2）。有灰黑、青灰、乳白、灰白等色，以乳白、灰白两色为多。大小不同，均为圆管状形，中穿孔，孔多对穿而成，且多不在正中，孔径根据器物的大小而不同（图五七，12、13）。最大的长1.8、直径1.05、孔径0.4厘米（图五七，14）。最小的长0.17、直径0.4、孔径0.2厘米（图五七，11）。

穿孔圆玉片　有少量碎烂，大部分完整，完整的有1743片，除少数几片散布于它处外，绝大多数与管饰放置在一起（图版五〇，1、2）。有灰白、青、淡青、乳白、黑等颜色，以淡青和青色为主，占90%以上。灰白色玉片的质地较差，硬度低，现多扭曲变形，体较大；淡青和青色玉片硬度高，器表有光泽，体较小。均为圆形，中穿孔。大小、厚薄略有差异，最大的一件为黑色，直径1.5厘米（图五七，15），最小的直径仅0.29厘米；绝大部分直径为0.4～0.5、厚0.09～0.1厘米，最薄的厚度不足0.05厘米。

4. 铜器

1974年采集到1件铜戈，出土的具体位置不详，属A型。器体扁薄，援前部残失，从残留部分观察，原似是近三角形援，援中脊起棱，上下栏突出，长方形直内，内后部有斜向而相邻的二穿。援残长6、内长4厘米。

5. 骨器和其他

骨器　4件，包括2件骨锥、1件骨镞和1件牙璜。

锥　2件。用兽骨制成，均残，只存尖端，圆锥形。06WG∶83，体横断面为扁圆形。残长3.4、直径0.54～0.48厘米（图五八，4；图版五一，3）。06WG∶84，残长4.74、直径0.59厘米（图五八，6；图版五一，2）。

镞　1件。06WG∶50，仅残存前锋部分。锋尖，横断面略呈菱形。残长1.6厘米

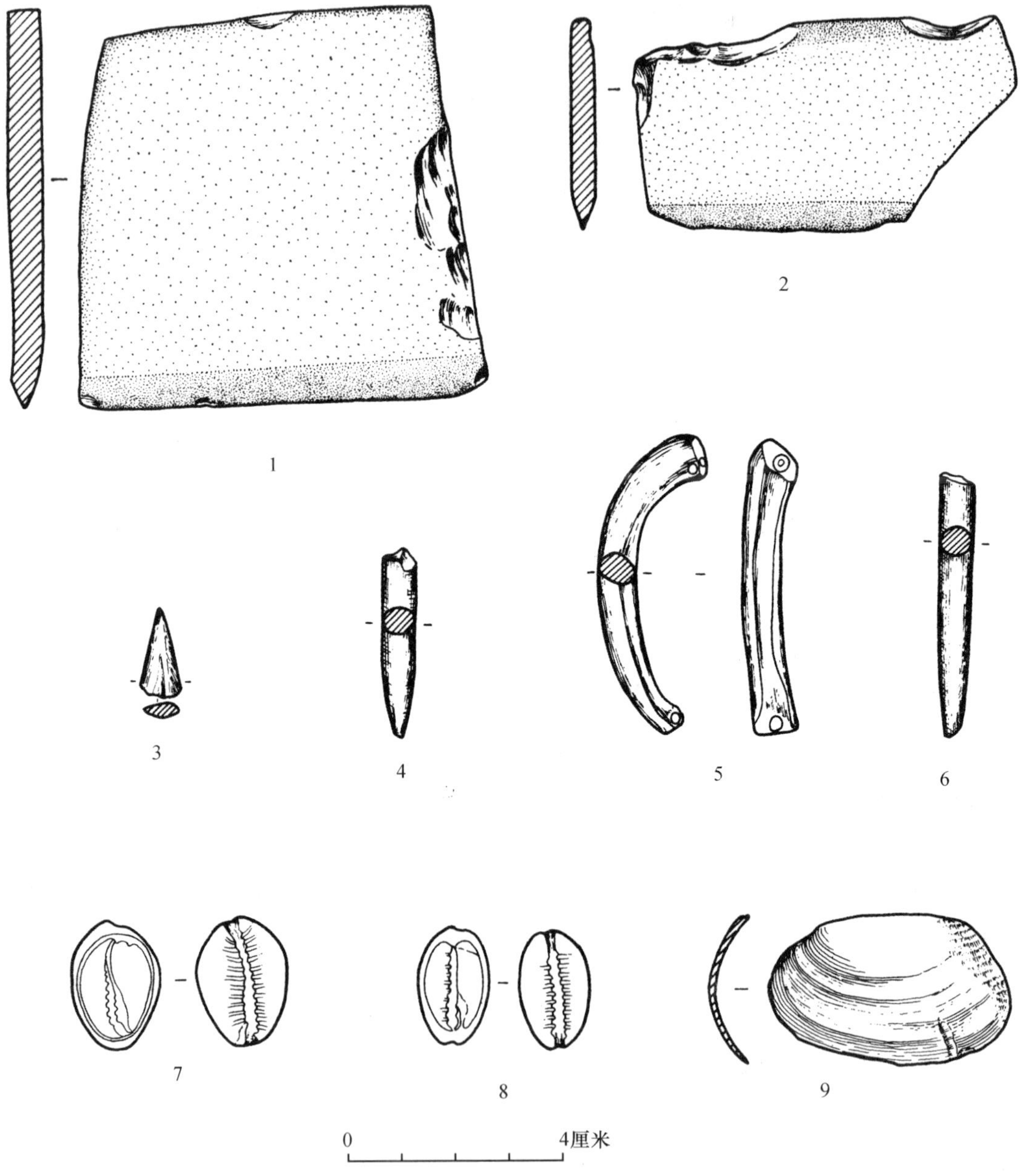

图五八　敢猪岩洞葬石、骨、贝器

1. A型石钺（06WG∶75）　2. B型石刀（06WG∶86）　3. 骨镞（06WG∶50）　4、6. 骨锥（06WG∶83、06WG∶84）　5. 牙璜（06WG∶82）　7、8. 海贝（06WG∶12、06WG∶52）　9. 贝壳（06WG∶31）

（图五八，3；图版五一，1）。

牙璜　1件。06WG:82，白色，用兽牙磨制而成。不规则半环形，两端各往内侧对穿一孔。长5.3、厚0.6厘米（图五八，5；图版五一，4）。

海贝　2枚。均为椭圆形齿贝，背面被磨穿成一近椭圆形孔。06WG:12，长2.38、宽1.65、厚0.67厘米，孔径1.2～1.75厘米（图五八，7；图版五一，5右）。06WG:52，体较小，背部被磨去较多，所以孔大而浅，孔两侧下凹，体也变薄。长2.1、宽1.3、厚0.32、孔径1.06～1.62厘米（图五八，8；图版五一，5左）。

贝壳　6枚。其中5枚集中放置在1号人骨架旁。近椭圆形，多碎烂，体薄较小。没有经过加工。06WG:31，长4.48、宽2.8厘米（图五八，9；图版五一，6）。

第九节　六桥岩洞葬

六桥岩洞葬位于宜州市矮山乡六桥村坪上屯东北约400米的凤凰山山麓。凤凰山为一座由多个山峰组成的石灰岩孤山，其四周石山林立，各山山脚之间为小块的峰丛洼地。岩洞葬所在的岩洞在东南部山顶的下方不远处，高出山脚约100米，洞口下为悬崖峭壁，攀登至岩洞处较为困难（图版五二，1）。洞口朝向南，呈上大下小的近长方形，高约6、宽约4米（图版五二，2）。从洞口往下约1米，就到达洞室底，底平。洞室呈外小内大的葫芦形，两者间相隔一宽约3米、长约1米的过道。内洞室宽约10米，进深约7米，随葬品和人骨均发现于内洞室。因洞内曾多次被后人作为葬地，被严重破坏。1998年发现时，在洞内发现有少量的陶片、较多的石器和人骨等，从采集的牙齿观察，洞内至少埋葬有2个以上的个体（见附录五）。

1. 陶器

除1件陶纺轮外，其余全部是陶片，但数量较少，总共只有24片。陶器均夹细砂，陶色有红褐、黑、灰黑、灰黄等几种，以红褐为主；器表都有纹饰，有绳纹、刻划纹和戳印纹，以细绳纹为主（表三），刻划纹多在细绳纹上加刻（图五九）。从残存的口沿

表三　六桥岩洞葬陶片统计表　　单位：件

纹饰 / 陶色	细绳纹+刻划纹	细绳纹	中绳纹	刻划纹	刻划+戳印纹	戳印纹	总计	百分比（%）
红褐色		3		5			8	33
黑色	1	1	2			2	6	25
灰黑色	1	4		1	1		7	29
灰黄色	2			1			3	13
总计	4	8	2	7	1	2	24	
百分比（%）	17	33	8	30	4	8		100

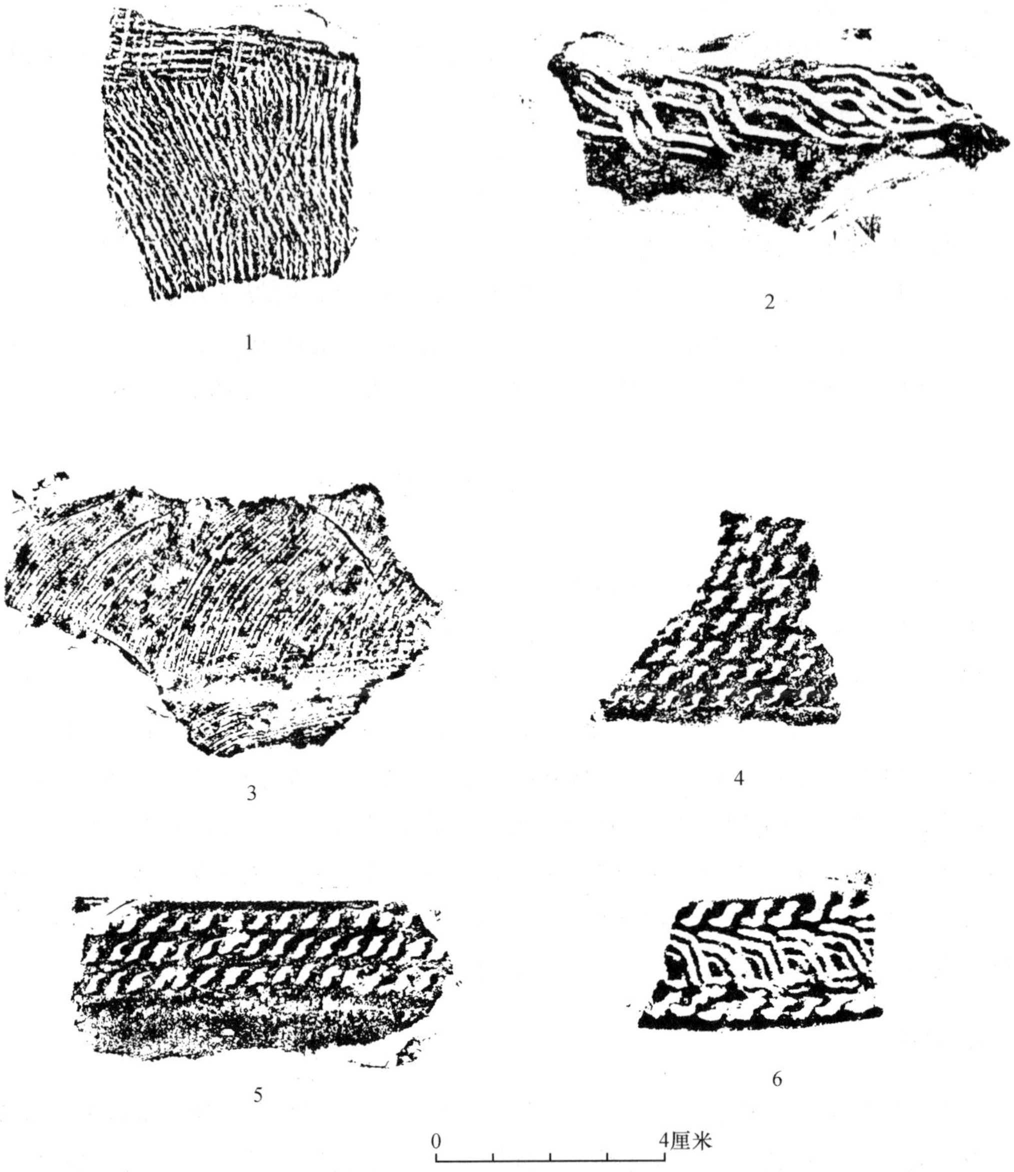

图五九　六桥岩洞葬陶器纹饰拓片

1. 细绳纹　2. 刻划纹　3. 多线刻划纹　4、5. 戳印纹　6. 戳印 + 刻划组合纹

和圈足看，器形主要有罐、豆两大类，以罐类为多。陶器胎薄（最薄的仅 0.2 厘米），器形规整，烧造的火候高。

罐　从残片可以看出属罐类的器物有 12 件，其中能从口沿分出不同型式的有 9 件。根据口沿，分属 I、J、K 三型。

I 型　1 件。属 I b 型。敞口，圆唇外翻，短直领，斜肩。肩以下残。器表只肩部饰一周刻划纹，纹样由三线一组略呈“Z”字形的折线纹相互交替叠压所组成。YL: 27，

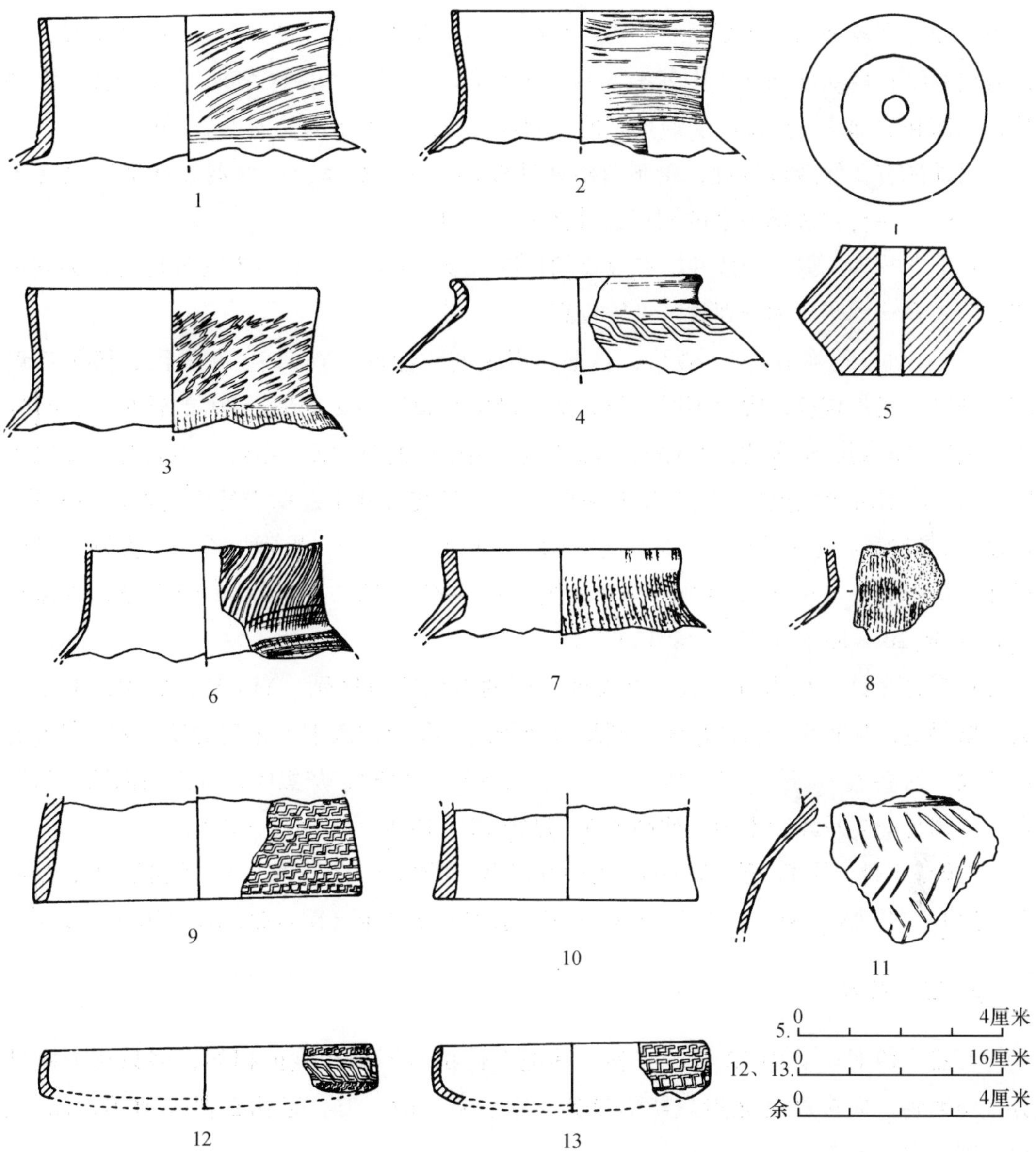

图六〇　六桥岩洞葬陶器

1～3、6. K型罐（YL:23、YL:24、YL:25、YL:26）　4. I型罐（YL:27）　5. Ea型纺轮（YL:08）　7. J型罐（YL:28）　8、11. 残陶罐　9、10. 豆圈足（YL:31、YL:32）　12、13. Da型豆（YL:29、YL:30）

残高3.8、口径9.6厘米（图六〇，4）。

J型　1件。YL:28，直口，平沿，短直领。领以下饰中绳纹。残高3.4、口径9.2厘米（图六〇，7）。

K型　6件。微敞口近直，平沿，高直领，肩以下均残。YL:23，领部有刻划纹，领肩相交处有一周凹弦纹。残高5.8、口径11.6厘米（图六○，1）。YL∶24，领中部微内束，领部有较细的多线刻划纹。残高5.6、口径10.4厘米（图六○，2）。YL∶25，领部有刻划纹，肩部饰细绳纹。残高5.6、口径11.4厘米（图六○，3）。YL∶26，沿部残，领部和肩部均有较细的多线刻划的微曲纹。残高4.4厘米（图六○，6）。

另外还有2件敞口陶罐，由于口沿残缺较甚，无法分型。一件器表饰细绳纹（图六○，8），一件器表饰凌乱的刻划纹（图六○，11）。

豆类器较多，但均为残片，有豆盘的口沿、盘底和圈足。多为灰黑和黑陶，夹砂很细，器表多饰戳印纹和刻划纹，火候较高。

豆　2件。均为Da型。敛口，直壁，折腹的浅盘形。YL∶29，灰黑陶，微敛口近直，圆唇，浅盘直壁，腹部不明显与底平，盘壁与腹底相交处呈近90°的转折。盘壁外表饰戳印和刻划的组合纹，纹样上下部各为一圈戳印的反“Z”字纹，中间为一圈三个“Z”字形一组的刻划纹，“Z”字头尾较长，相互交替叠压，相交处中间形成一菱形。经复原，盘深约4、口径25.6厘米（图六○，12）。YL∶30，黑陶，敛口，方唇，盘壁微弧，微折腹。盘壁的外表饰三排较密的、反“Z”字形的戳印纹。经复原，盘深约4.8、口径20.8厘米（图六○，13）。

豆圈足2件。均为直筒式，上端残，但两者仍略有区别。YL∶31，黑陶，上小下大，壁斜直，足底平，从器形看，圈足应当较高。器表饰满平行排列的反“Z”字形的戳印纹。残高3.9、足径12.8厘米（图六○，9）。YL∶32，灰黑陶，腰部微内凹，从器形看，圈足应当较矮，素面。残高3.6、足径10.4厘米（图六○，10）。

纺轮　1件。属Ea型。YL∶08，夹砂红褐陶，算珠形，上下两面平，腰部外鼓，断面呈六边形，中间穿一孔。高2.5、直径3.65、孔径0.5厘米（图六○，5；图版五三，1）。

2. 玉、石器

石器　19件。其中12件较完整，其他7件都有不同程度的损坏，多只存上端部分。均磨制，大多磨制光滑。器形有斧、锛、钺、凿、刀、穿孔石器和锤等，以斧、锛、钺为主。

斧　4件。均为有肩斧，分双肩石斧和单肩石斧。

双肩石斧　3件。属Ⅰ型。均用打下的砾石石片琢制而成，两面微呈弧形隆起，一面为较光滑的天然砾石面，另一面也未经磨制，保留较多细密的琢打疤痕。长柄，双斜肩，双面窄弧刃，只刃部磨光，余不加磨制。YL∶12，柄上部残，双肩较短略靠下。残长8.2、刃宽7.6、厚1.6厘米（图六一，1；图版五四，5）。YL∶14，双肩较长，刃残。长10.1、厚1.2厘米（图六一，2；图版五四，4）。YL∶20，身较宽，不对称双斜肩，肩不明显，刃部残断。残长13.4、厚1.4厘米（图六一，3；图版五四，6）。

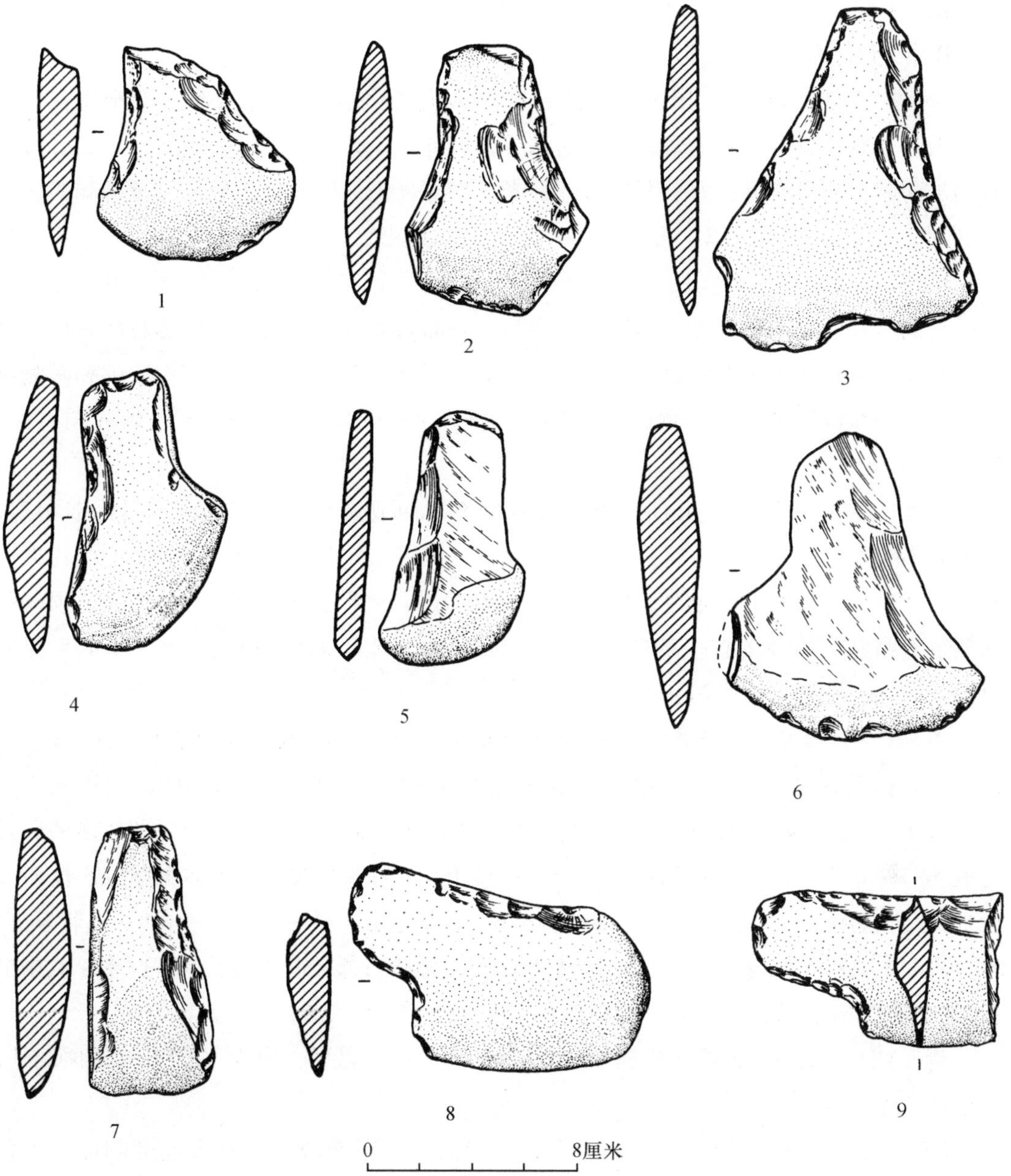

图六一　六桥岩洞葬石器

1～3. Ⅰ型双肩斧（YL:12、YL:14、YL:20）　4. Bb型钺（YL:04）　5. Ba型钺（YL:05）　6. C型钺（YL:06）　7. B型单肩斧（YL:07）　8、9. C型刀（YL:16、YL:19）

单肩石斧　1件。属B型。YL:07，长条形，一侧微单肩，一侧边平直。背面平，正面微呈弧形，双面弧刃，刃口残缺。部分磨制，正面两侧及顶端保留打制疤痕。长10.4、刃宽4.6、厚2厘米（图六一，7；图版五五，1）。

钺　4件。分属B、C二型。

B型　2件。均为长靴形。有二亚型。

Ba型　1件。YL:05，黑色，用打下的砾石石片琢制而成。窄长柄，短窄身，一侧下部近刃处有一单肩，肩短略斜，双面弧刃，刃钝厚，刃角呈圆形。一面为天然砾石面并稍加磨制，平而光滑；另一面仅刃部磨光，大部分仍保留琢打的疤痕，顶端和两侧也未磨制。长9.6、柄宽3.2、刃宽6、厚0.1厘米（图六一，5；图版五五，4）。

Bb型　1件。YL:04，用打下的砾石石片琢制而成。窄长柄，长斜身，不对称双斜肩，一侧肩长而不明显，另一侧肩短而明显，双面斜弧刃。一面为天然砾石面并稍加磨制，平而光滑；另一面微隆起，仅刃部磨光，大部分仍保留琢打的疤痕；顶端和两侧也未磨制，均保留较多的琢打疤痕。长10.6、柄宽4、刃宽7.8、厚1.8厘米（图六一，4；图版五五，3）。

C型　1件。YL:06，用打下的砾石石片琢制而成。长柄，宽身，不对称双斜肩，一侧肩不明显，双面弧刃微斜，刃角略上翘，一侧刃角残断。两面微隆起，一面为天然砾石面并稍加磨制，平而光滑；另一面仅刃部磨光，大部分仍保留琢打的疤痕；顶端和两侧也未磨制，均保留较多的琢打疤痕。长11.6、柄宽3.5、刃宽7.8、厚1.8厘米（图六一，6；图版五五，2）。

刀　2件。属C型。均用砾石石片琢制而成，一面为较光滑的天然砾石面，较平；另一面略呈弧形，未经磨制，保留较多细密的琢打疤痕。两件形制相同，均短柄，长身，双面薄直刃，形状与现在的刀相仿。只刃部稍加磨制，柄和刀背上保留较多的琢打疤痕。一件完整，另一件前端残。YL:16，柄微上翘，前端呈弧形，刀体宽厚。通长12.2厘米，其中柄长3.6、宽3.8、身长8.6、宽6.5、背厚1.6厘米（图六一，8；图版五五，5）。YL:19，前端残，柄与刀背平，背中部微凹，背和刃部较薄。残长9.2厘米，其中柄长4.5、宽3.6、身长4.7、宽5.6、背厚1.2厘米（图六一，9；图版五五，6）。

锛　4件。完整的3件，均属B型。短梯形，两面扁平，单面平直刃，除顶端外，余全部磨光。有二亚型。

Ba型　1件。柄端较宽，两侧边平直，背面平，正面微凸，有多处磨制面，刃角的夹角较大。YL:10，墨绿色，长4.1、顶端宽2.5、刃宽3.6、厚0.6厘米（图六二，3；图版五四，3）。

Bc型　2件。柄端明显窄于刃端，宽度约只有刃端的一半，两侧边略内凹呈弧形，两刃角的角度较小，刃部微缺。YL:02，墨绿色，似玉。长4、顶端宽1.7、刃宽3.8、厚0.85厘米（图六二，1；图版五四，2）。YL:03，墨绿色夹白色，似玉。中腰内凹较甚，刃部残缺较多。长4.1、顶端宽2.1、刃宽3.8、厚0.6厘米（图六二，2；图版五四,1）。

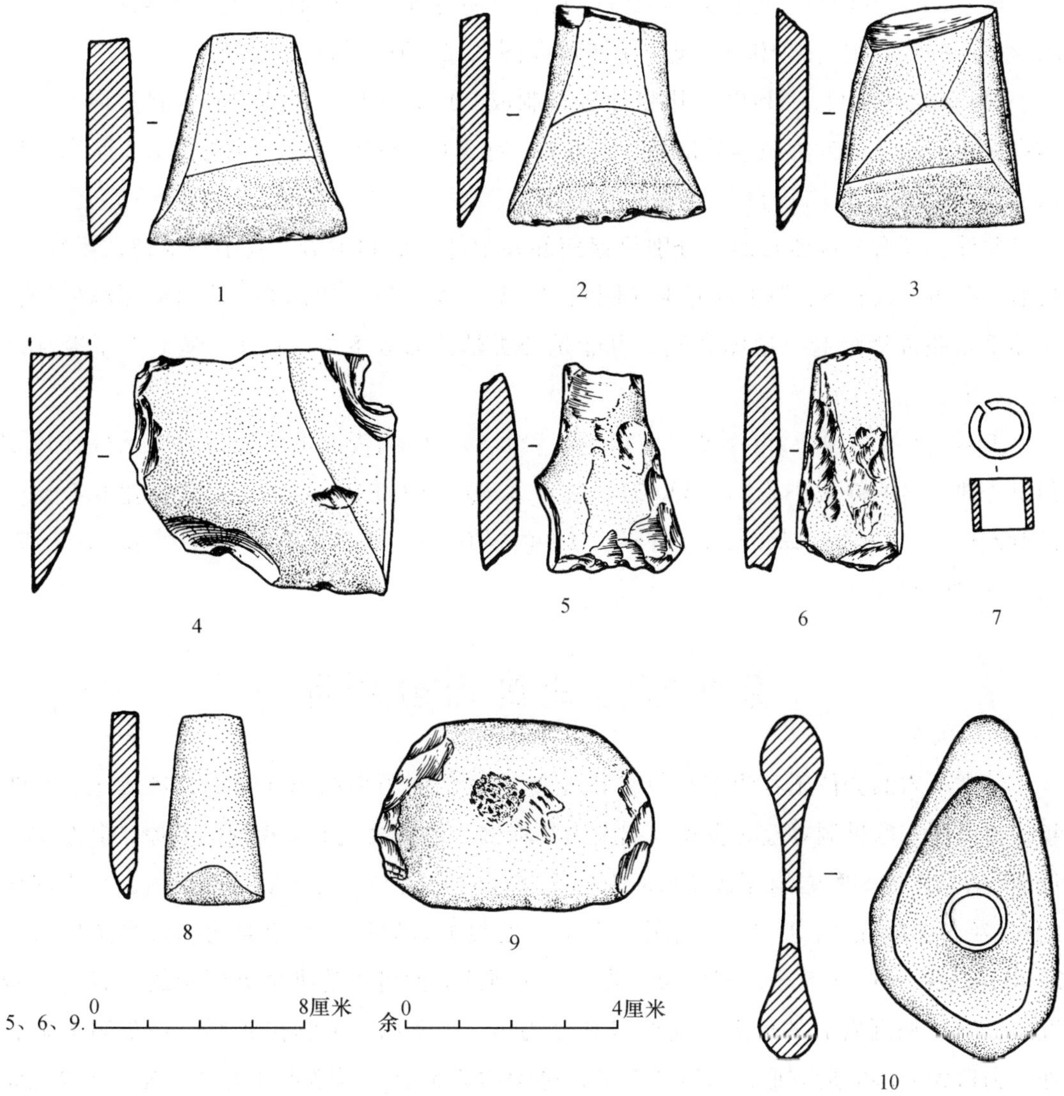

图六二　六桥岩洞葬玉石器

1、2. Bc 型石锛（YL:02、YL:03）　3. Ba 型石锛（YL:10）　4. 残石锛（YL:13）　5、6. 残石器（YL:18、YL:11）　7. Db 型玉玦（YL:22）　8. B 型凹刃石凿（YL:01）　9. 石锤（YL:17）　10. 穿孔石器（YL:09）

另有 1 件残石锛，YL:13，只存刃端小部分，形制不清。从残存部分看，估计为长条形，一面平，一面隆起，有一较大的近三角形的磨刃面，平直刃，刃角近直。墨绿色。残长 4.6、宽 5.1、厚 1.1 厘米（图六二，4；图版五三，6）。

凹刃凿　1 件。属 B 型。YL:01，黑色，质细腻似玉。呈上小下大的长条形，背面平，正面微隆起，单面弧刃近直，磨刃处内凹。顶端平直，器体规整，除顶端外，余磨光。长 3.6、刃宽 1.9、厚 0.5 厘米（图六二，8；图版五三，3）。

锤　1件。YL:17，近长方形河滩砾石，两端有锤打的疤痕，两面中部各有一个近圆形锤击的浅凹坑。长10.5、宽7.4厘米（图六二，9；图版五三，5）。

穿孔石器　1件。YL:09，用自然砾石制成。形如人耳，两面中心为自然内凹，中对穿一孔。用途估计为系挂的饰品。长6.6、宽3.6、厚0.3~1.2、孔径1.2厘米（图六二，10；图版五三，4）。

此外，还有3件残石器，分别只存柄部和中部，形制不清。其中YL:18，墨绿色，长柄，单肩。残长8、厚1.4厘米（图六二，5）。YL:11，墨绿色，长柄，微双斜肩，北面平，正面微隆起。通体磨光，可能是斧类器。残长8.6、宽4、厚1.4厘米（图六二，6）。

玉器　2件，均为Db型玦。黄白色，管状形，中间为圆形穿孔，边缘从外往里切割出一缺口。两件大小不同。YL:21，长0.8、外径1.1、内径0.8、缺口宽0.2厘米（图版五三，1）。YL:22，长1、外径1.2、内径0.85、缺口宽0.25厘米（图六二，7；图版五三，2）①。

第十节　鹞鹰山岩洞葬

鹞鹰山岩洞葬位于宜州市祥贝乡古龙村下地良屯西南约800米的鹞鹰山上，1999年，村民覃安庭进洞寻宝时发现。鹞鹰山紧临柳江的二级支流下枧河的右岸，其东部为近90°的悬崖峭壁，岩洞葬就在东面山崖靠北处的悬崖上，其下就是下枧河，高出河面约60米（图版五六，1、3）。岩洞其实是一处裂隙式岩厦，呈南北向的长条形，长约23米，进深3.5~7.5米，洞口为开放式，从河的对面可以清晰地见到洞的全貌（图版五六，2）。根据岩洞的形态，我们将其分为A、B两洞，A洞在北部，是全洞最宽大处，为口大内小的近方形，口宽约7米，进深约7.5米，顶部从口往内倾斜；洞内地面较平，地势从内往外倾斜，内干燥，有少量黄土，并夹杂较多的钟乳石块、岩石块和部分大小不一的河滩砾石。B洞在南部，与A洞间有长约3米、宽1~1.5米的通道相连，洞室较长，但进深很窄，约3.5米，中部还被岩溶沉积物分隔成两半（图六三）。洞内的随葬品基本已全部被取出，发现者当时已将全洞挖掘了一遍，现洞内十分凌乱，岩洞葬的原貌已被破坏，地面尚可见到较多的人骨和少量陶片。洞内发现的随葬品计有陶器、石器、玉器、骨器、滑石器、铜钱、海贝等近90件。据发现者介绍，随葬品和人骨主要发现于A洞的中部偏南处，B洞只有零星的陶片和人骨，并发现有五铢、货泉等钱币。人骨被火烧过，部分人骨呈黑色。对采集的部分人骨，经鉴定有18个个体，其

① 广西壮族自治区文物工作队：《广西先秦崖洞葬综述》，《广西考古文集》，文物出版社，2004年。

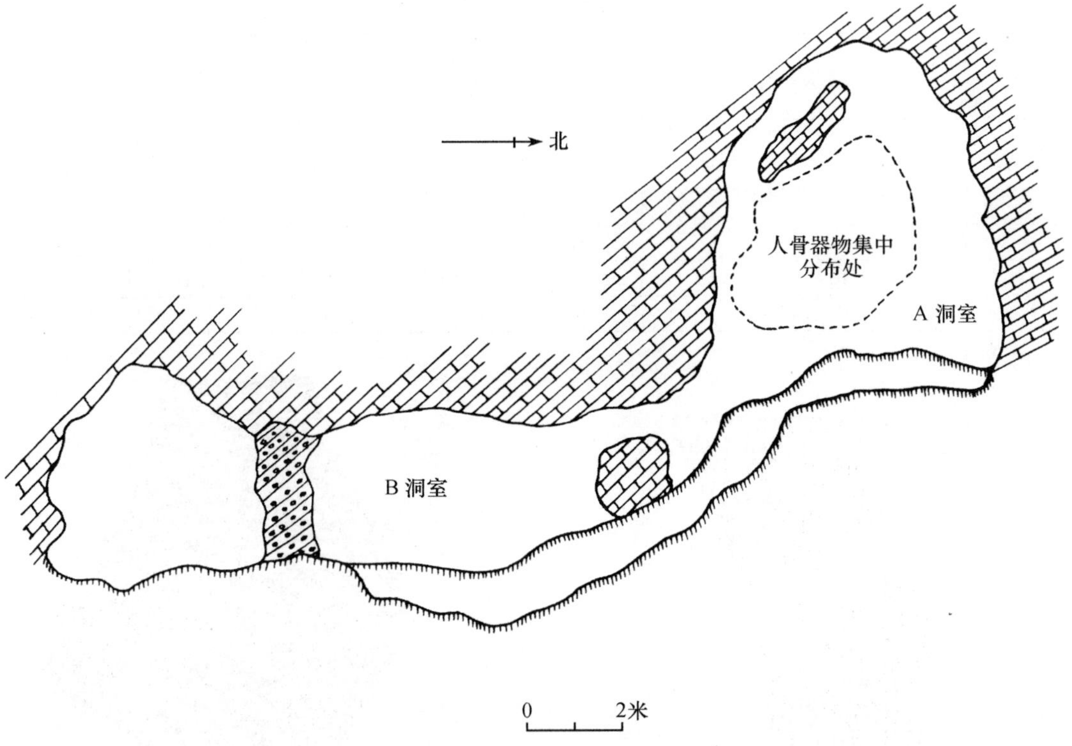

图六三　鹞鹰山岩洞葬平面图

中婴儿 2 个，男性 6 个，女性 7 个，不明性别的 3 个。20 岁左右的青年 2 个，25 ~ 35 岁的壮年 5 个，36 ~ 55 岁的中年 7 个，56 岁以上的老年 2 个（见附录五）。

随葬品较多，除发现有较多的陶片外，还有较完整的陶器、石器、玉器、骨器、滑石器、海贝、铜钱等 90 余件，以陶器、石器、玉器和骨器为主。

1. 陶器

绝大多数为碎陶片，采集 450 余片。均为夹砂陶，以夹细砂的为主，部分近泥质陶，少量为粗砂陶；陶色有红褐、灰褐、黑和灰黑等，以灰黑为主，黑色数量最少，但器表颜色不匀，有的同一件器物上有不同的颜色。器表以素面为主，约占陶片总数的一半；纹饰有细绳纹、刻划纹、戳印纹和刻划 + 戳印的组合纹，以细绳纹为主（表四）。绳纹较细，有的细如毛发，多较规整，也有部分交错，多饰于罐、钵类器物之上；刻划纹、戳印纹多饰在豆类器物的外壁和圈足之上，刻划纹多与戳印纹组合出现，单纯的刻划纹数量较少，纹样主要有弦纹、“∧”形、“Z”形的折线纹，以后者为主；戳印纹主要有细长方形、圆点、反“Z”字形等（图六四、图六五），前两种纹饰戳印较简单，后一种相对较复杂，多为用细长方形纹样的戳印工具分三次戳印组合而成，戳痕多数较

表四　宜州鹞鹰山岩洞葬陶片统计表　　单位：件

陶色＼纹饰	细绳纹	刻划纹	戳印纹	刻划＋戳印纹	素面	总计	百分比（%）
灰褐色	38	2	5	1	62	108	24
红褐色	63	2	1	7	27	100	22
黑色	30	2	13	3	19	67	15
灰黑色	34	4	21	8	108	175	39
总计	165	10	40	19	216	450	
百分比（%）	37	2	9	4	48		100

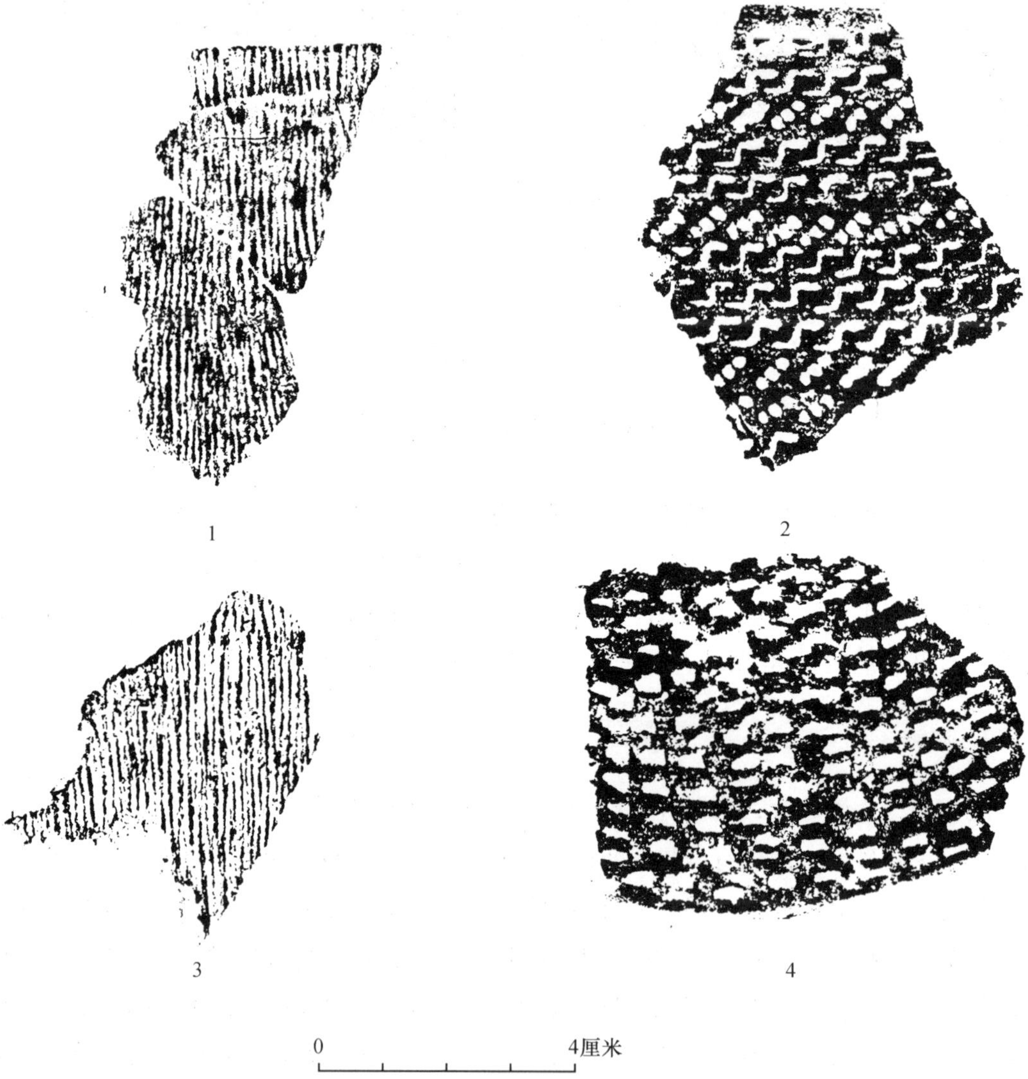

图六四　鹞鹰山岩洞葬陶器纹饰拓片

1、3. 细绳纹　2、4. 戳印纹

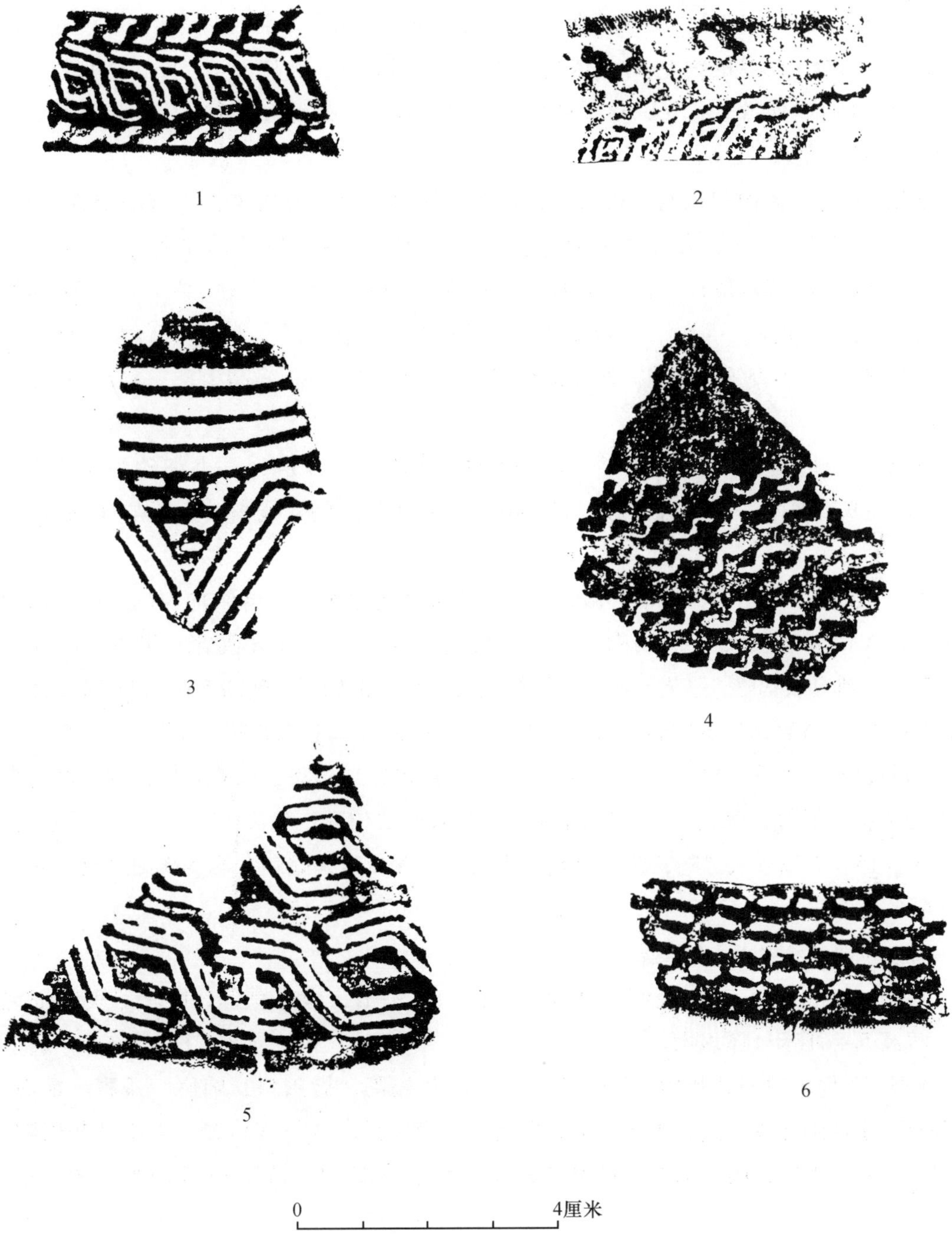

图六五　鹞鹰山岩洞葬陶器纹饰拓片
1～3、5. 刻划＋戳印组合纹　4、6. 戳印纹

深。陶片中大部分为器物的腹片，约三分之一为器口沿和圈足，尤以豆类器的豆盘口沿、柄和圈足为多。从残存的口沿和圈足看，器类有罐、豆、纺轮、钵、网坠等，以豆、罐为主。

罐 绝大多数夹细砂，极少数夹粗砂；以红褐、灰褐陶为主，少量黑陶。现存口沿约30件，可分出形状的约16件，依据器物口、领部特征，分属I、J、K、L四型。

I型 1件，属Ib型。YY:38，夹细砂黑陶，敞口，圆唇微外翻，肩部有划纹。残高4.2厘米（图六六，6）。

J型 4件。微敞口近直，矮直领，斜肩或圆肩。器表有的素面，有的饰细绳纹。YY:35，夹细砂灰黑陶，大口微敞，溜肩，素面。残高4.4、口径15.2厘米（图六六，3）。YY:39，夹细砂黑陶，圆唇，素面。残高4、口径10厘米（图六六，7）。YY:42，夹细砂灰褐陶，直口，素面。残高2.7、口径9厘米（图六六，10）。YY:43，夹细砂灰黑陶，圆唇，短直领，圆肩。器表饰细绳纹，但多被抹平。残高2.8、口径7.6厘米（图六六，11）。

K型 3件。微敞口，高直领，器表通体饰细绳纹。YY:36，夹细砂黑陶。残高5.2、口径9.1厘米（图六六，4）。YY:40，夹细砂灰黑陶。残高5.9厘米（图六六，8）。

L型 6件。微敞口，平沿，微束颈，器表通体饰细绳纹，绳纹均为从口往底部滚压而成。YY:33，夹细砂灰褐陶，束颈。残高6.4、口径11.8厘米（图六六，1）。YY:34，夹细砂灰褐陶，平沿，溜肩。纹饰较浅，部分被抹平。残高5.6、口径8.2厘米（图六六，2）。YY:37，夹细砂红褐陶，微束颈。残高4、口径7.8厘米（图六六，5）。

另外还有2件残陶罐，无法分型。YY:41，夹粗砂红褐陶，口残，近直领，领与肩相接处微折，折肩，深腹。器表饰细绳纹，下部绳纹较乱。残高12.4厘米（图六六，9）。YY:15，夹细砂灰黑陶，颈以上残，为束颈，深弧腹，圜底，器表饰细绳纹。残高8.6厘米（图六六，12）。

钵 3件。分属H、I二型。

H型 1件。YY:14，夹细砂灰褐陶，敞口，平沿，微束颈，直腹。器表饰细绳纹。残高5.4厘米（图六七，2）。

I型 2件。敛口，弧腹。YY:13，夹细砂灰褐陶，微敛口，圆唇，弧腹。素面，腹部有一小块细绳纹。残高4.6、口径13厘米（图六七，4）。YY:25，夹细砂灰黑陶，敛口，圆唇，弧腹，腹上部有一对錾状贯耳。素面。残高4、口径14.6厘米（图六七，10）。

豆 残片较多，有100余片，以盘口沿、圈足为主，但无一完整器，也没有复原的器物。全为夹细砂陶，大部分近泥质陶，火候较高，有的器表磨光。以灰黑陶为多，黑陶次之，少数红褐陶和灰褐陶。器表多饰刻划纹、戳印纹，少量绳纹，部分素面，刻划纹和戳印纹多组合出现，纹饰多饰在盘口的外壁和圈足的中、下部，纹饰规整细密，纹样丰富。由于没有完整器，只能依照器物口、腹和足部的变化来分型。

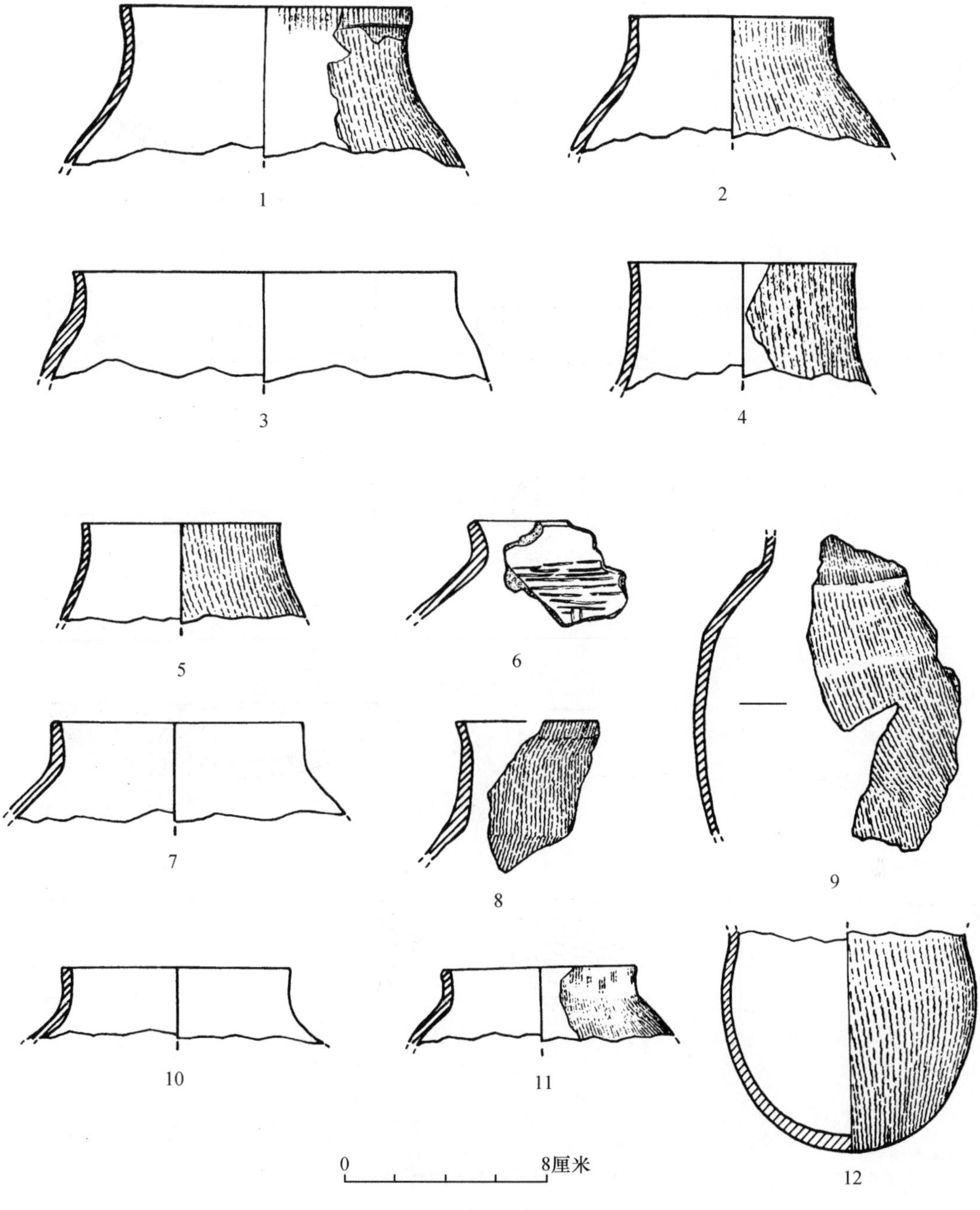

图六六　鹞鹰山岩洞葬陶罐

1、2、5. L型（YY:33、YY:34、YY:37）　3、7、10、11. J型（YY:35、YY:39、YY:42、YY:43）
4、8. K型（YY:36、YY:40）　6. Ⅰb型（YY:38）　9、12. 残陶罐（YY:41、YY:15）

豆盘　口沿约有30件，可大致看出形状的22件。分属于Ab型、B、C和D四型。

Ab型　2件。为敞口或敛口弧腹浅盘豆。YY:06，夹细砂灰褐陶，尖唇，微弧腹，素面。经复原，口径21.8、盘深2.4厘米（图六七，1）。YY:08，夹细砂灰褐陶，敛

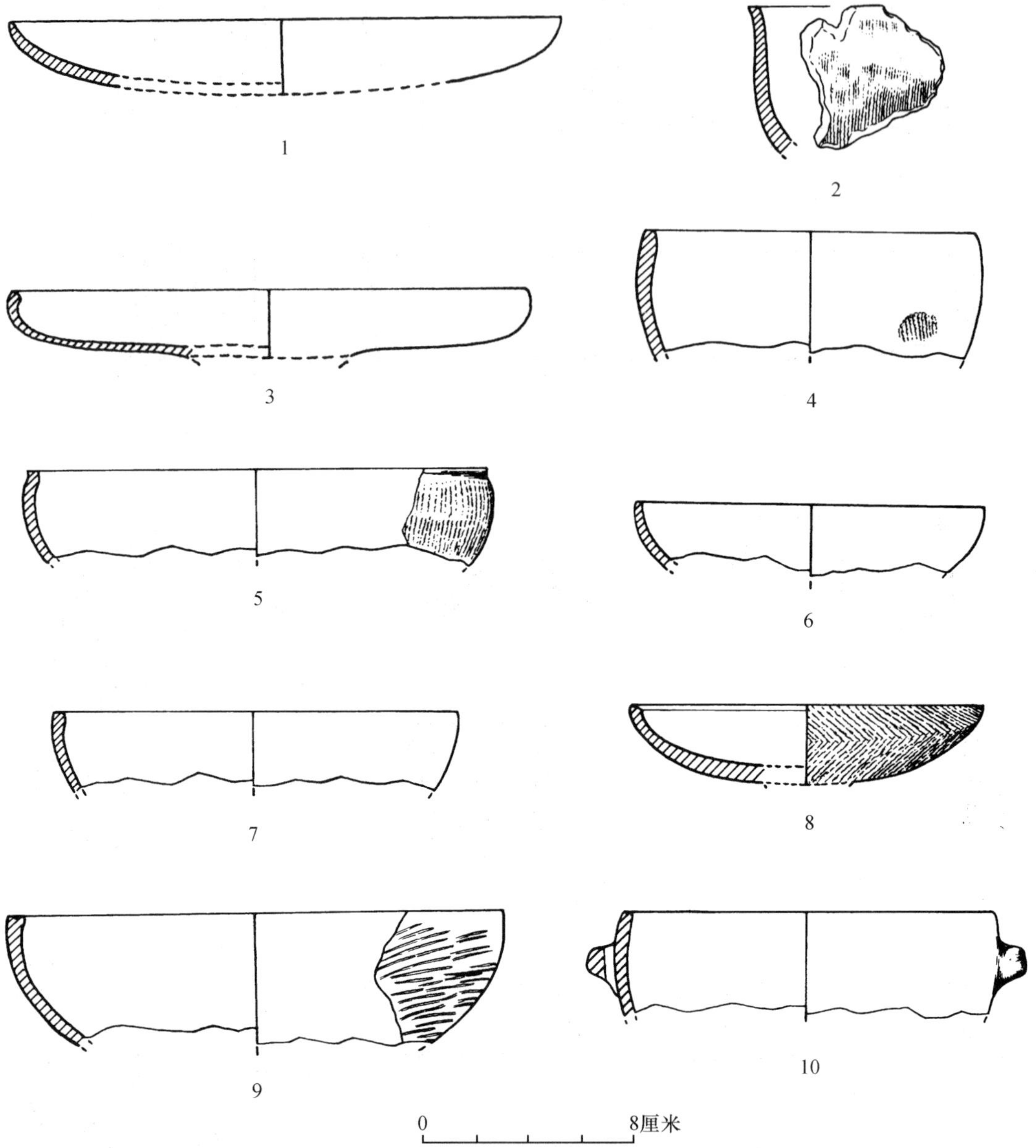

图六七　鹞鹰山岩洞葬陶器

1、8. Ab 型豆（YY∶06、YY∶08）　2. H 型钵（YY∶14）　3. B 型豆（YY∶07）　4、10. I 型钵（YY∶13、YY∶25）　5～7、9. C 型豆（YY∶09、YY∶10、YY∶11、YY∶12）

口，斜平沿，圜底。器表饰细绳纹。经复原，口径 13.8、盘深 2.4 厘米（图六七，8）。

B 型　2 件。敛口弧腹浅盘豆。器表饰细纹或素面。YY∶07，近泥质灰褐陶，口内敛较甚，圆唇，圆弧腹，圜底近平。素面，器表光滑。经复原，口径 20.4、盘深 2.3

厘米（图六七，3）。

C型　4件。为敛口弧腹深盘豆。器表多素面。部分饰绳纹。YY:09，近泥质灰黑陶，敞口近直，平沿，弧腹近圆，器表饰细绳纹。经复原，口径18.2、盘残深3.4厘米（图六七，5）。YY:10，近泥质黑陶，微敛口，腹较浅。素面。经复原，口径13.7、盘残深2.8厘米（图六七，6）。YY:11，近泥质灰黑陶，微敛口，平沿，素面。经复原，口径16、盘残深2.9厘米（图六七，7）。YY:12，近泥质灰褐陶，敛口，平沿，沿中间微内凹。器表有不规则的划纹。经复原，口径19.6、盘残深5.2厘米（图六七，9）。

D型　15件。为折腹浅盘豆。有二亚型。

Da型　7件。直口或微敛口，折腹很甚，基本与底平，盘壁近直，平底。外壁大部分刻划、戳印纹饰，极少数素面。YY:133，近泥质灰黑陶，微敛口近直，圆唇，折腹与底平，折角外突，盘壁近直，表面饰"Z"形刻划纹和反"Z"形戳印纹的组合纹，上下各戳印一圈反"Z"形纹，中间为一圈二或三个"Z"字形一组的刻划纹，"Z"字头尾较长，相互交替叠压，相交处中间形成一菱形。经复原，口径15.2、盘深2.4厘米（图六八，2）。YY:134，近泥质灰黑陶，直口，方唇，折腹与底平，盘外壁近直，饰两圈平行并排的反"Z"形戳印纹。经复原，口径21.6、盘深2.2厘米（图六八，9）。YY:135，夹细砂黑陶，敛口，圆唇，折腹与底近平，折角圆弧，盘外壁微弧，饰五排平行的细长方形戳印纹。经复原，口径21.2、盘深2.4厘米（图六八，7）。YY:01，近泥质红褐陶，沿残，折角近直，直壁。外壁饰刻划纹。经复原，口径22.8厘米（图六八，10）。

Db型　8件。微敞口，折腹略弧，圜底近平。器表多素面，少量饰戳印纹。YY:136，近泥质灰黑陶，圆唇。经复原，口径19.6、盘深2.4厘米（图六八，1）。YY:137，近泥质灰黑陶，圆唇。经复原，口径18、盘深2.4厘米（图六八，3）。YY:138，近泥质灰褐陶，圆唇。经复原，口径20.4、盘深2.6厘米（图六八，5）。YY:02，近泥质黑陶，尖唇，折角外突，盘很浅，壁薄底厚，器表磨光。经复原，口径16、盘深1.2厘米（图六八，4）。

豆圈足和豆柄　残片约70余件，其中保存相对较好的有17件。

豆柄　2件。均圆柱形，中空，柄体长而粗大，多素面。YY:16，近泥质灰褐陶，仅存中上部，中部有一道突棱，素面，只突棱下残断处可见零星的细长方形戳印纹，下部可能接饰有戳印纹的圈足。残高7、复原直径为8.6厘米（图六九，1）。YY:18，近泥质灰黑陶，仅存中部一小节，素面。残高7.6、直径8.6厘米（图六九，3）。

圈足　残片较多，有的和器身相连，但足底部较少，因此很难区分，但大致可以分为高矮两种。

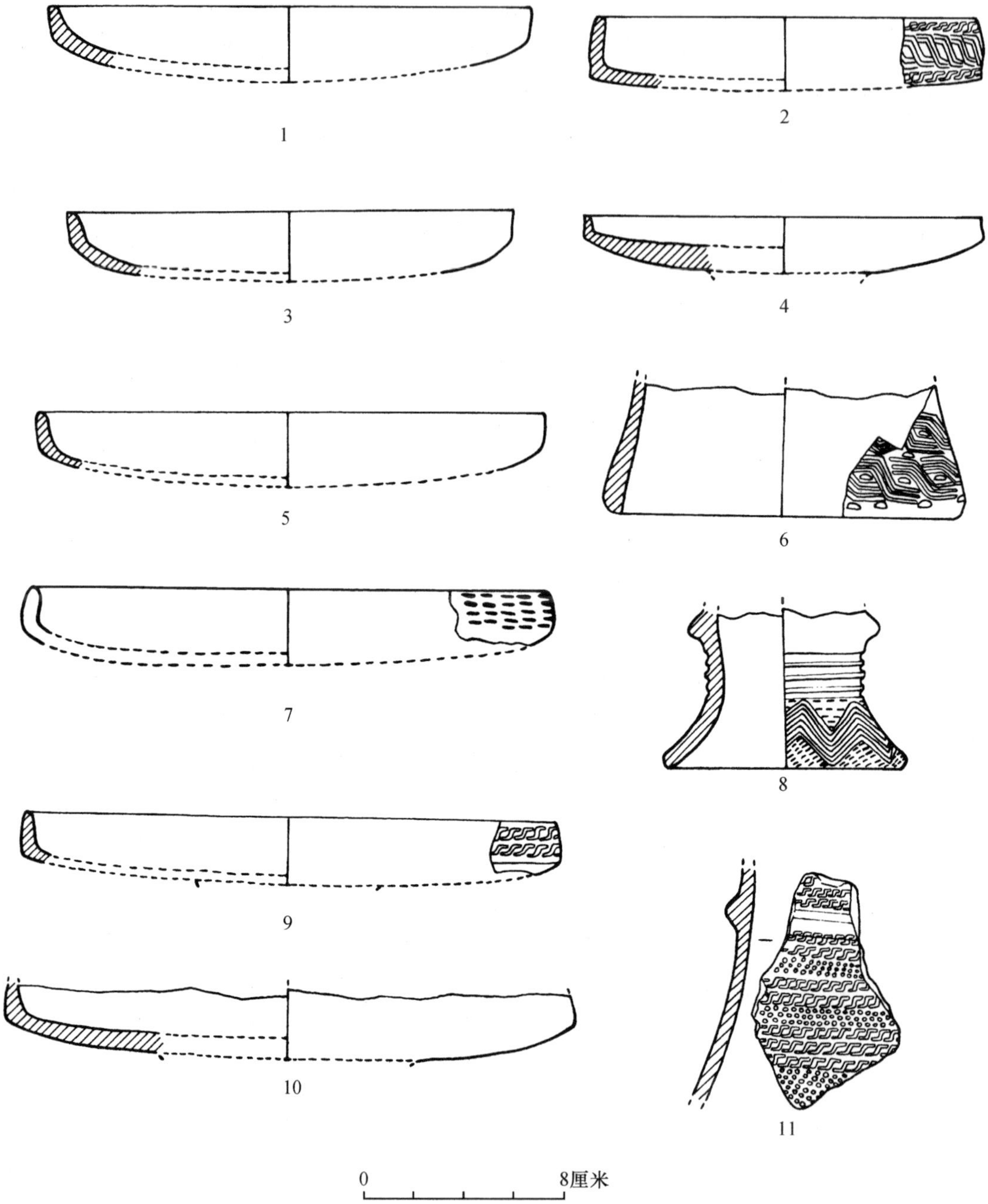

图六八　鹞鹰山岩洞葬陶豆

1、3～5. Db 型豆（YY∶136、YY∶137、YY∶02、YY∶138）　2、7、9、10. Da 型豆（YY∶133、YY∶135、YY∶134、YY∶01）　6、8、11. 豆圈足（YY∶03、YY∶04、YY∶05）

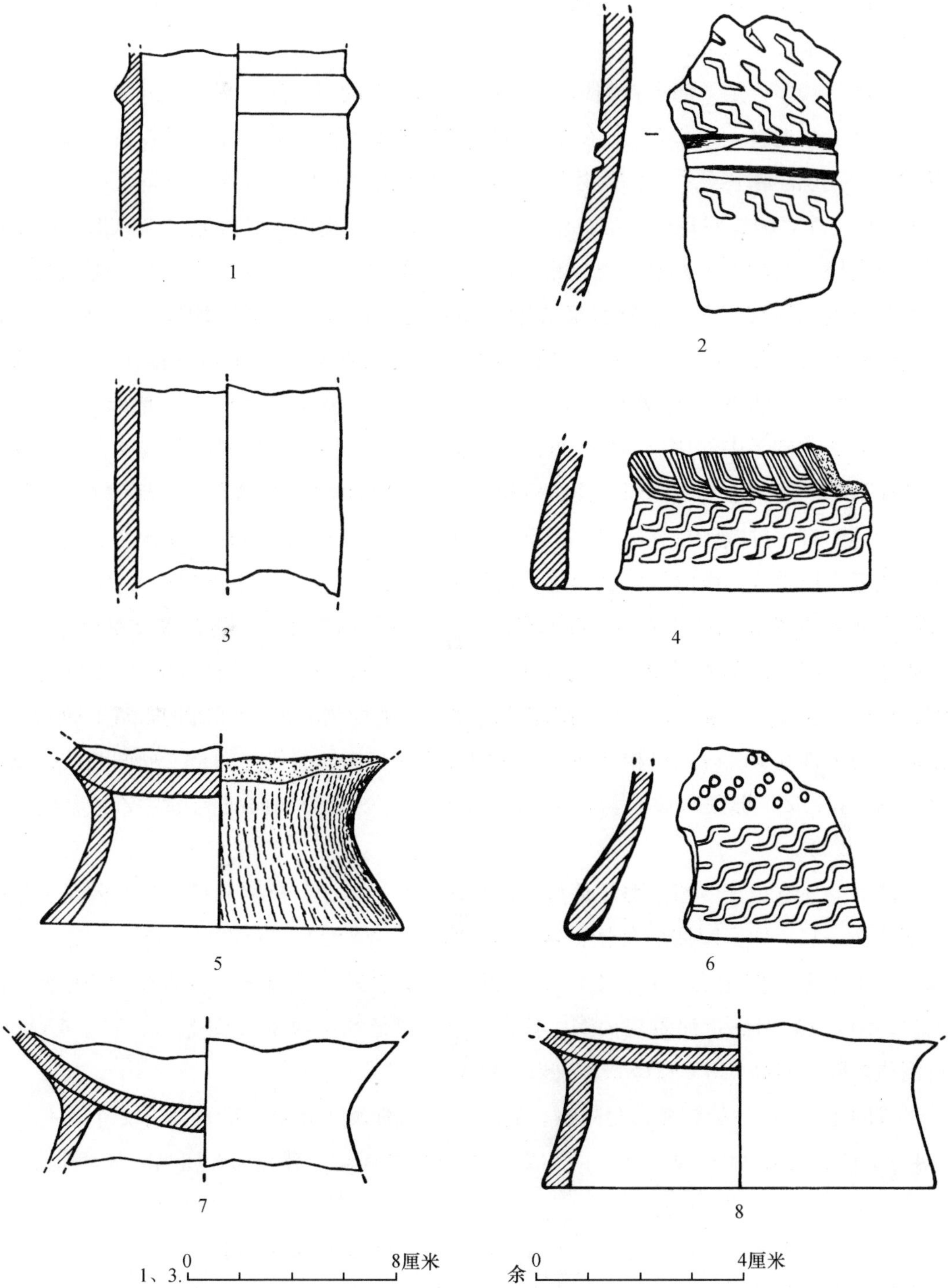

图六九　鸮鹰山岩洞葬陶圈足

1、3. 豆柄（YY:16、YY:18）　2、4、6. 豆圈足（YY:19、YY:20、YY:22）　5、7. 罐圈足（YY:21、YY:23）　8. 豆矮圈足（YY:17）

矮圈足很少，足微外撇，素面。YY∶17，夹细砂红褐陶，上与盘底相连。高3.2、足径7.6厘米（图六九，8）。

高圈足较多，足下部多有刻划纹、戳印纹和两者的组合纹。形状以外撇呈喇叭形的为主，极少数近直。YY∶22，只存足下部。近泥质灰褐陶，足外撇，器表最下部为三排反“Z”字形的戳印纹，之上为三个一组斜向排列的圆点形戳印纹。残高3.6厘米（图六九，6）。YY∶04，只存中下部，中与柄连。近泥质红褐陶，足外撇呈喇叭形，柄中部有一周突棱。突棱下饰刻划、戳印的组合纹，上部为四道凹弦纹，之下为一圈四线一组连续的折线刻划纹，在上下转折形成的三角处再填以细长方形戳印纹。残高6、足径9.2厘米（图六八，8）。YY∶03，只存足部。近泥质灰褐陶，足略外撇，器表饰两排“Z”形刻划纹，并在空白处填充长方形戳印纹。残高5、足径13.8厘米（图六八，6）。另有3件圈足中部残片，YY∶05，只存中部，上与柄连。近泥质灰褐陶，从残片看足外撇呈喇叭形，中部有一周突棱。突棱上下均饰戳印纹，上部为三排反“Z”形的戳印纹，其中有一排戳印在突棱之上；下部先为二排反“Z”形的戳印纹，然后是一排三个圆或近方形戳点一组的斜向戳印纹，再往下是一组与上面相同的纹样，之后是四排反“Z”形的戳印纹和二排三个圆或近方形戳点一组的斜向戳印纹，再往下又是反“Z”形的戳印纹，因残，具体不清。残高9.1厘米（图六八，11）。此外还有一件与此件相似，突棱之上饰三排反“Z”形的戳印纹后，再往上即为素面，可知此类圈足柄部多为素面。另1件（YY∶19）也相类同，只是中部不是突棱，而代之的是二周凹弦纹，弦纹之上饰一排“Z”形戳印纹，再往上亦为素面；之下全为横向排列的“Z”形戳印纹（图六九，2）。

此外，还有相当一部分圈足是与豆盘相连接在一起的，严格来说只是与圈足上端的柄部连在一起。均为圆筒形直柄，柄粗大，素面。YY∶27，近泥质灰黑陶。残高1.4、圆径8.4厘米（图七〇，4）。YY∶29，近泥质灰黑陶。残高4.1、圆径10厘米（图七〇，6）。YY∶31，近泥质灰褐陶。残高2.2、圆径8.4厘米（图七〇，3）。YY∶30，近泥质黑陶。残高0.8、圆径5.6厘米（图七〇，7）。

罐圈足　2件。均较矮，足外撇。YY∶21，夹细砂红褐陶，足下部有2个小孔。高2.4、足径7厘米（图六九，5）。YY∶23，夹细砂红褐陶。残高1.6厘米（图六九，7）。

盘　2件。均为B型。敛口，圆唇，弧腹，口下部有一对鋬状贯耳。素面。YY∶24，夹细砂灰褐陶，尖圆唇。残高3.8、口径24.8厘米（图七〇，1）。YY∶26，夹细砂灰褐陶，微敛口，圆唇。残高2.6、口径15.8厘米（图七〇，2）。

纺轮　13件。大部分完整，分属A、D、E三型。

A型　5件。其中2件较完整。圆饼形，两面平或一面微内凹，体薄。YY∶70，近泥质红褐陶，两面平。直径4、高0.8、孔径0.5厘米（图七一，6）。YY∶87，泥质灰

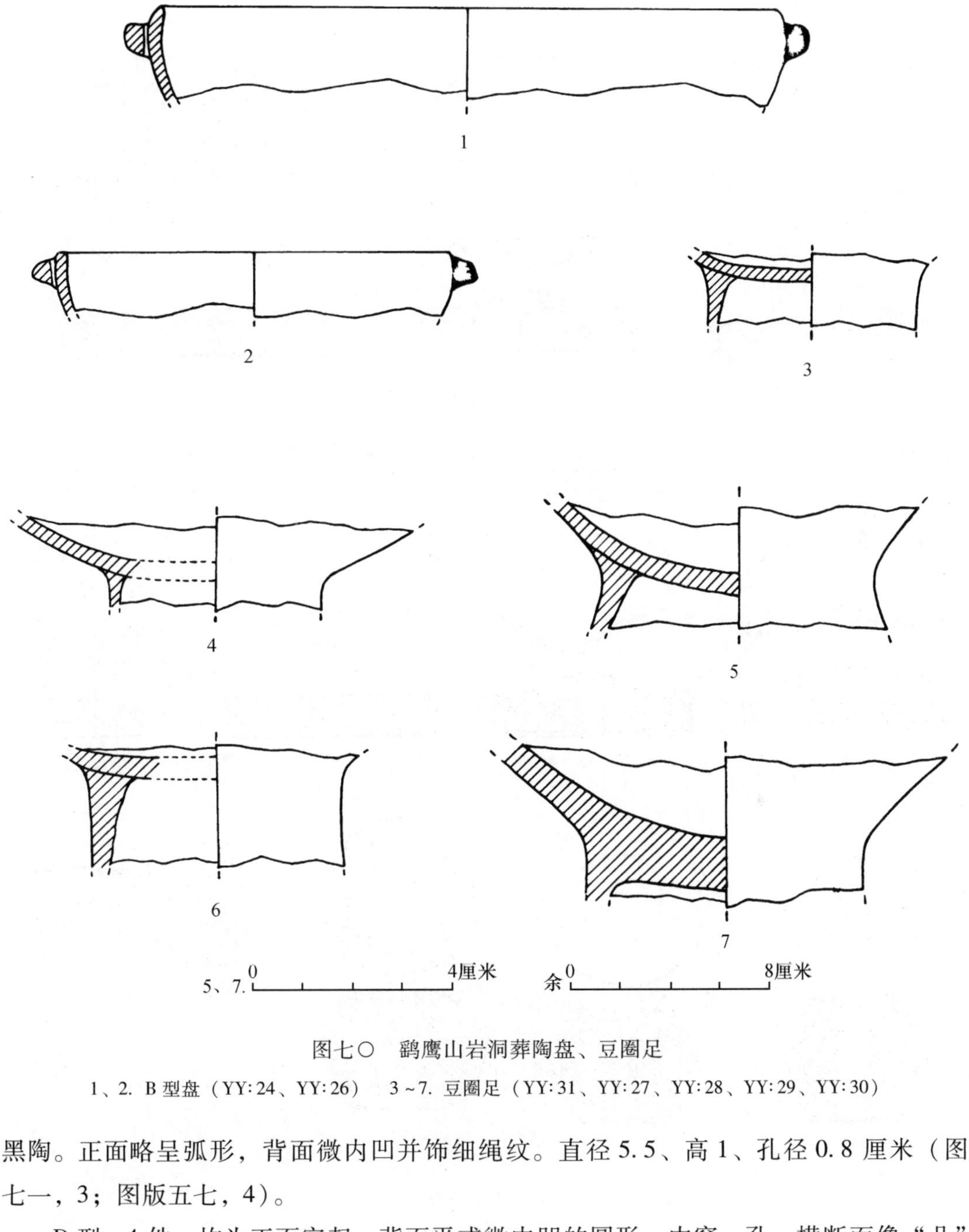

图七〇　鹞鹰山岩洞葬陶盘、豆圈足

1、2. B 型盘（YY:24、YY:26）　3～7. 豆圈足（YY:31、YY:27、YY:28、YY:29、YY:30）

黑陶。正面略呈弧形，背面微内凹并饰细绳纹。直径5.5、高1、孔径0.8厘米（图七一，3；图版五七，4）。

D型　4件。均为正面突起，背面平或微内凹的圆形，中穿一孔，横断面像“凸”字形。又分属二亚型。

Da型　2件。YY:67，近泥质红褐陶。正面突起较高，背面平，顶残。直径4.5、残高1.8、孔径0.6厘米（图七一，1；图版五七，1）。YY:68，泥质灰褐陶，背面平。直径4.2、高1.2、孔径0.3厘米（图七一，2）。

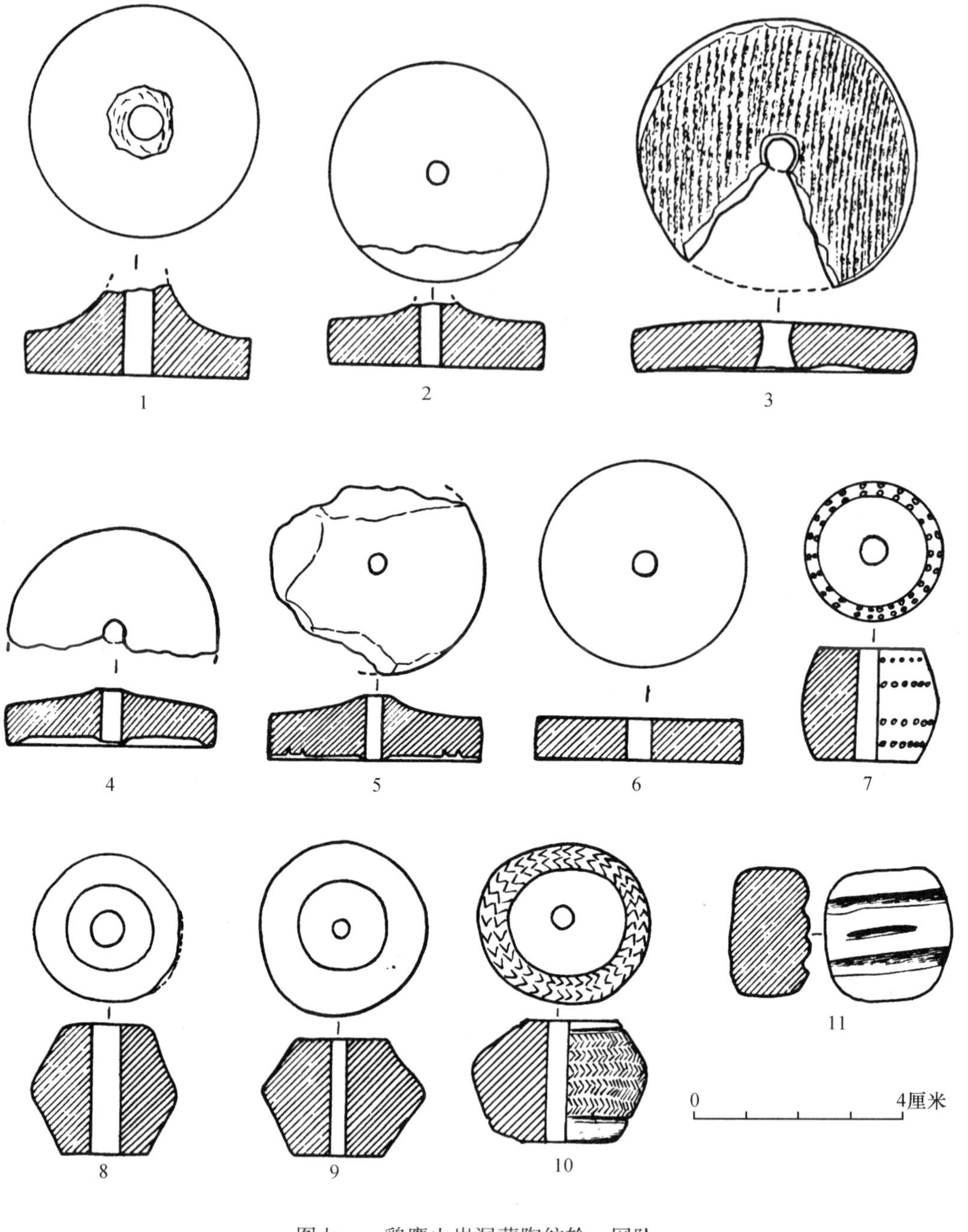

图七一　鹞鹰山岩洞葬陶纺轮、网坠

1、2. Da 型纺轮（YY:67、YY:68）　3、6. A 型纺轮（YY:87、YY:70）　4、5. Db 型纺轮（YY:69、YY:89）
7. Eb 型纺轮（YY:96）　8～10. Ea 型纺轮（YY:66、YY:130、YY:65）　11. 网坠（YY:86）

Db 型　2 件。均残。正面微突起，背面内凹。YY:69，泥质灰褐陶，背面内凹，残存一大半。直径 4.1、高 1.1、孔径 0.4 厘米（图七一，4）。YY:89，近泥质红褐陶，背面微内凹，近边缘处有二道刻划的凹圆圈纹，外周缘略残。直径 4.2、高 1.3、孔径

0.3 厘米（图七一，5）。

E 型　4 件。算珠形，两面平，中腰外鼓。分属二亚型。

Ea 型　3 件。腰外突较明显。YY:66，夹细砂灰褐陶。直径 3、高 2.5、孔径 0.5 厘米（图七一，8；图版五七，2）。YY:130，夹细砂灰褐陶，腰部外鼓较甚。直径 3.2、残高 2.2、孔径 0.3 厘米（图七一，9；图版五七，3）。YY:65，近泥质灰黑陶。外侧上下各饰一道凹弦纹，两弦纹间戳印五排“人”字形纹。直径 3.3、高 2.3、孔径 0.4 厘米（图七一，10；图版五七，5）。

Eb 型　1 件。YY:96，近泥质红褐陶，腰部微鼓，侧面从上至下装饰四排锥刺纹。直径 2.7、高 2.2、孔径 0.4 厘米（图七一，7；图版五七，6）。

网坠　1 件。YY:86，浅黄色近泥质陶。近方形，两面各有两道横向的凹槽，两侧各有一道纵向的凹槽作为系绳之用。长、宽 2.5 厘米，厚 1.5 厘米（图七一，11；图版五七，7）。

2. 石器

数量较多，有 20 余件。多选用硬度较高的细砂岩、灰绿岩等石料制成，而且相当部分石器是用打下的石片加工而成。器形有锛、斧、钺、刀、凿、纺轮、穿孔石器等，以锛、斧、钺为主。

锛　6 件。分属 Ab 和 Ba 型。

Ab 型　4 件。近长方形，上端略窄。除顶端外，余磨制，但部分还留有琢打疤痕。YY:48，黑色，背面平，正面略呈弧形突起，两侧平直。单面微弧刃，刃部微缺，磨刃面宽。长 5.9、刃宽 3.5、厚 1 厘米（图七二，2；图版五八，6）。YY:94，黑色，背面近平，正面突起略呈三角形，顶斜直。单面平直刃，磨刃面宽略呈三形。长 4.2、刃宽 2.6、厚 0.8 厘米（图七二，6；图版五八，5）。YY:88，墨绿色，上端残断。背面平，正面略呈弧形突起。单面直刃，刃部微缺，磨刃面为窄长条形。残长 6.4、刃宽 4.1、厚 1 厘米（图七二，9；图版五八，4）。

Ba 型　2 件。近梯形。一件完整，一件残。YY:122，浅黑色，背面平，正面微突起，中间磨出一道竖向的凹槽。单面平直刃，磨刃面宽而平缓略呈半环形。除顶端和右上角外，余磨光。长 4.3、刃宽 3.8、厚 0.8 厘米（图七二，8；图版五九，1）。YY:108，暗青色，背面平，正面突起，凹凸不平；单面平直刃，刃微缺，磨刃面宽而平缓略呈梯形。器体大部分未磨。长 3.3、刃宽 2.9、厚 0.7 厘米（图七二，11）。

双肩锛　3 件。分属 E、F 二型。

E 型　2 件。宽柄，对称双微肩，斜肩，单面微弧刃。通体磨光，只顶部保留部分琢打疤痕。YY:113，黑色，背面近平，正面略呈弧形突起。单面弧刃微内凹，两刃角

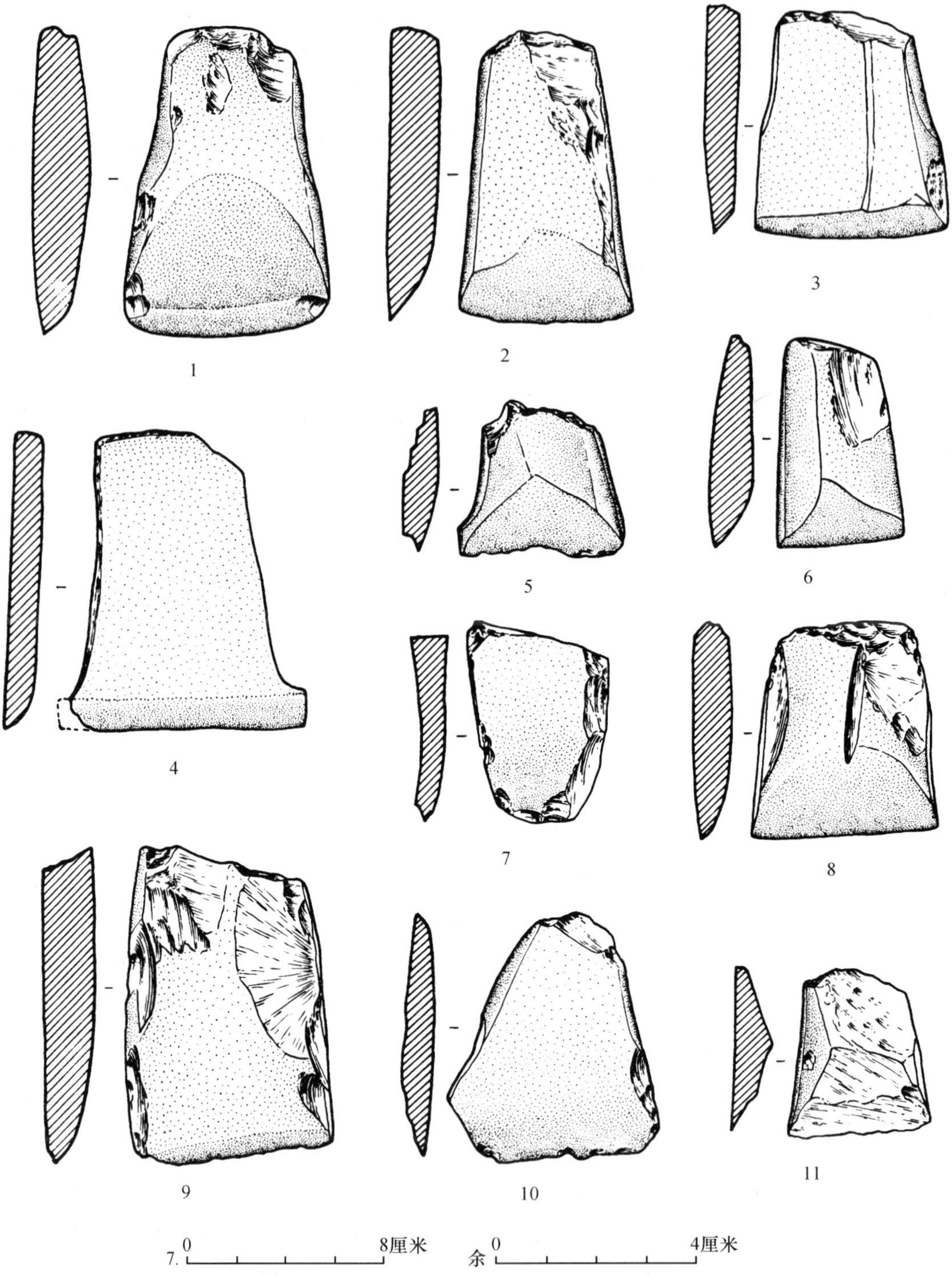

图七二　鹞鹰山岩洞葬石器

1、3. E 型双肩锛（YY:113、YY:129）　2、6、9. Ab 型锛（YY:48、YY:94、YY:88）　4. F 型双肩锛（YY:47）　5. D 型单肩锛（YY:45）　7、10. 残石器（YY:46、YY:124）　8、11. Ba 型锛（YY:122、YY:108）

近圆形，磨刃面宽略呈半环形，近刃处陡直。长6.3、柄宽3、刃宽4.1、厚1.1厘米（图七二，1；图版五八，1）。YY∶129，黑色，两面平，正面中部有一道竖向磨出的凹槽。单面微弧刃，两刃角尖，磨刃面窄而陡直。长4.5、柄宽3、刃宽3.9、厚0.65厘米（图七二，3；图版五八，2）。

F型　1件。YY∶47，墨绿色，两面扁平。宽长柄，窄身，双肩平直近刃部，单面平直刃，刃角为直角，一侧刃角残。通体磨光。长6、刃残宽4.3、柄宽3~4.3、厚0.6厘米（图七二，4；图版五八，3）。

单肩锛　1件。属D型。YY∶45，黑色，柄上端残。背面平，正面略呈弧形突起。宽长柄，窄身，单斜肩近刃部，肩不明显，单面平直刃，刃残缺，有肩的一侧刃角近直，磨刃面为三角形。通体磨光。残长3.2、刃宽3.2、柄宽2.5、厚0.7厘米（图七二，5）。

双肩斧　3件。属H型。均用打下的砾石片琢制而成。长舌形，宽长柄，对称的双长斜肩，肩不明显，双面尖弧刃。除刃部磨制外，余未磨，背面、顶端和两侧均保留较多的琢制疤痕，正面为天然砾石面较光滑。YY∶120，正面微弧，背面呈弧形突起，长柄较窄。长11.8、刃宽6.8、厚1.4厘米（图七三，2；图版五九，4）。YY∶114，两面中部略呈弧形突起，肩大致在器体的中部。长11.8、刃宽6.9、厚2厘米（图七三，3；图版五九，3）。YY∶127，背面近平，正面中部略呈弧形突起。长柄较窄，双肩近器体下部。长10.8、刃宽6.1、厚1.1厘米（图七三，1；图版五九，2）。

凹刃凿　1件。属B型。YY∶121，黑色，石质硬且器表有光泽。长方形，两面平，凹弧刃较深。通体磨光，只顶端保留少许琢打痕迹，器体规整。长4.5、刃宽1.8、厚0.7厘米（图七三，7；图版六一，6）。

钺　4件。保存较好的1件，其余3件残，均属Ba型。靴形，长柄，单斜肩，双面弧刃。都用打下的砾石石片琢制而成，多只磨刃部，背部微磨，除正面为天然砾石面较光滑外，余均保留较多的琢打疤痕。YY∶49，无肩的一侧斜直。长9.4、柄宽3.6、刃宽6.1、厚1.6厘米（图七三，4；图版六〇，1）。YY∶52，无肩的一侧近直，刃部残缺。残长8.7、柄宽4、刃宽6.6、厚1.4厘米（图七三，5；图版六〇，2）。YY∶50，柄上端残断，肩部偏下不明显。残长7.4、刃宽6.4、厚1.2厘米（图七三，6；图版六〇，3）。

刀　3件，1件残，属C型。均用天然砾石石片琢制而成，一面为较光滑的天然砾石面，较平；另一面略呈弧形，未经磨制，保留较多细密的琢打疤痕。两件形制相同，均短柄，长身，双面薄直刃，形状与现在的刀相仿。只刃部稍加磨制，柄和刀背上保留较多的琢打疤痕。YY∶95，柄微上翘，与刀背近平，背厚而平直，前端呈尖弧形，刀体宽厚，刃薄微弧。通长12厘米，其中柄长3.2、宽3.8、身长8.8、宽5.4、背厚1.2

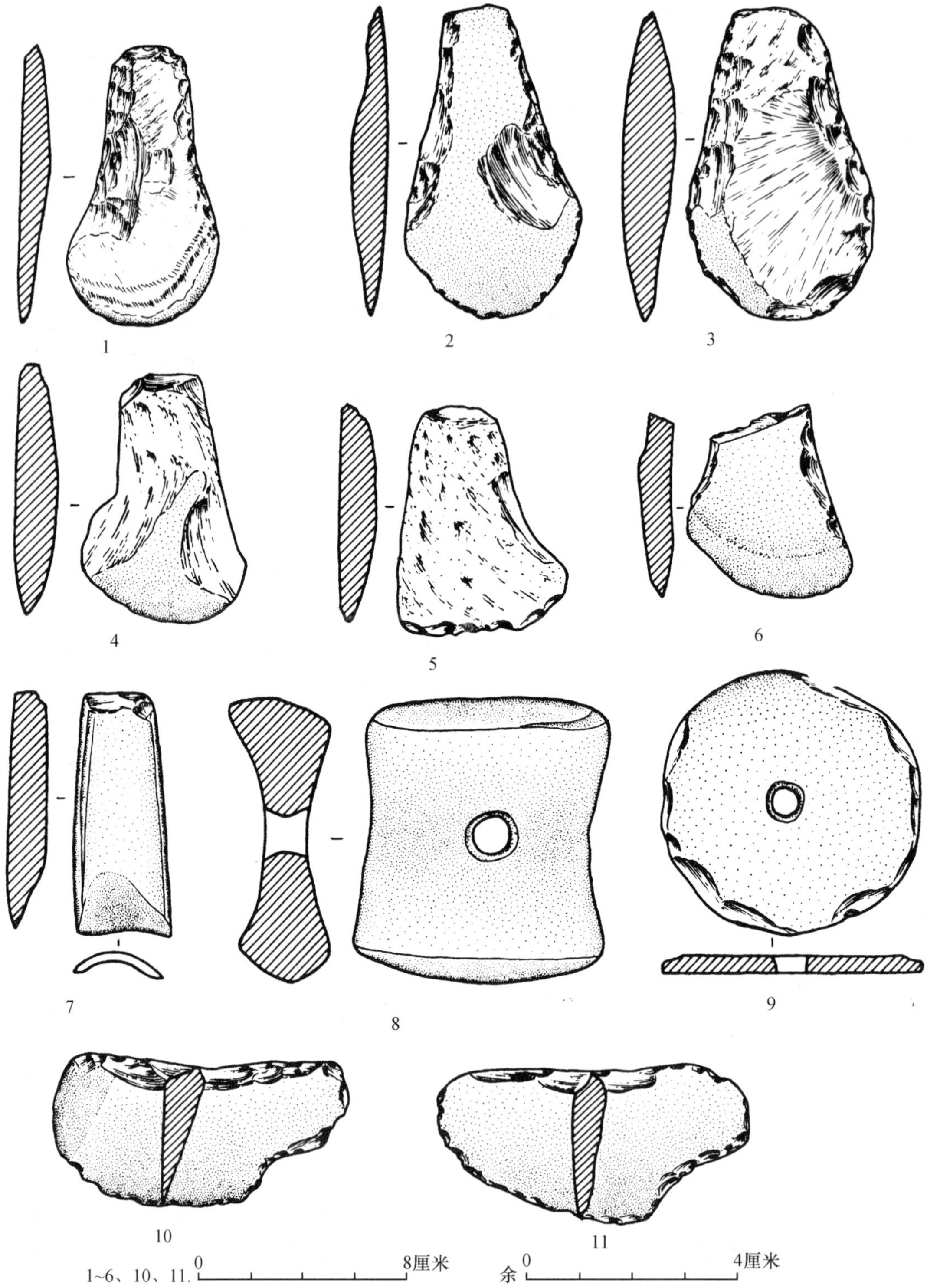

图七三　鸥鹰山岩洞葬石器

1～3. H 型双肩斧（YY:127、YY:120、YY:114）　4～6. Ba 型钺（YY:49、YY:52、YY:50）　7. B 型凹刃凿（YY:121）　8. 穿孔石器（YY:132）　9. 石纺轮（YY:115）　10、11. C 型刀（YY:131、YY:95）

厘米（图七三，11；图版六〇，6）。YY:131，柄略上翘，背中部微凹，背厚刃薄，弧刃。长11.4厘米，其中柄长3.2、宽3.6、身长8.2、宽5.4、背厚1.4厘米（图七三，10；图版六〇，4）。

穿孔石器　1件。YY:132，用天然的砾石制成。长方形，腰微内束，两面均内凹，中间对穿一圆孔。长5.5、宽4.2~4.8、孔径0.7~1厘米（图七三，8；图版六〇，5）。

纺轮　1件。YY:115，黑色圆饼形，用石片磨制而成，体薄，中穿一孔，周边缘稍加磨制。直径5、孔径0.7、厚0.35厘米（图七三，9；图版五九，6）。

另有2件残石器。YY:46，用砾石石片琢打而成，正面为天然砾石面较光滑，背面保留琢打疤痕。为一端窄一端宽的长条形，宽端残断。除一侧稍磨外，余未磨。残长8、最宽5.6、厚1.4厘米（图七二，7）。YY:124，单肩石器。用红褐色砾石石片琢打而成，正面为天然砾石面较光滑，背面保留琢打疤痕。近三角形，左侧打出一不明显的斜肩，刃残缺。除两侧稍磨制外，余未磨。残长4.9、厚0.6厘米（图七二，10；图版五九，5）。

3. 玉器

有生产工具和装饰品两大类，以装饰品为主。器形有锛、斧、环、钏、玦、管、珠等。

锛　3件。有单肩和无肩二类。

单肩锛　2件。宽柄，微单斜肩，单面弧刃。YY:53，青黄色内含杂质。肩在器体中部，磨刃面为较陡直的长条形。通体磨光。长5、柄宽3.1、刃宽4.3、厚0.7厘米（图七四，1；图版六一，1）。YY:123，青黄色，两面略呈弧形突起。宽长柄，窄身，单斜肩近刃部，肩不明显，单面微刃，有肩一侧的刃角残缺，磨刃面宽，为半环形。通体磨光。长4.2、柄宽3、刃残宽3、厚0.9厘米（图七四，2；图版六一，2）。

A型锛　1件。上窄下宽的长条形。YY:128，青白色，背面平，正面略呈弧形突起，单面平直刃，顶端下部对穿一圆孔。通体磨光。长5.3、刃宽2.3、厚0.7厘米（图七四，4；图版六一，3）。

斧　2件。分属A、B二型。

A型　为长方形。YY:125，青色，背面平，正面略呈弧形突起。双面平直刃，一刃角残。正面的磨刃面为较窄的长方形，较陡直，微内凹，背面则较平缓。通体磨光，少部分仍留有疤痕。长4.1、刃宽2、厚0.6厘米（图七四，5；图版六一，4）。

B型　上宽下窄的舌形。YY:44，青白色，用片状的玉石磨制而成。双面薄弧刃，顶端平直。正面磨光，背面只稍加磨制。器体下端近刃部处有一道切割后留下的凹痕。长8.4、刃宽3.2、厚0.8厘米（图七四，3；图版六一，5）。

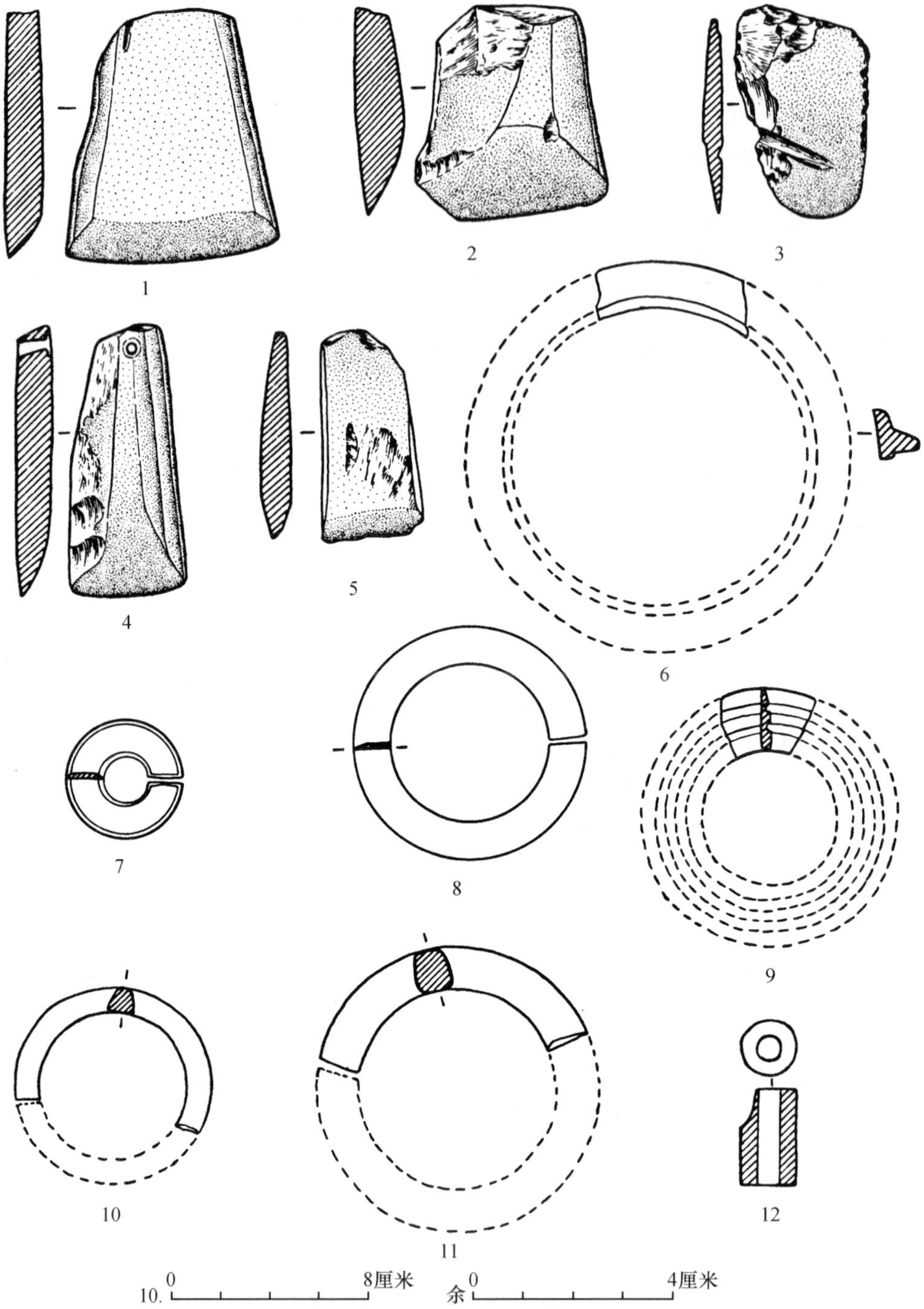

图七四　鹞鹰山岩洞葬玉器

1、2. 单肩锛（YY:53、YY:123）　3. B型斧（YY:44）　4. A型锛（YY:128）　5. A型斧（YY:125）　6. Aa型钏（YY:97）　7. Ec型玦（YY:56）　8. Ed型玦（YY:57）　9. C型环（YY:98）　10、11. B型镯（YY:55、YY:54）　12. 管（YY:107）

管　1件。青黄色，圆柱体，中穿一圆孔，一端略残。YY:107，长1.9、直径1.1、孔径0.4厘米（图七四，12；图版六二，6）。

环　1件。属C型。YY:98，只存一小块。器体扁薄，原为圆形，中有孔，一面有两周凹弦纹。经复原，直径5.1、孔径2.6、厚0.2厘米（图七四，9）。

玦　4件。分属Ec、Ed和Ee型，其中Ec、Ed型为扁薄圆形，Ee型为圆环形。

Ec型　1件。YY:56，淡青色，体薄透明，器表光滑有光泽。背面平，正面微弧形，中间圆孔从正面单钻，孔径较小，肉厚，缺口从正面单向切断而成。直径2.3、孔径0.9、厚0.1、玦口宽0.1厘米（图七四，7；图版六二，1）。

Ed型　1件。YY:57，青白色，内含杂质。两面平，正面边缘斜削，形成双台面；中间圆孔从背面单钻，孔大，肉薄；缺口从正面单向切断而成，正面大，背面小，切割面呈斜坡形。直径4.6、孔径3.1、厚0.1、玦口宽0.1厘米（图七四，8；图版六二，2）。

Ee型　2件。体大，横断面略呈半圆形。YY:54，青色，残存约一半。两面和边缘呈弧形，中间孔壁直，孔大。一端断面被磨平。复原后，直径5.6、孔径3.9、厚0.7厘米（图七四，11；图版六二，3）。YY:55，暗青色，残存约三分之二。直径7.6、孔径5.6、厚0.9厘米（图七四，10；图版六二，4）。

钏　1件。属Aa型。YY:97，只残存约八分之一。内缘向外凸起，两面高度不一，外缘窄而扁薄，横断面近“T”形。经复原，直径7.7、孔径5.9、外缘厚0.2~0.4厘米（图七四，6）。

绿松石珠　3粒。均为圆珠形，中间穿一孔。最大的长0.42、直径0.45、孔径0.18厘米，最小的长0.35、直径0.4、孔径0.2厘米（图版六二，5）。

玉片　完整的7片，颜色有白、黄、灰黑等几种，均为片状圆形，中穿一孔。最大的直径0.51、孔径0.25、厚0.11厘米，最小的直径0.38、孔径0.12、厚0.1厘米（图版六二，5）。

4. 骨器

13件。均通体磨制，器形有针、锥、簪、镞、矛、卜骨、卜甲等。

针　3件，1件完整，2件后端残。均细长锥形，横断面为圆形，前端尖，后端有一圆形穿孔，磨制光滑。YY:74，完整，前端略大，针头部先砍成尖状再稍磨制而成，后端有针孔。长7.8、直径0.6厘米（图七五，4；图版六三，4上）。YY:76，后端残，中部微弯曲，横断面为扁圆形，针头部磨成圆尖形。残长8.8、直径0.5厘米（图七五，3；图版六三，4下）。YY:78，只存尖端。残长2.9、直径0.5厘米（图七五，10）。

笄　1件。YY:75，尖端残，中微弯曲，后端宽，横断面为圆形，通体磨光。残长8、直径0.6厘米（图七五，5；图版六三，2）。

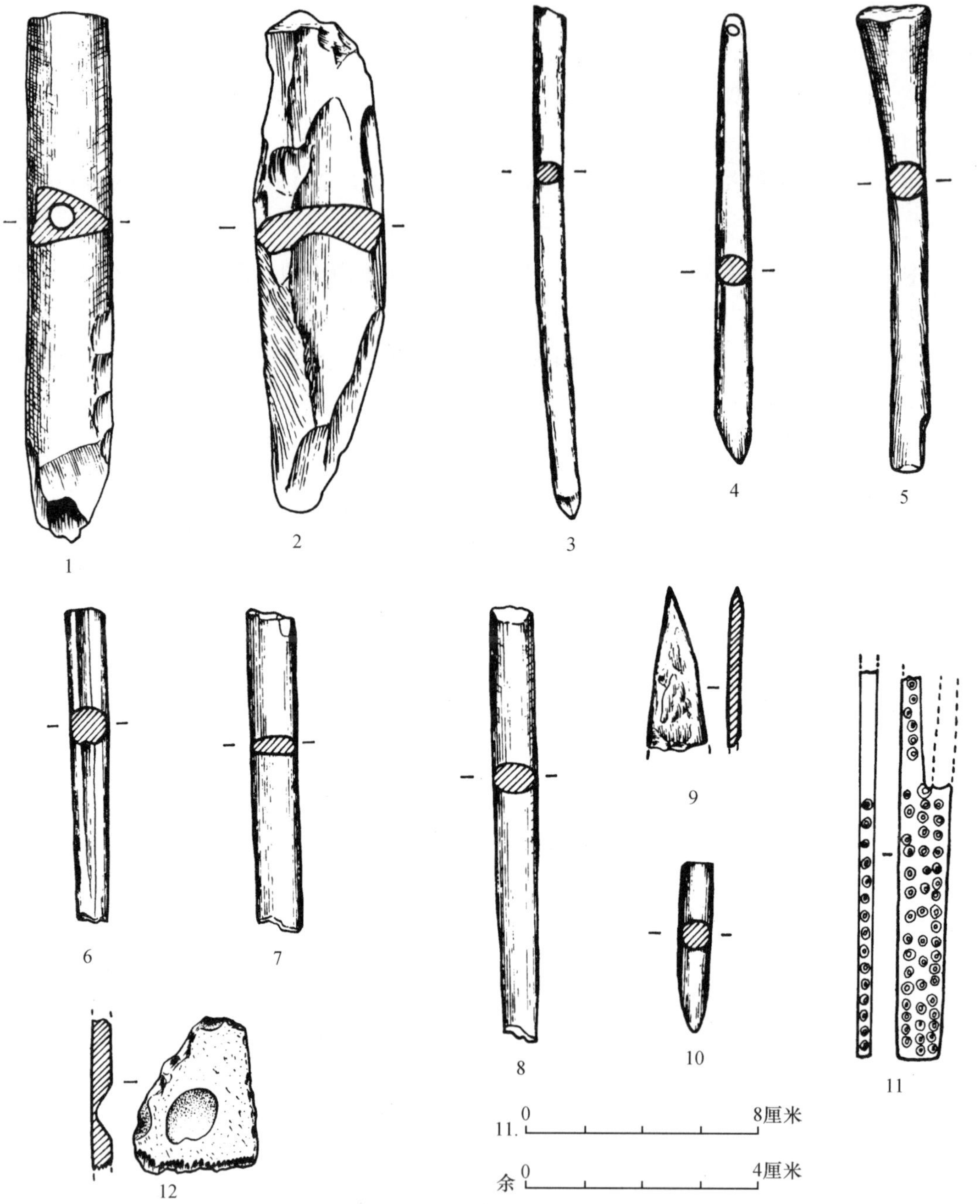

图七五　鹞鹰山岩洞葬骨器

1. 锥（YY:83）　2. 矛（YY:84）　3、4、10. 针（YY:76、YY:74、YY:78）　5. 笄（YY:75）
6～8. 残骨器（YY:117、YY:118、YY:79）　9. 镞（YY:71）　11. 卜骨（YY:77）　12. 卜甲（YY:81）

锥　1件。YY:83，用动物的肢骨制成。长条形，前端用刀类器砍成尖状稍加磨制而成，横断面近三角形。长9.2、宽1.4厘米（图七五，1；图版六三，1）。

另有4件骨器，均残存中段，也可能是锥类器（图版六三，6）。YY:79，横断面为椭圆形。残长7.5、直径0.7厘米（图七五，8）。YY:118，扁平长条形，通体磨光。残长5.6、宽0.8厘米（图七五，7）。YY:117，圆锥形。残长5.4、直径0.6厘米（图七五，6）。

镞　1件。YY:71，仅存锋部，三角尖锋，体扁平。残长2.8、宽1、厚0.2厘米（图七五，9；图版六三，5）。

矛　1件。YY:84，用动物的肢骨片制成，体略呈菱形，两侧前聚成锋，锋部扁薄，器体稍加磨制。长8.7、宽2.2厘米（图七五，2；图版六三，3）。

卜骨　1件。YY:77，用动物的肢骨制成。扁平长条形，一端略窄，宽的一端从中间开叉后分成两枝，其中一枝已残断。通体磨光，两面和两侧均有圆形钻孔，两面的钻孔大致呈竖向、有规律的三列排布，一直至叉枝上，其中一面有钻孔51个，两侧各有一排钻孔。孔为管钻，呈同心圆形，大不不一，最大的直径约0.3、小的不足0.1、大部分在0.14厘米左右。钻孔大部分独立分开，孔间距也不相同，有的紧挨着，也有的相互叠压。钻孔较浅，少数中部有烧灼痕，均为先钻后灼。长6.6、宽0.7~0.85、厚0.2~0.3厘米（图七五，11；图版六四，1）。

卜甲　1件。YY:81，原料为甲鱼骨，现残存角部一小块。甲骨内面可见到四个椭圆形的凿孔，其中一个完整，其余三个只见边缘一小部分。孔内均有明显的灼痕，灼痕呈黑色，孔均未穿透。此件卜甲为先凿后灼，背部无兆纹。残长2.5、宽2.05、厚0.3厘米，凿孔直径0.6~0.8、深0.22厘米（图七五，12；图版六四，2）。

海贝　19枚。均为椭圆形齿贝，背面被磨穿成一近椭圆形孔。但大小略有差别，最大的长3.7、宽2.2厘米，最小的长1.8、宽1.2厘米，大部分为长2~3、宽1.2~1.6厘米（图版六四，3）。

5. 其他

铜钱　4枚。其中五铢钱3枚，货泉1枚。

滑石器　1件。YY:82，形如杠铃，两头大中间小，中有细小穿孔（图版六四，4）①。

第十一节　古旺山、白面山岩洞葬

一、古旺山岩洞葬

古旺山岩洞葬位于来宾市兴宾区（原来宾县）溯社乡古旺村西北约500米的古旺

① 广西壮族自治区文物工作队：《广西先秦崖洞葬综述》，《广西考古文集》，文物出版社，2004年。

山，1989 年由当地村民发现。古旺山是一座孤立的石山，其北、东、南三面被红水河环绕。山东西长约 400 米、南北宽约 150 米、高约 50 米；山势平缓，顶部较为平坦，易于攀登。岩洞葬即在南部山麓的一个天然洞穴内（图版六五，1）。洞口高出周围地面约 8 米，有缓坡可上，前有一小平台。洞口南偏东 15°，高 8、宽 7 米，内有上下二洞（图版六五，2）。上洞上大下小呈棒槌形，高 9、宽 1.5～4、进深 19 米，无封堵痕迹。进入上洞口后即转弯向西北延伸，洞室窄小，前半室明亮，往里则渐暗。下洞紧靠上洞口，圆形，直径约 3 米，垂直往下深约 3 米后亦向西北延伸。洞口东西两面紧靠石壁，由于直径大，难以跨越。因此要进入上洞，必须沿石壁小心攀缘才能到达。由于洞内受到人为的严重扰乱和破坏，岩洞葬原貌已不清楚，无法了解其葬制和葬式，随葬品也全部被取出。据当事人回忆，随葬品主要发现于上洞进深 3～4 米的转弯处，其中 1 件铜钺裸露于地表，土层不太厚，下掘 30～40 厘米即发现有铜器、石器、陶片和人骨等。

随葬品共 10 件。主要是青铜兵器，还有少量石器和陶片。

1. 石器

3 件。均磨制，器形有双肩石斧和单肩石锛。

双肩斧　2 件。分属 Aa、Ae 型。

Aa 型　1 件。LGW∶01，宽柄，双斜肩，宽身，双面弧刃，左侧自肩至刃部残缺。通长 6.4、柄宽 3.2、刃残宽 4.4、厚 0.8 厘米（图七六，2）。

Ae 型　1 件。LGW∶02，窄柄歪向一侧，不对称双斜肩，长身，双面斜弧刃。通长 7.1、柄宽 1.8、刃宽 5.2、厚 0.4 厘米（图七六，3）。

单肩锛　1 件。属 C 型。LGW∶03，长条形，长柄，单斜肩不明显，单面弧刃，磨刃面较宽，为三角形。通长 12.6、柄宽 2.4、刃宽 4.8、厚 0.6 厘米（图七六，1）。

2. 铜器

4 件。有钺、匕首、镦等，均为兵器。

钺　2 件。分属 A、B 二型。

A 型　1 件。LGW∶05，靴形，双肩微翘不对称。弧刃，扁圆銎，一面有圆形小气孔。通长 10、刃最宽 10、銎长 3.5、銎宽 4.8 厘米（图七六，5；图版六五，4）。

B 型　1 件。LGW∶04，双斜弧形刃，双肩向内收成倒钩状双翼，两面从肩部到锋尖各有一道弧形棱脊，尖锋，扁圆銎；通体光素，脊根部有一直径为 3 毫米的穿，正面棱与脊弧刃间有一直径 3 毫米的圆孔。通长 13.7、刃最宽 8.8、銎长 3.7、銎宽 3.5、厚 0.2 厘米，重 198 克（图七六，6；图版六五，3）。

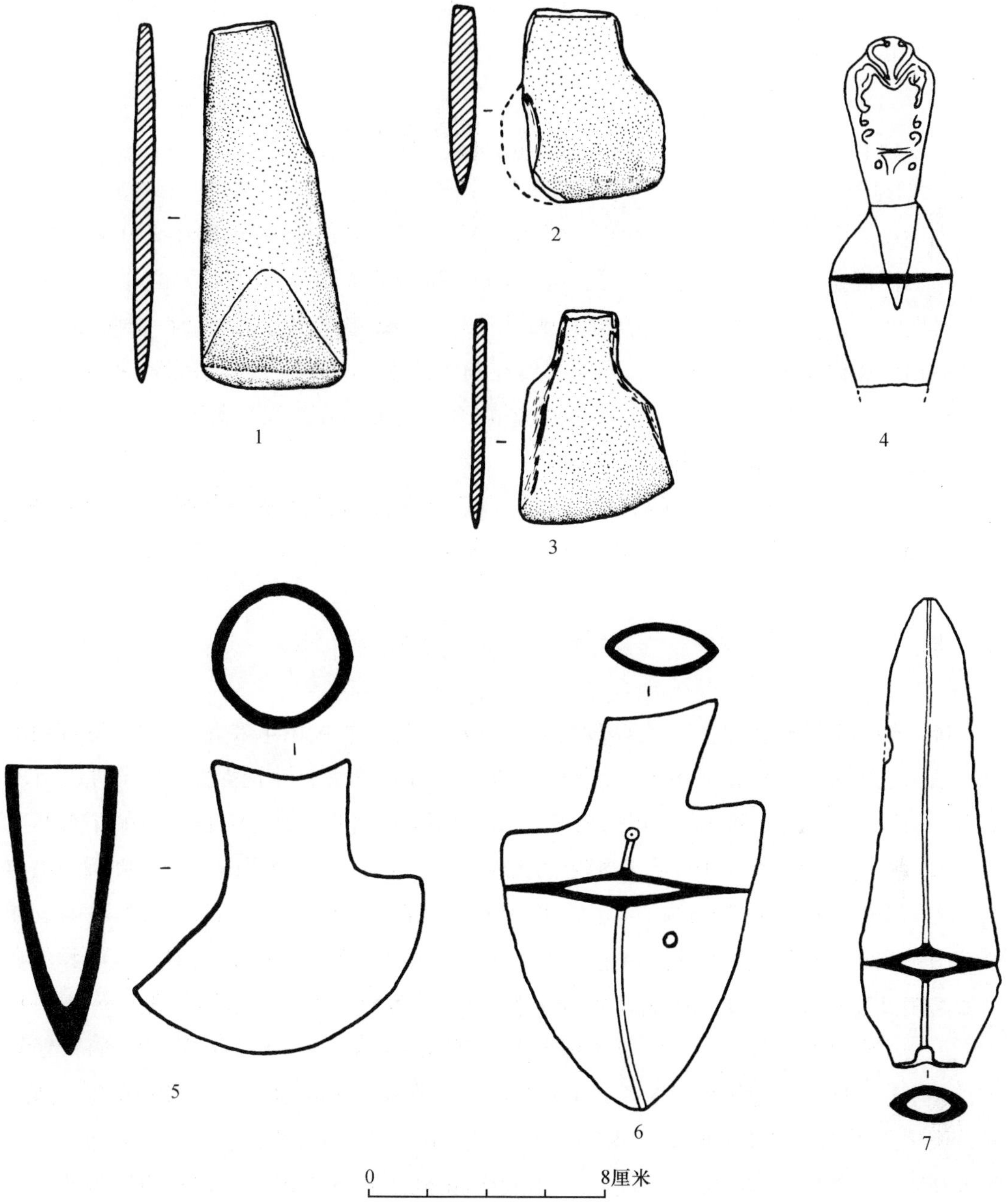

图七六　古旺山、白面山岩洞葬石器、铜器

1. C型单肩石锛（LGW:03）　2. Aa型双肩石斧（LGW:01）　3. Ae型双肩石斧（LGW:02）　4. 铜匕首（LGW:06）　5. A型铜钺（LGW:05）　6. B型铜钺（LGW:04）　7. A型铜矛（LB:01）

匕首　1件。LGW:06，锋部残，柄上饰有细密的云雷纹。残长11.7、宽4.2厘米，柄残长5.5、厚0.2厘米（图七六，4）。

镦　1件。LGW:07，被破坏至粉碎，形状不清。

陶片　4 片。均为夹细砂灰黑陶，器表多饰细绳纹，另有一片饰零星乳钉纹。胎较薄，厚约 0.4 厘米①。

二、白面山岩洞葬

白面山岩洞葬位于来宾市兴宾区（原来宾县）良江乡白面村东南约 300 米的白面山上。白面山是一座东西长约 500 米、南北宽约 200 米的石山，山的西、西北、西南为一片开阔地，周围有土岭和石山包围。墓葬位于山西北崖壁上，葬地为一岩厦，口向西，高出地面约 10 米。1986 年，当地村民在洞内挖出人骨骸三具，均仰卧葬，在人骨旁发现一小堆炭化稻谷和 1 件置于小腿骨外侧的青铜矛。现此洞已被严重破坏，人骨、稻谷等已不存，仅存留青铜残矛 1 件。

矛　C 型。LB∶01，身呈柳叶形，凸脊，两面起棱，脊两面略呈弧槽，骹部残，横断面为椭圆形。残长 15.8、最宽 4.7、最厚 1.1 厘米（图七六，7；图版六五，5）②。

第十二节　独山岩洞葬

独山岩洞葬位于武鸣县两江乡政府东南约 1.5 公里的独山屯和伏帮屯之间的独山上。独山屯紧临独山的东南山脚，伏帮屯则坐落于山的西北，东南距岜旺岩洞葬约 1.5 公里。独山是一座拔地而起的石灰岩孤山，山顶海拔高约 314 米，高出山脚的相对高度约为 120 米。山的东部约 700 米为绵延的大明山，东北面有从大明山流出的央河绕山向西流去，山的周围是大片开阔的平地。山上林木葱郁，西坡山势较缓，东北坡则较陡峭，山顶西北及东南侧多为悬崖峭壁，在西南面山腰上分布有较多的岩洞，岩洞葬就在山腰与峭壁连接处。岩洞距地面高约 100 米，有三个洞口，朝北一字形排列，发现前均由人工用大石封堵（图六六，1）。西侧的洞口稍大，可容一人爬行出入。从洞口匍匐前进 3 米后，洞底垂直下落 1.8 米，并向右拐弯，形成一个长 10、宽 1.7～3.75、高 4 米，面积约 20 余平方米的洞室。另两个洞口即在洞室的北壁，但过于狭小，不便出入。死者和随葬品被放置在岩洞最里端一个自然形成的长方形岩穴内。岩穴东边长 1.8、西边长 2、南端宽 0.95、北端宽 0.7、深 0.3 米（图七七）。内有人骨一具，头向正北，人骨部分已腐朽，后又经过发现者的扰动，已经散乱不全。据发现者讲述，发现时，人骨架还比较完好，随葬品多置于骨架南端，两侧也有一些，基本完整。随葬品与人骨在同一平面上，上面覆盖有厚 15～20 厘米的泥土。

---

① 杨向东：《广西来宾古旺山岩洞葬调查简报》，《广西文物》1991 年第 2 期。

② 广西壮族自治区文物工作队：《广西先秦崖洞葬综述》，《广西考古文集》，文物出版社，2004 年。

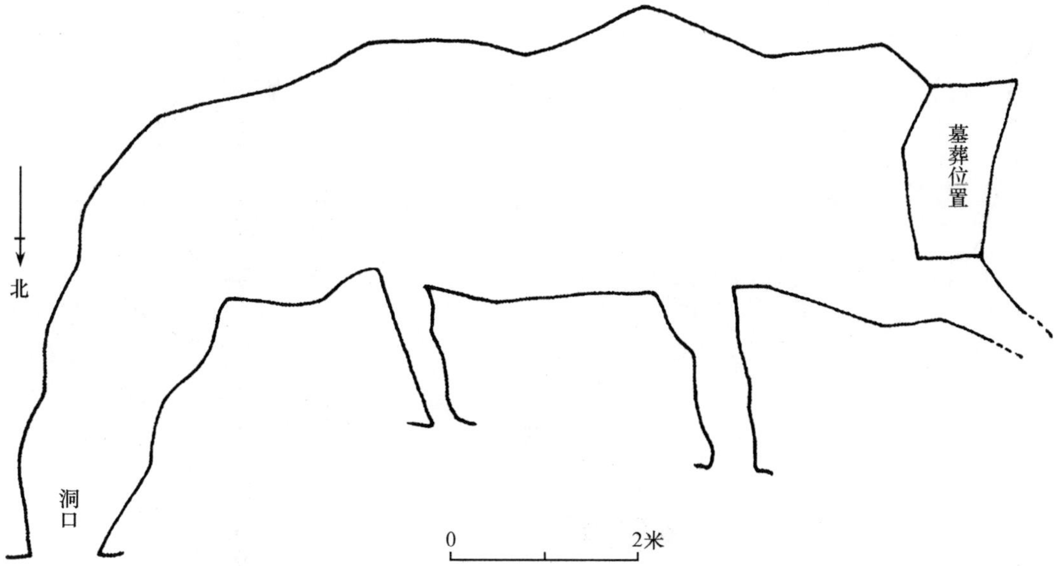

图七七　独山岩洞葬平面图

随葬品有铜器、陶器、玉器和石器等15件，以铜器为主。

1. 陶、石、玉器

陶钵　1件。属E型。WD:15，灰黑色夹粗砂陶，敞口，深腹，腹壁斜直，尖圜底。素面。通高9.5、口径16厘米（图七八，1；图版六六，2）。

玉钏　1件。属Ab型。WD:14，浅黄色中夹杂乳白色，质地坚硬，通体光滑。内缘向外凸起，两面高度不一，外缘宽而厚，横断面近"T"形。外径10.6、内径6.3、高1.8厘米（图七八，2；图版六六，3）。

砺石　1件。WD:13，质地为灰褐色细砂岩。四方长条形，四面和两端均打磨得光滑、规整，都有清晰的磨痕，正反两面略内凹。长18、宽3.4、厚1.3~1.7厘米（图七八，3；图版六八，5）。

2. 铜器

12件。主要是兵器和生产工具，器类有斧、剑、钺、矛、戈、镞、刮刀等几种。

斧　2件。分属Aa、Ba二型。

Aa型　1件。WD:12，斧面凤字形，弧刃，两刃角微外翘。椭圆形銎首，銎口前后下凹呈新月形，銎下有两道弧形的凸棱，腰微束。通长7.5、刃宽5.2、銎长3、宽1.5厘米（图七八，5；图版六八，2）。

Ba型　WD:01，长条形，尖弧刃呈舌形，腰部长斜，两侧有脊线，长方形銎。通

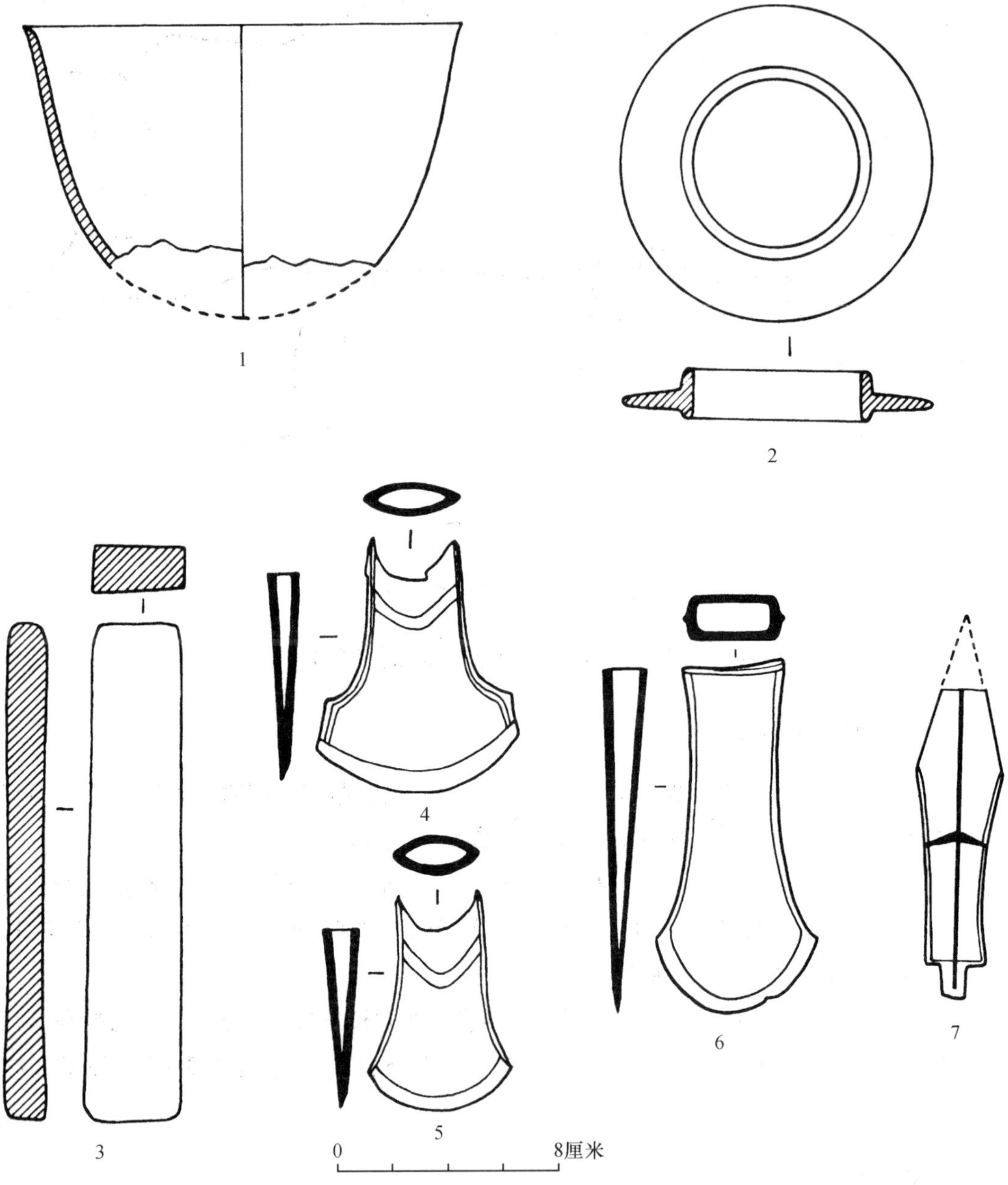

图七八　独山岩洞葬陶器、石器、铜器

1. E 型陶钵（WD:15）　2. Ab 型玉钏（WD:14）　3. 砺石（WD:13）　4. C 型铜钺（WD:11）　5. Aa 型铜斧（WD:12）　6. Ba 型铜斧（WD:01）　7. A 型铜刮刀（WD:10）

长 12.7、刃宽 5.7，銎长 3.5、宽 1.7 厘米（图七八，6；图版六八，1）。

钺　1 件。属 C 型。WD:11，宽柄，钺身有对称双斜肩，刃部弧形，椭圆形銎首，銎口前后下凹呈新月形，銎下有两道弧形的凸棱，近肩部有一半月形小孔，刃部锋

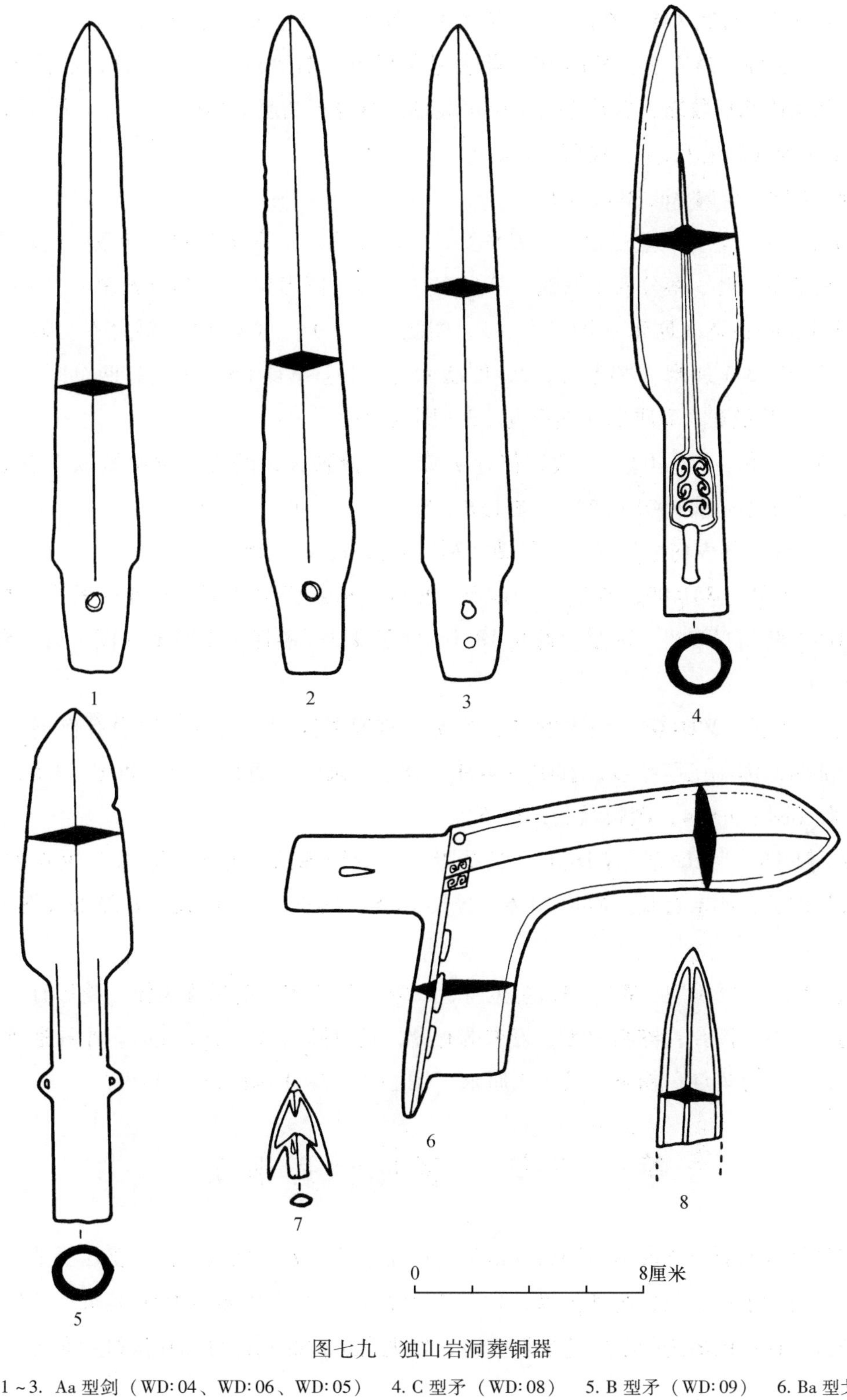

图七九　独山岩洞葬铜器

1～3. Aa 型剑（WD∶04、WD∶06、WD∶05）　4. C 型矛（WD∶08）　5. B 型矛（WD∶09）　6. Ba 型戈（WD∶07）　7. A 型镞（WD∶03）　8. Ba 型剑（WD∶02）

锐。通长 9.2、刃宽 7.4、銎长 3.2、肩宽 1.5 厘米（图七八，4；图版六七，7）。

刮刀　1 件。属 A 型。WD:10，器表呈灰黑色，前为长三角形尖锋，前锋尖端已残，后部微内弧形收缩，后端平直，中可装柄。器身有凸起的单棱，剖面呈人字形。残长 11.4 厘米（图七八，7；图版六八，6）。

剑　4 件。分属 Aa、Ba 二型。

Aa 型　3 件。剑锋呈三角形，刃平直，向后渐宽，中脊微凸起，叶截面呈扁菱形，无格，短扁茎，叶、茎分界不明显，茎上有一或两个圆形穿孔，茎身处斜肩。WD:04，通长 23.1、叶最宽 3 厘米（图七九，1；图版六七，1）。WD:06，斜肩不明显。通长 23.4、叶最宽 3.1 厘米（图七九，2；图版六七，2）。WD:05，茎上有两个圆形穿孔。通长 23.3、叶最宽 3.2 厘米（图七九，3；图版六七，3）。

Ba 型　1 件。WD:02，已残，仅存剑锋。剑锋狭长，凸脊，脊两侧低平有血槽，剖面略呈十字形。残长 6.9 厘米（图七九，8）。

矛　2 件。器表均呈浅绿色，坚硬锋利，分属 B、C 二型。

B 型　1 件。WD:09，锋端呈三角形，短叶，横断面呈菱形，长骹前段为六棱形，后段圆形，两侧有双纽，圆銎。通长 18.1、叶长 9.3、銎径 2.2 厘米（图七九，5；图版六七，6）。

C 型　1 件。WD:08，扁平宽叶，叶薄，两侧翼锋利；高脊，脊中有血槽，长圆骹，中部两面饰“王”字纹，其中一面有一鼻纽，圆銎。通长 21.6、叶长 13.5、銎径 2.3 厘米（图七九，4；图版六七，4、5）。

戈　1 件。为 Ba 型。WD:07，长援微昂，脊线基部两侧饰云雷纹，短直内有一穿，长胡四穿，胡末有刺。通长 19.6、援长 13.8、胡长 5.5、内长 4.8 厘米（图七九，6；图版六八，3）。

镞　1 件。为 A 型。WD:03，短宽身，双翼长与铤齐，前后锋尖锐，菱形脊，上端有倒钩，下有一圆孔；椭圆形铤，铤末端有銎，銎口椭圆形，铤上端有一小孔通到脊上倒钩处，孔尚存朱红色粉末。长 3.5 厘米（图七九，7；图版六八，4）①。

第十三节　富足村岩洞葬

富足村岩洞葬位于灵川县潮田乡富足村后龙山的一处天然洞穴内。富足村地处漓江支流潮田河的上源，属岩溶地形区，这里石山林立，岩洞众多。1998 年初，灵川县文物管理所在这一区域进行洞穴遗址调查时，发现富足村的几位村民在该村后龙山半山腰

---

① 武鸣县文物管理所：《武鸣独山岩洞葬调查简报》，《文物》1988 年第 12 期。

的一处岩洞内挖掘出一批青铜器，经调查为一处岩洞葬。岩洞葬所在的洞穴高出地面约30米，洞口方向290°，洞口窄小，直径约0.8米，仅容一人出入（图版六九）。据挖掘者说，挖掘前洞口有巨石封堵，被撬开后现巨石滚落在距洞口2米远的地方。洞内为斜坡向下延伸，洞底为地下河。器物均出在距洞口4～5米处的泥土中。出土的器物大部分为青铜器，有青铜剑、戈、矛、镞、钺、凿、刮刀和砺石、玉玦等数十件，后只征集到其中的12件青铜器和1件砺石、1件玉玦。

1. 玉石器

砺石　1件。LF:01，红褐色细砂岩。长条形，两端大小略有差别，横断面为六边形。通体磨光，较宽的两面有清晰的、微内凹的磨痕。长12.1、宽1.8～2.3厘米（图八〇，4；图版七一，2）。

玉玦　1件，属Ef型。LF:02，青色，扁平圆形，外周不太规整，正面外缘斜削，形成双台面，缘上有四个等距的花边饰。玦口两面斜切，中间圆孔为背面单钻而成。外径4.1～4.3、孔径1.6、玦口0.1～0.2厘米（图八〇，1；图版七一，6）。

2. 青铜器

12件。主要为兵器和生产工具，器形有剑、戈、矛、镞、钺、斧、凿、刮刀等。由于岩洞内比较干燥，这批青铜器均保存较好，除刮刀和2件镞有轻微的锈迹处，余器表均沐黑漆古，乌黑发亮。

斧　2件。分属Ac、Bb型。

Ac型　1件。LF:04，器身呈宽扁凤字形。长方形銎，束腰，宽弧刃，两刃角外翘内卷成钩。长9.5、銎口宽3.8、刃宽7.4厘米（图八〇，2；图版七〇，6）。

Bb型　1件。LF:05，器身为长方形。长方形銎，銎口前后新月形，銎部略宽，往下稍内收成弧形，然后自中下部外翘至宽刃，刃为弧形，刃角微外翘。器身上部一面饰勾连雷纹，另一面纹饰模糊不清。身两侧有范痕。长10.1、銎口宽3.2、刃宽5.1厘米（图八〇，3；图八一，3；图版七〇，5）。

剑　1件。为Bb型。LF:03，柳叶形，中脊凸起有棱，直通至茎上部，中脊处有“门”字形云纹8个，脊两侧有血槽；扁圆茎，断面椭圆，茎身处平折，分界明显。通长25.6、叶中宽3厘米（图八一，1；图八二，2；图版七〇，3）。

戈　1件。Ba型。LF:07，援微上扬，较宽厚，中脊起棱，断面为菱形，援上下均有刃，援后有角有齿；内较长，为长方形，中部有一长方形穿孔。长胡，栏侧四穿，其中胡上三穿呈长方形，援后一穿为圆形。通长19.2、援长10.26、内长5.8、胡长7厘米（图八〇，5；图版七一，1）。

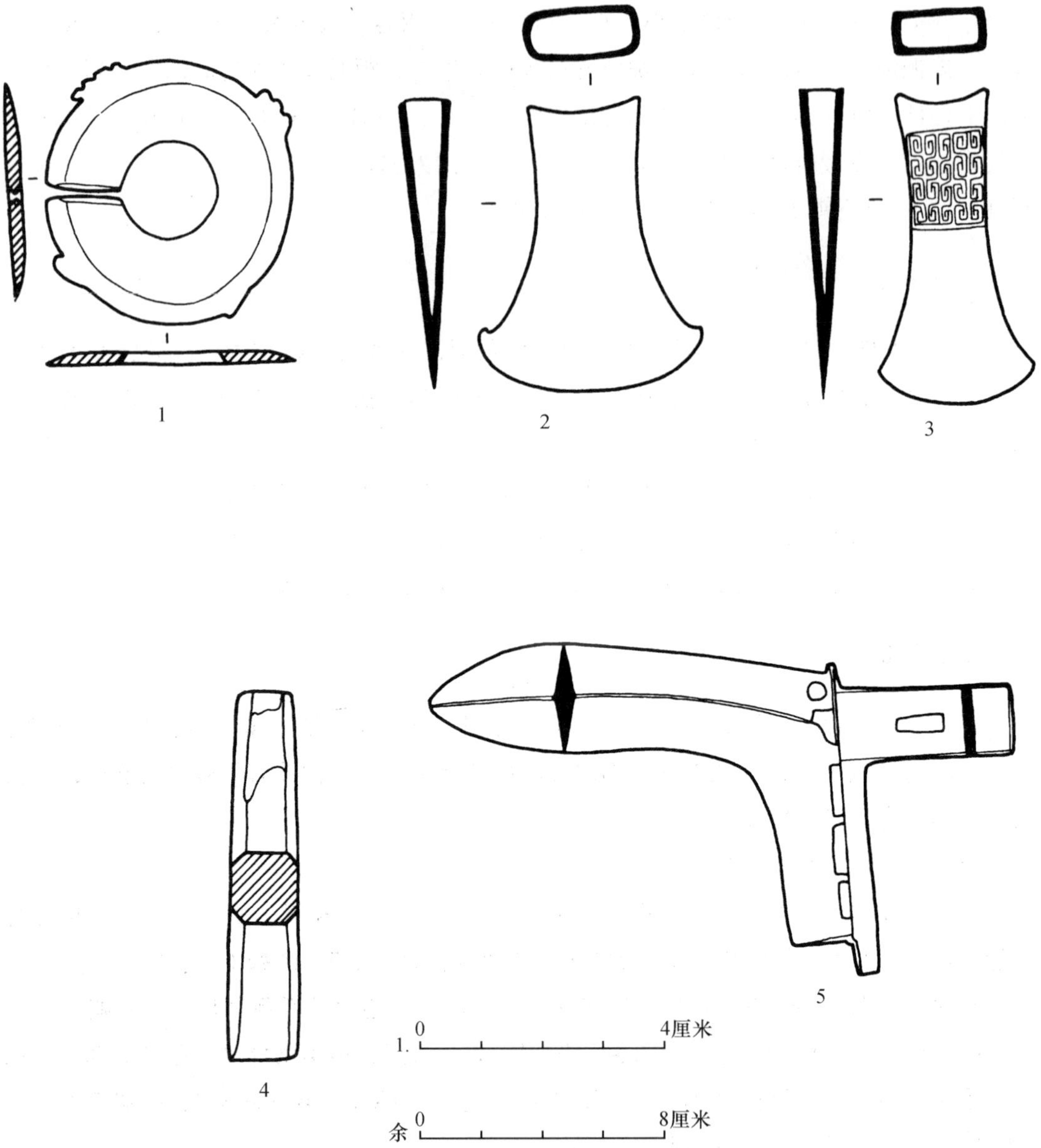

图八〇　富足村岩洞葬玉器、石器、铜器

1. Ef 型玉玦（LF∶02）　2. Ac 型铜斧（LF∶04）　3. Bb 型铜斧（LF∶05）　4. 砺石（LF∶01）
5. Ba 型铜戈（LF∶07）

矛　1 件。Ca 型。LF∶06，矛身柳叶形，侧刃前端聚收成三角形锋，后部宽大。中脊起棱，前聚至锋，断面呈菱形，棱脊间有槽，棱脊两侧印铸“门”字形云纹共 10 个，正背两面交错印制。短骹，骹作圆筒形，銎口偃月形，銎直透中脊。叶、骹分界不明显。骹的正面印铸空心“王”字符号，下有桥形鼻纽一个。刃尖微损，器表呈青黑

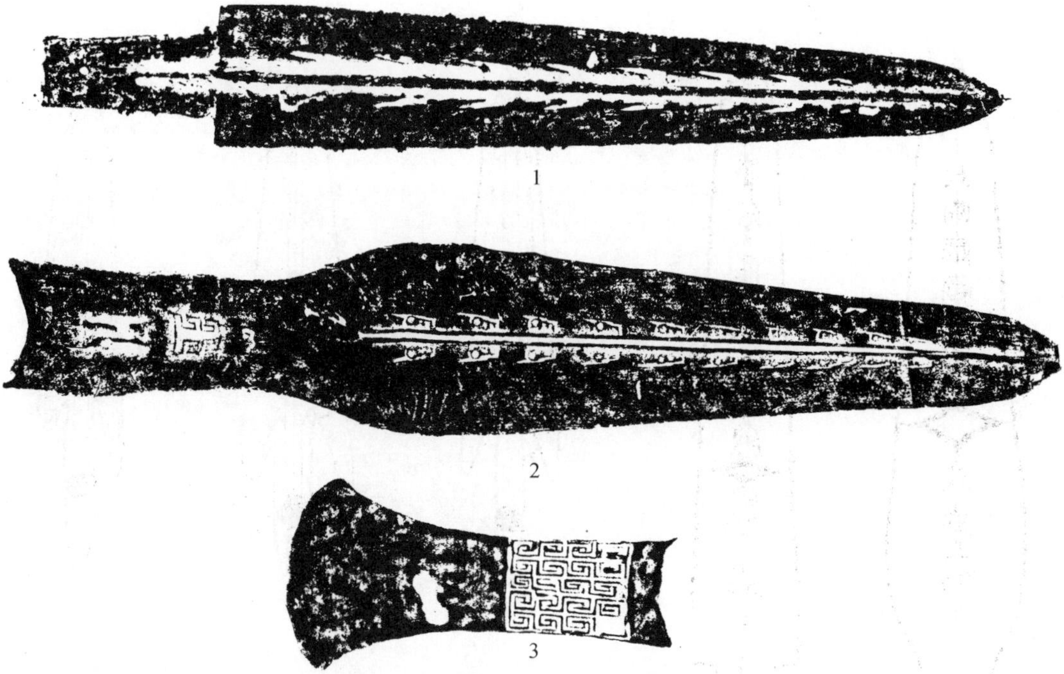

图八一　富足村岩洞葬铜器纹饰拓片
1. 铜剑纹饰　2. 铜矛纹饰　3. 铜斧纹饰

色，有泥锈斑。长 28、叶最宽 4.8、銎口径 2.5 厘米（图八一，2；图八二，1；图版七〇，1、2）。

镞　4 件。均为 B 型，又可分为 Ba、Bb 二亚型。

Ba 型　3 件。长条形，双翼前聚成尖锋，中起脊，脊两侧有深血槽，两侧刃微内凹。铤近圆锥形，有细脊棱（图版七一，4）。LF∶08，长 8.6、翼宽 1.6 厘米（图八二，3）。LF∶09，一翼角残断。残长 8.4、翼宽 1.5 厘米（图八二，5）。LF∶10，两翼尖角残。长 8.5、翼宽 1.6 厘米（图八二，9）。

Bb 型　1 件。LF∶13，双翼前聚成锋，两侧刃后延成翼角，中部起脊，铤部近椭圆形，侧有范痕。一翼残断。残长 8.4、翼宽 1.8 厘米（图八二，4）。

凿　1 件。LF∶14，器身近方柱状，上粗下细。銎口长方形，銎孔至中部；弧刃，两刃角微上翘。长 12.1、上端宽 1.6、刃宽 1.4 厘米（图八二，8；图版七〇，4）。

刮刀　2 件。均残，大致可看出属 B 型。柳叶形，两翼中部微凹，两侧有刃，正背面中部起脊，截面呈人字形。LF∶11，残长 6.2 厘米（图八二，6；图版七一，5）。LF∶12，残长 6.8、宽 3.5 厘米（图八二，7）①。

① 灵川县文物管理所：《灵川岩洞出土的青铜器》，《文物》2003 年第 4 期。

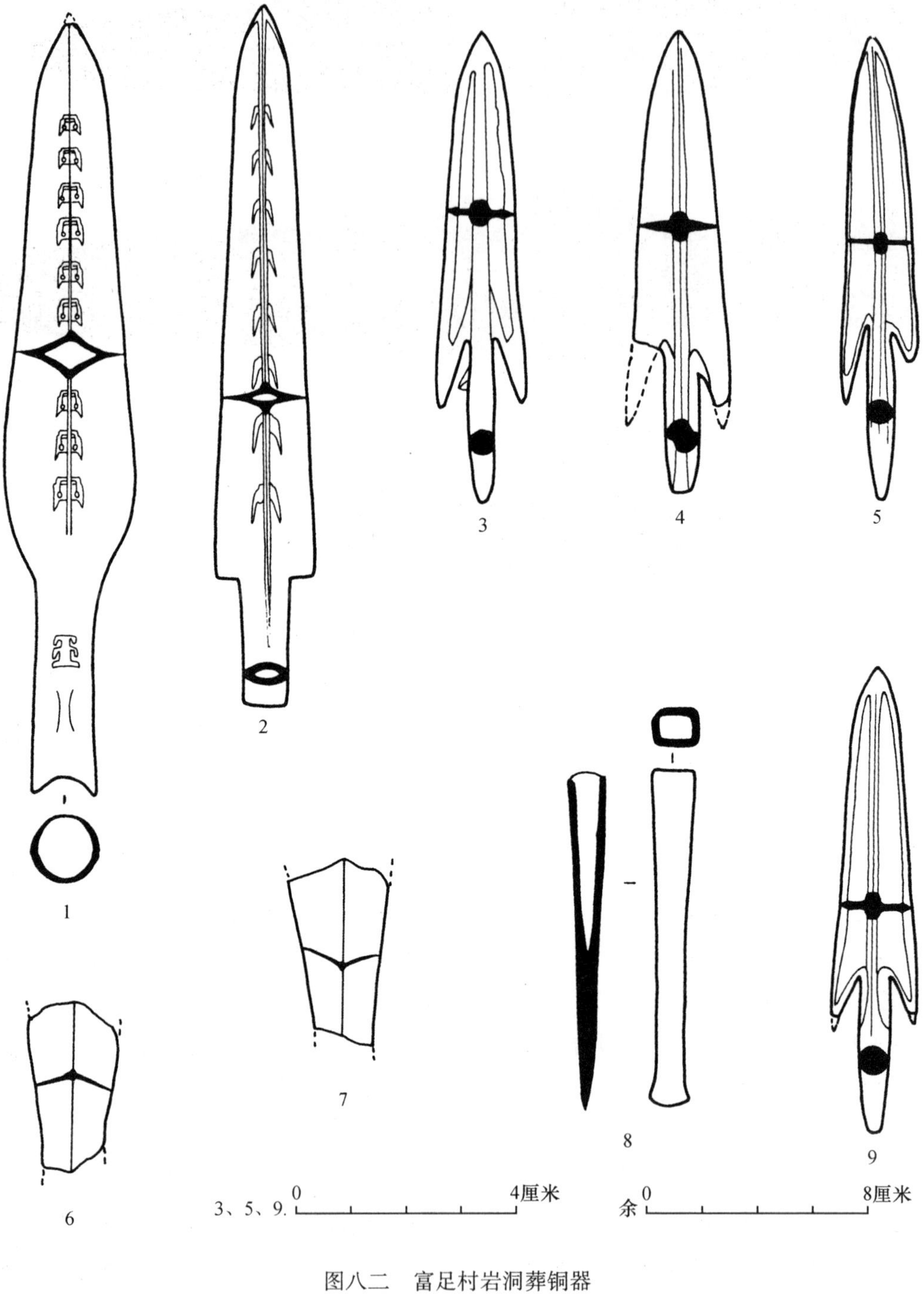

图八二　富足村岩洞葬铜器

1. Ca型矛（LF:06）　2. Bb型剑（LF:03）　3、5、9. Ba型镞（LF:08、LF:09、LF:10）
4. Bb型镞（LF:13）　6、7. B型刮刀（LF:11、LF:12）　8. 凿（LF:14）

第十四节 水头村岩洞葬

水头村岩洞葬位于灵川县海洋乡水头村西北约500米的牯牛山一处天然洞穴内。牯牛山为一座略呈南北向的石灰岩孤山，山势北高南低，北部为较陡峭的山崖，山东、西、南三面周围为低矮的山丘和平地，北部不远处为连绵的高山，北、西侧有一条小溪流入湘江。1991年9月，由当地一位村民在山东北的一处石灰岩洞穴内发现并挖出一批青铜器，后经文物部门确认为一处岩洞葬。岩洞葬所在的岩洞洞口高出地面约20米，方向330°（图版七二，1）。洞口呈长方形，高约6米，宽0.6～1.2米，是一处石灰岩裂缝，经过长约2米的裂缝即进入洞室（图版七二，2）。在洞室北壁的顶端，高出洞底约5米处有一小壁洞，据当事人讲述，随葬品就发现于该小壁洞内，在挖掘前，洞口有河卵石垒砌，石头已被岩浆胶结。壁洞平面呈葫芦形，长3～4米，口径0.6～0.8米，内宽约2米，高1～2米。在洞内共发现有青铜器、石器和陶器40余件，后桂林市博物馆征集回部分青铜器①。

青铜器共21件，以小型的兵器和生产工具为主，器形有剑、戈、矛、镞、钺、斧、刮刀、镦、叉形器等。

短剑 1件。属C型。LS:01，器身短小，柳叶形，剑叶中有凸脊，中脊直通茎部，断面为菱形；扁圆茎，无格，茎中部有一圆形穿孔，茎身处斜肩。通长17.1、叶中宽2厘米（图八三，2；图版七三，6）。

矛 1件。属Cb型。LS:02，矛身柳叶形，扁平叶，侧刃前端聚收成锋。中脊起棱，前聚至锋，断面为扁菱形。长骹，骹作圆筒形，銎口圆形，銎直透中脊。叶、骹分界不明显，两者相交处中部有一圆形穿孔。长21.6、叶最宽4.1、銎口径2.5厘米（图八三，1；图版七三，3）。

戈 1件。为Bb型。LS:03，长援上扬，中脊隆起，断面为菱形，三角形尖锋，上下刃；方内，内上有一长方形穿；长胡，阑侧四长方穿，其中胡上三穿，援后一穿，下阑和胡部往后倾，下齿尖而长。通长21.1厘米，其中援长15.9、内长5、胡长7.4厘米（图八三，4；图版七三，4）。

斧 2件。属Ab型。均为长身凤字形，两腰中部微内束，双面弧刃，刃角略向外翘，长方形銎。LS:07，銎口下有一道横向的凸棱。身长8.6、刃宽4.8、銎长3.4、宽1.5厘米（图八三，6；图版七三，1）。LS:06，身较上一件略短，刃较宽，銎口下一面饰凸起的勾连雷纹。身长7.7、刃宽5.2、銎长3.9、宽1.5厘米（图八三，5；图版七三，2）。

① 灵川县文物管理所：《灵川岩洞出土的青铜器》，《文物》2003年第4期。

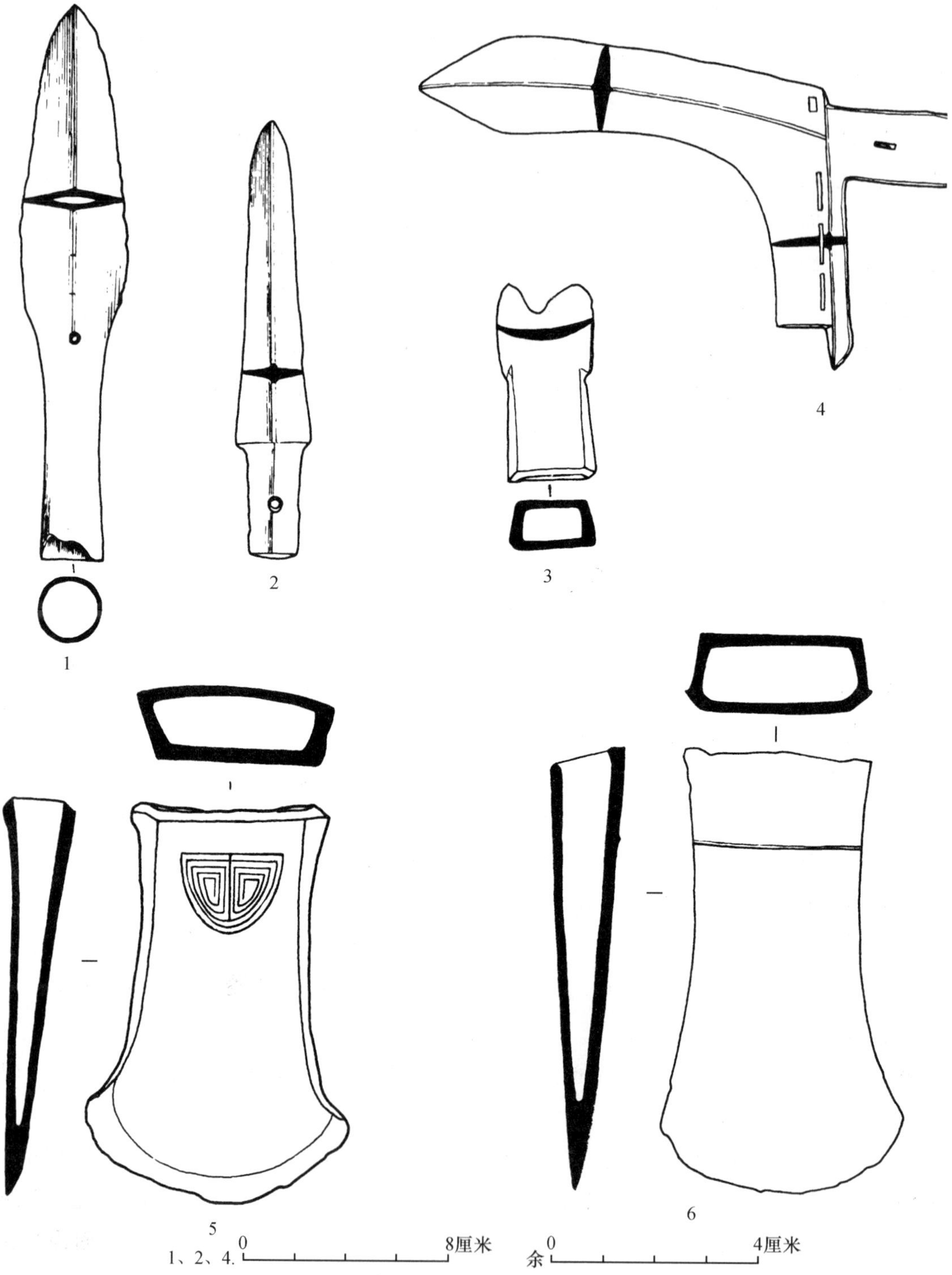

图八三　水头村岩洞葬铜器

1. Cb 型矛（LS:02）　2. C 型剑（LS:01）　3. A 型叉形器（LS:09）　4. Ab 型戈（LS:03）
5、6. Bb 型斧（LS:06、LS:07）

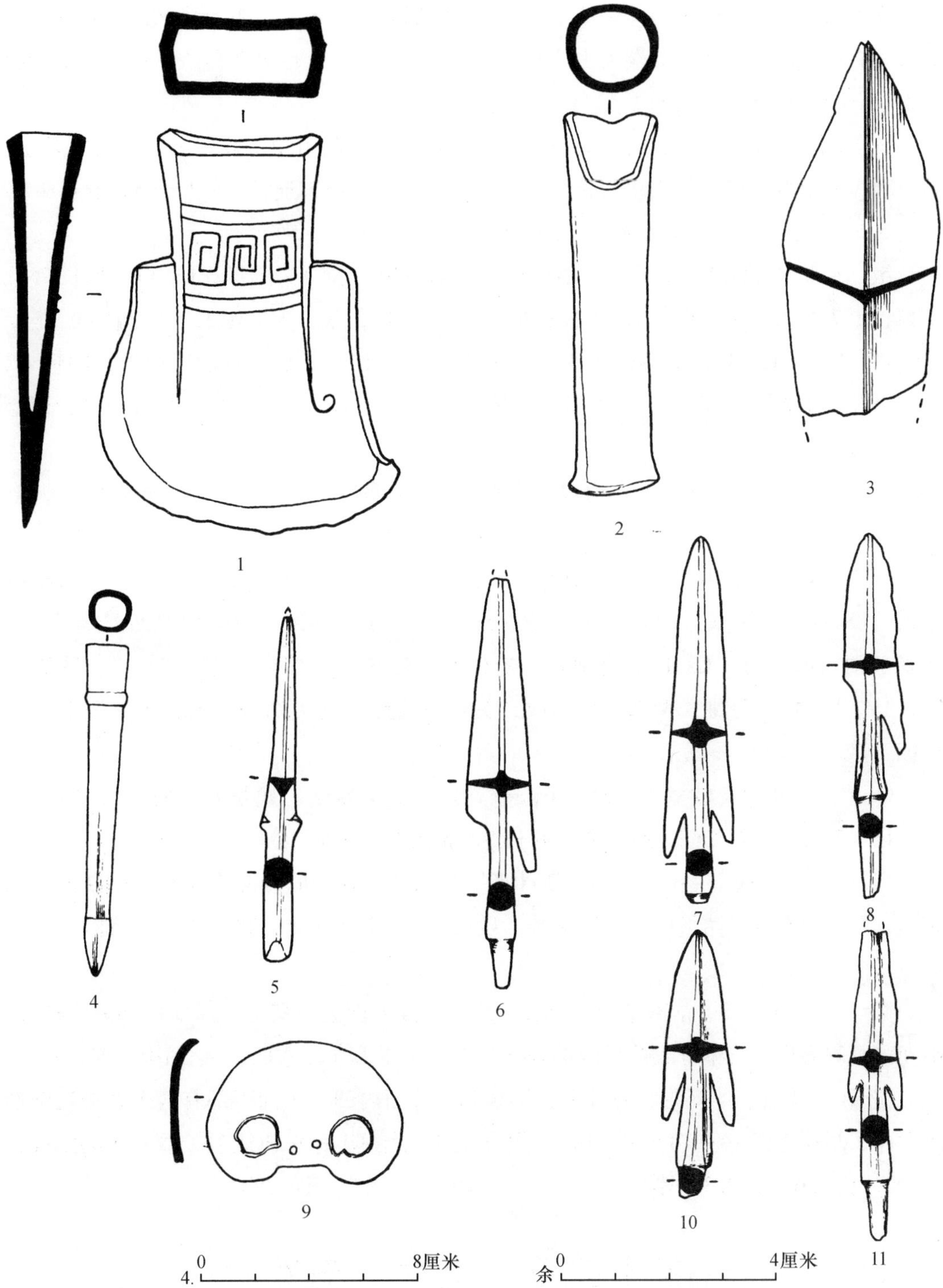

图八四　水头村岩洞葬铜器

1. D型钺（LS:05）　2. 镦（LS:11）　3. B型刮刀（LS:08）　4. 镈（LS:04）　5. 锥（LS:13）
6、7、11. Ca型镞（LS:14、LS:15、LS:18）　8、10. Cb型镞（LS:16、LS:17）　9. 铜饰件（LS:10）

叉形器　1 件。属 A 型 LS: 09，长方柄，柄端有四方形銎，器身为叉形，正面略呈弧形，背面内凹，体薄，前端叉为“V”字形。用途不明，也可能是镦、镈一类的器物（图八三，3；图版七四，6）。

钺　1 件。属 D 型。宽柄，双平肩，单面弧刃，一侧刃角上翘，另一侧为圆弧形。长方銎，柄上两面饰两组双线凸弦纹，正面两组弦纹间饰勾连雷纹。LS: 05，通长 7. 5、刃宽 5. 5、銎长 3. 1、宽 1. 4 厘米（图八四，1；图版七三，5）。

镦　2 件。长圆筒形实足，下端较细，上部稍粗，銎口为圆形。LS: 11，残长 7. 1、銎口径 1. 7 厘米（图八四，2；图版七四，1）。LS: 12，残长 5. 1 厘米（图版七四，5）。

镈　1 件。LS: 04，下端似矛头，断面为棱形。上为下窄上宽的圆筒形，圆形銎，銎内尚存残木柄，銎下有一周凸起的宽带。长 12. 4、銎 1. 6 厘米（图八四，4；图版七四，2）。

镞　8 件。属 Ca、Cb 型。均双刃窄翼，有关，前锋尖锐，后锋均未出关，圆铤，铤末尖锐。

Ca 型　6 件。镞身细长，有中脊，断面呈菱形。保存均不完整，个体之间略有差别。LS: 14，身细长，两翼、关、铤均细长。一翼，前锋，铤尖均残断。残长 7. 6 厘米（图八四，6）。LS: 15，身细长，铤残断。残长 6. 8 厘米（图八四，7；图版七四，3）。LS: 18，身细，两翼短而内收，关长，前锋和铤尖端残。残长 5. 8 厘米（图八四，11）。

Cb 型　2 件。身较宽短。LS: 16，一翼残，铤尖残断。残长 6. 8 厘米（图八四，8）。LS: 17 与 LS: 16 相同，铤残断。残长 5、翼宽 1. 4 厘米（图八三，10）。

刮刀　1 件。属 B 型。LS: 08，柳叶形，身扁薄，背中间隆起有棱脊，横断面呈人字形，两刃前聚成三角形锐锋，后端残。残长 7、宽 2. 9 厘米（图八四，3；图版七三，7）。

锥　1 件。LS: 13，前部细长呈锐尖，尖残，横断面为三棱形，后端柄部近圆柱形，中间向两侧突出，将锥分成前后两部分。残长 6. 5 厘米（图八四，5；图版七四，4）。

铜饰件　1 件。半环形，正面呈弧形隆起，背面内凹。正面下部有两个并排近圆形的大孔，两孔之间又有两个小圆孔。大孔的上方有阴刻的细线纹，纹样模糊不清。LS: 10，长 3. 6、宽 2. 3、厚 0. 1 厘米（图八四，9；图版七四，7）。

第十五节　龙中岩洞葬

龙中岩洞葬位于贺县沙田镇龙中村红硃岩山西南麓的半山坡上。东西两侧是石山地带，北面山下是龙中河，南面隔着宽约 500 米的平地也是石山地带。平地为狭长形，中部有小溪从东向西流过。1991 年 7 月，当地村民在村东的石山上看见一只狐狸钻进山洞，即邀集数人撬开洞口进去追捕时，在洞内发现有青铜器。随后，贺县博物馆在接到报告后，即派人前往调查并进行了清理。

一、岩洞葬概况

岩洞距山脚约 30 米，洞口朝向西南（210°），长 2、宽 1.8、高 0.85 米，原用大石封堵，外表用天然巨石掩饰，泥土填隙。洞内平面近长辣椒形，立面呈睡葫芦形，分前后两洞。前洞平面略呈椭圆形，比洞口低近 2 米，地面呈前低后高的斜坡状，后半部比前半部高约 0.4 米。长 6.8、宽 2.5 ~ 3.4、高 1.5 ~ 4 米。地表有一层厚 0.4 ~ 1 米疏松的黑土。前洞后半部有一道厚约 0.5 米的岩层将洞室分隔成上下两层，隔层上部置 1 件青铜叉形器。后洞与前洞间隔一道长 1、宽 2.5、高 0.8 米的过道。后洞平面呈长辣椒形，前大后尖。长 8.2、最宽处 3.4 米，高度由 2.1 米向后端渐收至零。随葬品主要在后洞，正前方靠过道处置车马器，其余随葬品大部分分布在此洞的东西两侧。东侧有一天然壁龛，上置青铜盉 1 件。另在北端正中距岩洞末端 4 米处置 1 件青铜牺尊，牺尊头向南。随葬品围绕的中部有 2 件青铜叉形棺栓（图八五）。葬具和人骨已朽无存。由于在调查清理前器物已全部被村民取出，图中所标示的随葬器物存放位

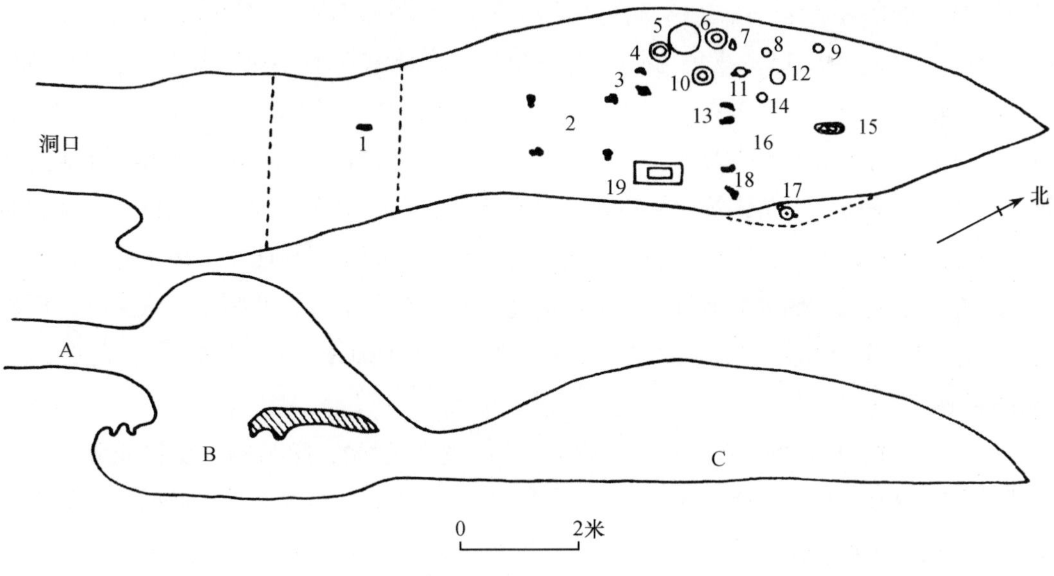

图八五　龙中岩洞葬平、剖面及器物分布图

A. 洞口　B. 前洞　C. 后洞

1、13. 铜棺栓　2. 钩形器　3. 兽头饰件　4. 铜罍　5. 铜鼓　6. 陶罍　7. 铜斧　8、14. 瓷擂钵　9. 环形器　10 ~ 12. 铜鼎　15. 铜牺尊　16. 海贝　17. 铜盉　18. 龙头饰件　19. 铜箕形器

置是凭当事人的记忆重放原位绘制而成，与原先的实际位置可能略有误差，但该岩洞葬在发现之前，只有狐狸等小动物进出其间，未被人为扰乱，器物放置的痕迹还很清楚，因此，误差不会很大。

二、随　葬　品

出土随葬品共33件，其中青铜器18件，陶瓷器3件，海贝12枚。

1. 青铜器

主要是生活日用器和装饰用品，有鼎、牺尊、罍、盉、鼓等。

鼎　3件。分三型。

A型　立耳斜足式。HL∶11，口微敛，折沿，浅腹，圜底稍平。底附三足呈半圆柱形，细长外撇。口沿上有两个对称的小立耳。通高17.8、口径18.7、足高9.2厘米（图八六，3）。

B型　盘口斜足式。HL∶12，盘口，束颈，鼓腹，圜底，三扁足细长外撇，盘口内有绹纹环形立耳一对。通高28.5、口径28.9、足高15.6厘米（图八六，2）。

C型　附耳蹄形足式。HL∶10，敞口，折沿、浅圆腹、圜底近平，三马蹄形足，口沿下附两个较高的立耳。通高18.5、口径20.5、足高8.4厘米（图八六，1）。

牺尊　1件。HL∶15，双角为长颈鹿的角形，内侧有两对小刺。长竖耳，圆凸眼，长鼻梁，宽平吻，口微启露6齿。体形粗壮，宽胸，平底微内弧。背部开一穴，穴口椭圆形，口上有盖，盖前端有环耳套铜链与颈背的环耳相连。实足粗扁微曲。臀部附夔龙。纹饰丰富华丽，双角饰蝉纹，鼻梁和鼻孔用卷云涡纹勾出。颈部两侧饰云雷地窃曲纹。腹部两侧各饰三组云雷地窃曲纹。足上部饰线浮雕的单层窃曲纹。盖上有一浮雕盘蛇，蛇首高昂为纽，蛇身饰鳞纹。尾部的夔龙抬头，单角下弯，凹圆眼，张大吻，尾弯曲，身饰葵叶形凹鳞纹。通高53.7、长48、足高13.4厘米、重21.5千克（图八七，5；图版七六，1）。

铜鼓　1件。HL∶05，鼓面宽大，胸部突出，束腰外撇，腰与胸、足界线分明，高足外撇，四桥形扁耳。鼓面、胸、腰均有纹饰，丰富华丽，布局对称。鼓面中部的太阳纹光体与光芒浑然一体，共18芒。三角光芒之间填斜线纹。太阳纹外分6晕，大小各三。小晕分别饰点纹和锯齿纹，大晕为素面。鼓胸5晕，中部主晕饰对称的四组龙舟竞渡图案。舟首尾高翘，尾下有固定短桅。舟身饰栉纹、人字纹和点纹。舟上蹲坐四人，皆裸体文身，头发后飘，发尾剪平。其中三人屈腿，双手屈伸向后划桨，一人蹲坐较矮似作指挥。船头有花身水鸟一支。主晕上方有3晕，依次饰圆点、锯齿、圆点纹；下方

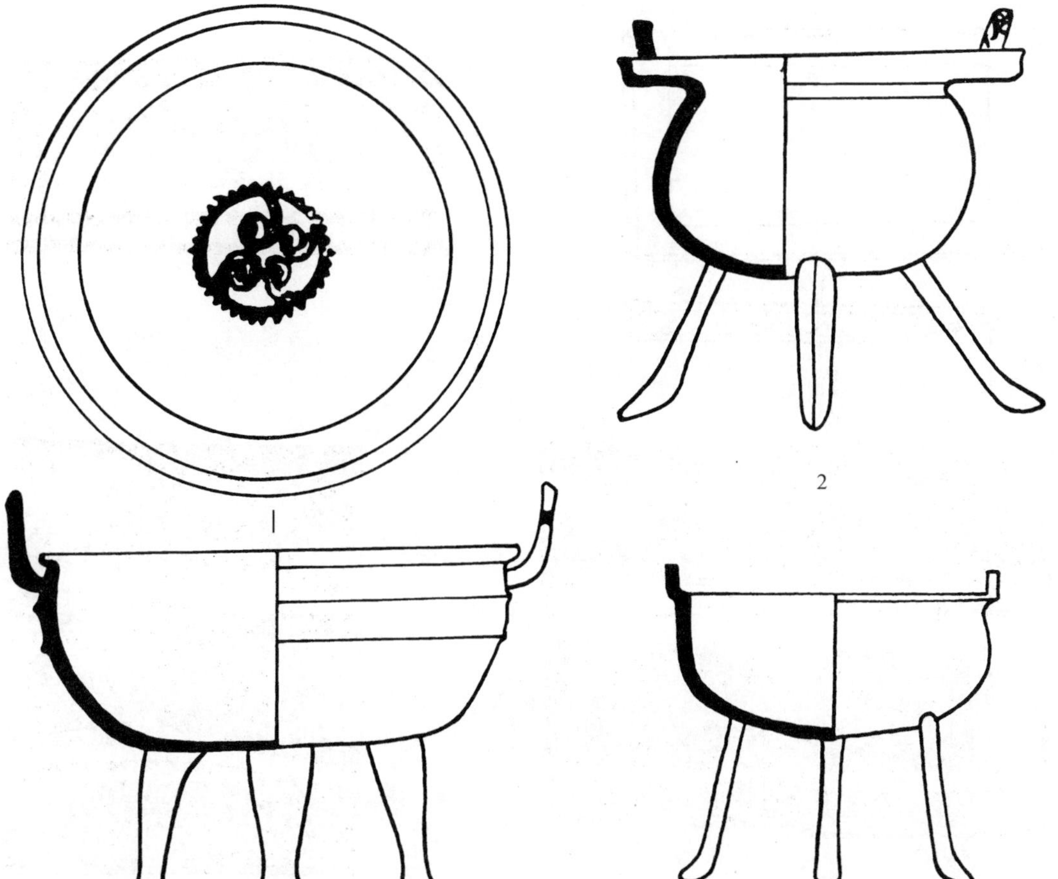

图八六　龙中岩洞葬铜器、陶瓷器

1. C型铜鼎（HL:10）　2. B型铜鼎（HL:12）　3. A型铜鼎（HL:11）　4. 原始瓷擂钵（HL:08）

5. 陶罍（HL:06）

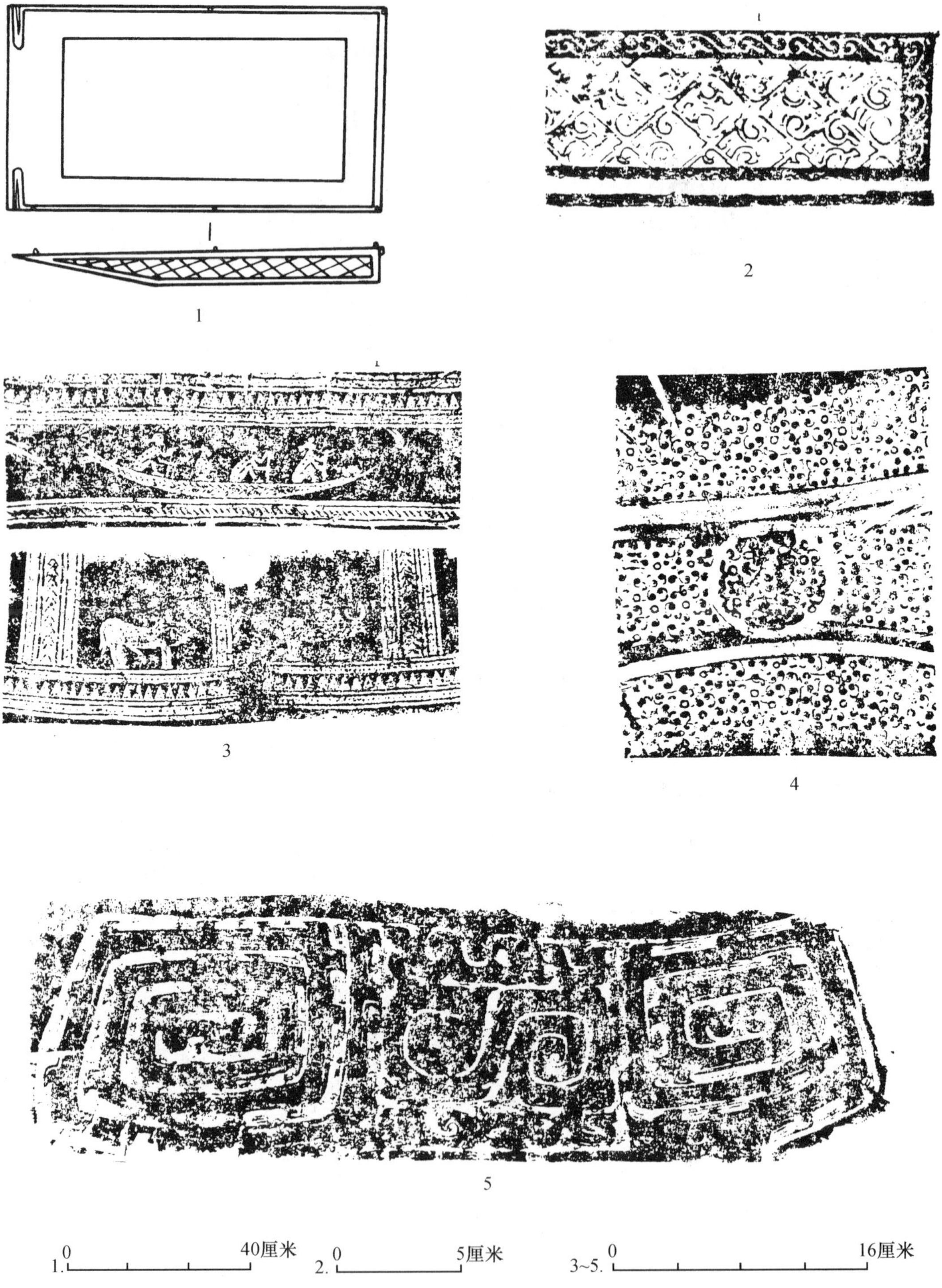

图八七　龙中岩洞葬铜器及纹饰拓片

1. 箕形器（HL: 19）　2. 箕形器纹饰　3. 铜鼓纹饰（HL: 05）　4. 铜罍纹饰（HL: 04）　5. 铜尊纹饰（HL: 15）

一晕饰栉纹。鼓腰的主晕为10条以羽状纹为主体，侧为突点纹组成的竖直纹带将鼓腰分隔成10个方格，格内饰牛纹。除处在合范痕的两格素面外，其余每格饰一牛，以一公一母相间。公牛母牛均有肩峰，公牛阴茎突出。主晕下方3晕，依次饰点纹、锯齿纹、点纹。足部为素面。胸腰间有四个对称的扁耳，耳饰编织纹。通高26.6、面径36、胸径42、底径45、腰径34～42.6厘米，重14千克（图八七，3）。

铜罍　1件。HL:04直口，斜方唇，折沿，短直颈，假圈足。肩两侧各有2枚乳突形耳。肩、腹饰蟠螭纹带3周，3周之间由两道粗凹弦纹分隔。中间一周还均匀分布8个凸圆饼纹，圆饼内也饰蟠螭纹，但略有变化。通高36.8、口径25.5、底径25.5厘米。重18.75千克（图八七，4；图版七五，1）。

盉　1件。HL:17，小直口，有盖，广肩，兽头流，扁圆腹，圜底，三兽足。流为短曲状的抬头兽首，椭圆形吻，鸡冠形角，三角大耳，三角眼，鼻侧有须，颈部饰鳞纹。鋬为棱脊形，镂成空心的蟠螭纹。肩部前后饰乳突形耳，两侧饰桥形扁纽。盖面饰交体龙纹一周，环形纽，纽套铜链。肩、腹饰凸弦纹三周，其间饰二道蟠虺纹。三兽蹄形足，膝部饰头带扉棱的内卷角形兽面纹。通高21、盖径11.5、口径10.2、腹径21.3、腹深13.2、足高7厘米。重3.5千克（图版七五，2）。

斧　1件。属Ac型。HL:07，斧面凤字形，长方形銎，弧刃。刃的两角外凸微上扬。正面平，背面呈弧形隆起。长9.1、刃宽6.9厘米（图版七六，2）。

箕形器　1件。HL:19，整体呈箕形，上沿外折。平面呈梯形，中空。前端上翘，后壁呈长方形，两侧壁前端随着底板的上翘而收成锐角。侧、后壁的上沿共附有支钉7枚。器壁均透镂成网格云纹，形如精美的花窗。花窗周边饰云带状纹。器壁高6.8、长75.5、前宽41.2、后宽36.9厘米（图八七，1、2）。

环形器　1件。HL:09，平面呈环形，环体上小下大，底部内凹。面饰凸点纹。外径10.9、内径6.1、厚0.4厘米（图版七六，3）。

勾形器　4件。形制和规格相同，呈“7”字形，似为车马器的舆饰。杆为圆筒形，上端逐渐向上向后收缩接勾。勾与杆的衔接处为圆形，末端呈三角形。勾与杆相接的上端设有长方形銎。HL:02，长9.6、杆径2.8、勾长3.7厘米（图版七七，2）。

叉形器　3件。属B型。似为棺栓，呈扁条叉形。两面有郭。一端圆平，另一端较大且呈斜弧裆尖叉状。合范痕在两侧和裆部很明显。三件的长度分别为19.7、21.3、21.5厘米。叉间距4.2、厚0.5厘米（图版七七，1）。

龙头形饰件　1对。HL:18，两件形制相同，似为器耳。圆颈，头似小龙。双圆眼，卷须，宽卷角，下颌有三颏，圆平吻，吻右侧有一小圆孔。根部脱离主体器物的痕迹为旧痕，内部充满范泥。长13、颈径2.3、口径2.3～3厘米（图版七七，3、4）。

兽头形饰件　1对。HL:03，两件形制相同，内部充满范泥，似为器耳。半环形，上端饰大兽头。兽头纹饰酷似中原商代晚期的卷角形兽面纹。高 11.5、兽头宽 8、高 6 厘米（图版七七，4、5）。

2. 陶、瓷器

陶罍　1 件。HL∶06，灰色硬陶，小直口，圆唇，短直领，椭圆腹微曲，平底内凹。肩部有三附耳，附耳两端黏贴处各戳三洞加固。肩饰斜线锥刺纹三周，上腹部饰席纹，下腹部饰方格纹。通高 26.4、口径 11.4 ~ 12.2、腹径 30、底径 15.8 厘米（图八七，5）。

原始青瓷擂钵　2 件。均为敞口，尖唇，斜直腹，下腹部折而内收，假圈足。内外满施一层极薄的石灰釉，仅底部露胎。内底饰螺纹，螺纹尾进入器壁与内底的黏合缝内。HL∶08，内壁饰瓦纹。通高 7.2、口径 13、足径 5.6、足高 0.6 厘米（图八七，4）。HL∶14，内壁上部素面。通高 6.1、口径 14.1、足径 6.5、足高 0.5 厘米。

海贝　12 枚。均为海贝中的椭圆齿贝类型。个体较小，且多大小不一，多为长 2.4、宽 1.8 厘米。壳质坚硬，色泽美丽，腹部较平，壳口狭长，两缘有齿状突起。全部皆为背磨式穿孔①。

第十六节　其他岩洞葬

除上述岩洞葬外，在桂西南和桂西北、桂中地区的一些岩洞内也零星发现有少量的陶石器。这些岩洞大都在山腰上，与岩洞葬所在的洞穴相同，而且洞内所发现的器物也与同时期岩洞葬所出的相同，虽没有进行过详细的调查和发掘，根据目前广西发现的先秦岩洞葬来对比分析，它们也应是先秦时期的岩洞葬。

1. 吾隘岩洞葬

1985 年，在南丹县吾隘镇政府东北约 800 米、清水江边一个位于山腰处的洞穴内，当地村民开山炸石时发现一件石锛。

锛　白色玉质，中夹少许青色杂质。属 A 型玉锛。器形为上窄下宽的长条形，背面平，正面隆起，横断面为六边形，微弧刃近直，前端磨出一个较大的近三角形的磨刃面。除正面右上侧和顶端保留部分打击疤痕外，余均磨光。长 11、宽 2.1 ~ 5.1、厚 0.9 厘米（图八八，1；图版七八，6）。

2. 范家洞岩洞葬

位于宜州市西南约 60 公里的龙头乡政府对面的龙头村李家湾屯范家洞。洞口高出

---

① 贺县博物馆：《广西贺县龙中岩洞墓清理简报》，《文物》1993 年第 4 期。

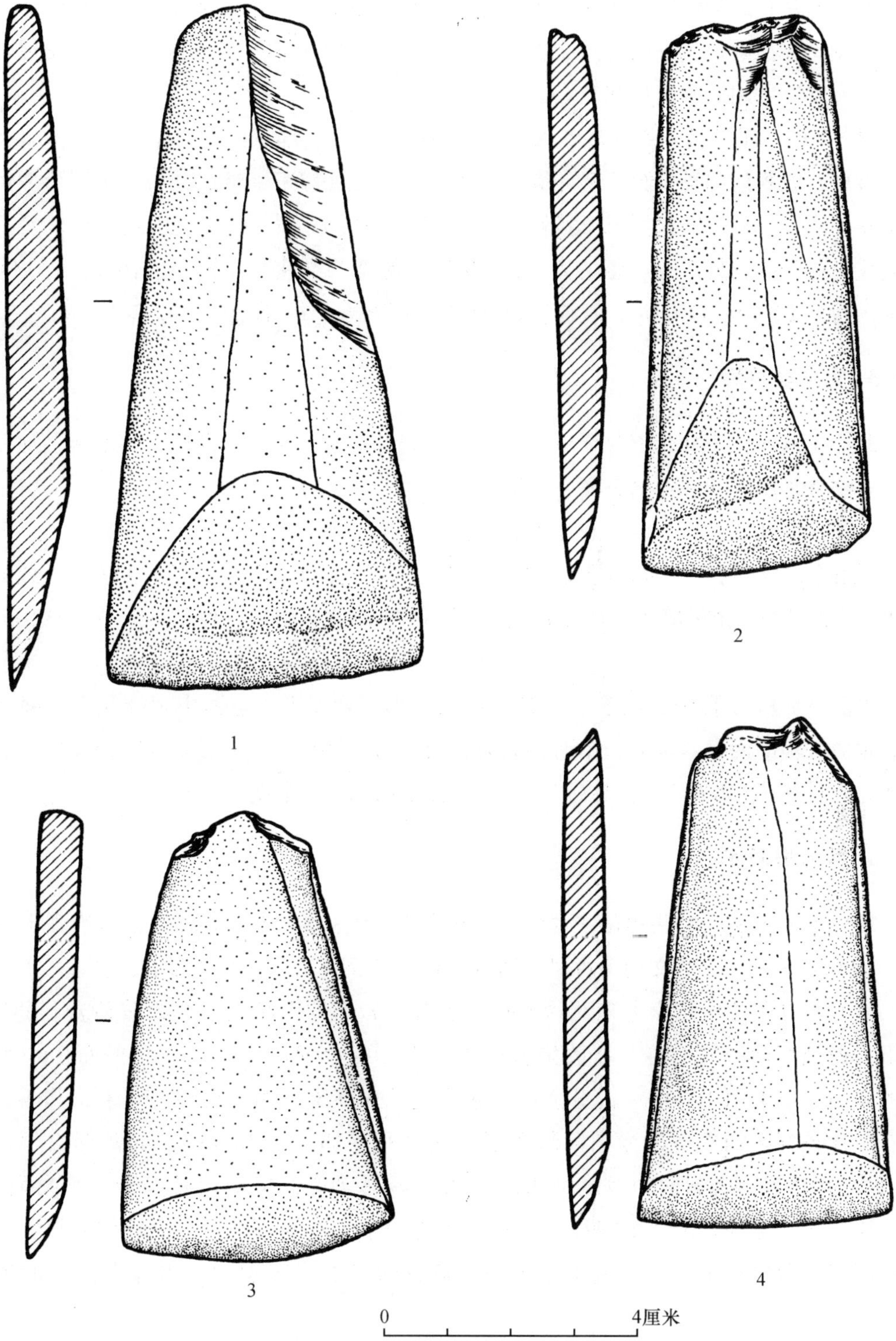

图八八　其他岩洞葬玉石器

1. A型玉锛（南丹吾隘）　2. B型玉锛（宜州北牙:01）　3. A型玉锛（宜州北牙:02）　4. Ca型石锛（武鸣敢刀）

山脚100米左右，东南向，宽约2米，高约3米。2002年，龙头村长洞口屯村民李华国上山捕蛇，在抓到蛇后进洞寻找装蛇的工具时，在洞内凹下2米处的夹石缝中发现1件完整的陶罐，并用此罐装蛇回家。

罐　1件。属F型。夹细砂红褐陶，色微偏黄，近底部有的地方呈黑色。敞口，高领，折肩，鼓腹近圆折，腹下坠，圜底，器物最大径在腹下部近底处，整个器形像竹编的鱼篓。领部平行横向刻划17道折线纹，肩部素面，腹部先横向滚压细绳纹，然后在细绳纹上再竖向刻划7线一组的直线纹19组，底部为交错的细绳纹。薄胎，厚仅0.2厘米。通高12.2、口径6.8、腹径13.6厘米（图八九，1；图版七八，2）

3. 北牙岩洞葬

北牙岩洞葬位于宜州市北牙乡一岩洞内，洞址不详。在洞内发现2件玉锛，现藏宜州市文物管理所。两件器物分属A、B二型。

A型　宜州北牙:02，灰白色玉石，中夹少量青、黑等色杂质，有透明感。为上窄下宽的长条形，背面平，正面微隆起，单面弧刃，刃锋利，无使用痕，近一侧刃角处残缺一小块。除顶端外，余全部磨光。长7.2、刃宽4.2、厚0.7厘米（图八八，3；图版七八，4）。

B型　宜州北牙:01，器表灰褐色，近长方形，背面平，正面中间隆起，正面有多个磨制面，横断面呈六棱形，单面斜弧刃，两刃角不平直，刃部微缺。除顶端外，余全部磨光。长8.7、刃宽3.7、厚0.5厘米（图八八，2；图版七八，3）。

4. 敢刀岩洞葬

1986年，武鸣县马头镇敬三村敬三小学学生韦宗远在雅家屯敢刀岩内拾到1件石锛。2006年8月，广西文物考古研究所等单位实地调查后认为是一处岩洞葬。

敢刀岩洞葬位于雅家屯东北约800米的石灰岩山的山腰上，西距敢猪岩洞葬约4公里，地处坝荷河的上游，与敢猪岩洞葬处在同一小河的旁边。这里的石山均为连绵的高山，属大明山脉的一部分。山海拔高度约370米，相对高约170米，其西和西北有一片较开阔的平地，为小河流所形成的冲积平原。敢刀岩在山的西部山腰，高出山脚约50米，岩洞前为较陡的山坡，人较容易攀登，但洞口较隐蔽，不易发现。洞口西北向，宽约6米，中间被一巨石分隔为两半。从洞口经过一段较陡的斜坡就可到达洞底，深约6米，但下去不太容易。调查时没有进入洞内，因此岩洞葬的情况不详。

所采集的1件石锛属Ca型。器体长条形，背面平，正面微隆起，单面直刃。除顶端外，余全部磨光。长8.1、刃宽4.1、厚0.6厘米（图八八，4；图版七八，5）。

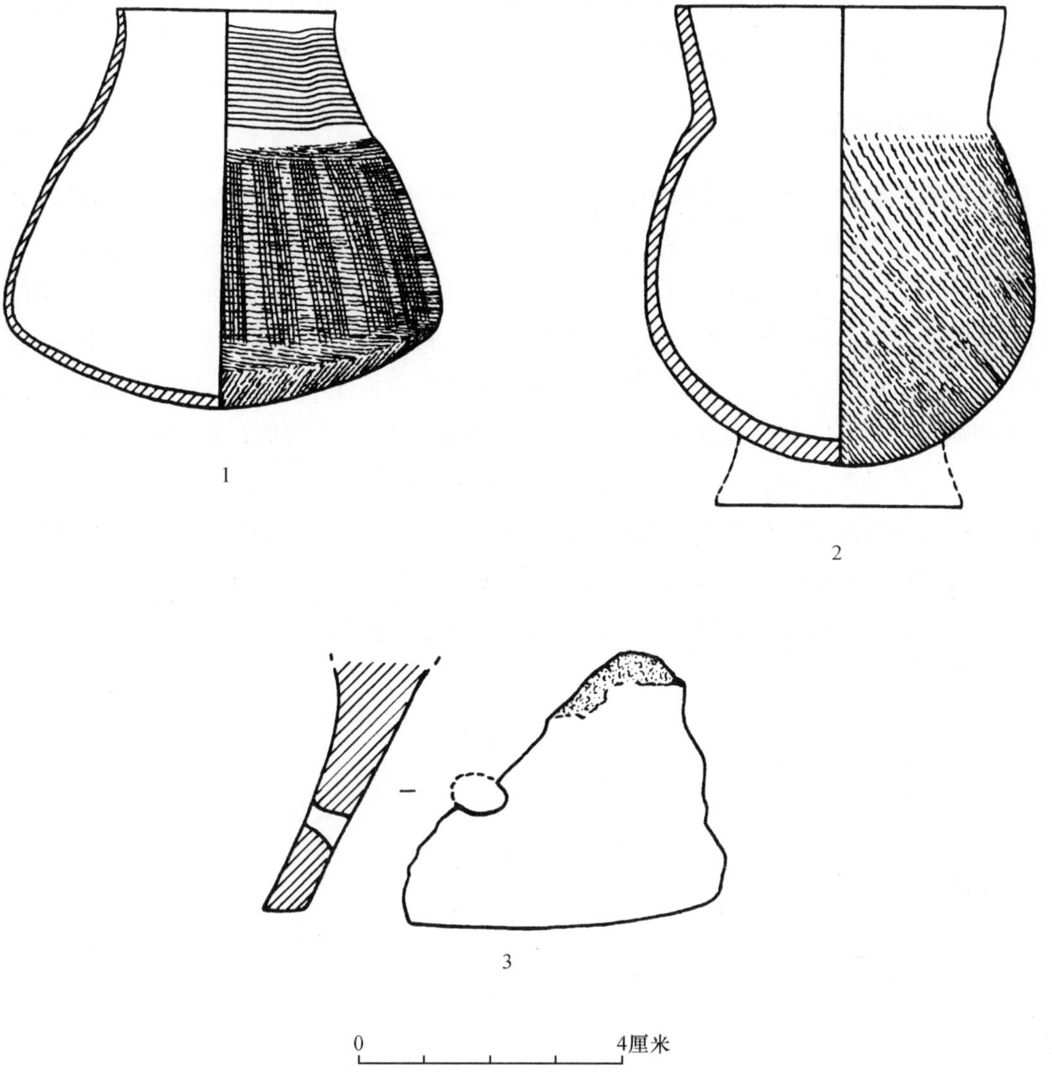

图八九　其他岩洞葬陶器

1. F型罐（宜州范家洞）　2. Bb型壶（龙州八角岩）　3. 陶圈足（忻城南杏）

5. 八角岩洞葬

1958年，龙州县八角乡村民在乡政府北约300米的一处洞穴内发现1件较完整的陶壶，后送交广西博物馆收藏。陶壶属Bb型。夹粗砂黑陶，敞口，平沿，高领近直，溜肩，深圆腹，圜底，底附小圈足。足与器身分制然后黏接而成，现足已脱落不存，只在罐底部残留一圆形的圈足痕迹。器表从口至底通体滚压中绳纹，底部绳纹错乱，领至肩上部，涂抹一层薄薄的细泥浆，将原有的绳纹覆盖。残高13.6、口径10.2厘米（图八九，2；图版七八，1）。该洞已遭严重的破坏，而且陶器出土的详细情况不清，原一直将此洞作为居住遗址，从此件陶罐的形态来看，它与2006年在龙州县逐卜乡谷更屯发现的一处岩洞葬中所出的陶罐相同，因此，此处也很可能是一处岩洞葬。

6. 南沓岩洞葬

南沓岩洞葬位于忻城县思练镇南沓村南沓屯南约500米的下丹岩。岩洞口高出地面约100米，原先洞口较小，仅容一人通过，后被当地村民炸宽，现洞口呈喇叭形，长6、宽8.4、高6.4米。入洞后是两个进深约8.4米上下重叠的小长洞，形状基本相似，均可通到内洞；其中上洞宽约2.5、高2.2米，下洞宽约2.7、高3米。穿过小洞就到达洞室，洞室面积约200平方米。再往里洞穴逐渐变小且往下倾斜，最后垂直向下与地下河相连接。在炸宽洞口时在洞内发现有少量人骨和陶片、陶器，遗物的具体位置不详，估计是在进洞口后的两个小洞内。人骨有股骨、肱骨和人牙等。陶片碎烂，可看到器形的只有一件陶圈足残片，足为喇叭形矮圈足，上有穿孔，高3.8、直径10.4厘米（图八九，3）。据说原来还发现2件陶罐，但现未见到，器形不详。从陶圈足来看，其形制与武鸣岜马山和敢猪岩洞葬所出的相似，年代也应相当。

第三章　文化内涵和特征

第一节　随葬品的特征

广西先秦岩洞葬中随葬品的数量较丰富，24 处岩洞葬（包括零星发现遗物的 6 处）中共发现属于先秦时期的随葬品（较完整，并可以看出器形的）630 余件。器物种类有陶器、石器、玉器、铜器和骨蚌器等，以陶器、石器、玉器和铜器为主。

陶器主要发现于武鸣岜旺、弄山、岜马山、敢猪，大新歌寿岩，龙州更洒，大化北景，忻城矮山，宜州鹞鹰山、六桥等岩洞葬。多见于年代较早的岩洞葬中，年代晚的岩洞葬中几乎不见。以夹细砂陶为主，少量泥质陶或近泥质陶。陶色驳杂，以红褐、灰褐、灰黑、黑为主，器表颜色多较杂乱，同一件器物上有两种以上颜色的现象较为普遍。陶器纹饰较为简单，以细绳纹和素面为主，少量刻划纹、戳印纹、附加堆纹、宽带彩绘、镂孔等，年代早的多饰细绳纹，并在绳纹上再饰多线刻划纹，年代晚的多素面和少量刻划、戳印纹。绳纹均为滚压而成，施纹方法有从口至底竖向滚压，有的从肩部自左上往右下斜向滚压，然后在底部交汇，因此底部纹饰错乱，部分肩、腹部的绳纹也相互交错。多线刻划纹由二道以上的平行线所组成，最多的有 17 线，一般多为 5～7 线，纹样有连续的曲线、水波纹、“S”形、反“∽”形、“∧”形、弧线和折线等；施纹方法应是将竹片削出数量不一的齿尖直接在器表刻划，大部分是在绳纹之上再刻划而成。刻划纹、戳印纹多饰在豆类器物的外壁和圈足之上，刻划纹多与戳印纹组合出现，单纯的刻划纹数量较少，纹样主要有弦纹、“∧”形、“Z”形的折线纹等；戳印纹主要有细长方形、圆点、反“Z”字形。彩绘多用陶衣的细泥绘成，少量用红或蓝色颜料。附加堆纹均用泥条捏成，多呈锯齿状。此外，在弄山、岜旺、更洒等年代较早的岩洞葬中，有相当部分在罐类器的口至肩上部涂抹一层很薄的细泥浆，多将原有的细绳纹覆盖。流行圜底器、圈足器和三足器，三足器多见于早期墓葬中，器形大部分与圜底器相同，只是在底部加了三个外撇的矮足，圈足器也多是在相同的圜底器上加圈足。器形多样，类型复杂，有罐、釜、杯、壶、碗、钵、盘、豆、簋、盆、纺轮、网坠等，以罐、釜、钵、杯、壶、豆、纺轮为主。罐的数量最多，型式变化也大，包括圜底罐、三足罐、圈足罐三大类，圈足罐中还有少量为带耳罐。圜底罐造型以敞口或直口、有领或无领束颈、深圆腹的为主。釜以敞口或近直口、直或斜直领、圆鼓腹或扁圆腹下坠、圜底的 A 型釜和大敞口、无领、腹下坠、腹壁斜直、圜底的B型釜为主。壶为敞口，斜直领，深圆腹，圜底，圈足。豆以敞口或敛口、弧腹或折腹、浅盘为特征。钵多为敞口、弧腹、圜底。纺轮有扁圆形、算珠形和凸字形三种。

石器主要出土于岜旺、弄山、岜马山、敢猪等岩洞葬，多用石英岩、花岗岩、火成岩、页岩等岩石制成，大部分磨制光滑，制作精致，少部分用河滩砾石石片制成，多保留有琢打疤痕。器形主要有斧、锛、凿、钺、刀、大石铲等。其中有肩石器的数量占有较大的比例，有双肩和单肩之分，以双肩为主；器类主要为斧、锛、钺、铲。斧大部分为双肩斧，器体多不对称，器身最宽处一般在器身下部近刃处，最厚处也在肩以下开始磨刃处，磨刃处正面宽，背面均磨出很窄的长条形刃面。锛分有肩和无肩两大类，有肩锛又有双肩、单肩之分，以双肩为多；双肩锛造型以宽体的为主，少量长条形；无肩锛有长条形、近长方形和梯形。钺多为近靴形；凿有窄长条形和长方形，有部分为凹刃凿。

玉器主要出自弄山、敢猪、鹞鹰山，岜旺、岜马山、矮山等，其他也有少量发现，玉质为以透闪石为主的软玉类。多为生产工具和装饰品，以装饰品为主。工具类器形有锛、斧、凿、刻刀、戈等，一般器体较小，制作精致，刃缘锋利没有使用痕。装饰品有玦、环、镯、璜、管饰和穿孔玉片等，以玦、环为主。

铜器主要出土于武鸣独山，来宾古旺山，灵川富足村、水头村，贺县龙中等年代较晚的岩洞葬中。器形有鼎、盉、尊、罍、箕形器、斧、钺、戈、矛、剑、匕首、镞、凿、刮刀、镦、镈、铃和铜鼓等，包括生活日用器、生产工具和兵器，以斧、钺、戈、矛、剑、镞、刮刀等兵器和生产工具为主，大部分岩洞葬中的铜器组合为生产工具和兵器。

骨蚌器等数量较少，骨器主要出自鹞鹰山、矮山和敢猪等岩洞葬，均通体磨制，器形有针、锥、管、璜、镞、矛、卜骨、卜甲等，以针、锥为多。蚌、贝器均为饰件，此外还有部分穿孔的椭圆形齿贝。

第二节　葬所和葬制

一、葬所的选择及分类

广西先秦岩洞葬主要分布在岩溶地貌发育较好的峰丛洼地和峰丛平原区。从这些岩洞葬所处的位置看，大部分位于大山脉的边缘地区，如武鸣所发现的几处均在大明山的西南边缘，灵川的两处岩洞葬在海洋山的西缘，龙中、歌寿岩、北景、矮山、翠屏山等分别紧靠大桂山、西大明山、都阳山、凤凰山等山脉。所在的石灰岩山都为低矮的中山，部分为独立的山峰；周围多为谷地、丘陵和小平原，附近均有村庄，说明当时人们在选择葬所时多选在居住地附近不远处。

先秦岩洞葬在葬地的选择上并不是很有规律，与悬棺葬大多数葬地必选在临江面海的悬崖峭壁上、人们难以攀登处不同的是，绝大多数选择在山脚、山腰，也有的选择在悬崖峭壁上和近山顶处、较隐蔽和人迹罕至的天然洞穴或岩厦，有的临河，但大部分与河流无关。洞的高度均在100米以下，多数在30米左右。山脚、山腰洞口较小，多用石头封堵，悬崖峭壁上的洞口较大，均不封堵。洞内有的宽敞明亮，有的狭窄幽暗。

根据各岩洞葬所处的具体情况，我们将葬所大致分为三型。

Ⅰ型　山脚型。岩洞均位于山脚，洞口低，高出地面一般在10米以下。洞口形状近圆形，口小，直径均在1米以下，仅能容一人通过，洞口均用大石头封堵，难以发现；洞口高于洞室，高差4～6米，从洞口到洞底都有垂直向下、长约5米的狭窄斜坡形通道；洞室面积较大，都在200平方米左右，由于洞口小，洞内黑暗，且均与地下河相通，因此，随葬的陶器均有因地下水位上涨而四处飘移的现象。

Ⅱ型　山腰型。均在地势相对较缓的山坡处，较易攀登，但洞口都很隐蔽，不易发现。洞口距山脚的高度较低，多在50米以下，以30米左右的为多。洞口大小不一，洞口小的均用大石头封堵。

Ⅲ型　悬崖峭壁型。多位于较难攀登的悬崖峭壁上，部分临河，洞较高，高度都在30米以上，最高的距山脚约100米。洞口大小不一，但以口大的为多，洞口小的多用石块封堵，大的均为开放式。洞室较小，面积绝大多数在100平方米以下。

从武鸣一地目前发现的先秦时期岩洞葬来看，在葬所的选择上有一定的规律，Ⅰ型年代最早，Ⅲ型最晚，洞口有一个从低到高的发展演变过程，但将之放到整个广西却并不完全适用，但有一点是可以肯定的，脚洞型是广西先秦岩洞葬中最早的类型。

二、葬　　制

先秦岩洞葬中因自然和人为的破坏，人骨的保存状况很差，在葬法、葬式上我们很难做出正确的判断。在已发现的岩洞葬中，都没有发现墓坑，也没有棺木的痕迹（部分岩洞葬洞口狭小，棺材根本无法进入洞内），所发现的随葬品大多没有或被很薄的浮土所覆盖，其埋葬方式应为无葬具的平地摆放，不加掩埋。尸骨在洞内的放置没有一定的规律，有的集中放置在洞内宽敞处，有的放在岩石间的自然凹窝处，也有的则放置在高出洞室底5～8米、较隐蔽并难以攀登的壁洞之中。由于缺少完整的人骨资料，而且保存的人骨也很少，因此，其葬法究竟是一次葬还是二次葬目前还没有直接的证据，学术界对此的看法也不一致。大多数学者认为是没有葬具的二次葬①，也有的学者认为大

① 黄云忠：《武鸣岩洞葬的发现与研究——兼论广西岩洞葬的起源及其族属》，《广西民族研究》1988年第2期。

部分为一次葬，少部分为二次葬①。

在广西考古发现的大量新石器时代墓葬中，如邕宁顶蛳山②、长塘、横县西津、扶绥敢造和江西岸③、桂林甑皮岩④、临桂大岩⑤等遗址的墓葬多为一次葬；先秦时期的墓葬多为长方形土坑墓，从其墓坑的大小也可以看出以一次葬为主，如与岩洞葬同在一地的武鸣马头元龙坡西周至春秋时期墓群中，墓坑一般长 2.2 ~ 3.5 米，宽 0.6 ~ 0.8 米，安等秧战国墓群的墓坑一般长 1.6 ~ 2.5 米，宽 0.65 ~ 0.8 米⑥。秦汉以后一次葬在各地也一直盛行。但有学者认为在新石器时代广西已经出现了二次葬⑦，横县秋江遗址⑧和桂林甑皮岩遗址⑨就有部分墓葬为二次葬。而且在同为岭南地区的广东，新石器时代晚期的马坝石峡⑩、封开乌骚岭⑪、佛山河宕⑫等遗址和墓群的墓葬中也发现了较多的二次葬。另外，在先秦时期的史书中就对二次葬葬俗已经有了明确的记载，《墨子·节葬下》："楚之南，有啖人国者，其亲戚死，朽其肉而弃之，然后埋其骨，……"这种朽其肉然后埋其骨的葬俗就是指的二次葬，说明先秦时期二次葬在包括广西在内的岭南地区是非常盛行的。广西在先秦以后的岩洞葬中，因为大多有棺木，葬法比较清楚，有一次葬和二次葬，以二次葬为主。以上说明广西地区自古迄今一次葬和二次葬是同时并存的。

在一些岩洞葬中，我们也发现一些可能是一次葬的现象，如岜旺岩洞葬中有部分肢骨的关节相连，部分肋骨为自然状态的相连接以及较多的手指、脚趾等骨头，弄山岩洞葬有相连在一起的椎、肋骨，敢猪岩洞葬有较为清楚、大致呈长方形的单个墓葬分布范

① 彭长林：《广西早期岩洞葬初探》，《广西民族研究》2001 年第 4 期。

② 中国社会科学院考古研究所广西工作队等：《广西邕宁县顶蛳山遗址的发掘》，《考古》1998 年第 11 期。

③ 广西壮族自治区文物考古训练班等：《广西南宁地区新石器时代贝丘遗址》，《考古》1975 年第 5 期。

④ 中国社会科学院考古研究所等：《桂林甑皮岩》，文物出版社，2003 年。

⑤ 傅宪国等：《桂林地区史前文化面貌轮廓初现》，《中国文物报》2001 年 4 月 4 日。

⑥ 广西壮族自治区文物工作队、南宁市文物管理委员会、武鸣县文物管理所：《广西武鸣元龙坡墓葬发掘简报》，《文物》1988 年第 12 期。

⑦ 覃芳：《从秋江遗址葬俗探讨岭南二次葬源流》，《广西博物馆文集》第一辑，广西人民出版社，2004 年。

⑧ 广西壮族自治区文物工作队、横县博物馆：《广西横县秋江贝丘遗址的发掘》，《广西考古文集》第二辑，科学出版社，2006 年。

⑨ 广西壮族自治区文物工作队等：《广西桂林甑皮岩洞穴遗址的试掘》，《考古》1976 年第 3 期。

⑩ 广东省博物馆、曲江县文化局石峡发掘小组：《广东曲江石峡墓葬发掘简报》，《文物》1978 年第 7 期。

⑪ 广东省文物考古研究所等：《封开县乌骚岭新石器时代墓葬群发掘简报》，《文物》1991 年第 11 期。

⑫ 杨式挺等：《试论佛山河宕遗址的重要发现》，《文物集刊》第 3 集，文物出版社，1981 年。

围等。因此，我们认为先秦岩洞葬中既有一次葬，也有二次葬。

葬式也因同样原因而不清楚，从敢猪岩洞葬各个不同个体的摆放位置和方式以及从人骨架摆放的范围可以看出，部分岩洞葬的葬式有可能为屈肢葬。

此外，在敢猪、鹞鹰山等岩洞葬中有部分人骨被用火烧成黑色的现象，在敢猪岩洞葬可以看出，是在安放好死者的尸体后再用火焚烧，因为下面的人骨因火未烧到还多呈黄色，至于为何要用火焚烧，鉴于目前的资料很少，尚未有很好的解释，也可能和当时的鬼魂崇拜有关。

先秦岩洞葬中虽然保存的人骨资料很少，但从部分岩洞葬中残存的人骨、人牙鉴定结果来看，除个别为单人葬外大多数是两人以上的多人合葬（见附录五），如弄山岩洞葬有4个个体，更洒岩洞葬有10个个体，岜旺岩洞葬中有12个个体，敢猪岩洞葬中有16个个体，鹞鹰山岩洞葬最多，有18个个体。这些个体中有男性也有女性，既有老年人，也有中青年，还有未成年的儿童和婴儿。在先秦以后的岩洞葬中，洞内棺木少则二三具，多则数十至数百具。南丹县里湖白裤瑶的岩洞葬中广泛实行合葬，以氏族和家族集中放置为主，棺木中至少放置2人，最多的达7人①。清乾隆年间修纂的《庆远府志》就对这一葬俗有了确切的记载："南丹有一种瑶人，亲死不瘗，置棺岩穴间。其家再有人死，则另覆其骨于别棺，取原棺回殓，复置岩间。覆骨遇翁媳，隔之以布，棺满又置棺，相沿成俗。家各一棺，村各一岩，不相杂类。"同时也有学者对广西、贵州两省区岩洞葬深入研究后指出，"华南地区崖洞葬的葬法严格按民族和家族来区分，一般是一个家族同葬一个崖洞，也有同一氏族中几个家族共葬一洞的，但在洞内各家族棺木摆放的位置均有定规，不得混淆"②。综上所述，广西先秦时期的岩洞葬大都应是有血缘关系的族葬，甚至有可能是某个家族（或家庭）的墓地，大约到春秋战国时期，有的已可能变成单人墓葬。

三、墓主身份

有学者认为，岩洞葬（或称崖洞葬）主人的身份都是各地区拥有统治权、占有土地和人民、出身统治阶级的首领人物和他们的子孙下臣等人的墓葬。此说过于绝对化，晚期岩洞葬的情况却并非如此，但用在先秦时期岩洞葬上却颇有些道理。从目前所发现的情况来看，广西先秦时期岩洞葬中的随葬品数量多而丰富，一般少则几件，最多的有100多件，大部分都有10到20件，随葬品包括陶器、石器、铜器、玉器、骨器、蚌器等。与广西同时期的其他墓葬相比，岩洞葬中的随葬品要丰富得多。如广西新石器时代墓葬中，大部分没有随葬品，少数有随葬品的也只有1～2件石器、骨器或蚌器，基本

① 广西壮族自治区博物馆：《广西南丹县里湖岩洞葬调查报告》，《文物》1986年第11期。

② 陈明芳：《中国悬棺葬》，重庆出版社，2004年。

不随葬陶器；武鸣马头元龙坡西周至春秋时期墓地中，共发掘墓葬350座，其中有随葬品的墓296座，无随葬品的墓54座；在有随葬品的296座墓中，共出土随葬品约1000多件，大多数墓中仅随葬1件陶器或玉器，有极少数墓随葬1件铜器，最多的墓则随葬有铜器、玉器、陶器等10余件①。安等秧战国墓随葬器物简单，少的1、2件，最多14件，另有30%的墓没有随葬品②。这反映出在先秦时期，贫富分化的现象在广西已经出现，在当时生产力水平还比较低的情况下，拥有如此多随葬品的人当非平常之辈，玉器、铜器、海贝等在当时还属稀有贵重的物品，是财富和地位的象征，更是为少数人所占有，一般的平民墓葬中是不会有这些物品随葬的。总体来看，岩洞葬中主人的身份普遍要高于同时期的土坑墓墓主。

岩洞葬中出土的玉锛、斧、凿、刻刀、戈等生产工具和武器，质地坚硬，制作规整，打磨光洁，出土时刃缘锋利，多没有使用痕迹，显然已不是实用器，它们已从普通的生产工具演变成礼器。三星堆、金沙遗址出土的玉戈、玉矛被认为已不是实用的武器，而是古蜀族的仪仗用具③。蒋廷瑜先生认为："随着社会的发展和物质财富的增加，人与人之间的地位发生差异，某些特有的生产工具或武器逐渐被少数头人所垄断，并被赋予新的社会内容，成为权力和地位的象征。"墓葬中用于陪葬的玉质工具和武器"应是部落酋长或军事首领的专用品"④。还有学者认为，岜马山出有石（玉）戈的墓主很可能是当地君王一类人物，岜马山、元龙坡等墓中随葬的小石子，是占卜用的筹码，铜铃是巫师的法器⑤。张光直先生认为，中国古代巫师通天地时所用的工具有：神山、若干种树木、龟策（甲骨和八卦）、各种动物、舞乐、药料、琮等⑥。因此，广西先秦岩洞葬中出土的卜骨、卜甲与中原地区的一样是巫师通天地工具。有学者研究认为，许多具有浓郁地方特色的玉制器物也是巫师在祭祀活动中使用的礼器和法器⑦。巫师在古代社会是可以沟通天地人神的特殊人物，在古代国家中有着很高的地位，有的巫师既是祭祀活动的主持者，很可能同时又是氏族和部族的首领，王国的最高统治者则为群巫之长，为最大的巫师。综上所述，广西先秦岩洞葬的墓主也可能和其他地区的一样是当地氏族或部族的首领，岩洞葬中其他的人则是这些首领的族人或家人。

---

① 郑超雄：《壮族文明的起源研究》，广西人民出版社，2005年。
② 广西壮族自治区文物工作队、南宁市文物管理委员会、武鸣县文物管理所：《广西武鸣马头安等秧山战国墓群发掘简报》，《文物》1988年第12期。
③ 张擎、朱章义、王方：《金沙淘珍》，文物出版社，2002年
④ 蒋廷瑜：《岭南出土石戈探微》，《南中国及邻近地区古文化研究》，香港中文大学出版社，1994年。
⑤ 郑超雄：《壮族文明的起源研究》，广西人民出版社，2005年。
⑥ 张光直：《考古学专题六讲》，文物出版社，1986年。
⑦ 黄剑华：《古蜀金沙——金沙遗址与古蜀文明探析》，巴蜀书社，2003年。

第四章　年代、分期与分区

第一节　年　　代

先秦时期考古是广西的一个薄弱环节，考古发现和发掘工作较多的主要是春秋战国时期的墓葬，发现和发掘过的遗址也很少，相当于中原地区夏商周时期的三代考古可以说几乎还是一片空白，因此，先秦时期的岩洞葬除以随葬青铜器为主的部分岩洞葬年代较为清楚外，大部分因缺少可直接对比的资料而模糊不清，多数被笼统地定为商周时期。加上部分岩洞葬由于洞口不封不堵，洞内曾多次作为葬地，不同时期的文化遗物混杂其间，岩洞葬中又没有地层迭压关系，在年代的判断上难以把握，以前发现的一些岩洞葬在缺乏对比材料的情况下，只能以洞内年代最晚的遗物来确定其年代。所以，我们只能依据器物的形态特征，将其与周边地区先秦时期文化遗址和墓葬的考古资料进行综合对比，结合碳-14测年，来推测它们的年代。

独山、富足村、水头村和龙中等以随葬青铜器为主的岩洞葬，所出器物的组合、形制、花纹均具有明显的时代特征，绝大多数与岭南地区春秋战国时期土坑墓中所出的基本相同。龙中岩洞葬所出的三种型式的铜鼎分别与广东省广宁铜鼓岗战国墓所出的Ⅰ式、Ⅱ式铜鼎①，四会鸟旦山战国墓的Ⅰ式、Ⅱ式铜鼎②，清远春秋战国时期墓中的Ⅱ式铜鼎③，罗定背夫山战国墓的铜鼎④，恭城秧家的Ⅱ式铜鼎⑤，平乐银山岭战国墓的Ⅲ式铜鼎⑥，宾阳韦坡村战国墓⑦所出的铜鼎相同或相似。铜盉与四会鸟旦山战国墓所出的形制相近。铜罍与恭城秧家所出的相似。独山出土的A型剑分别与安等秧Ⅵ式剑⑧，恭

---

① 广东省博物馆：《广东广宁县铜鼓岗战国墓》，《考古学集刊》第1集，1981年。

② 广东省博物馆：《广东四会鸟旦山战国墓》，《考古》1975年第2期。

③ 广东省文物管理委员会：《广东清远的东周墓》，《考古》1964年第3期。

④ 广东省博物馆、罗定县文化局：《广东罗定背夫山战国墓》，《考古》1986年第3期。

⑤ 广西壮族自治区博物馆：《广西恭城县出土的青铜器》，《考古》1973年第1期。

⑥ 广西壮族自治区文物工作队：《平乐银山岭战国墓》，《考古学报》1978年第2期。

⑦ 广西壮族自治区文物工作队：《广西宾阳县发现战国墓葬》，《考古》1983年第2期。

⑧ 广西壮族自治区文物工作队、南宁市文物管理委员会、武鸣县文物管理所：《广西武鸣马头安等秧山战国墓群发掘简报》，《文物》1988年第12期。

城秧家、广宁铜鼓岗Ⅰ式剑，湖南祁东小米山①、清远 M2 所出的铜剑相似。富足村所出的 B 型剑与罗定背夫山、南门垌战国墓②所出的短剑相近。戈与罗定背夫山、田东锅盖岭③、恭城秧家等墓葬中所出的相似。矛、镞、斧、刮刀等兵器和生产工具分别与上述各地及广东德庆落雁山④、湖南湘潭古塘桥⑤、广西贺州、兴安⑥等地春秋战国时期墓葬中所出或零星发现的同类器物相同或相近。另外富足的 Ee 型玉玦、独山的 A 型玉钏也分别与田东锅盖岭的玉玦、玉钏相同。因此，上述几处岩洞葬的年代大致为战国时期。

古旺山岩洞葬所出的 A 型铜钺与武鸣元龙坡 M130 所出的Ⅰ式钺相同⑦，年代也应相近或略晚，约为春秋时期。

岜旺、弄山两处岩洞葬有着共同的特征：一是葬所选择在由多座山峰组成、绵延数公里的石山山脚洞作为死者的葬所，岩洞葬所在地四周较为开阔、平坦，离现在的村庄很近，如岜旺岩洞葬就在村旁。二是洞口较低，高出地面在 10 米以下，且易于攀登；洞口均用大石块封堵，隐蔽性强，难以发现；洞口小，高于洞底，进出困难。三是随葬品丰富。随葬品均以生活日用器为主，少量装饰品，器类有陶器、石器、玉器等，以陶器为主。陶器为夹细砂的绳纹陶，相当一部分在绳纹上饰多线刻划的曲线纹和反“∽”形纹，少量彩绘及施陶衣。流行圜底器和三足器，器形以釜、罐、钵、杯为主。石器以通体磨光、制作精细的双肩石器为主。玉器全为装饰品，有玦和坠子两种。但是两者之间也有不同之处，主要表现在随葬器物方面。岜旺的双肩石器以短柄、长身的锛为主，不见大石铲，弄山的则为长宽柄、宽身的斧为主，器体相对厚重，且出有少量的大石铲。陶器中岜旺不见圈足器，三足器所占的比例较大；器形以釜、杯为主，钵少见，A 型釜主要为深圆腹，体高；纹饰中基本不见水波纹，彩绘多用红、蓝色的颜料绘成。弄山除圜底器、三足器外，还有一定数量的圈足器，器形以釜、罐、钵为主，其中 A 型釜主要为扁鼓腹的矮胖型；彩绘颜料主要是带颜色的细泥。另外，弄山所见的蚌饰不见于岜旺岩洞葬之中。但从总体来看，两处岩洞葬相距较近，文化面貌相同，说明两者应属于同一文化类型，年代也大体相近⑧。

---

① 衡阳地区文物工作队：《祁东小米山发现春秋铜器》，《湖南考古辑刊》第二集，岳麓书社，1984 年。

② 广东省博物馆：《广东罗定出土一批战国青铜器》，《考古》1983 年第 1 期。

③ 广西壮族自治区文物工作队：《广西田东发现战国墓葬》，《考古》1979 年第 6 期。

④ 广东省博物馆：《广东德庆发现战国墓》，《文物》1973 年第 9 期。

⑤ 湖南省博物馆：《湖南衡南、湘潭发现春秋墓葬》，《考古》1978 年第 5 期。

⑥ 广西壮族自治区博物馆：《近年来广西出土的先秦青铜器》，《考古》1984 年第 9 期。

⑦ 广西壮族自治区文物工作队、南宁市文物管理委员会、武鸣县文物管理所：《广西武鸣元龙坡墓葬发掘简报》，《文物》1988 年第 12 期。

⑧ 广西壮族自治区文物工作队、南宁市博物馆、武鸣县文物管理所：《广西武鸣县岜旺、弄山岩洞葬发掘报告》，《广西考古文集》（第二辑），科学出版社，2006 年。

弄山、岜旺岩洞葬的随葬品中以陶器、石器为主，不见青铜器，文化内涵上与上述以随葬青铜为主的岩洞葬存在着较大的差异，从器物的组合、形态来观察，年代上有着较大的区别，其年代显然要早于随葬品以青铜器为主的岩洞葬。从器物的形态特征来看，弄山、岜旺所出的夹砂绳纹陶器、有肩石器在广西南部、西南部地区的新石器时代晚期遗址中较为常见。陶高领罐（釜）等器形及细绳纹上加多线刻划纹的装饰手法，与新石器时代晚期的顶蛳山遗址第四期①、平南石脚山②、那坡县感驮岩遗址③所出的较为相似，特别与感驮岩第一期文化比较接近，如均以夹细砂的绳纹陶为主，在绳纹上多饰多线刻划的水波纹、曲线纹、S形纹等；有少量镂空和乳丁纹及磨光陶；流行圜底器、矮三足器和圈足器等。弄山的Bd型三足釜在形态上与感驮岩第一期的三足罐（BT01④:8）相近似，圈足罐在装饰纹样和手法上与其则十分相似，均在口沿下刻划复线水波纹及在腹部刻划复线S形勾连纹。另外，岜旺、弄山的Bb型釜与感驮岩遗址第一期文化中的杯形罐也大致相似。与感驮岩遗址第二期文化相比，虽有一定的相似性，但差异性却更加明显，如第二期基本不见三足器，出现网格纹等。弄山出土的大石铲与桂南地区大石铲遗存中所出的石铲在石料、器形和器类及加工方法上完全相同，如A型、B型、C型石铲分别与隆安大龙潭遗址所出的Ⅲ型、Ⅳ型、Ⅰ型石铲相同④。有肩石器也与桂南地区新石器时代晚期遗址中发现的大体相同。因此，弄山、岜旺岩洞葬的年代应与广西南部地区新石器时代晚期文化遗址较为接近。

为弄清弄山、岜旺岩洞葬的绝对年代，我们请地质矿产部岩溶地质研究所和北京大学加速器质谱实验室、第四纪年代测定实验室分别对岜旺的人骨标本进行了碳-14测年。地质矿产部岩溶地质研究所所测的两个人骨标本年代分别为距今3650±95年、2620±80年（见附录一）。北京大学加速器质谱实验室、第四纪年代测定实验室对岜旺的两个人骨标本进行加速器质谱（AMS）碳14测年测出的年代分别为距今4355±40年、4325±35年，树轮校正后年代为3015BC～2910BC（68.2%）、3090BC～2890BC（95.4%）和3010BC～2970BC（21.6%）、2940BC～2890BC（46.6%）、3030BC～2880BC（95.4%）（见附录二）。前者所测的两个年代相差1000年，其可靠性值得怀疑，而且，二个年代与我们用考古类型学方法对比分析得出的年代似乎偏晚，第二个年

---

① 中国社会科学院考古研究所广西工作队等：《广西邕宁县顶蛳山遗址的发掘》，《考古》1998年第11期。

② 广西壮族自治区文物工作队、平南县博物馆：《广西平南县石脚山遗址发掘简报》，《考古》2003年第1期。

③ 广西壮族自治区文物工作队、那坡县博物馆：《广西那坡县感驮岩遗址发掘简报》，《考古》2003年第10期。

④ 广西壮族自治区文物工作队：《广西隆安大龙潭新石器时代遗址发掘简报》，《考古》1982年第1期。

代则明显偏晚，与实际情况不符。后者所测的两个数据基本相同，也与我们从器物形态观察、对比所得出的年代大致吻合，其真实性应当是可靠的。国家文物局文物保护科学技术研究所碳-14 实验室对大龙潭遗址 T3 采集的木炭标本测得的年代为距今 5910 ± 105 年，树轮校正为距今 6570 ± 130 年①。中国社会科学院考古研究所碳-14 实验室对大龙潭遗址 T1②采集的样品测得的年代为距今 4750 ± 100 年，树轮校正为距今 5320 ± 135 年；T1 灰坑中采集的样品年代为距今 4735 ± 120 年，树轮校正为距今 5300 ± 150 年②。感驮岩第一期 AT01④层所出的碳化编织物的碳-14 测年为 4718 ± 50 年，树轮校正后为公元前 3560 ± 205 年。第二期分别用螺壳、碳化粟、稻测的四个年代为距今 3815 ± 50、3463 ± 50、3131 ± 50、2883 ± 50 年③。从以上各遗址和墓葬碳-14 所测的年代看，岜旺、弄山岩洞葬的年代明显要晚于隆安大龙潭遗址，而略晚于那坡感驮岩遗址第一期文化，早于第二期文化。因此，依据器物的特征，结合碳-14 测年，我们认为弄山、岜旺岩洞葬的年代要比感驮岩第一期文化的年代略晚，但比第二期的要早，介于一、二期文化之间，绝对年代大致在距今 4300 年左右，属新石器时代晚期的末段。

大新歌寿岩所出的陶器、石器与岜旺、弄山的基本相同，年代也大致相当，同属新石器时代晚期的末段。

敢猪岩洞葬与岜马山岩洞葬相距很近，在文化面貌上也有着较多的相同之处。两者在随葬品的组合、形制上基本相似，如随葬品以陶器、石器和玉器为主。陶器多素面，流行圈足器和带耳器，器类以圈足壶、纺轮为主，壶、带耳的圈足杯、纺轮等器形基本相同；玉石工具都以长条形的锛、凿、凹刃凿为主，玉镯则几乎一样；而且在墓葬中均有随葬小石子的习俗，小石子在形状、大小和放置方法上也完全相同。因此，两者的年代大体相近，应属于同一时期的岩洞葬。它们与岜旺、弄山、独山岩洞葬同在武鸣县内，但从出土的随葬品来看却有较大的差别，文化面貌上有很大的不同；岜旺、弄山的石器以有肩石斧、锛、铲为主，陶器以饰细绳纹、多线刻划纹的圜底釜、罐和三足器为主，少量的圈足器；虽然敢猪岩洞葬中的 C 型陶釜、乳突状足与岜旺、弄山的相似，但数量极少，显然已是这类器物的孑遗，因此，其年代要比岜旺、弄山岩洞葬晚；而独山岩洞葬的随葬品以青铜器为主，年代已属战国时期，显然要晚于敢猪、岜马山岩洞葬。另外，一些随葬品与武鸣马头元龙坡墓地的相似，带耳的圈足陶罐、A 型玉玦、玉片分别与元龙坡的陶壶、Ⅰ式玉玦等同类器物相似；而且元龙坡 M237 随葬的小石子与

---

① 中国社会科学院考古研究所：《中国考古学中碳十四年代数据集（1965—1991）》，文物出版社，1991 年。

② 同①

③ 广西壮族自治区文物工作队、那坡县博物馆：《广西那坡县感驮岩遗址发掘简报》，《考古》2003 年第 10 期。

敢猪、岜马山所出的在形状、大小上相同①。石锛、凹刃凿、陶簋、陶壶、带耳圈足陶罐等还与感驮岩遗址第二期后段所出的同类器物相似②。另外，敢猪铜戈的年代被认为是商代晚期③，岜马山的石（玉）戈与河南殷墟商墓所出玉戈相近④，敢猪玉串饰中的管、片（珠）与四川广汉三星堆二号祭祀坑所出的管、珠在形状、大小、厚薄上基本相同⑤。说明敢猪、岜马山岩洞葬的年代应与上述遗址和墓葬较为相近。元龙坡墓地所采集的木炭标本经北京大学考古系碳-14 实验室测试，所测出的 8 个数据，最早的为距今 3230 ± 100（树轮校正 3140 ± 100 年），最晚的为距今 2530 ± 100（树轮校正 2580 ± 102 年）⑥，大部分年代在距今 2900 ~ 2700 年间，发掘者认为其年代上限为西周，下限在春秋时期⑦。但后来有学者认为元龙坡墓地的早期年代已属商代晚期⑧。那坡感驮岩遗址第二期所测的四个年代为距今 3815 ± 50、3463 ± 50、3131 ± 50、2883 ± 50 年⑨，发掘者将第二期分为前后两段，如以所测的年代来划分，第二期后段的年代约为距今 3400 ~ 2800 年，相当于中原地区的商至西周早期。我们请北京大学加速器质谱实验室、第四纪年代测定实验室对敢猪岩洞葬所采集的 1 个人骨标本和 2 个木炭标本进行了加速器质谱（AMS）碳-14 测年，人骨标本测出的年代为距今 3245 ± 35 年，树轮校正后年代为 1610BC ~ 1580BC（9. 1%）、1540BC ~ 1450BC（59. 1%）、1610BC ~ 1430BC（95. 4%）；2 个木炭标本测年为距今 3160 ± 35、3105 ± 40 年，树轮校正后年代分别为 1495BC ~ 1475BC（11. 3%）、1460BC ~ 1405BC（56. 9%）、1510BC ~ 1380BC（93. 8%）、1340BC ~ 1320BC（1. 6%）和 1430BC ~ 1360BC（47. 6%）、1350BC ~ 1310BC（20. 6%）、1460BC ~ 1260BC（95. 4%）（见附录二）。从测出的三个年代看，人骨和木炭所测的数据相差不大，其准确性应是可靠的。从以上测年看，敢猪岩洞葬的绝对年代要早于元龙坡墓地，而与感驮岩遗址第二期后段相当，这与遗址和墓葬中所出土遗物的类比分析相符。虽然敢猪、岜马山岩洞葬与元龙坡墓地在部分文化遗物上有相

---

① 广西壮族自治区文物工作队、南宁市文物管理委员会、武鸣县文物管理所：《广西武鸣马头元龙坡墓葬发掘简报》，《文物》1988 年第 12 期。

② 广西壮族自治区文物工作队、那坡县博物馆：《广西那坡县感驮岩遗址发掘简报》，《考古》2003 年第 10 期。

③ 广西壮族自治区博物馆：《近年来广西出土的先秦青铜器》，《考古》1984 年第 9 期。

④ 中国社会科学院考古研究所安阳工作队：《1969—1977 年殷墟西区墓葬发掘报告》，《考古学报》1979 年第 1 期。

⑤ 四川省文物考古研究所：《三星堆祭祀坑》，文物出版社，1999 年。

⑥ 中国社会科学院考古研究所：《中国考古学中碳十四年代数据集（1965—1991）》，文物出版社，1991 年。

⑦ 同①。

⑧ 郑超雄：《壮族文明的起源研究》，广西人民出版社 2005 年。

⑨ 同②。

似之处，但总体来看却有较大的区别，元龙坡墓地除随葬有陶器、玉器外，还有较多的青铜器，而敢猪和岜马山岩洞葬则几乎不随葬青铜器，只敢猪岩洞葬1974年发现1件铜戈，并且，此件铜戈当时是由村民发现并上交的，出土的具体位置不详，与岩洞葬是否有直接关系尚不清楚；这种文化面貌上的不同，表明敢猪和岜马山比元龙坡墓地更具原始性。因此，敢猪、岜马山岩洞葬的年代要早于元龙坡墓地。综合以上分析，我们认为，敢猪岩洞葬的年代大致在距今3200～3000年，约为商代中晚期，岜马山岩洞葬年代可能略晚，为商代晚期至西周早期。

更洒岩洞葬出土的遗物与岜旺、弄山两处岩洞葬所出的有某些相似之处，如陶器以夹砂的细绳纹陶为主，流行圜底器和圈足器，A型罐、C型罐在形制上大体相同，在罐类器的领（颈）部涂抹一层很薄的细泥浆并磨光的装饰手法等，说明两者在文化上有一定的关系。同时，B型壶、A型簋与感驮岩遗址第二期后段的Ⅰ式壶、盆相似①；玉石器中的B型锛、B型凿与敢猪、岜马山的同类器物相似②。这说明，更洒岩洞葬的年代介于岜旺、弄山岩洞葬和感驮岩遗址第二期后段及敢猪、岜马山岩洞葬之间。从武鸣发现的岩洞葬来看，有肩石器只见于新石器时代晚期的岜旺、弄山，敢猪、岜马山等商周时期的岩洞葬中已不见有肩石器，而长条形、梯形的石斧、锛则与此相反；而更洒岩洞葬中有肩石器和梯形石锛共存，正处于二者之间，这也表明，更洒岩洞葬的年代要晚于岜旺、弄山，早于敢猪和岜马山，约为商代前期或略早。

矮山、翠屏山、鹞鹰山、六桥、北景等几处岩洞葬由于洞口均为开放式的，虽然大部分在悬崖峭壁上，但他人还是比较容易进入，因此，这些岩洞曾多次被作为葬地，在岩洞中也多留有不同时期人类活动的痕迹和遗物，年代也变得很复杂。北景1、2号岩洞葬内除发现有人骨、石器、骨器、陶器残片外，还发现有棺木。1号岩洞葬中的陶器在陶质、陶色、纹饰和器类、器形上与岜旺、弄山两处岩洞葬所出的相同，如以圜底器为主，部分三足器，器表多饰细绳纹并在绳纹之上饰多线刻划的曲线纹，A、B型陶釜几乎如出一辙。因此，这些陶器的年代应与岜旺、弄山所出的相近或略晚。所出的棺木为整木圆棺，子母口扣合，棺头、尾有牛角燕尾式或燕尾式角饰，这种棺木在广西年代较晚的岩洞葬中常有发现，年代约在宋元明时期，与洞中所出的石器、陶器和骨器的年代相距甚远，显然不是同一时期的遗物，说明此洞至少在二个不同时期曾作为葬地，因此年代可分为早、晚两个时期，早期的年代大致与岜旺、弄山相近，约为新石器时代晚期末段或稍晚，晚期的年代约为明代。

鹞鹰山岩洞葬所出的遗物中，铜五铢钱、货泉和滑石器为汉代的器物，与其他陶

① 广西壮族自治区文物工作队、那坡县博物馆：《广西那坡县感驮岩遗址发掘简报》，《考古》2003年第10期。

② 广西壮族自治区文物工作队等：《广西武鸣岜马山岩洞葬清理简报》，《文物》1988年第1期。

器、玉石器、骨器、海贝等相比，显然不是同一个时期，在年代上有着很大的差距，因此，䴉鹰山岩洞葬也至少可分为二个时期，陶器、玉石器、骨器、海贝等随葬品属于早期。由于早期遗物中的陶器均为碎片，无法进行复原，器物的整体形状不清；一些器形，如B、D型陶豆、B型石钺、C型石刀、H型有肩石斧、卜骨、卜甲在广西已发现的先秦时期遗址和墓葬中还没有发现过，陶豆上的刻划、戳印纹在其他地方也没有见到，因此，缺乏可资进行年代对比的资料，但从广西以外来看，类似的器物大多流行于商周时期。虽然如此，但也有一些器物与其他地方的相似，陶带耳器器耳的形状和做法与敢猪、岜马山的相同，Ea型陶纺轮分别与广东博罗横岭山商周时期墓地中的A型①、武昌放鹰台遗址C型②陶纺轮相同，D型纺轮与马头元龙坡Ⅳ式相似③，Ec型玉玦与博罗横岭山A型相近，Ee型玉玦与香港西周至春秋时期的下过路湾遗址M7所出的断面为Ⅵ式的玦饰相同④，B型凹刃石（玉）凿与敢猪、岜马山的基本相同，海贝则与敢猪的一样。因此，其整体文化面貌为商周时期，具体年代要晚于敢猪、岜马山，约为西周时期。

六桥岩洞葬所出的随葬品与䴉鹰山大致相同，如陶器中的D型豆、Ea型纺轮，石刀、石钺、有肩斧、凹刃凿等的形制完全相同，因此，在年代上应该相近，为西周时期。

矮山岩洞葬出土的遗物较多，器形多样，类型复杂。有陶器、石器、玉器、铜器、海贝、瓷器等几类，瓷器与其他的陶器、石器、铜器等相比，在年代上差距较大，显然不是同一个时期的遗物。从器物特征分析，该岩洞葬至少包含早、中、晚三个时期的遗物。早期主要是遗物中的石器和釜、罐等陶器。石器中的双肩石器和岜旺、弄山所出的相同；陶器在器形、纹饰上与弄山、岜旺岩洞葬所出的有一定的相似性，如B型釜就基本相同，器表纹饰也多为细绳纹，同样流行在绳纹之上刻划多线曲线纹。但两者间的差异性也非常明显，如陶器以近泥质陶为主，器形规整，胎薄，火候高，不见三足器和圈足器，岜旺、弄山最常见的A型陶釜、各型陶罐在这里已不见踪影，而新出现了一种形似鱼篓的陶罐（F型罐）和带把陶釜（Bf型釜），在装饰纹样上更加丰富多彩，如罐的领部多饰刻划纹，肩腹部有较多的锯齿状附加堆纹等。总体来看，矮山早期与岜旺、弄山应属于同一个文化系统，其中的这些差异应视为一种进步的表现，说明它们在年代上存在差别，年代要晚于岜旺和弄山，具体年代大致相当于中原的夏商之际。中期

---

① 广东省文物考古研究所：《博罗横岭山——商周时期墓地2000年发掘报告》，科学出版社，2005年。

② 湖北省文物考古研究所：《武昌放鹰台》，文物出版社，2003年。

③ 广西壮族自治区文物工作队、南宁市文物管理委员会、武鸣县文物管理所：《广西武鸣马头元龙坡墓葬发掘简报》，《文物》1988年第12期。

④ 邓聪：《环状玦饰研究举隅》，《东亚玉器》，香港中文大学中国考古艺术研究中心，1998年。

的遗物包括骨器、玉器、铜器、海贝和陶器中的纺轮等，其中玉片与元龙坡墓地所出的相同，海贝与敢猪、鹞鹰山早期的相同，Da 型陶纺轮也与鹞鹰山早期的相同。铜铃在各地多发现于商周时期的墓葬之中，广西最早见于元龙坡墓地①，B 型铜铃整体形态上与山东前掌大西周墓葬所出的相似②，而与安等秧战国墓所出的有较大的差异③，因此，年代可能为西周中晚期。瓷四系罐和点彩瓷钵是矮山岩洞葬中年代最晚的遗物，这两件器物具有典型的西晋时期特征，年代为西晋时期。

翠屏山岩洞葬虽也曾多次作为葬地，但发现的遗物较少，且比较单纯，所出的 1 件 F 型残陶罐与矮山早期的相同，其年代也应相当。

从以上对各处岩洞葬年代的研究可以看出，广西先秦岩洞葬的年代大致从新石器时代晚期末段开始，经商周，一直到春秋战国时期。年代最早的是岜旺、弄山，以下依次为歌寿岩、北景、更洒、矮山、翠屏山、敢猪、岜马山、鹞鹰山、六桥、古旺山、独山、富足村、水头村、龙中。

第二节　分　　期

依据各岩洞葬的年代和随葬品的特征，就现有的材料，我们将广西先秦时期的岩洞葬大致分为五期（图九〇）。

第一期：以武鸣岜旺、弄山和大新歌寿岩为代表，大化北景 1 号洞的早期也属此期，年代约为新石器时代晚期末段。葬所主要是 Ⅰ 型和 Ⅲ 型。随葬品有陶器、石器、玉器和蚌器，以陶器、石器为主。陶器多为夹细砂陶，少量泥质陶或近泥质陶，陶色以红褐、灰黑为主，但颜色多不均匀，同一器物上多混杂有多种颜色；器表除个别素面外，绝大部分饰交错细绳纹，少量刻划纹、彩绘、镂空及附加堆纹。有的在绳纹之上再施“S”形和反“∽”形、“∧”形、连续的曲线及水波纹等多线刻划纹，部分颈部和全身用细泥涂抹并磨光。陶器中流行圜底器、三足器和圈足器，以圜底器和三足器为主。器形种类多，且富于变化，主要有釜、罐、钵、杯、壶、碗等，代表性的器物主要是 A、B 型陶釜，A、C、D 型罐，A 型圈足罐、各类型钵和各式三足器等。石器均通体磨制，以有肩石器为主，器形有斧、锛、铲、刀等，常见的器形为 A、B 型双肩斧，A、B、C 型双肩锛和各型大石铲，有肩石斧较

---

① 广西壮族自治区文物工作队、南宁市文物管理委员会、武鸣县文物管理所：《广西武鸣马头元龙坡墓葬发掘简报》，《文物》1988 年第 12 期。

② 中国社会科学院考古研究所：《滕州前掌大墓地》，文物出版社，2005 年。

③ 广西壮族自治区文物工作队、南宁市文物管理委员会、武鸣县文物管理所：《广西武鸣马头安等秧山战国墓群发掘简报》，《文物》1988 年第 12 期。

有特点，两面的磨刃不同，其中一面很窄呈一长条状；玉蚌器均为装饰品，A、B、C型玉玦和玉坠是该期所独有的器形。

第二期：以龙州更洒为代表，龙州八角岩、忻城矮山的早期、翠屏山，宜州范家洞等也大致属于此期，年代约为商代前期或略早。葬所主要为Ⅲ型。该期的墓葬较少，出土的遗物也不多，年代较为清楚的只有龙州更洒岩洞葬一处。另外，这几处岩洞葬在年代上虽然大致相近，但分布在两个不同的区域；更洒、八角岩在桂西南的左江流域，矮山、翠屏山、范家洞则在桂中的红水河流域，虽然两者的部分遗物与第一期有相同或相似之处，但在文化面貌上也有着较大的差异，究其原因，可能是分布区域的不同所致。虽然如此，但考虑到广西先秦岩洞葬文化的发展与演变，我们还是将它们单独作为一个发展阶段来讨论。该期随葬品主要是陶器和石器，以陶器为主。陶器绝大多数为夹细砂陶，部分泥质陶；陶色以红褐、灰黑为主，颜色多不均匀，同一器物上多混杂有多种颜色；器表多饰细绳纹，宽带彩绘已不见；红水河流域的矮山等岩洞葬中还有与一期相同的在绳纹之上饰多线刻划纹的装饰手法，但纹样有所变化，多线刻划的曲线纹多为连续的“∽”形，并出现了从肩往底部竖向的直线或微曲的多线刻划纹，施纹部位除肩腹部外，颈部也遍饰多线刻划纹，另外肩腹部多有锯齿状的附加堆纹。南部的更洒等岩洞葬中，多线刻划纹已基本不见，但对器物领（颈）部的处理继承了一期的做法，多用细泥浆涂抹，将绳纹覆盖，有的并磨光。流行圜底器和圈足器，不见三足器，圈足器较一期增多。器形与一期相比有了较大的变化，一期中最具代表性的A型釜和各型钵在此期已不见，而新出现了一种形似鱼篓的陶罐（F型罐）、带把陶釜（Bf型）、B型壶、A型簋等，Cc型罐演变成口更外侈、领变高的Cf型罐和由此衍生而出的D型罐。但A型罐、Cc型罐、B型釜与一期的区别不大，只是部分器物器体变大。石器以梯形的锛为主，虽有少量的双肩石器，但形状上却不相同，同时开始出现玉凿、玉玦也变成圆环状。

第三期：以岜马山、敢猪两处岩洞葬为代表，年代约为商代中晚期至西周早期。葬所主要为Ⅱ、Ⅲ型。随葬品有陶器、石器、玉器、骨器、贝（蚌）器，以陶器、玉石器为主。器类增多，出现了部分新的器形。陶器以夹细砂的红褐陶为主，器表绝大多数为素面，极少量饰细绳纹。流行圈足器，部分圜底器，基本不见三足器，但出现了较多的带耳器。器型有壶、罐、釜、杯、钵、簋、盘、豆、纺轮等，有代表性的器类为C型壶、B型簋、B型纺轮、Aa型豆、盘和各种带耳的圈足器，其中豆、盘、纺轮、带耳的圈足器是此期新出现的器形。与二期相比，壶体变大，肩圆，圆腹外鼓，圈足加高并外撇；一、二期中常见的C型罐，此期已不见，而出现了广口广肩的罐类。石器均通体磨光，器体小而细长，器形有锛、凿、刻刀、戈等，以长条形的锛、凿为主，包括较多的凹刃锛、凿，不见有肩石器，其中凹刃凿、锛是此期新出现的器形。玉器数量增多，除装饰品外，还有较多的玉质生产工具；装饰品中除玦外，新出现了环、镯、璜和玉片、玉管组成的串饰等，与前两期相比，玉玦已发生了很大的变化，由不规则形变成扁薄的圆形。海贝作为随葬品也开始在此期出现。

第四期：以宜州的六桥、鹞鹰山为代表，忻城矮山的中期似乎也可归于此期，年代约为西周中晚期。葬所均为Ⅲ型。该期总体文化面貌与前三期有着较大的区别，地方特点十分突出，除海贝、凹刃玉石凿、B型石锛、I型陶罐、带耳陶器等少数器物与敢猪、岜马山有一些相同或相似之处之外，大部分为新出现的器物，与前几期的器物多不相关联，且只见于此期之中。陶器以素面为主，少量纹饰有细绳纹、刻划纹、戳印纹和刻划+戳印的组合纹，主要为以细绳纹。纹饰较前几期要复杂、美观，“∧”形、“Z”形、圆点的刻划、戳印纹只出现于此期。流行圜底器和高圈足器，器形主要有罐、豆、钵、纺轮，以豆为主。罐主要为I、J、K、L型，豆多为B、C、D型，三期流行的圆扁形纺轮（A型）在此期已很少，取而代之的是凸字形（D型）和算珠形（E型），其中D型豆、凸字形纺轮最具地方和时代特色。石器多用打下的河滩砾石石片制成，一面保留天然砾石面，一面经琢打后稍加磨制，多有打击疤痕。器形有锛、斧、钺、刀、穿孔器等，以H型双肩斧、B型钺、C型刀为主，有肩的斧、锛在形态上与一、二期的有很大的差异。玉器数量多，除少量斧、锛、凿等生产工具外，大部分为玦、环、钏、镯、管等装饰品；玉器的选材较三期有了大的提高，玉质多透亮光滑，器表有玻璃光泽，而且器形也发生了一些变化，镯体宽厚，断面略呈半圆形；玦造型规整，体变薄；新出现了钏一类的器形。另外，此期还随葬有少量的绿松石珠和数量较多的骨器，卜骨、卜甲是该期独有之物。总的来看，该期文化较为独特，许多器物在此以外的地方没有发现过，与广西先秦时期的本土文化有着很大的不同，可能代表着一种外来文化的侵入，但其来源尚不清楚。

第五期：以独山、富足村、水头村、龙中为代表，包括古旺山、白面山两处，年代约为春秋战国时期。葬所主要是Ⅱ、Ⅲ型，以Ⅱ型为多。随葬品以青铜器为主，前几期常见的陶器、石器、玉器在此期中数量极少，除年代较早的古旺山出有几件有肩石器外，年代较晚的多用砺石随葬。青铜器主要是生产工具和兵器，组合基本为斧、刮刀、钺、短剑、矛、戈、镞等。生活日用器很少，只在龙中岩洞葬中出有几件鼎、盉、尊、罍等。此期由于年代较晚，与前几期在文化内涵和面貌上有较大的差异，随葬品之间没有多大的可比性，而与同时期的土坑墓相同。

由于先秦岩洞葬的材料较少且多不完整，以上所分的五期文化只是相对的，彼此间有联系也有缺环，但透过分期，我们还是可以看到，广西先秦岩洞葬有一个较为清晰的产生、发展和演变的过程，相互间的关系既紧密相连又有不同，不同时期有着不同的文化面貌和特征以及随年代的不同而产生的差异等。

第三节　分　　区

广西地区先秦岩洞葬的分布范围较广，北起灵川、南达龙州、东到贺州、西至南丹，但总体来看却有着相对集中的分布区域，根据目前发现的情况，我们大致可以将其分为三个区域：

一是以左江、右江流域为主的桂西南区；二是以红水河、龙江流域为主的桂中、中北区；三是以漓江、贺江流域为主的桂东、东北区。

桂西南区的范围大体在大明山以南、西大明山以东、大青山以北的左右江流域一带，主要集中在左江中上游地区和右江下游的一级支流武鸣河流域。包括武鸣的岜旺、弄山、岜马山、敢猪、敢刀、独山，大新的歌寿岩，龙州的更洒、八角岩等 9 处岩洞葬，尤以武鸣县的数量最多，也最为集中。该区是广西先秦岩洞葬数量较多，分布最集中的区域，而且出现的时间早，延续时间长，葬所类型全，随葬品丰富，也是保存最好、年代清楚、时代明确的分布区，是我们研究先秦时期岩洞葬最重要的区域。葬所中的Ⅰ型只发现于该区，分期包括一、二、三、五期。

桂中、中北区主要分布在红水河中下游的大化、忻城、来宾和柳江支流龙江流域的宜州等地，以红水河流域发现的数量为多，南隔大明山与桂西南区分界。所发现的岩洞葬有大化的北景，忻城的矮山、翠屏山、南杳，宜州的六桥、鹞鹰山，来宾的古旺山、白面山以及宜州北牙乡、范家洞、南丹吾隘乡等发现零星遗物的岩洞葬共 10 处，是目前广西先秦岩洞葬发现最多的地区。该区在葬所的选择上，多选在悬崖峭壁上，有的临河，高度大部分在 30 米以上；由于岩洞口不封不堵，虽然大部分较高，地势较为险峻，较难攀登，但大都可以进入，因此，多数都有后人活动的痕迹，有的曾多次作为葬地，洞内多遭受到不同程度的破坏，不同年代的遗物相互混杂。因此，在年代和文化面貌上较为复杂，与其他区域相比，显得杂乱而无规律。该区岩洞葬出现的年代要较桂西南区略晚，大部分为两周时期，文化面貌上与桂西南区既有一定的联系又有较大的区别，而与桂东、东北区则相差更远。分期包括第一、二、四、五期，一、二期的文化面貌与桂西南区关系较为密切，但大约从二期开始，两地间的文化出现了分化，这种分化首先表现在陶器上，纹饰中的刻划纹变得较为复杂，A 型釜已不见，新出现了一种具有地方特色、状似鱼篓的 F 型陶罐。到第四期时，总体文化面貌已完全不同，大部分器物只见于该区，地方特征非常明显，陶豆、石钺、石刀、有肩石器等器形在此之外的广西先秦时期遗址和墓葬中找不到其踪影，它既是一种地方类型，又可能是一种外来文化。

桂东、东北区的分布范围大致在越城岭之南，海洋山、都庞岭、萌渚岭以西，大桂山以北和天平山、驾桥岭、大瑶山一线以东地区，目前主要在北部海洋山西部边缘的灵川县和南部大桂山北部边缘的贺州市八步区发现有富足村、水头村和龙中等三处，是三个区中数量最少的，而且出现和流行的时间最晚，年代均为战国时期。在葬所的选择上，岩洞葬均在相对独立的低山山腰处，洞口较低，高度为 20 ~ 30 米，口小，均用石块封堵。因此，保存相对较好，年代清楚。随葬品绝大部分为铜器，陶、石器极少。与其他两区相比，在总体文化面貌上有着较大的差异，铜器中的生活日用器只在此区发现，生产工具和兵器则与以上两区大体相同。

从以上分区来看，各区先秦岩洞葬的文化面貌不尽相同，都有着不同的地方性特点。这在随葬品、年代等方面表现得尤为突出，产生差异的原因一是各地先秦时期的文化面貌本身就存在一定的差别，二是岩洞葬葬俗延续时间长，各区在产生、流行年代上并不完全相同，这种年代上的差距是产生文化差异的一个非常重要的因素。

通过对广西先秦时期岩洞葬的年代、分期和分区等问题的讨论，进一步对三大区域先秦岩洞葬的年代、分期对应关系加以考察，我们从中可以清晰地看到，广西地区岩洞葬这一埋葬习俗有一条由南向北的传播路线，即最早出现在桂西南地区，然后往北传入红水河流域，再向东北传到桂东、东北地区。

第五章　岩洞葬起源、族属及相关问题的探讨

第一节　起源和族属

一、岩洞葬的起源

关于岩洞葬的起源，此前的学者多数认为是早期人类穴居生活的反映，是早期鬼魂崇拜、祖先崇拜观念的产物①，此种丧葬习俗源于史前时期的洞穴文化，当时人们以洞穴为居室，死后又以洞穴为葬所②。广西是洞穴遗址发现较多的地区，在旧石器时代晚期就开始有人类在山洞中居住生活，一直延续到新石器时代末期，如柳江县通天岩、桂林宝积岩、柳州白莲洞、临桂大岩、桂林甑皮岩、柳州鲤鱼嘴、平南石脚山、那坡感驮岩等，其中部分洞穴遗址中除发现较多的文化遗物外，还在洞里发现有人类的骨骸和墓葬，如桂林甑皮岩遗址发现墓葬30余座③、临桂大岩10座④、柳州鲤鱼嘴6座⑤。因此，有学者认为史前洞穴遗址中的墓葬是岩洞葬的原始形态。对于为什么要实行岩洞葬，一些民族各有自己的说法。龙州壮族有个传说："我们的祖先原是住在山洞的，后来人口多了，山洞不够住，才分居到地上和树上；人们生时既然住在岩洞里，死后当葬回原处。"⑥ 在云南部分现代仍行岩洞葬的彝族地区，对实行岩洞葬这一葬俗的解释为："咱们彝族先祖，不会盖房子，居住在岩洞里几千年，为了后来死人的灵魂与祖先相会合，要葬在岩洞里。"另外，在他们送葬的《岩葬经歌》中唱道："丰衣又足食，别忘老祖宗，死后归源流，葬在岩洞头，先祖来迎接，先祖来保佑。"⑦

由于社会生产力的低下，原始人对大自然的认识尚处在万物皆有灵的阶段，在他们

---

① a. 陈明芳：《中国悬棺葬》，重庆出版社，2004年。b. 彭长林：《广西早期岩洞葬初探》《广西民族研究》2001年第4期。

② 周继勇：《广西崖洞葬问题探讨》，《广西文物》1991年第2期。

③ a. 广西壮族自治区文物工作队等：《广西桂林甑皮岩洞穴遗址的试掘》，《考古》1976年第3期。b. 中国社会科学院考古研究所等：《桂林甑皮岩》，文物出版社，2003年。

④ 傅宪国等：《桂林地区史前文化面貌轮廓初现》，《中国文物报》2001年4月4日。

⑤ 柳州市博物馆、广西壮族自治区文物工作队：《柳州市大龙潭鲤鱼嘴新石器时代贝丘遗址》，《考古》1983年第9期。

⑥ 潘世雄：《对岩葬几个问题的探讨》，《民族学研究》第四辑，民族出版社，1982年。

⑦ 杨智勇等：《云南少数民族生葬志》，云南民族出版社，1988年。

的观念中，自然物和自然力均可以幻化为神灵，人死后他的灵魂依然存在，仍能干预人事，祸福生者，因此，人们对于死者的灵魂既恐惧又敬畏，常常采用各种丧葬仪式来安抚亡灵，并让灵魂有个归宿之所，以避免其在人间游荡，加害于活人。并在灵魂不灭观念的支配下，认为祖先的灵魂一直居住在他们曾经住过的洞穴里，将死者葬在洞穴内，就可以使他们与祖先会合，使亡灵得到安宁，从而庇佑生者。在广西的先秦岩洞葬中，部分岩洞葬的洞口很小，且多用石块将洞口封堵，这种做法是古人对灵魂的恐惧所致，害怕死者的亡灵为害生者，便选择偏僻、洞口很小的洞穴将死者安葬，并将洞口用石头、泥土封堵，以防止死者的灵魂出来危害生者。所以，人们在原始宗教意识、鬼魂崇拜及祖先崇拜观念的作用下，将洞穴作为专门的葬所，为的是让死者回到祖先的住地，并随葬死者生前使用的物品，以便死者回到祖先住地继续生活，让灵魂得以安宁，不会祸害生者。因此，岩洞葬是原始穴居民族在鬼神崇拜或祖先崇拜基础上发展起来的一种独特的丧葬方式①。但是，岩洞葬还有一个重要的特征就是“藏”，“藏之幽谷，秘而不识”。大部分岩洞均选择在较隐秘、人迹罕至的悬崖峭壁和山坡上，一般人难以发现和攀登之处，一些容易发现、进入的岩洞葬又均用石头封堵，甚至有的将死者和随葬品放置在洞内的壁洞之中，壁洞均非常隐蔽，高出洞底 4 米以上，洞壁陡峭光滑，即使进入洞内也很难发现和难以攀爬，如富足村岩洞葬还将壁洞口封堵，岜马山岩洞葬的 2 ~ 5 号壁洞高出洞底 6 米以上，壁洞与洞底间是一道宽约 1. 2 米竖直向上的裂隙。这些特征不能简单地用意识形态的东西去解释，可能还有某种现实的原因。如此费尽心机，显然是不想让外人知道，以达到保护死者的骨骸免遭破坏，灵魂不被外界干扰和财富的安全等。《吕氏春秋》中对此有了较明确的解释：“古之人，有藏之广野深山而安者矣。非珠玉国宝之谓也，谓不可不藏也。”

二、岩洞葬的族属

岩洞葬的族属问题，长期以来一直是学术界讨论的焦点。大多认为广西岩洞葬的族属为古越人。也有学者认为与越族无关，而与生僚、生蛮关系密切，它们分别属于乌浒、左人、瑶、仡佬和壮族，是先后进入广西各个僚族分支的遗迹，是壮族或其先民的一种葬俗②。至于先秦时期岩洞葬的族属大多认为是骆越人③。

---

① 彭长林：《广西早期岩洞葬初探》，《广西民族研究》2001 年第 4 期。

② 张世铨：《广西崖洞葬和几个有关问题的商讨》，《民族学研究》第四辑，民族出版社，1982 年。

③ a. 马头发掘组：《武鸣马头墓葬与古代骆越》，《文物》1988 年第 12 期。b. 黄云忠：《武鸣岩洞葬的发现与研究——兼论广西岩洞葬的起源及其族属》，《广西民族研究》1988 年第 2 期；c. 彭长林：《广西早期岩洞葬初探》，《广西民族研究》2001 年第 4 期。

由于岩洞葬分布的范围广，延续时间长，从新石器时代晚期末段开始，一直延续到明清时期，流行长达近4000年，在漫长的历史长河中，民族的迁移，各民族间的融合，新民族的形成以及不同时期的民族称谓的不同等，岩洞葬的族属都会因此发生变化，贵州省平坝县下坝乡不同年代的岩洞葬就有分属于仡佬和苗两个不同民族的现象①。而且，不同的民族在相同的自然地理环境和条件下，也会产生相同或相似的埋葬习俗。因此，对于流行岩洞葬民族的族属应根据不同时期、不同地区来区别对待，不能一概而论。由于本书研究的范围是先秦时期的岩洞葬，在此我们只就先秦岩洞葬的族属问题进行简单的讨论。

广西自古就是越人居住、活动的地区，先秦时期活跃在广西的古越人主要有骆越和西瓯两大支系。根据史书记载，骆越与西瓯各有分界，骆越人主要活动区域在今南宁及其附近的左江、右江流域以及越南北部地区；西瓯人则主要活动在五岭之南的桂江流域和西江中游一带。虽同为越人，但文化面貌上还是有较大的差异。考古发现和研究表明，骆越之地的新石器时代文化以贝丘文化和大石铲文化为主要特征，流行夹砂绳纹陶，陶器以圜底器和圈足器为主，生产工具主要为有肩石器，墓葬盛行单人一次葬，葬式为各种类型的屈肢葬，并有部分具有地方特色的肢解葬等。而西瓯人活动的区域新石器时代至先秦时期主要是洞穴文化和几何印纹陶文化。从先秦岩洞葬出土的遗物来看，主要分布于桂西南地区的第一、二期文化与广西南部地区新石器时代晚期文化有着十分密切的关系，如均流行圜底、圈足的夹砂绳纹陶器和有肩石器，在陶器纹样、装饰手法和陶石器的形状上几乎一致，说明它们属于同一文化类型中的不同发展阶段。第三、五期的文化特征也与同时期属骆越人墓葬的武鸣马头元龙坡、安等秧墓地有较多的相似。桂东、东北区的岩洞葬年代较晚，文化面貌十分清楚，墓中的随葬品均与周边的广东、湖南及本区域内战国时期越人墓中所出的相同。因此，我们认为，广西先秦岩洞葬均为古越人的墓葬，参照第四章的分区，桂西南区和桂中、中北区为古骆越人，桂东、东北区的为西瓯人。但也有学者认为“在古代西瓯民族活动的区域并未发现有实行岩洞葬的习俗”，因此贺州龙中岩洞葬的主人属于骆越族人，他“是西边骆越族的部落首领一类的人物，因为某种原因到达贺县一带并死于当地，其族人按他们自己的风俗埋葬他。”② 目前在此区域内已发现不仅此一处先秦时期的岩洞葬，说明西瓯族也流行岩洞葬的埋葬习俗，而并非作者所说的骆越人死后按其风俗埋葬在西瓯族所在地。另外，第四期的文化面貌与其他几期有很大的差异，可能代表着一种外来文化的进入，因此，其族属也可能不同，但因资料太少，目前尚不能找到其文化来源，也不能确定其族属。

---

① 陈明芳：《中国悬棺葬》，重庆出版社，2004年。

② 彭长林：《广西早期岩洞葬初探》，《广西民族研究》2001年第4期。

第二节　先秦岩洞葬文化的源流及文化关系

在以上的章节中，我们相继对先秦岩洞葬与广西南部、西南部地区新石器时代晚期文化之间的关系做了不完整的探讨，可以看出其中的第一、二期文化与广西南部、西南部地区新石器时代晚期文化有着十分密切的关系，它们应属于同一个文化系统。

在广西南部、西南部地区，新石器时代中期以来有几支重要的史前文化和文化遗址。新石器时代中期以顶蛳山文化为代表。顶蛳山文化是以贝丘遗址为特征的一种史前考古学文化。主要集中分布在以南宁地区为中心的左江、右江、邕江、郁江及其支流附近。遗址一般前临江，后靠山，处大河拐弯处或江河汇流的三角地带。其文化特征是遗址中的堆积为大量人类食用后遗弃的螺蚌壳和水陆生动物遗骸，文化遗物以夹砂陶和石器、骨器、蚌器为主。陶器以敞口、束颈、深腹、圜底的罐及敛口深腹圜底釜为主。纹饰早期多篮纹，晚期盛行绳纹。石器以通体磨制的斧、锛为主，但大部分仅刃部磨制较精，器体其他部位保留有较多深而大的打击疤痕，且器形多不规整；骨器以磨制较精的斧、锛、锥为主。蚌器主要为状似鱼头的穿孔蚌刀。墓葬数量多，葬式以各类屈肢葬为主，顶蛳山遗址第三期文化遗存中还发现有较多的肢解葬，经济生活以采集渔猎为主。顶蛳山文化的晚期开始出现有肩石器。

到新石器时代晚期，这一区域的文化主要以大石铲文化为代表。大石铲遗存主要分布在南宁、邕宁、武鸣、扶绥、崇左、龙州、宁明、大新、隆安等 36 个市县，此外在广东西部、海南及越南的广宁省等地也有零星发现，但以桂南地区分布最为密集。目前资料表明，广西的隆安、扶绥、南宁、武鸣、邕宁、崇左一带，尤其是左江、右江与邕江汇合的三角地带，遗址分布密集，出土石铲数量最多，器形最为典型，应是大石铲文化分布的中心区域。遗存多位于靠近江河湖泊的低矮坡岸上，文化遗物单纯，以形制特殊的磨光石铲为主要特征，石铲形体硕大，器身扁薄，棱角分明，制作规整，许多器物无使用痕迹，特征极明显。石铲发现时多以一定的形式排列，其中又以刃部朝上的直立或斜立排列组合为主。与之共存的遗物还有少量磨制的有肩石器和夹砂绳纹陶器等。另外，属新石器时代晚期的顶蛳山遗址第四期文化遗存的陶器中出现了多线刻划纹和圈足器①。

在南部地区的新石器时代晚期文化中还有一处最重要的文化遗址——感驮岩遗址。感驮岩遗址位于那坡县城后龙山中部山脚，为一处洞穴遗址。其文化特征为：陶器以夹

① 中国社会科学院考古研究所广西工作队等：《广西邕宁县顶蛳山遗址的发掘》，《考古》1998 年第 11 期。

砂灰陶和黑陶为主，器表纹饰有绳纹、篮纹、网格纹、弦纹、水波纹、曲折纹、锯齿状附加堆纹、乳钉纹等。施纹手法多样，有拍印、镂空、穿孔、戳印、堆贴、彩绘。主要器形有釜、罐、壶、盆、杯、钵、簋形器、纺轮等。石器多通体磨制，主要器形有双肩斧、锛、杵、矛、戈、镞、锯、梳、镯、环、玦、石片、石拍等。骨器有锛、铲、镞、矛、多刃器、锥、璋、簪、玦、饰片等。遗址的文化堆积分三期，第一期陶器流行圜底器、圈足器和三足器。该期文化距今5000年左右，属新石器时代晚期。第二期陶器有少量泥质陶，主要纹饰为绳纹，器形种类增多，碳-14测年为距今3800～2800年，属新石器时代末期到商周时期。第三期发现了蚌器和铁器，应已进入铁器时代，即战国时期①。

另外，在与南部地区接壤、同样发现较多先秦岩洞葬的红水河流域，其新石器时代晚期文化与南部地区也有许多相同之处，从布屯②、北大岭③、六卓岭、尚朗岭④等遗址来看，文化遗物主要为石器和陶器。陶器有夹砂、泥质两类，纹饰主要为绳纹、有部分多线刻划的曲线和水波纹。器类有高领罐、带耳罐、杯、钵等；流行圜底器、圈足器和三足器。石器主要有斧、锛、凿、研磨器、石刀、大石铲、石拍、砺石，斧、锛多为长方形和梯形，少量为双肩，器形较小，磨制精致，刃口锋利。大石铲多数只磨刃部。部分石器选择硬度很高的石质制成，外表美观，有的接近玉质。另有玉环、玦、镯等饰品。墓葬为长方形竖穴土坑墓，葬式有屈肢葬和肢解葬，多无随葬品，部分随葬玉镯、鼎足和罐、钵残片。

从目前所掌握的材料看，在广西西部、西南部和西北部的左、右江、红水河流域及其附近地区似乎在新石器时代晚期存在着一个共同的文化圈，其大体特征是石器主要为磨制的有肩石器，包括有肩的斧、锛、铲，以锛和铲为主，尤以大石铲最具地方和时代特征；陶器以夹砂绳纹陶为主，绳纹多为滚压的交错细绳纹，相当一部分在绳纹上再施“S”形多线刻划纹；流行圜底器、三足器和圈足器，低矮的三足器是该地区最有代表性的特点之一；器形以高领、圜底的釜、罐为主，同时并存的还有壶、钵、杯等。

从碳-14测年来看，先秦岩洞葬中第一期的年代已属新石器时代晚期的范畴，

① 广西壮族自治区文物工作队、那坡县博物馆：《广西那坡县感驮岩遗址发掘简报》，《考古》2003年第10期。

② 广西壮族自治区博物馆：《大化瑶族自治县布屯新石器时代洞穴遗址调查报告》，《广西文物》1992年第1期。

③ 林强、谢广维、宁永勤：《广西都安北大岭遗址考古发掘取得重要成果》，《中国文物报》2005年12月2日。

④ 广西壮族自治区文物工作队等：《广西马山县六卓岭、尚朗岭新石器时代遗址发掘报告》《广西考古文集》第二辑，科学出版社，2006年。

第一、二期的文化面貌和特征与分布在广西南部、西南部地区，以顶蛳山遗址第四期，感驮岩遗址第一期以及大石铲文化遗存为代表的新石器时代晚期文化有着许多的相同或相似之处。第一期岩洞葬中的陶高领罐（釜）等器形及细绳纹上加多线刻划纹的装饰手法，与新石器时代晚期的顶蛳山遗址第四期、那坡县感驮岩遗址所出的较为相似，特别与感驮岩第一期文化比较接近，如均以夹细砂的绳纹陶为主，在绳纹上多饰多线刻划的水波纹、曲线纹、S形纹等；有少量镂空和乳丁纹及磨光陶；流行圜底器、矮三足器和圈足器等。弄山的Bd型三足釜在形态上与感驮岩第一期的三足罐相近似，圈足罐在装饰纹样和手法上与其则几乎相同，均在口沿下刻划复线水波纹及在腹部刻划复线S形勾连纹。第一期常见的Bb型釜与感驮岩遗址第一期文化中的杯形罐也大致相似。大石铲与南部地区大石铲遗存中所出的大石铲在石料、器形和器类及加工方法上完全相同，有肩石器也与普遍存在于南部、西南部地区的新石器时代晚期文化遗址之中。总的来看，先秦岩洞葬第一期文化与广西南、西南部地区的新石器时代晚期文化有着深厚的文化渊源，它们是一脉相承的，应属于同一文化系统的不同发展阶段。而且年代较早的岩洞葬也与这些遗址和遗存分布在同一地域。因此，可以认为，广西的先秦岩洞葬主要源自于广西南部、西南部的新石器时代晚期文化，是从晚期新石器文化中演变而出的一种新的文化类型，岩洞葬是在本地区新石器时代晚期文化的基础上产生和发展起来的一种较为独特、具有地方特色的埋葬习俗①。它与贝丘、大石铲一道共同构成了广西南部、西南部地区一个完整而连续的土著文化系统。

虽然广西先秦岩洞葬源于本土的新石器时代晚期文化，但是在发展过程中也与其他先秦文化发生了较多的联系，文化上也受到了一定程度的影响，这种影响的痕迹大约在商代晚期的岩洞葬中已很明显。在年代约为商代中晚期的武鸣敢猪和岜马山岩洞葬中，一些器物已很明显的烙上了外地先秦文化、特别是商文化的印记。豆类陶器在广西地区商之前的遗址和墓葬中基本没有发现，而在周围的湖南、广东等地的新石器时代和商周时期的遗址和墓葬较为常见，特别是湖南所发现的数量多、时间早；玉（石）戈、铜戈等与中原商文化的相同；圆形的环、玦、镯、璜等饰品也与各地商周时期的基本相同；敢猪玉串饰中的管、片（珠）与三星堆二号祭祀坑所出的管、珠在形状、大小、厚薄上基本相同；海贝最早出现在属夏代的二里头遗址的墓葬之中，到商代，中原地区墓葬中用海贝随葬的现象已十分普遍，但广西地区用海贝作为随葬品的墓葬较少，目前年代最早的就是敢猪岩洞葬，虽然广西地处南海之滨，获取海贝较为容易，但从出现的年代上看，用海贝随葬的习俗当是在受中原文化的影响下产生的。年代约为西周时期的

① 李珍、杨轲：《广西武鸣弄山、岜旺岩洞葬的发掘与研究》，《华南及东南亚地区史前考古——纪念甑皮岩遗址发掘30周年国际学术研讨会论文集》，文物出版社，2006年。

鹞鹰山、六桥岩洞葬，其文化面貌与广西其他岩洞葬有较大的不同，代表着一种新的文化类型，许多器物在广西的先秦文化中没有发现过，显然是一种外来文化，其来源还不清楚。虽然目前在周边地区还未发现与之完全相同的文化遗物，但从总体感觉上，很可能是来自于长江中游地区，通过沅水进入广西的中北部。春秋战国时期岩洞葬中所出的青铜器基本上与湖南、广东等地的相同，几乎没有什么区别，都属于越文化的范畴。有学者研究后认为，先秦岩洞葬中的青铜器还受到楚文化、滇文化的影响①。这说明与各地文化间的交流更加频繁，关系更为密切。

① 彭书琳：《广西早期岩洞葬的青铜器》，《广西博物馆文集》第一辑，广西人民出版社，2004年。

第六章　结　　语

通过对广西先秦岩洞葬的分布、文化内涵、特征和结构、年代、分期及发展与演变序列、文化源流、族属等的综合研究和分析，使我们对先秦岩洞葬的总体文化面貌有了大致的了解，并得到如下印象：

（1）广西先秦岩洞葬主要分布在西南部的左江、右江流域，中北部的红水河流域、柳江支流龙江流域和东北部的湘江、漓江、贺江流域，以西南部的左、右江流域数量最多，保存也最好。

（2）广西先秦岩洞葬开始于新石器时代晚期的末段，经夏商周，一直到春秋战国时期，共延续2000余年。通过与其他省区岩洞葬的对比，目前在我国发现的岩洞葬中，年代最早的是岜旺和弄山，而且其文化源流非常清楚；广西众多的岩溶洞穴，客观上为岩洞葬的起源提供了十分有利的条件，史前大量洞穴遗址中埋葬死者的现象，主观上为从洞穴遗址中的墓葬发展到专门的岩洞葬带来了可能。因此，广西是我国岩洞葬出现最早的地区，是岩洞葬的重要发源地。

（3）根据各岩洞葬的年代和文化内涵及特征，将先秦岩洞葬分为五期，这五期文化基本涵盖了整个先秦时期。由于广西先秦时期的文化遗址和墓葬发现很少，特别是夏商周三代的考古资料非常少，先秦时期的文化面貌很不清楚，其文化的发展和演变序列还十分模糊，因此，先秦岩洞葬的分期，可以说大体上已代表了广西先秦文化的分期和文化发展与演变序列。

（4）先秦岩洞葬与广西同时期的文化有着十分密切的关系。年代最早的第一期文化与桂南、西南地区的新石器晚期文化渊源深厚，文化面貌上有许多相同或相似的地方，它们同属于同一文化系统的不同发展阶段。岩洞葬文化源于桂南、西南地区的新石器时代晚期文化，是土生土长的一种土著文化。

（5）先秦岩洞葬的葬地大多数选择在山脚、山腰，也有的选择在悬崖峭壁上和近山顶处、较隐蔽和人迹罕至的天然洞穴或岩厦，有的临河，但大部分与河流无关，部分洞口人为地进行了封堵。以多人合葬的族葬为主，葬法有一次葬和二次葬。墓主是当地氏族或部族的首领，岩洞葬中其他的人则是这些首领的族人或家人。

（6）广西先秦岩洞葬是广西本地土生土长的一种丧葬形式，是长期生活在这片土地上的古越人的墓葬，其族属为骆越人和西瓯人，主要是骆越人，从某种程度上可以说是骆越人创造发明了此种葬俗。

（7）广西的先秦文化并不是孤立发展的，受到了来自周边地区、甚至中原地区先秦文化的影响，这种影响在先秦岩洞葬也可以清晰的见到，说明，岩洞葬文化虽然是一种土著文化类型，但在其发展和演变过程中，也在不断吸收各地的先进文化。

由于广西先秦时期岩洞葬的材料少且零碎，加上广西先秦时期文化遗址和墓葬发现较少，可资对比研究的资料十分有限，在很大程度上制约了我们对岩洞葬整体文化的全面而深入的研究，很多问题还困惑着我们，找不到正确的答案去解释。武鸣是广西目前发现先秦时期岩洞葬年代最早、数量也最多的地区，甚至可以说是岩洞葬的发源之地，但是，先秦以后的岩洞葬在该县至今却没有发现；而隆安、扶绥、南宁市所在的左、右江交汇处一带是大石铲发现最多、最集中的区域，周边也有较多的石灰岩山和岩溶洞穴，也发现有较多晚期的岩洞葬，但却没有发现先秦时期的岩洞葬。两地相连，在岩洞葬文化上却截然不同，产生这种现象的原因无法得知。另外，在武鸣、灵川、贺州等地，先秦时期岩洞葬与土坑墓同时并存，它们之间的关系是同一族群的不同葬俗还是不同族群的不同葬俗，目前也还没有很合理的解释。岩洞葬蕴藏的文化内涵所反映的只是当时人类生活的部分内容，当时以岩洞葬为埋葬习俗的人群，其总体文化面貌如何，目前还不很清楚。虽然岩洞葬源于广西南部、西南部地区的新石器时代晚期文化，但没有一处文化遗址能完全与之对应等。

岩洞葬源远流长，所蕴藏的文化内涵深厚，所藏之秘还很多，因而探寻之路还很漫长，上述的问题以及岩洞葬整体文化面貌的把握，不同时期岩洞葬的关系等一系列问题，只能留待今后，若假以时日，新的发现、新的材料和新的认识，今天的困惑，也许明日就会迎刃而解。

岩洞葬是广西地区古代一种具有地方特点的埋葬习俗，出现时间早，延续时间长，从新石器时代晚期一直到明清。而且现在广西壮族地区还有将棺材暂放在岩洞里择日再葬的做法，有的就以岩洞作墓地，大部分是将装人骨的金坛放在岩洞里，即以岩洞作为二次葬的墓地，但形式和内容已发生了很大的变化，显然是古代岩洞葬葬俗的遗风①。岩洞葬基本贯穿于整个广西古代，经历了不同的时期和不同的民族，从一个侧面反映了广西的历史。作为一种丧葬习俗，不仅是广西丧葬文化的重要组成部分，也是广西古代史的重要组成部分之一。因此，先秦岩洞葬的整理和研究，不仅对岩洞葬的起源、发展、年代和族属、岩洞葬文化等方面的探索产生深远的影响，并对广西古代史、丧葬文化的研究以及广西新石器时代向青铜时代过渡阶段的文化面貌及先秦文化的发展与演变的探索有着十分重要的意义。

① 张一民：《广西左、右江地区崖洞葬初步调查》《民族学研究》第四辑，民族出版社，1982年。

附　　表

附表一　广西先秦岩洞葬登记表

序号	名称	所在位置	高度（米）	类型	随葬品	分期	备注
1	岜旺岩洞葬	武鸣县两江镇英俊村岜旺屯	约6	Ⅰ	Aa型釜3、Ab型釜3、Ad型釜2、Ba型釜3、Bb型釜2、D型钵、Aa型杯、Ab型杯4、Aa型三足釜2、Ab型三足釜、Ae型三足釜、Ba型三足釜、Bc型三足釜、A型三足罐、Ca型双肩石斧、Ba型双肩石锛3、型C双肩石锛、Aa型玉玦、坠饰2	Ⅰ	洞口封堵
2	弄山岩洞葬	武鸣县仙湖镇邓吉村雷蓝屯弄山	约9	Ⅰ	Ac型釜2、Ad型釜8、Ae型釜2、Af型釜2、Ag型釜5、Ba型釜3、Bb型釜2、Bc型釜、Bd型釜5、A型罐、B型罐、Ca型罐2、Cb型罐、Cc型罐4、Cd型罐2、Ce型罐、D型罐3、圈足罐4、B型杯、A型壶、碗、陶圈足3、A型钵、Ba型钵、Bb型钵、C型钵、D型钵、E型钵、Ac型三足釜、Ad型三足釜、Bb型三足釜、Bc型三足釜、Bd型三足釜2、Ba型三足罐、A型三足钵、B型三足钵2、Aa型双肩石斧、Ab型双肩石斧3、Ac型双肩石斧、Ad型双肩石斧、B型双肩石斧、D型双肩石斧、A型单肩石斧、无肩斧、A型双肩石锛、Bb型双肩石锛、C型双肩石锛、A型单肩石锛、石碾槽、A型大石铲、B型大石铲、C型大石铲3、D型大石铲 、A型石刀、Ab型玉玦、B型玉玦、C型玉玦、玉坠子、贝饰4、蚌饰7	Ⅰ	洞口封堵
3	歌寿岩岩洞葬	大新县榄圩乡新球村逐标屯歌寿山	约60	Ⅲ	Ad型釜、Bb型三足罐、E型双肩石斧、A型双肩石锛、B型单肩石锛	Ⅰ	
4	北景岩洞葬	大化县北景乡百达村腊邑山	约30	Ⅲ	Ad型釜3、Ba型釜8、Be型釜2	Ⅰ	扰乱

续表

序号	名称	所在位置	高度（米）	类型	随葬品	分期	备注
5	更洒岩洞葬	龙州县逐卜乡三叉村谷更屯更洒山	约21	Ⅲ	A型罐10、Cc型罐、Cf型罐4、E型罐2、B型壶2、A型簋4、F型双肩石斧、D型双肩石锛、Aa型石锛3 、Ba型石锛2、B型玉凿、Da型玉玦	Ⅱ	
6	矮山岩洞葬	忻城县红渡镇矮山村	约30	Ⅲ	F型罐3、Ba型釜2、Bd型釜、Bf型釜、Ab型豆、Da型纺轮、Aa型双肩石斧3、C型双肩石斧4、Cb型双肩石斧3、Cc型双肩石斧、D型双肩石斧、E型双肩石斧、Ab型石锛、B型单肩石斧、C型单肩石锛、C型石凿、石矛、玉斧、玉锛、玉料、玉饰片128、骨针2、骨管、骨璜4、海贝5、蚌器、A型铜铃2、B型铜铃、瓷四系罐、瓷钵	Ⅱ Ⅳ	多次作为葬地，洞内被扰乱，至少包含三个时期的遗物
7	翠屏山岩洞葬	忻城县城南的翠屏山	约30	Ⅲ	F型罐	Ⅱ	扰乱
8	岜马山岩洞葬	武鸣县陆斡镇覃内村岜马山	约30	Ⅱ	Ca型壶4、Cb型壶2、Cc型壶、C型釜、G型罐、B型杯、A型纺轮、B型纺轮、C型纺轮、Ca型石锛、B型石凿、Aa型凹刃石凿2 、B型凹刃石凿、玉戈、玉刻刀2、砺石、小石子58、玉镯	Ⅲ	洞口封堵
9	敢猪岩洞葬	武鸣县马头乡那堤村敢猪山	约60	Ⅲ	Ca型壶19、Cc型壶7、H型罐7、Ia型罐2、Ib型罐、Ic型罐2、J型罐、C型圈足罐、D型圈足罐、Ba型罐2、Bb型罐2、Bd型釜4、E型圈足罐、盆、F型钵、G型圈足钵2、C型杯、Aa型豆2、B型簋2、盘、Bb型纺轮11、Ba型石锛3、Ca型石锛8、Cb型石锛、D型石锛、E型石锛、凹刃石锛2、A型石凿、B型石凿、A型凹刃石凿、A型石钺、B型石刀、小	Ⅲ	洞口被炸，是否封堵不清

续表

序号	名称	所在位置	高度（米）	类型	随葬品	分期	备注
9	敢猪岩洞葬	武鸣县马头乡那堤村敢猪山	约60	Ⅲ	石子597、A型玉锛2、B型玉锛、A型玉凿、B型玉凿、Ab型凹刃玉凿、B型凹刃玉凿、玉璜、玉镯、Ea型玉玦2、Eb型玉玦2、A型玉环6、B型玉环2、玉管饰33、穿孔圆玉片1743、A型铜戈、骨锥2、骨镞、牙璜、海贝2、贝壳6	Ⅲ	洞口被炸，是否封堵不清
10	六桥岩洞葬	宜州市矮山乡六桥村坪上屯凤凰山	约100	Ⅲ	Ib型罐、J型罐、K型罐6、Da型豆2、豆圈足2、Ea型纺轮、G型双肩石斧3、B型单肩石斧、Ba型石钺、Bb型石钺、C型石钺、C型石刀2、Ba型石锛、Bb型石锛2、B型凹刃石凿、石锤、穿孔石器、Db型玉玦2	Ⅳ	被扰乱
11	鹞鹰山岩洞葬	宜州市祥贝乡古龙村下地良屯鹞鹰山	约60	Ⅲ	Ib型罐、J型罐4、K型罐3、L型罐6、H型钵、I型钵2、Ab型豆2、B型豆2、C型豆4、Da型豆7、Db型豆8、豆柄2、B型盘2、A型纺轮5、D型纺轮4、Da型纺轮2、Db型纺轮2、Ea型纺轮3、Eb型纺轮、网坠、Ab型石锛4、Ba型石锛2、E型双肩石锛2、F型双肩石锛、D型单肩石锛、H型双肩石斧3、B型石凿、Ba型石钺4、C型石刀2、穿孔石器、单肩玉锛2、A型玉锛、A型玉斧、B型玉斧、玉管、C型玉环、Eb型玉玦、Ec型玉玦、Ee型玦2、Aa型玉钏、绿松石珠3、玉片7、骨针3、骨笄、骨锥、骨镞、骨矛、卜骨、卜甲、海贝19、铜钱4、滑石器	Ⅳ	多次作为葬地，洞内被扰乱，至少包含二个时期的遗物
12	古旺山岩洞葬	来宾市兴宾区溯社乡古旺村	约8	Ⅱ	Aa型双肩石斧、Ae型双肩石斧、C型单肩石锛、A型铜钺、B型铜钺、铜匕首、铜镦	Ⅴ	
13	白面山岩洞葬	来宾市兴宾区良江乡白面村白面山	约10	Ⅱ	C型铜矛	Ⅴ	

续表

序号	名称	所在位置	高度（米）	类型	随葬品	分期	备注
14	独山岩洞葬	武鸣县两江乡独山屯独山	约100	Ⅲ	E型钵、Ab型玉钏、砺石、Aa型铜斧、Ba型铜斧、C型铜钺、A型铜刮刀、Aa型铜剑3、Ba型铜剑、B型铜矛、C型铜矛、Aa型铜戈、A型铜镞	Ⅴ	洞口封堵
15	富足村岩洞葬	灵川县潮田乡富足村后龙山	约30	Ⅱ	砺石、Ef型玉玦、Ac型铜斧、Bb型铜斧、Bb型铜剑、Aa型铜戈、Ca型铜矛、Ba型铜镞3、Bb型铜镞、铜凿、B型铜刮刀2	Ⅴ	洞口封堵
16	水头村岩洞葬	灵川县海洋乡水头村牯牛山	约20	Ⅱ	C型铜剑、Cb型铜矛、Ab型铜戈、Ab型铜斧2、铜叉形器、D型铜钺、铜镦2、铜镈、Ca型铜镞6、Cb型铜镞2、B型铜刮刀、铜锥、铜饰件	Ⅴ	洞口封堵
17	龙中岩洞葬	贺县沙田镇龙中村红砞岩山	约30	Ⅱ	A型铜鼎、B型铜鼎、C型铜鼎、铜牺尊、铜鼓、铜罍、铜盉、Ac型铜斧、铜箕形器、铜环形器、铜勾形器4、铜叉形器3、铜龙头形饰件1对、铜兽头形饰件1对、陶罍、瓷擂钵2、海贝12	Ⅴ	洞口封堵
18	吾隘岩洞葬	南丹县吾隘镇政府东北约800米的山腰上	不清	Ⅱ	A型玉锛	Ⅲ	
19	范家洞岩洞葬	宜州龙头乡龙头村李家湾屯	约100	Ⅲ	F型罐	Ⅱ	
20	北牙岩洞葬	宜州市北牙乡	不清		A型玉锛、B型玉锛	Ⅲ	
21	敢刀岩洞葬	武鸣县马头镇敬三村	约50	Ⅱ	C型石锛	Ⅲ	
22	八角岩岩洞葬	龙州县八角乡政府北约300米	不清	Ⅱ	Bb型陶壶	Ⅱ	
23	南杏岩洞葬	忻城县思练镇南杏村	约100	Ⅲ	陶圈足残片1	Ⅲ	扰乱

注：表中大小写英文字母分别代表型和亚型，未注明质地者均为陶器，未注明数量者均为1件。

附表二　广西先秦岩洞葬出土器物登记表

序号	器物号	出土地点	器物名称	质地	备注
001	WBT1∶02	武鸣岜旺	Ba 型釜	陶	残片，修复
002	WBT1∶03	武鸣岜旺	Ca 型双肩石斧	石	完整
003	WBT1∶04	武鸣岜旺	Ba 型双肩石锛	石	完整
004	WBT1∶05	武鸣岜旺	玉坠	玉	完整
005	WBT1∶06	武鸣岜旺	玉坠	玉	完整
006	WBT1∶07	武鸣岜旺	Ab 型杯	陶	完整
007	WBT1∶08	武鸣岜旺	Ab 型杯	陶	微残
008	WBT1∶09	武鸣岜旺	Aa 型三足釜	陶	足残，修复
009	WBT1∶10	武鸣岜旺	Ab 型杯	陶	完整
010	WBT1∶11	武鸣岜旺	Ab 型杯	陶	完整
011	WBT1∶12	武鸣岜旺	Bc 型三足釜	陶	残，修复
012	WBT1∶13	武鸣岜旺	Aa 型釜	陶	残，修复
013	WBT1∶14	武鸣岜旺	Bb 型釜	陶	残，修复
014	WBT1∶15	武鸣岜旺	Aa 型杯	陶	残，修复
015	WBT1∶16	武鸣岜旺	Aa 型玉玦	玉	完整
016	WBT1∶17	武鸣岜旺	Aa 型三足釜	陶	残，修复
017	WBT1∶18	武鸣岜旺	Ba 型釜	陶	完整
018	WBT1∶19	武鸣岜旺	Ba 型三足釜	陶	残，修复
019	WBT1∶20	武鸣岜旺	C 型双肩石锛	石	完整
020	WBT1∶21	武鸣岜旺	Ae 型三足釜	陶	残，修复
021	WBT1∶22	武鸣岜旺	D 型钵	陶	口微残
022	WBT1∶23	武鸣岜旺	A 型三足罐	陶	残，修复
023	WBT1∶24	武鸣岜旺	Ba 型双肩石锛	石	完整
024	WBT1∶25	武鸣岜旺	Ba 型双肩石锛	石	完整
025	WBT1∶28	武鸣岜旺	Bb 型釜	陶	残片，修复
026	WBT1∶29	武鸣岜旺	Ad 型釜	陶	残，修复
027	WBT1∶30	武鸣岜旺	Ab 型釜	陶	残，修复
028	WBT1∶31	武鸣岜旺	Ba 型釜	陶	残，修复
029	WBT2∶01	武鸣岜旺	Aa 型釜	陶	残，修复
030	WBT2∶02	武鸣岜旺	Ab 型三足釜	陶	残，修复
031	WBT2∶06	武鸣岜旺	Ab 型釜	陶	残，修复
032	WB 采∶01	武鸣岜旺	Ab 型釜	陶	残，修复
033	WB 采∶02	武鸣岜旺	Aa 型釜	陶	残，修复
034	WB 采∶03	武鸣岜旺	Ad 型釜	陶	残，修复
035	WL 支 1∶01	武鸣弄山	C 型双肩锛	石	完整

续表

序号	器物号	出土地点	器物名称	质地	备注
036	WL 支 1:02	武鸣弄山	斧	石	完整
037	WL 支 1:03	武鸣弄山	大石铲	石	残
038	WL 支 1:04	武鸣弄山	B 型石铲	石	微残
039	WL 支 1:05	武鸣弄山	大石铲	石	残
040	WL 支 1:07	武鸣弄山	A 型刀	石	完整
041	WL 厅:01	武鸣弄山	Ac 型双肩斧	石	完整
042	WL 厅:02	武鸣弄山	Aa 型双肩斧	石	完整
043	WL 厅:03	武鸣弄山	B 型双肩斧	石	完整
044	WL 厅:04	武鸣弄山	A 型圈足罐	陶	残
045	WL 厅:05	武鸣弄山	E 型钵	陶	残
046	WL 厅:06	武鸣弄山	Ad 型釜	陶	口微残
047	WL 厅:07	武鸣弄山	圈足	陶	残
048	WL 厅:08	武鸣弄山	A 型钵	陶	残，修复
049	WL 厅:09	武鸣弄山	Bd 型釜	陶	残，修复
050	WL 厅:10	武鸣弄山	Ae 型釜	陶	残，修复
051	WL 厅:11	武鸣弄山	Bc 型三足釜	陶	残，修复
052	WL 厅:12	武鸣弄山	A 型壶	陶	残，修复
053	WL 厅:13	武鸣弄山	D 型罐	陶	残，修复
054	WL 厅:14	武鸣弄山	Ab 型双肩斧	石	完整
055	WL 厅:15	武鸣弄山	A 型单肩锛	石	完整
056	WL 厅:16	武鸣弄山	贝饰	海贝	完整
057	WL 厅:17	武鸣弄山	Ac 型玦	玉	完整
058	WL 厅:18	武鸣弄山	A 型石铲	石	微残
059	WL 厅:19	武鸣弄山	Ab 型双肩斧	石	完整
060	WL 厅:20	武鸣弄山	贝饰	海贝	残
061	WL 厅:21	武鸣弄山	D 型石铲	石	残
062	WL 厅:22	武鸣弄山	A 型单肩斧	石	完整
063	WL 厅:23	武鸣弄山	Bb 型双肩斧	石	完整
064	WL 厅:24	武鸣弄山	Bb 型釜	陶	残，修复
065	WL 厅:25	武鸣弄山	Bb 型釜	陶	完整
066	WL 厅:26	武鸣弄山	Ad 型釜	陶	完整
067	WL 厅:27	武鸣弄山	Ag 型釜	陶	完整
068	WL 厅:28	武鸣弄山	Ce 型罐	陶	完整
069	WL 厅:29	武鸣弄山	Bd 型釜	陶	完整
070	WL 厅:30	武鸣弄山	碗	陶	残，修复

续表

序号	器物号	出土地点	器物名称	质地	备注
071	WL 厅:31	武鸣弄山	D 型罐	陶	完整
072	WL 厅:32	武鸣弄山	A 型圈足罐	陶	残
073	WL 厅:33	武鸣弄山	Cb 型罐	陶	残
074	WL 厅:34	武鸣弄山	B 型杯	陶	口微残
075	WL 厅:35	武鸣弄山	Ad 型釜	陶	完整
076	WL 厅:36	武鸣弄山	Bd 型釜	陶	完整
077	WL 厅:37	武鸣弄山	D 型罐	陶	残
078	WL 厅:38	武鸣弄山	Ab 型双肩斧	石	完整
079	WL 厅:39	武鸣弄山	D 型双肩斧	石	完整
080	WL 厅:40	武鸣弄山	Ab 型玉玦	玉	完整
081	WL 厅:41	武鸣弄山	蚌饰	蚌	残
082	WL 厅:42	武鸣弄山	蚌饰	蚌	残
083	WL 厅:43	武鸣弄山	贝饰	海贝	残
084	WL 厅:44	武鸣弄山	Ce 型罐	陶	残，修复
085	WL 厅:45	武鸣弄山	C 型石铲	石	残
086	WL 厅:46	武鸣弄山	C 型石铲	石	残
087	WL 厅:47	武鸣弄山	蚌饰	蚌	残
088	WL 厅:48	武鸣弄山	蚌饰	蚌	残
089	WL 厅:49	武鸣弄山	蚌饰	蚌	残
090	WL 厅:50	武鸣弄山	Ad 型釜	陶	残，修复
091	WL 厅:51	武鸣弄山	A 型圈足罐	陶	残
092	WL 支 3:1	武鸣弄山	Ad 型双肩斧	石	完整
093	WL 支 3:2	武鸣弄山	Cc 型罐	陶	残，修复
094	WL 支 3:3	武鸣弄山	Bd 型釜	陶	完整
095	WL 支 3:4	武鸣弄山	Bd 型釜	陶	完整
096	WL 支 3:5	武鸣弄山	Ae 型三足釜	陶	残，修复
097	WL 支 3:6	武鸣弄山	Ba 型三足罐	陶	残，修复
098	WL 支 3:7	武鸣弄山	A 型三足钵	陶	残，修复
099	WL 支 3:8	武鸣弄山	Ag 型釜	陶	完整
100	WL 支 3:9	武鸣弄山	Be 型三足釜	陶	残
101	WL 支 3:10	武鸣弄山	蚌饰	蚌	残
102	WL 支 3:11	武鸣弄山	Ca 型罐	陶	残
103	WL 支 3:12	武鸣弄山	Ad 型三足釜	陶	残，修复
104	WL 支 3:13	武鸣弄山	Cc 型罐	陶	残，修复
105	WL 支 3:14	武鸣弄山	Ag 型釜	陶	残，修复

续表

序号	器物号	出土地点	器物名称	质地	备注
106	WL 支 3:15	武鸣弄山	圈足	陶	残
107	WL 支 3:16	武鸣弄山	Cc 型罐	陶	残，修复
108	WL 支 3:17	武鸣弄山	A 型罐	陶	残，修复
109	WL 支 3:18	武鸣弄山	玉坠	玉	完整
110	WL 支 3:19	武鸣弄山	贝饰	海贝	残
111	WL 支 3:20	武鸣弄山	Bd 型三足釜	陶	残，修复
112	WL 支 3:21	武鸣弄山	Bd 型三足釜	陶	残，修复
113	WL 支 3:22	武鸣弄山	B 型罐	陶	残，修复
114	WL 支 3:23	武鸣弄山	Bc 型釜	陶	残，修复
115	WL 支 3:24	武鸣弄山	Ba 型钵	陶	残，修复
116	WL 支 3:25	武鸣弄山	Af 型釜	陶	残，修复
117	WL 支 3:26	武鸣弄山	Ad 型釜	陶	残，修复
118	WL 支 3:27	武鸣弄山	Af 型釜	陶	残，修复
119	WL 支 3:28	武鸣弄山	Ca 型罐	陶	残，修复
120	WL 支 3:29	武鸣弄山	Cd 型罐	陶	残，修复
121	WL 支 3:30	武鸣弄山	圈足	陶	残
122	WL 支 3:31	武鸣弄山	D 型钵	陶	残，修复
123	WL 支 4:1	武鸣弄山	碾槽	石	完整
124	WL 支 4:2	武鸣弄山	Ae 型釜	陶	完整
125	WL 支 4:3	武鸣弄山	Bb 型三足釜	陶	完整
126	WL 支 4:4	武鸣弄山	Ba 型釜	陶	残，修复
127	WL 支 4:5	武鸣弄山	Ag 型釜	陶	完整
128	WL 支 4:6	武鸣弄山	Ad 型釜	陶	完整
129	WL 支 4:7	武鸣弄山	Bb 型钵	陶	残，修复
130	WL 支 4:8	武鸣弄山	Ag 型釜	陶	残，修复
131	WL 支 4:9	武鸣弄山	圈足罐	陶	残
132	WL 支 4:10	武鸣弄山	A 型双肩锛	石	完整
133	WL 支 4:11	武鸣弄山	Ba 型釜	陶	残，修复
134	WL 支 4:12	武鸣弄山	Ac 型釜	陶	残，修复
135	WL 支 4:13	武鸣弄山	C 型钵	陶	残，修复
136	WL 支 4:14	武鸣弄山	蚌饰	蚌	残
137	WL 支 4:15	武鸣弄山	Ad 型釜	陶	残，修复
138	WL 支 4:16	武鸣弄山	B 型三足钵	陶	残，修复
139	WL 支 4:17	武鸣弄山	B 型玉玦	玉	完整
140	WL 支 4:18	武鸣弄山	Ad 型釜	陶	残，修复

续表

序号	器物号	出土地点	器物名称	质地	备注
141	WL 支 4:19	武鸣弄山	Ce 型罐	陶	残，修复
142	WL 支 4:20	武鸣弄山	Ba 型釜	陶	残，修复
143	WL 支 4:21	武鸣弄山	Ac 型釜	陶	残，修复
144	WL 支 4:22	武鸣弄山	Ce 型罐	陶	残，修复
145	WL 支 4:23	武鸣弄山	Ce 型罐	陶	残，修复
146	WL 支 4:24	武鸣弄山	Ce 型罐	陶	残，修复
147	WL 支 4:25	武鸣弄山	Cc 型罐	陶	残，修复
148	WL 支 4:26	武鸣弄山	Ce 型罐	陶	残，修复
149	WL 支 4:27	武鸣弄山	Ad 型釜	陶	残，修复
150	WL 支 4:28	武鸣弄山	Cd 型罐	陶	残，修复
151	WBD2:01	武鸣岜马山	Ba 型纺轮	陶	完整
152	WBD2:02	武鸣岜马山	Ca 型陶壶	陶	残
153	WBD2:03	武鸣岜马山	Ca 型陶壶	陶	残，修复
154	WBD2:04	武鸣岜马山	Ca 型陶壶	陶	残，修复
155	WBD2:05	武鸣岜马山	G 型罐	陶	残，修复
156	WBD3:01	武鸣岜马山	A 型纺轮	陶	完整
157	WBD3:02	武鸣岜马山	刻刀	玉	完整
158	WBD3:03	武鸣岜马山	Ca 型陶壶	陶	残，修复
159	WBD3:04	武鸣岜马山	Ca 型陶壶	陶	残
160	WBD4:01	武鸣岜马山	Ca 型陶壶	陶	残，修复
161	WBD4:02	武鸣岜马山	砺石	石	完整
162	WBD4:03	武鸣岜马山	Ca 型陶壶	陶	残
163	WBD5:01	武鸣岜马山	Ca 型锛	石	完整
164	WBD5:02	武鸣岜马山	刻刀	玉	完整
165	WBD5:03	武鸣岜马山	B 型凹刃凿	石	完整
166	WBD5:04	武鸣岜马山	玉戈	玉	完整
167	WBD5:05	武鸣岜马山	Aa 型凹刃凿	石	完整
168	WBD6:01	武鸣岜马山	Aa 型凹刃凿	石	完整
169	WBD6:02	武鸣岜马山	C 型纺轮	陶	残
170	WBD6:03	武鸣岜马山	A 型玉镯	玉	残
171	WBD6:04	武鸣岜马山	B 型杯	陶	残，修复
172	WBD6:05	武鸣岜马山	C 型釜	陶	完整
173	WBD6:06	武鸣岜马山	B 型凿	石	完整
174	06WG:01	武鸣敢猪岩	Mb 型罐	陶	残陶片
175	06WG:02	武鸣敢猪岩	陶片	陶	

续表

序号	器物号	出土地点	器物名称	质地	备注
176	06WG:03	武鸣敢猪岩	Bb 型纺轮	陶	完整
177	06WG:04	武鸣敢猪岩	Bb 型纺轮	陶	完整
178	06WG:05	武鸣敢猪岩	Bb 型纺轮	陶	完整
179	06WG:06	武鸣敢猪岩	Bb 型纺轮	陶	完整
180	06WG:07	武鸣敢猪岩	Bb 型纺轮	陶	完整
181	06WG:08	武鸣敢猪岩	陶片	陶	
182	06WG:09	武鸣敢猪岩	陶片	陶	
183	06WG:10	武鸣敢猪岩	陶片	陶	
184	06WG:11	武鸣敢猪岩	玉管	玉	33 件
185	06WG:11	武鸣敢猪岩	穿孔玉片	玉	1743 片
186	06WG:12	武鸣敢猪岩	海贝	贝	完整
187	06WG:13	武鸣敢猪岩	陶片	陶	
188	06WG:14	武鸣敢猪岩	陶片	陶	
189	06WG:15	武鸣敢猪岩	陶片	陶	
190	06WG:16	武鸣敢猪岩	小石子	石	438 颗
191	06WG:17	武鸣敢猪岩	陶片	陶	
192	06WG:18	武鸣敢猪岩	陶片	陶	
193	06WG:19	武鸣敢猪岩	陶片	陶	
194	06WG:20	武鸣敢猪岩	Eb 型玉玦	玉	完整
195	06WG:21	武鸣敢猪岩	Ea 型玉玦	玉	残
196	06WG:22	武鸣敢猪岩	Eb 型玉玦	玉	完整
197	06WG:23	武鸣敢猪岩	Aa 型锛	石	残
198	06WG:24	武鸣敢猪岩	玉片	玉	1 片
199	06WG:25	武鸣敢猪岩	玉片	玉	1 片
200	06WG:26	武鸣敢猪岩	B 型玉凿	玉	完整
201	06WG:27	武鸣敢猪岩	Ea 型玉玦	玉	残
202	06WG:28	武鸣敢猪岩	玉料	玉	
203	06WG:29	武鸣敢猪岩	Ma 型罐	陶	残陶片
204	06WG:30	武鸣敢猪岩	A 型盘	陶	残，修复
205	06WG:31	武鸣敢猪岩	贝壳	贝	残
206	06WG:32	武鸣敢猪岩	贝壳	贝	残
207	06WG:33	武鸣敢猪岩	贝壳	贝	残
208	06WG:34	武鸣敢猪岩	贝壳	贝	残
209	06WG:35	武鸣敢猪岩	贝壳	贝	残
210	06WG:36	武鸣敢猪岩	玉环	玉	完整

续表

序号	器物号	出土地点	器物名称	质地	备注
211	06WG: 37	武鸣敢猪岩	A 型玉环	玉	完整
212	06WG: 38	武鸣敢猪岩	A 型玉环	玉	完整
213	06WG: 39	武鸣敢猪岩	A 型玉环	玉	完整
214	06WG: 40	武鸣敢猪岩	B 型玉环	玉	完整
215	06WG: 41	武鸣敢猪岩	Ca 型锛	石	完整
216	06WG: 42	武鸣敢猪岩	Cb 型锛	石	残
217	06WG: 43	武鸣敢猪岩	玉片	玉	1 片
218	06WG: 44	武鸣敢猪岩	Bb 型纺轮	陶	完整
219	06WG: 45	武鸣敢猪岩	B 型凿	石	完整
220	06WG: 46	武鸣敢猪岩	圈足	陶	残
221	06WG: 47	武鸣敢猪岩	Bb 型纺轮	陶	完整
222	06WG: 48	武鸣敢猪岩	Bb 型锛	石	完整
223	06WG: 49	武鸣敢猪岩	A 型玉锛	玉	完整
224	06WG: 50	武鸣敢猪岩	骨镞	骨	残
225	06WG: 51	武鸣敢猪岩	Aa 型豆	陶	残，修复
226	06WG: 52	武鸣敢猪岩	海贝	贝	完整
227	06WG: 53	武鸣敢猪岩	Bb 型纺轮	陶	完整
228	06WG: 54	武鸣敢猪岩	Ca 型锛	石	残
229	06WG: 55	武鸣敢猪岩	Bb 型纺轮	陶	残
230	06WG: 56	武鸣敢猪岩	小石子	石	50 颗
231	06WG: 57	武鸣敢猪岩	A 型玉环	玉	完整
232	06WG: 58	武鸣敢猪岩	A 型玉环	玉	完整
233	06WG: 59	武鸣敢猪岩	B 型玉锛	玉	完整
234	06WG: 60	武鸣敢猪岩	小石子	石	101 颗
235	06WG: 61	武鸣敢猪岩	E 型锛	石	完整
236	06WG: 62	武鸣敢猪岩	A 型玉环	玉	残
237	06WG: 63	武鸣敢猪岩	D 型锛	石	残
238	06WG: 64	武鸣敢猪岩	贝壳	贝	残
239	06WG: 65	武鸣敢猪岩	Ab 型凹刃凿	石	完整
240	06WG: 66	武鸣敢猪岩	Bb 型锛	石	完整
241	06WG: 67	武鸣敢猪岩	A 型凿	石	完整
242	06WG: 68	武鸣敢猪岩	B 型凹刃玉凿	玉	完整
243	06WG: 69	武鸣敢猪岩	凹刃锛	石	完整
244	06WG: 70	武鸣敢猪岩	凹刃锛	石	完整
245	06WG: 71	武鸣敢猪岩	Ca 型锛	石	残

续表

序号	器物号	出土地点	器物名称	质地	备注
246	06WG:72	武鸣敢猪岩	A 型玉锛	玉	完整
247	06WG:73	武鸣敢猪岩	Ca 型锛	石	残
248	06WG:74	武鸣敢猪岩	Ca 型锛	石	残
249	06WG:75	武鸣敢猪岩	A 型石钺	石	完整
250	06WG:76	武鸣敢猪岩	A 型玉凿	玉	完整
251	06WG:77	武鸣敢猪岩	Ca 型锛	石	残
252	06WG:78	武鸣敢猪岩	Ca 型锛	石	完整
253	06WG:79	武鸣敢猪岩	A 型凹刃玉凿	玉	完整
254	06WG:80	武鸣敢猪岩	璜	玉	残
255	06WG:81	武鸣敢猪岩	A 型玉镯	玉	残
256	06WG:82	武鸣敢猪岩	牙璜	牙	完整
257	06WG:83	武鸣敢猪岩	骨锥	骨	残
258	06WG:84	武鸣敢猪岩	骨锥	骨	残
259	06WG:86	武鸣敢猪岩	B 型石刀	石	完整
260	06WG:88	武鸣敢猪岩	Ba 型锛	石	完整
261	06WG:89	武鸣敢猪岩	Ha 型罐	陶	残陶片
262	06WG:90	武鸣敢猪岩	Ha 型罐	陶	残陶片
263	06WG:91	武鸣敢猪岩	Ha 型罐	陶	残陶片
264	06WG:92	武鸣敢猪岩	Ca 型壶	陶	残陶片
265	06WG:93	武鸣敢猪岩	Cc 型壶	陶	残陶片
266	06WG:94	武鸣敢猪岩	Cc 型壶	陶	残陶片
267	06WG:95	武鸣敢猪岩	Cc 型壶	陶	残陶片
268	06WG:97	武鸣敢猪岩	Ib 型罐	陶	残陶片
269	06WG:98	武鸣敢猪岩	Ic 型罐	陶	残陶片
270	06WG:99	武鸣敢猪岩	盆	陶	残陶片
271	06WG:100	武鸣敢猪岩	Bd 型釜	陶	残陶片
272	06WG:101	武鸣敢猪岩	Ma 型罐	陶	残陶片
273	06WG:102	武鸣敢猪岩	Bd 型釜	陶	残陶片
274	06WG:103	武鸣敢猪岩	J 型罐	陶	残陶片
275	06WG:104	武鸣敢猪岩	Ia 型罐	陶	残陶片
276	06WG:105	武鸣敢猪岩	圈足	陶	残陶片
277	06WG:106	武鸣敢猪岩	C 型圈足罐	陶	残陶片
278	06WG:107	武鸣敢猪岩	D 型圈足罐	陶	残陶片
279	06WG:108	武鸣敢猪岩	F 型钵	陶	残陶片
280	06WG:109	武鸣敢猪岩	E 型圈足罐	陶	残陶片

续表

序号	器物号	出土地点	器物名称	质地	备注
281	06WG: 110	武鸣敢猪岩	C 型杯	陶	修复
282	06WG: 111	武鸣敢猪岩	G 型钵	陶	残陶片
283	06WG: 112	武鸣敢猪岩	G 型钵	陶	残
284	06WG: 113	武鸣敢猪岩	Mb 型罐	陶	残陶片
285	06WG: 114	武鸣敢猪岩	器耳	陶	残陶片
286	06WG: 115	武鸣敢猪岩	器足	陶	残陶片
287	06WG: 116	武鸣敢猪岩	B 型簋	陶	残陶片
288	06WG: 117	武鸣敢猪岩	B 型簋	陶	残，修复
289	06WG: 118	武鸣敢猪岩	豆圈足	陶	残陶片
290	06WG: 120	武鸣敢猪岩	Aa 型豆	陶	残陶片
291	06WG: 121	武鸣敢猪岩	圈足	陶	残陶片
292	WD: 01	武鸣独山	Ba 型斧	铜	完整
293	WD: 02	武鸣独山	Ba 型剑	铜	残
294	WD: 03	武鸣独山	A 型镞	铜	完整
295	WD: 04	武鸣独山	Aa 型剑	铜	完整
296	WD: 05	武鸣独山	Aa 型剑	铜	完整
297	WD: 06	武鸣独山	Aa 型剑	铜	完整
298	WD: 07	武鸣独山	Aa 型戈	铜	完整
299	WD: 08	武鸣独山	C 型矛	铜	完整
300	WD: 09	武鸣独山	B 型矛	铜	完整
301	WD: 10	武鸣独山	A 型刮刀	铜	残
302	WD: 11	武鸣独山	C 型钺	铜	完整
303	WD: 12	武鸣独山	Aa 型斧	铜	完整
304	WD: 13	武鸣独山	砺石	石	完整
305	WD: 14	武鸣独山	Ab 型钏	玉	完整
306	WD: 15	武鸣独山	E 型钵	陶	残
307	DG: 01	大新歌寿岩	Bb 型三足罐	陶	完整
308	DG: 02	大新歌寿岩	Ad 型釜	陶	残，修复
309	DG: 03	大新歌寿岩	A 型双肩石锛	石	完整
310	DG: 04	大新歌寿岩	B 型单肩石锛	石	完整
311	DG: 05	大新歌寿岩	E 型双肩石斧	石	完整
312	LG: 01	龙州更洒	Cf 型罐	陶	残，修复
313	LG: 02	龙州更洒	Cc 型罐	陶	完整
314	LG: 03	龙州更洒	A 型罐	陶	残，修复
315	LG: 04	龙州更洒	Aa 型簋	陶	残，修复

续表

序号	器物号	出土地点	器物名称	质地	备注
316	LG:05	龙州更洒	A 型罐	陶	残，修复
317	LG:06	龙州更洒	Cf 型罐	陶	残，修复
318	LG:07	龙州更洒	Cf 型罐	陶	残，修复
319	LG:08	龙州更洒	B 型壶	陶	残，修复
320	LG:09	龙州更洒	Cf 型罐	陶	残，修复
321	LG:10	龙州更洒	E 型罐	陶	残，修复
322	LG:11	龙州更洒	B 型壶	陶	残，修复
323	LG:12	龙州更洒	E 型罐	陶	残，修复
324	LG:13	龙州更洒	Ba 型锛	石	完整
325	LG:14	龙州更洒	Aa 型锛	石	完整
326	LG:15	龙州更洒	Ba 型锛	石	微残
327	LG:16	龙州更洒	Aa 型锛	石	微残
328	LG:17	龙州更洒	D 型双肩锛	石	完整
329	LG:18	龙州更洒	B 型玉凿	玉	完整
330	LG:19	龙州更洒	Aa 型锛	石	完整
331	LG:20	龙州更洒	F 型双肩斧	石	完整
332	LG:21	龙州更洒	Da 型玉玦	玉	完整
333	LG:22	龙州更洒	Aa 型簋	陶	残
334	LG:23	龙州更洒	Aa 型簋	陶	残
335	LG:24	龙州更洒	Aa 型簋	陶	残
336	LG:26	龙州更洒	杯	陶	残
337	DB:01	大化北景	Ad 型陶釜	陶	残陶片
338	DB:02	大化北景	Ad 型陶釜	陶	残陶片
339	DB:03	大化北景	Ba 型陶釜	陶	残陶片
340	DB:04	大化北景	Ba 型陶釜	陶	残陶片
341	DB:05	大化北景	Ba 型陶釜	陶	残陶片
342	DB:06	大化北景	Ad 型陶釜	陶	残陶片
343	DB:07	大化北景	Be 型陶釜	陶	残陶片
344	XA:01	忻城矮山	G 型双肩斧	石	完整
345	XA:02	忻城矮山	F 型罐	陶	完整
346	XA:03	忻城矮山	Bf 型釜	陶	完整
347	XA:04	忻城矮山	骨管	骨	完整
348	XA:05	忻城矮山	骨璜	骨	完整
349	XA:06	忻城矮山	骨璜	骨	完整
350	XA:07	忻城矮山	骨璜	骨	残

续表

序号	器物号	出土地点	器物名称	质地	备注
351	XA:08	忻城矮山	骨璜	骨	残
352	XA:09	忻城矮山	玉片	玉	共128片
353	XA:10	忻城矮山	C型凿	石	残
354	XA:11	忻城矮山	Da型纺轮	陶	完整
355	XA:12	忻城矮山	玉料	玉	
356	XA:13	忻城矮山	玉锛	玉	残
357	XA:14	忻城矮山	玉斧	玉	残
358	XA:15	忻城矮山	B型铜铃	铜	残
359	XA:16	忻城矮山	Cb型双肩斧	石	完整
360	XA:17	忻城矮山	Cb型双肩斧	石	刃部残
361	XA:18	忻城矮山	Cc型双肩斧	石	完整
362	XA:19	忻城矮山	C型单肩锛	石	完整
363	XA:20	忻城矮山	Aa型双肩斧	石	完整
364	XA:21	忻城矮山	Aa Aa型双肩斧	石	完整
365	XA:22	忻城矮山	Aa Aa型双肩斧	石	完整
366	XA:23	忻城矮山	Cb型双肩斧	石	残
367	XA:24	忻城矮山	Ab型锛	石	完整
368	XA:25	忻城矮山	B型单肩斧	石	完整
369	XA:26	忻城矮山	石器	石	残、形制不清
370	XA:27	忻城矮山	D型双肩斧	石	完整
371	XA:28	忻城矮山	石矛	石	残
372	XA:29	忻城矮山	骨针	骨	残
373	XA:30	忻城矮山	骨针	骨	残
374	XA:31	忻城矮山	海贝	贝	完整
375	XA:32	忻城矮山	海贝	贝	完整
376	XA:33	忻城矮山	海贝	贝	完整
377	XA:34	忻城矮山	海贝	贝	完整
378	XA:35	忻城矮山	海贝	贝	完整
379	XA:36	忻城矮山	A型铜铃	铜	完整
380	XA:37	忻城矮山	A型铜铃	铜	完整
381	XA:38	忻城矮山	石片	石	
382	XA:39	忻城矮山	石片	石	
383	XA:40	忻城矮山	砺石	石	残
384	XA:41	忻城矮山	瓷钵	瓷	完整
385	XA:42	忻城矮山	蚌器	蚌	残

续表

序号	器物号	出土地点	器物名称	质地	备注
386	XA:43	忻城矮山	瓷罐	瓷	完整
387	XA:44	忻城矮山	F 型罐	陶	残陶片
388	XA:45	忻城矮山	F 型罐	陶	残陶片
389	XA:46	忻城矮山	Ba 型釜	陶	残陶片
390	XA:48	忻城矮山	Ba 型釜	陶	残陶片
391	XA:47	忻城矮山	Bd 型釜	陶	残陶片
392	XA:49	忻城矮山	Ab 型豆	陶	残陶片
393	XC:01	忻城翠屏山	F 型罐	陶	残陶片
394	LB:01	来宾白面山	A 型铜矛	铜	残
395	LGW:01	来宾古旺山	Ab 型双肩石斧	石	完整
396	LGW:02	来宾古旺山	Ae 型双肩石斧	石	完整
397	LGW:03	来宾古旺山	C 型单肩石锛	石	完整
398	LGW:04	来宾古旺山	B 型铜钺	铜	完整
399	LGW:05	来宾古旺山	A 型铜钺	铜	完整
400	LGW:06	来宾古旺山	匕首	铜	残
401	YL:01	宜州六桥	B 型凹刃凿	石	完整
402	YL:02	宜州六桥	Bb 型锛	石	完整
403	YL:03	宜州六桥	Bb 型锛	石	完整
404	YL:04	宜州六桥	Bb 型钺	石	完整
405	YL:05	宜州六桥	Ba 型钺	石	完整
406	YL:06	宜州六桥	C 型钺	石	微残
407	YL:07	宜州六桥	B 型单肩斧	石	完整
408	YL:08	宜州六桥	Ea 型纺轮	陶	完整
409	YL:09	宜州六桥	穿孔石器	石	完整
410	YL:10	宜州六桥	Ba 型锛	石	完整
411	YL:11	宜州六桥	残石器	石	残
412	YL:12	宜州六桥	G 型双肩石斧	石	残
413	YL:13	宜州六桥	残石锛	石	残
414	YL:14	宜州六桥	G 型双肩石斧	石	残
415	YL:15	宜州六桥	锛	石	残
416	YL:16	宜州六桥	C 型刀	石	完整
417	YL:17	宜州六桥	石锤	石	完整
418	YL:18	宜州六桥	残石器	石	残
419	YL:19	宜州六桥	C 型刀	石	残
420	YL:20	宜州六桥	G 型双肩石斧	石	刃部残

续表

序号	器物号	出土地点	器物名称	质地	备注
421	YL:21	宜州六桥	Db 型玉玦	玉	完整
422	YL:22	宜州六桥	Db 型玉玦	玉	完整
423	YL:23	宜州六桥	K 型罐	陶	残陶片
424	YL:24	宜州六桥	K 型罐	陶	残陶片
425	YL:25	宜州六桥	K 型罐	陶	残陶片
426	YL:26	宜州六桥	K 型罐	陶	残陶片
427	YL:27	宜州六桥	I 型罐	陶	残陶片
428	YL:28	宜州六桥	J 型罐	陶	残陶片
429	YL:29	宜州六桥	Da 型豆	陶	残陶片
430	YL:30	宜州六桥	Da 型豆	陶	残陶片
431	YL:31	宜州六桥	豆圈足	陶	残陶片
432	YL:32	宜州六桥	豆圈足	陶	残陶片
433	YY:01	宜州鹞鹰山	Da 型豆	陶	残陶片
434	YY:02	宜州鹞鹰山	Db 型豆	陶	残陶片
435	YY:03	宜州鹞鹰山	豆圈足	陶	残陶片
436	YY:04	宜州鹞鹰山	豆圈足	陶	残陶片
437	YY:05	宜州鹞鹰山	豆圈足	陶	残陶片
438	YY:06	宜州鹞鹰山	Ab 型豆	陶	残陶片
439	YY:07	宜州鹞鹰山	B 型豆	陶	残陶片
440	YY:08	宜州鹞鹰山	Ab 型豆	陶	残陶片
441	YY:09	宜州鹞鹰山	C 型豆	陶	残陶片
442	YY:10	宜州鹞鹰山	C 型豆	陶	残陶片
443	YY:11	宜州鹞鹰山	C 型豆	陶	残陶片
444	YY:12	宜州鹞鹰山	C 型豆	陶	残陶片
445	YY:13	宜州鹞鹰山	I 型钵	陶	残陶片
446	YY:14	宜州鹞鹰山	H 型钵	陶	残陶片
447	YY:15	宜州鹞鹰山	残陶罐	陶	残陶片
448	YY:16	宜州鹞鹰山	豆柄	陶	残陶片
449	YY:17	宜州鹞鹰山	豆短圈足	陶	残陶片
450	YY:18	宜州鹞鹰山	豆柄	陶	残陶片
451	YY:19	宜州鹞鹰山	豆圈足	陶	残陶片
452	YY:20	宜州鹞鹰山	豆圈足	陶	残陶片
453	YY:21	宜州鹞鹰山	罐圈足	陶	残陶片
454	YY:22	宜州鹞鹰山	豆圈足	陶	残陶片
455	YY:23	宜州鹞鹰山	罐圈足	陶	残陶片

续表

序号	器物号	出土地点	器物名称	质地	备注
456	YY:24	宜州鹞鹰山	B 型盘	陶	残陶片
457	YY:25	宜州鹞鹰山	I 型钵	陶	残陶片
458	YY:26	宜州鹞鹰山	B 型盘	陶	残陶片
459	YY:27	宜州鹞鹰山	豆圈足	陶	残陶片
460	YY:28	宜州鹞鹰山	豆圈足	陶	残陶片
461	YY:29	宜州鹞鹰山	豆圈足	陶	残陶片
462	YY:30	宜州鹞鹰山	豆圈足	陶	残陶片
463	YY:31	宜州鹞鹰山	豆圈足	陶	残陶片
464	YY:32	宜州鹞鹰山	豆圈足	陶	残陶片
465	YY:33	宜州鹞鹰山	L 型罐	陶	残陶片
466	YY:34	宜州鹞鹰山	L 型罐	陶	残陶片
467	YY:35	宜州鹞鹰山	J 型罐	陶	残陶片
468	YY:36	宜州鹞鹰山	K 型罐	陶	残陶片
469	YY:37	宜州鹞鹰山	L 型罐	陶	残陶片
470	YY:38	宜州鹞鹰山	Ib 型罐	陶	残陶片
471	YY:39	宜州鹞鹰山	J 型罐	陶	残陶片
472	YY:40	宜州鹞鹰山	K 型罐	陶	残陶片
473	YY:41	宜州鹞鹰山	残陶罐	陶	残陶片
474	YY:42	宜州鹞鹰山	J 型罐	陶	残陶片
475	YY:43	宜州鹞鹰山	J 型罐	陶	残陶片
476	YY:44	宜州鹞鹰山	B 型斧	玉	完整
477	YY:45	宜州鹞鹰山	D 型双肩锛	石	完整
478	YY:46	宜州鹞鹰山	残石器	石	残
479	YY:47	宜州鹞鹰山	F 型双肩锛	石	完整
480	YY:48	宜州鹞鹰山	Ab 型锛	石	完整
481	YY:49	宜州鹞鹰山	Ba 型钺	石	完整
482	YY:50	宜州鹞鹰山	Ba 型钺	石	微残
483	YY:51	宜州鹞鹰山	钺	石	残
484	YY:52	宜州鹞鹰山	Ba 型钺	石	微残
485	YY:53	宜州鹞鹰山	单肩锛	玉	完整
486	YY:54	宜州鹞鹰山	Ee 型玉玦	玉	残
487	YY:55	宜州鹞鹰山	Ee 型玉玦	玉	残
488	YY:56	宜州鹞鹰山	Ec 型玉玦	玉	断裂
489	YY:57	宜州鹞鹰山	Ed 型玉玦	玉	断裂
490	YY:58	宜州鹞鹰山	海贝	贝	完整

续表

序号	器物号	出土地点	器物名称	质地	备注
491	YY: 59	宜州鹞鹰山	海贝	贝	完整
492	YY: 60	宜州鹞鹰山	海贝	贝	完整
493	YY: 61	宜州鹞鹰山	海贝	贝	残
494	YY: 62	宜州鹞鹰山	海贝	贝	残
495	YY: 63	宜州鹞鹰山	海贝	贝	残
496	YY: 64	宜州鹞鹰山	海贝	贝	完整
497	YY: 65	宜州鹞鹰山	Ea 型纺轮	陶	完整
498	YY: 66	宜州鹞鹰山	Ea 型纺轮	陶	完整
499	YY: 67	宜州鹞鹰山	Ba 型纺轮	陶	完整
500	YY: 68	宜州鹞鹰山	Ba 型纺轮	陶	残
501	YY: 69	宜州鹞鹰山	Db 型纺轮	陶	残
502	YY: 70	宜州鹞鹰山	A 型纺轮	陶	残
503	YY: 71	宜州鹞鹰山	骨镞	骨	残
504	YY: 72	宜州鹞鹰山	石器	石	残
505	YY: 73	宜州鹞鹰山	石器	石	残
506	YY: 74	宜州鹞鹰山	骨针	骨	完整
507	YY: 75	宜州鹞鹰山	骨笄	骨	残
508	YY: 76	宜州鹞鹰山	骨针	骨	完整
509	YY: 77	宜州鹞鹰山	卜骨	骨	微残
510	YY: 78	宜州鹞鹰山	骨针	骨	残
511	YY: 79	宜州鹞鹰山	残骨器	骨	残
512	YY: 80	宜州鹞鹰山	残骨器	骨	残
513	YY: 81	宜州鹞鹰山	卜甲	骨	残
514	YY: 82	宜州鹞鹰山	滑石饰件	滑石	完整
515	YY: 83	宜州鹞鹰山	骨锥	骨	残
516	YY: 84	宜州鹞鹰山	骨矛	骨	残
517	YY: 85	宜州鹞鹰山	纺轮	陶	残
518	YY: 86	宜州鹞鹰山	网坠	陶	完整
519	YY: 87	宜州鹞鹰山	A 型纺轮	陶	残
520	YY: 88	宜州鹞鹰山	Ab 型锛	石	残
521	YY: 89	宜州鹞鹰山	Db 型纺轮	陶	残
522	YY: 90	宜州鹞鹰山	海贝	贝	完整
523	YY: 91	宜州鹞鹰山	海贝	贝	完整
524	YY: 92	宜州鹞鹰山	海贝	贝	完整
525	YY: 93	宜州鹞鹰山	海贝	贝	完整

续表

序号	器物号	出土地点	器物名称	质地	备注
526	YY:94	宜州鹞鹰山	Ab 型锛	石	完整
527	YY:95	宜州鹞鹰山	C 型刀	石	完整
528	YY:96	宜州鹞鹰山	Eb 型纺轮	陶	完整
529	YY:97	宜州鹞鹰山	Aa 型钏	玉	残
530	YY:98	宜州鹞鹰山	C 型环	玉	残
531	YY:99	宜州鹞鹰山	珠子	绿松石	3 粒
532	YY:100	宜州鹞鹰山	海贝	贝	完整
533	YY:101	宜州鹞鹰山	C 型刀	石	完整
534	YY:102	宜州鹞鹰山	海贝	贝	完整
535	YY:103	宜州鹞鹰山	海贝	贝	完整
536	YY:104	宜州鹞鹰山	海贝	贝	残
537	YY:105	宜州鹞鹰山	海贝	贝	残
538	YY:106	宜州鹞鹰山	海贝	贝	完整
539	YY:107	宜州鹞鹰山	玉管	玉	残
540	YY:108	宜州鹞鹰山	Ba 型锛	石	完整
541	YY:109	宜州鹞鹰山	货泉铜钱	铜	完整
542	YY:110	宜州鹞鹰山	五铢铜钱	铜	完整
543	YY:111	宜州鹞鹰山	五铢铜钱	铜	完整
544	YY:112	宜州鹞鹰山	五铢铜钱	铜	完整
545	YY:113	宜州鹞鹰山	E 型双肩锛	石	微残
546	YY:114	宜州鹞鹰山	H 型双肩斧	石	微残
547	YY:115	宜州鹞鹰山	石纺轮	石	残
548	YY:116	宜州鹞鹰山	海贝	贝	完整
549	YY:117	宜州鹞鹰山	残骨器	骨	残
550	YY:118	宜州鹞鹰山	残骨器	骨	残
551	YY:119	宜州鹞鹰山	玉片	玉	完整，7 片
552	YY:120	宜州鹞鹰山	H 型双肩斧	石	完整
553	YY:121	宜州鹞鹰山	B 型凹刃凿	石	完整
554	YY:122	宜州鹞鹰山	Ba 型锛	石	完整
555	YY:123	宜州鹞鹰山	单肩锛	玉	微残
556	YY:124	宜州鹞鹰山	残石器	石	残
557	YY:125	宜州鹞鹰山	A 型斧	玉	完整
558	YY:126	宜州鹞鹰山	海贝	贝	残
559	YY:127	宜州鹞鹰山	H 型双肩斧	石	完整
560	YY:128	宜州鹞鹰山	A 型锛	玉	完整

续表

序号	器物号	出土地点	器物名称	质地	备注
561	YY∶129	宜州鹞鹰山	E 型双肩锛	石	完整
562	YY∶130	宜州鹞鹰山	Ea 型纺轮	陶	完整
563	YY∶131	宜州鹞鹰山	C 型刀	石	完整
564	YY∶132	宜州鹞鹰山	穿孔石器	石	完整
565	YY∶133	宜州鹞鹰山	Da 型豆	陶	残陶片
566	YY∶134	宜州鹞鹰山	Da 型豆	陶	残陶片
567	YY∶135	宜州鹞鹰山	Da 型豆	陶	残陶片
568	YY∶136	宜州鹞鹰山	Db 型豆	陶	残陶片
569	YY∶137	宜州鹞鹰山	Db 型豆	陶	残陶片
570	YY∶138	宜州鹞鹰山	Db 型豆	陶	残陶片
571	LF∶01	灵川富足村	砺石	石	完整
572	LF∶02	灵川富足村	Ef 型玉玦	玉	完整
573	LF∶03	灵川富足村	Bb 型剑	铜	完整
574	LF∶04	灵川富足村	Ac 型铜斧	铜	完整
575	LF∶05	灵川富足村	Bb 型铜斧	铜	完整
576	LF∶06	灵川富足村	Ca 型铜矛	铜	完整
577	LF∶07	灵川富足村	Aa 型戈	铜	完整
578	LF∶08	灵川富足村	A 型镞	铜	完整
579	LF∶09	灵川富足村	A 型镞	铜	残
580	LF∶10	灵川富足村	A 型镞	铜	残
581	LF∶11	灵川富足村	B 型铜刮刀	铜	残
582	LF∶12	灵川富足村	B 型铜刮刀	铜	残
583	LF∶13	灵川富足村	B 型镞	铜	残
584	LF∶14	灵川富足村	凿	铜	完整
585	LS∶01	灵川水头村	C 型剑	铜	完整
586	LS∶02	灵川水头村	Cb 型矛	铜	完整
587	LS∶03	灵川水头村	Ab 型戈	铜	完整
588	LS∶04	灵川水头村	镡	铜	完整
589	LS∶05	灵川水头村	D 型钺	铜	完整
590	LS∶06	灵川水头村	Ab 型斧	铜	完整
591	LS∶07	灵川水头村	Ab 型斧	铜	完整
592	LS∶08	灵川水头村	B 型刮刀	铜	残
593	LS∶09	灵川水头村	叉形器	铜	完整
594	LS∶10	灵川水头村	铜饰件	铜	完整
595	LS∶11	灵川水头村	镦	铜	残

续表

序号	器物号	出土地点	器物名称	质地	备注
596	LS:12	灵川水头村	镦	铜	残
597	LS:13	灵川水头村	锥	铜	完整
598	LS:14	灵川水头村	Ca 型镞	铜	残
599	LS:15	灵川水头村	Ca 型镞	铜	残
600	LS:16	灵川水头村	Cb 型镞	铜	残
601	LS:17	灵川水头村	Cb 型镞	铜	残
602	LS:18	灵川水头村	Ca 型镞	铜	残
603	LS:19	灵川水头村	Ca 型镞	铜	残
604	LS:20	灵川水头村	Ca 型镞	铜	残
605	LS:21	灵川水头村	Ca 型镞	铜	残
606	HL:01	贺州龙中	棺栓	铜	完整
607	HL:02	贺州龙中	钩形器	铜	4 件
608	HL:03	贺州龙中	兽头形饰件	铜	1 对
609	HL:04	贺州龙中	铜罍	铜	完整
610	HL:05	贺州龙中	铜鼓	铜	完整
611	HL:06	贺州龙中	陶罍	陶	完整
612	HL:07	贺州龙中	Ac 型斧	铜	完整
613	HL:08	贺州龙中	原始瓷擂钵	瓷	完整
614	HL:09	贺州龙中	环	铜	完整
615	HL:10	贺州龙中	C 型铜鼎	铜	完整
616	HL:11	贺州龙中	A 型铜	铜	完整
617	HL:12	贺州龙中	B 型铜	铜	完整
618	HL:13	贺州龙中	棺栓	铜	完整
619	HL:14	贺州龙中	原始瓷擂钵	瓷	完整
620	HL:15	贺州龙中	牺尊	铜	完整
621	HL:16	贺州龙中	海贝	贝	12 枚
622	HL:17	贺州龙中	盉	铜	完整
623	HL:18	贺州龙中	龙头形饰件	铜	1 对
624	HL:19	贺州龙中	箕形器	铜	完整
625	敢刀:1	武鸣敢刀	Ca 型石锛	石	完整
626	八角岩:1	龙州八角岩	Bb 型壶	陶	圈足残
627	范家洞:1	宜州范家洞	F 型	陶	完整
628	北牙:01	宜州北牙	B 型玉锛	玉	完整
629	北牙:2	宜州北牙	A 型玉锛	玉	完整
630	吾隘:01	南丹吾隘	A 型玉锛	玉	完整

附录一　岜旺岩洞葬人骨碳-14 年代测定报告

批号：T2003-11

送样单位：桂林文物队

送样人：贺战武

报告日期：06/18/03

实验号	送样号	样品名称	取样地点	送样日期	测定年代（BP）
080	1 号	人骨	武鸣岜旺	05/27/03	3650 ± 95
081	2 号	人骨	武鸣岜旺	05/27/03	2620 ± 80

地质矿产部岩溶地质研究所

附录二　岜旺、敢猪岩洞葬人骨、木炭加速器质谱（AMS）碳-14测试报告

送样单位：广西文物考古研究所

送样人：李珍

测定日期：07-06

Lab 编号	样品	样品原编号	碳-14 年代（BP）	树轮校正后年代（BC）	
				1（68.2%）	2（95.4%）
BA06982	人骨	1（岜旺）	4355±40	3015BC（68.2%）~2910BC	3090BC（95.4%）~2890BC
BA06983	人骨	2（岜旺）	4325±35	3010BC（21.6%）~2970BC 2940BC（46.6%）~2890BC	3030BC（95.4%）~2880BC
BA06985	人骨	4（敢猪）	3245±35	1610BC（9.1%）~1580BC 1540BC（59.1%）~1450BC	1610BC（95.4%）~1430BC
BA06988	木炭	7（敢猪）	3160±35	1495BC（11.3%）~1475BC 1460BC（56.9%）~1405BC	1510BC（93.8%）~1380BC 1340BC（1.6%）~1320BC
BA06990	木炭	9（敢猪）	3105±40	1430BC（47.6%）~1360BC 1350BC（20.6%）~1310BC	1460BC（95.4%）~1260BC

注：所用碳-14 半衰期为 5568 年，BP 为距 1950 年的年代。

树轮校正所用曲线为 IntCal04①，所用程序为 OxCal v3. 10②。

①Reimer PJ, MGL Baillie, E Bard, A Bayliss, JW Beck, C Bertrand, PG Blackwell, CE Buckg, G Burr, KB Cutler, PE Damon, RL Edwards, RG Fairbanks, M Friedrich, TP Guilderson, KA Hughen, B Kromer, FG McCormac, S Manning, C Bronk Ramsey, RW Reimer, S Remmele, JR Southon, M Stuiver, S Talamo, FW Taylor, J van der Plicht, and CE Weyhenmeyer. 2004 *Radiocarbon* 46: 1029-1058

②*Christopher Bronk Ramsey* 2005, www. rlaha. ox. ac. uk/orau/oxcal. html

北京大学　加速器质谱实验室
第四纪年代测定实验室

2007 年 6 月 6 日

附录三　广西武鸣县敢猪岩洞葬出土玉石器的矿物学与岩石学特征

邝国敦①　李　珍②　黄云忠③

一、简　　况

武鸣县敢猪岩洞葬发掘出土的随葬器物中有由各种石料制作的装饰用品，如玦、镯、环、璜、玉片、玉管和工具类的锛、凿等用品。制作工艺比较精细，制作材料经初步鉴定有软玉类矿物与火山岩，其中大多数为软玉类制品。这些制品可能因所处小环境的差异及各种器物的大小、厚薄不同及材质的某些差别，其受风化程度有较大差异，因此各种饰品和器物的保存状况也各不相同，有的保存很好，质地、色泽均佳；有的器物有部分或表面风化，失去光泽，硬度降低，严重风化的可呈层、片状，易碎成粉末。基于上述情况，若要了解这些器物由何种材料制作，需采用不同的方法对其进行分析鉴定，才能达到预期的效果。我们从所出土的玉、石器中选择了30余件标本进行分析、鉴定，现将分析鉴定情况分述如下。

二、出土器物的初步鉴别和分类

所选的30余件器物，经过常规鉴别观察进行初步分类，首先把保存基本完好的器物和多数严重风化的器物分为两类，然后对保存较好的器物依据颜色、光泽、透明度、结晶程度、硬度、比重等性状作初步划分，然后在认为是同一类型的岩石矿物中选一小部分有代表性的样品进一步作岩矿薄片鉴定，用偏光显微镜详细鉴定其矿物组成与结构构造，以期能用很小的工作量得到有代表性的成果。对一些风化较严重的样品，因已基本失去原矿物岩石的原有性状特征，只能选其中一小部分作光谱半定量分析，从矿物的元素组成及其主要元素含量比例等方面判断其原生矿物的成分。

---

① 广西地质矿产局。
② 广西文物考古研究所。
③ 南宁市博物馆。

三、部分器物样品的显微镜光性鉴定

此次共选取了有代表性的5个样品制成岩矿薄片进行显微镜光性鉴定，结果如下（表一）：

表一　部分样品显微镜光性鉴定结果表

鉴定号	样品号	名称	样品性状特征	主要矿物成分及含量	鉴定结果
1	敢猪27	玦	灰白色，致密，具蜡状光泽，厚约1.5毫米，硬度5.5	透闪石≈100%，铁质<1%	透闪石岩
2	敢猪28	石料	灰白色，致密块状，具蜡状光泽，表面铁锰质染，硬度5.5	透闪石≈100%，铁质<1%	透闪石岩
3	敢猪23	锛	灰白色，致密块状，表面铁染，内部白色	透闪石87%，阳起石13%，铁质<1%	含阳起石透闪石岩
4	敢猪42	锛	灰白色，致密，表面铁、锰质浸染，内部白色，硬度<5.5	透闪石92%，阳起石8%，铁质<1%	透闪石岩
5	敢猪54	锛	灰白色，致密块状，表面铁、锰染并浸入内部，硬度<5.5	透闪石83%，阳起石17%，铁质<1%	含阳起石透闪石岩

1. 样品号敢猪27

玉玦残片，白色，微淡绿，表面光滑，致密细腻，具蜡状光泽。

鉴定结果：透闪石岩，纤维变晶结构，其中透闪石含量≈100%，铁质< 1%。

矿物描述：样品由细长针状透闪石组成，集合体呈束状、帚状、放射状等，无定向密集分布，显微镜下无色（少量铁染呈淡褐色），中正突起，干涉色一级黄，斜消光（15°<消光角<20°），正延性，二轴晶负光性，光轴角大（图版八〇，1）。

2. 样品号敢猪28

石料，白色，表面有铁、锰质浸染。

鉴定结果：透闪石岩，纤维变晶结构，透闪石含量≈100%，铁质< 1%。

矿物描述：特征与27号基本相同，差别为本号透闪石纤维较短，透闪石集合体微呈定向排列（图版八〇，2）。

3. 样品号敢猪23

锛，白色，表面光滑，风化面淡棕色，少量铁、锰质浸染器物表面，可浸入表层1

毫米深度。

鉴定结果：含阳起石透闪石岩，纤维变晶结构，透闪石含量≈87%，阳起石≈13%，铁质<1%。

矿物描述：透闪石特征与前述样品相同，阳起石呈细长针、柱状，集合体呈放射球粒状，受铁质浸染比透闪石稍强，正中突起略高于透闪石，其余特征与透闪石不易区分（透闪石与阳起石为类质同象关系）。

4. 样品号敢猪42

锛残片，灰白色，表面有铁锰质浸染。

鉴定结果：透闪石岩，纤维变晶结构，透闪石含量≈92%，阳起石≈8%，铁质<1%。

矿物描述：特征与23号基本相同，不同点为：①本号阳起石含量较少；②透闪石定向分布较明显。③有少量透闪石聚集成较大的纤维状集合体（0.2~0.4毫米）（图版八〇，3、4）。

5. 样品号敢猪54

锛，表面棕黑色，断面灰白色，可能有铁锰质浸染形成的树枝状花纹浸入内部，表面铁染严重。

鉴定结果：含阳起石透闪石，纤维变晶结构，透闪石含量≈83%，阳起石≈17%，铁质<1%。

矿物描述：特征与23号雷同，不同点为：①透闪石和阳起石晶体较小，多数为0.05~0.15毫米；②阳起石多呈纤维状和针状，集合体呈束状和帚状，不均匀分布；③见有2条脉状透闪石穿插其中，脉宽0.1~0.3毫米（图版八〇，5、6）。

从以上诸样品的鉴定结果看，所有样品均为透闪石岩，或为含阳起石透闪石岩。呈隐晶质的透闪石和阳起石习称为"软玉"，透闪石岩与软玉的成分完全相同，只是结晶颗粒有差别即结晶程度有差异。从广义上角闪石、透闪石类岩石也可泛称"软玉"一类。软玉因其为隐晶质结构，质地细密，因而有更高的强度和韧性，抗风化性能也比透闪石类好。一般情况下结晶颗粒粗的更易风化。

四、部分器物样品的岩石光谱半定量分析

在此次送作光谱半定量分析的样品中，有2个样品为同时送作显微镜光性鉴定的样品，这样可以依据这些已知样品与其他已严重风化无法作光性测试的样品进行类比。严

重风化的样品共挑选5个，进行ICP半定量光谱分析，其结果共分析各种元素或氧化物26项。大部分元素含量都很低，今将其中对所送样品的矿物组分判定有重要意见的主要元素氧化物含量列表简介如下（表二）：

表二　部分样品光谱半定量分析主要元素含量表

分析号	样品号	名称	样品性状及风化程度	主要元素及重要光谱分析含量（%）							
				CaO	MgO	SiO_2	Fe_2O_3	Al_2O_3	Mn	P	S
T06合5943	敢猪28	石料	灰色，致密块状，硬度3.5～4，微风化	11	12	47	0.7	0.5	0.1	0.01	<0.01
T06合5944	敢猪42	锛	灰白色，致密块状，硬度3.5～4，表面微风化	11	12	46	1.0	0.4	0.2	0.01	<0.01

从表中的分析数据推断，所送的5个样品SiO_2（二氧化硅）含量高达40%，该矿物为硅酸盐类矿物应无疑问，再从含量较高的其他氧化物如CaO（氧化钙）、MgO（氧化镁）等进行综合考虑，测试的矿物可能为透闪石类矿物（$Ca_2Mg_5[Si_4O_{11}](OH)_2$）。透闪石类还常含铁或是混有阳起石（$Ca_2(Mg, Fe)_5[Si_4O_{11}](OH)_2$），因阳起石本身就有铁，所以含阳起石越多其含铁量就越高。从透闪石的分子式中也可看出，其中的二氧化硅（SiO_2）含量最高，氧化镁（MgO）次之，氧化钙（CaO）略低于氧化镁，铁的含量则变化较大，其含量随矿物中所含阳起石的多少而不同。这一判断和岩矿薄片鉴定的结果相符。薄片鉴定结果敢猪28号样品为透闪石岩，其中含铁<1%，敢猪42号样品则定为含阳起石透闪石岩，其中阳起石含量约为2%，含铁<1%。透闪石类矿物本不含Al_2O_3，而样品分析结果中含有Al_2O_3（含量不高，从0.4～1.9%），这是因为样品被含Al_2O_3矿物污染而造成的。样品中锰、硫、磷的含量很低，这些元素是海相沉积岩尤其是海相碳酸盐岩中经常见到的微量元素，由此也可初步推断这些透闪石岩很可能是岩浆岩类与碳酸盐岩经过热液变质作用而生成。高温的岩浆岩热水中含有大量的SiO_2，而碳酸盐岩中则含有大量的$CaCO_3$和$MgCO_3$以及多种微量元素，因此在它们的接触变质带中就会生成含的Ca、Mg元素硅酸盐类矿物。

五、其余器物矿物组分的常规鉴定与鉴定结果

经过对部分器物样品的显微镜光性鉴定和光谱半定量分析，基本了解了此批器物的主要特征及矿物成分。在此基础上，对其余器物再次进行仔细观察与对比，根据其颜色、光泽、透明度、结晶程度、硬度、风化特征等多种性状与已知的样品进行对照，最

终对比相关器物的矿物成分作出鉴定。现将其余器物的岩石矿物性状特征及鉴定结果列表如下（表三）：

表三　敢猪岩洞葬玉石器的矿物性状特征和鉴定结果表

样品号	器物名称	形态简述	性状特征	岩石矿物名称
WG:21	玦	圆环状，边部有一缺口，宽约 1.5 毫米，环外径 35 毫米，内径 18 毫米	白色，表面光滑无光泽，断口见层片状结构，可能为风化所致	透闪石岩
WG:22	玦	圆环状，边部有一缺口，环外径 33 毫米，内径 20 毫米	灰色，略带灰绿色，表面光滑，受锰、铁浸染有细小斑点，硬度约 3.5	透闪石岩
WG:26	凿	扁柱状，中部略厚，两侧薄，几乎等宽。长 40 毫米，宽 17 毫米	灰白色，表面无光泽。风化所致，硬度大减，硬度 <3，严重风化	透闪石岩
WG:36	环	外径 23 毫米，内径 10 毫米	均为同一材质。灰色，略带蓝灰色，质细，保存完好。硬度≌5.5。含杂质量 2% ~3%	透闪石岩
WG:37		外径 16 毫米，内径 6 毫米		
WG:38		外径 16 毫米，内径 6 毫米		
WG:39		外径 30 毫米，内径 18 毫米		
WG:40		外径 37 毫米，内径 25 毫米		
WG:57		外径 24 毫米，内径 10 毫米		
WG:58		外径 33 毫米，内径 17 毫米		
WG:41	锛	宽扁柱状，中部厚，两侧薄，保留长度 71 毫米，刃宽 38 毫米	深蓝灰色，表面棕黑灰色，有不规则白色条斑状，或呈星射状排列。表面光滑，被铁、锰质浸染，呈细小斑状	含阳起石透闪石岩
WG:42	锛	宽扁铲刀形，刃部薄，后部渐变厚，厚 3 ~ 5 毫米，长 40 毫米，刃宽 33 毫米	灰白色，土状光泽，为火烧所致（?），表面有黑色膜及密集细裂纹，硬度 <3.5	透闪石岩
WG:45	凿	宽扁长柱形，一面平，另一面弧状，刃部斜，形态完整，保存长度 47 毫米	黑灰色至暗蓝灰色，表面光滑，有不规则的浅色斑点，细长柱状或不规则状，杂乱排列；具油脂-蜡状光泽，表面带有黑褐色铁锰质浸染。硬度≌5.5	含阳起石透闪石岩
WG:48	锛	宽扁短柱状，保存长度 32 毫米，刃宽 33 毫米。	同上	含阳起石透闪石岩
WG:49	锛	扁柱状，底面平，另面凸度大，保存不太完整。长 52 毫米，刃宽 28 毫米	灰白微蓝，大多为灰白色，平滑无光泽，表面具细条状白色条斑，杂乱分布，基质为细小白色颗粒状。硬度≌5.5	透闪石岩
WG:59	锛	宽扁短柱状，一面平，另一面凸起。保存长度 43 毫米，刃宽 25 毫米	同上	透闪石岩

续表

样品号	器物名称	形态简述	性状特征	岩石矿物名称
WG:61	锛	方扁柱形，两面均平，完整。保存长度43毫米，刃宽23毫米	灰色，略带浅棕色，表面具不规则颗粒及细条状白斑，杂乱排列。基质为细小不规则粒状。硬度≌5.5	透闪石岩
WG:65	凹刃凿	扁柱形，底微凸，刃口弧形，保存完好。长度48毫米，刃宽16毫米	同上	透闪石岩
WG:66	锛	宽扁短柱形，双面微凸。保存长度30毫米，刃宽29毫米	黑灰色至暗蓝灰色，表面光滑，有不规则的浅色斑点，细长柱状或不规则状，杂乱排列；具油脂-蜡状光泽，表面带有黑褐色铁锰质浸染。硬度≌5.5	含阳起石透闪石岩
WG:67	凿	扁长柱形，底面平，另面凸度大。保存完好，长47毫米，刃宽17毫米	灰色，略带浅棕色，表面具不规则颗粒及细条状白斑，杂乱排列。基质为细小不规则粒状。硬度≌5.5	透闪石岩
WG:68	凹刃凿	扁圆柱形，双面凸起，刃口弧形内凹，锋利。保存完好，长28毫米，刃宽12毫米	灰色，表面光滑，有细小褐色斑点，放大镜下呈星射状，为铁锰质浸染所致。硬度>5.5	含阳起石透闪石岩
WG:69	凹刃锛	宽扁短状，弧刃内凹，不完整，保存长32毫米，刃宽24毫米	黑灰色至暗蓝灰色，表面光滑，有不规则的浅色斑点，细长柱状或不规则状，杂乱排列；具油脂-蜡状光泽，表面带有黑褐色铁锰质浸染。硬度≌5.5	含阳起石透闪石岩
WG:70	凹刃锛	宽扁短柱状，刃宽呈弧形内凹，保存长26毫米，刃宽21毫米	灰色，略带浅棕色，表面具不规则颗粒及细条状白斑，杂乱排列。基质为细小不规则粒状。硬度≌5.5	透闪石岩
WG:71	锛	宽扁短柱形，底面平，另面凸度大。保存长35毫米，刃宽27毫米	同上	透闪石岩
WG:72	锛	宽扁柱状，刃部宽略残缺，底面较平，另面凸起较高。保留长度62毫米	深蓝灰色，表面棕黑灰色，有不规则白色条斑状，或呈星射状排列。表面光滑，被铁、锰质浸染，呈细小斑状	含阳起石透闪石岩

续表

样品号	器物名称	形态简述	性状特征	岩石矿物名称
WG:73	锛	宽扁短柱状，底面平微凸，另面凸，双侧圆滑。保存长58毫米，刃宽38毫米	灰白微蓝，大多为灰白色，平滑无光泽，表面具细条状白色条斑，杂乱分布，基质为细小白色颗粒状。硬度≌5.5	透闪石岩
WG:76	凿	扁三角柱形，底面平，形态完好。长58毫米，刃宽38毫米，厚5毫米	灰色，表面光滑，有细小褐色斑点，放大镜下呈星射状，为铁锰质浸染所致。硬度>5.5	含阳起石透闪石岩
WG:77	锛	宽扁短柱状，底面平，另面凸度较高。保存长45毫米，刃宽35毫米	黑灰-深蓝灰色，表面有不规则白斑，细条状，不规则排列或呈星射状。表面光滑，带有铁锰质浸染。硬度<5.5	含阳起石透闪石岩
WG:78	锛	宽扁棱柱状，保存长98毫米，刃宽44毫米	灰白微蓝，大多为灰白色，平滑无光泽，表面具细条状白色条斑，杂乱分布，基质为细小白色颗粒状。硬度≌5.5	透闪石岩
WG:79	凹刃凿	扁长柱形，底面凸，另面凸度大，弧刃内凹，做工精细，保存完好。长87毫米，刃宽21毫米	黑灰-暗蓝灰色，表面光滑，无铁锰浸染。材质同69	含阳起石透闪石岩
WG:80	璜	方扁弧形，端部有一圆孔，断面长方形。长约80毫米，断面8毫米×2.5毫米	近白色，表面光滑，蜡状光泽。质地似软玉，放大镜下表面有细小锰质浸染。硬度较大，<5.5，>7	透闪石岩
WG:81	镯	半环形，直径约55毫米，断面长方形，7毫米×3毫米	同上	透闪石岩
WG:88	锛	宽扁短柱状，不完整，保存长42毫米，刃宽34毫米	黑灰-深蓝灰色，表面有不规则白斑，细条状，不规则排列或呈星射状。表面光滑，带有铁锰质浸染。硬度<5.5	含阳起石透闪石岩

六、结　　语

敢猪岩洞葬此批出土的各类器物和饰品种类较多而所用的制作材料品种极少。制作材料大多为透闪石类，其中混有少量阳起石。此外，仅有1件石锛用火山岩类（辉绿岩）制作。无论制作装饰物或是工艺品与工具，要求制作材料都较坚硬、细腻、美观且便于加工，透闪石类基本符合这些要求，在一般情况下，新鲜的透闪石硬度较高，约为6，随着风化程度加深其硬度便随之降低。新鲜的透闪石类大多为淡色如白色、灰白色、微带浅绿或浅蓝色等，并有一定的通透性，较为美观。受风化侵蚀的透闪石类表面常失去光泽，透明度减低，常被铁、锰质物浸染表层，生成黑色或棕色薄膜附于器物表面，浸入的深度可达0.5～1毫米，表面颜色常变深而中间部分仍为浅色。高度风化的透闪石常呈粉、片状，完全失去宝玉石类矿物原有的性状。

透闪石大多来源于热变质带，在我区岩浆岩广泛分布的地区如桂东、桂南和桂东南地区均有分布。该类矿物虽硬度较高，但其抗风化性能与常见的其他玉石类矿物相比要差一些。硬玉、碧玉一类矿物除大多数硬度大外，主要是化学稳定性很高，一般经历数千年不会有大的变化，而透闪石类矿物，尤其结晶颗粒粗的则可因其所处环境的不同（如酸性红土）可在相对短的时间内（1000～2000年）产生较大的变化，硬度降低，其风化程度还与器件的大小、厚薄有很大关系，一些薄的穿孔玉片（厚≈1毫米）或其他饰品，常部分风化或完全风化破碎。桂西南地区岩洞葬随葬器物的制作原料除上述的透闪石类矿物外，常见的还有硅质岩类、叶蜡石类和少量火山岩。硅质岩和火山岩以及硬度高和抗风化为特点，叶蜡石虽硬度低，但质地细腻、化学稳定性好，较美观且易于加工制成各种装饰物及工艺品，因此其在随葬器物中仍占有一定数量。

作为随葬器物，其要求可能还是以装饰性和象征性为主，即要求美观和易加工，而实用性为其次或在某些情况下不考虑其实用性。如用叶蜡石制作的器具，因其硬度很低，在实际生活中一般不会用叶蜡石制作成用具。武鸣岩洞葬出土的器物中，大量的工具类及其他物品从其形态和大小判断，大多数用具可能也是象征性的而非当时实际应用的器具。

附录四　广西先秦岩洞葬出土玉器及相关问题研究

黄云忠[①]　李　珍[②]

青铜器出现之前，玉器在中国社会发展进程中扮演了十分重要的角色，成为探寻中华文明起源及早期社会发展进程的重要研究对象。广西地区由于在以往这一时期的文化遗存发现相对较少，因此对广西先秦玉器尚未进行深入和系统的研究。然而，近年来随着考古调查和发掘工作的不断开展，广西先后发现了一批先秦时期的岩洞葬，在出土的各类丰富文化遗物中，包含了数量较多的玉器。其中以新石器时代晚期至商周时期的玉器数量为多，为我们了解和研究这一时期的玉石文化提供了较丰富的实物资料。本文拟通过对这些出土玉器的特征、制作工艺以及功用性能等问题进行初步的对比研究，为进一步探讨广西壮族文明起源提供一些借鉴。由于文中涉及内容较多，有些问题未能深究，仅作抛砖引玉，不妥之处，敬请指正。

一、出土玉器的定义及特征

关于玉器的定义，自古以来即歧见纷呈。不同学科的人有不同的解释，同一学科的人也往往有不同的见解。古今中国人对什么是玉的认识也各不相同，或指其色泽、或指结构物质、或指其温润程度等，不一而足。一般而言，玉有硬玉和软玉之分，而软玉又有广义与狭义之分。狭义的软玉其主要成分为角闪石类的透闪石矿物体，呈纤维状晶体交叉排列，组成油毡状结构，使之具有致密的质地，坚韧的性质，温润的感觉，明快的声音。而广义上的软玉则是文化传统上所有被认为是玉的矿物集合体，主要有透闪石或含阳起石透闪石岩的玉器。对广西古代的玉器岩性的研究及玉料来源，由于以前这方面的考古及其他材料较少，未曾进行深入的研究探讨，因此可供参考对比的相关资料也不多见。加上现岩洞葬出土的玉石器中，石质种类较多，性质复杂，有不同岩性的石器，也有从器物表面为人们通称的玉器。因此在肉眼分类观察的基础上，为了较准确全面了解这批出土玉器的岩

---

① 南宁市博物馆。
② 广西文物考古研究所。

性及来源，也同时为今后广西古代早期玉器的研究提供可参考的依据，我们以敢猪岩洞葬出土玉石器物为代表，根据表面不同特征选择5件作为标本，送广西地质矿产研究所进行显微镜光性及岩石光谱半定量分析观察①。根据这5件标本测定的结果，结合对其余未进行测定的器物在其颜色、光泽、透明度、结晶程度、硬度、风化特征等方面进行观察对比，我们对敢猪岩洞葬这批玉器的岩石矿物特征得出以下的结论：出土的各类玉石器物和饰品种类虽然较多，但所用的玉器制作材料品种极少。制作材料大多为透闪石类或含阳起石透闪石化岩两种，所含的矿物成分均以二氧化硅为主的酸盐岩，与习称的“软玉”成分基本相同。对其他岩洞葬未进行测定的玉石器，则根据肉眼与敢猪岩洞葬测定的结果进行表面特征观察对比后，归入玉器类进行表述。因此，本文主要以岩洞葬中出土此类以透闪石岩或含阳起石透闪石化岩的玉制工具及装饰品为研究对象。

测定结果还同时表明，用于制作玉器加工的透闪石大多来源于广西本地热变质带，在我区岩浆岩广泛分布的地区如桂东、桂南和桂东南地区均有分布。此类矿物岩性特征是硬度较高，但其抗风化性能与常见的其他玉石类矿物相比要差一些。尤其结晶颗粒粗的则因其所处埋藏环境的不同（如酸性红土）可在相对短的时间内产生较大的变化，致使硬度降低。在一般情况下，新鲜的透闪石硬度较高，约为6，随着风化程度的加深，其硬度也随之降低。目前广西岩洞葬出土的玉器中均有不同程度受风化侵蚀的现象，因此，透闪石类的玉器表面常失去光泽，透明度减低，常被铁、锰质物浸染表层，生成黑色或棕色薄膜附于器物表面，浸入的深度可达0.5～1毫米，表面颜色常变深而中间部分仍为浅色。高度风化的透闪石玉器有的甚至已风化成呈粉、片状，完全失去玉石类矿物原有的性状。这一现象在岩洞葬及广西同时期的元龙坡等土坑墓葬中均可看到，如出土的一种表面呈现白色、不透明、结构疏松的玉饰品（亦称鸡骨白）多属此种类型。对此现象，有学者认为主要是由于透闪石受到埋藏环境风化作用影响出现白化的结果，经显微镜观察，此类古玉器显微形貌发现，白化的透闪石质古玉器的矿物晶体已由原来平整的叶片状变成不平的波浪状组合或不定向的纤维状，这种矿物晶体的变形和方向的改变导致晶体之间出现空隙，造成光线的折射、乱射而形成白化，但仍属软玉类。受侵蚀后玉器颜色由透闪石和阳起石的成分决定，透闪石主要是白、灰二色，阳起石颜色则根据其含铁量与铁元素的氧化程度而在深绿—红棕—黑色的范围内波动②。由此可见：广西先秦时期岩洞葬所用的玉器多为透闪石岩或含阳起石透闪石化岩，玉料的主要来源于本地区热变质岩带。

此外，以上测定结果还同时表明，广西岩洞葬出土的玉器岩性与四川广汉三星堆所出土的部分玉器在表面颜色及岩性上基本类似。根据对三星堆出土玉器的肉眼分类观察

① 邝国敦、李珍、黄云忠：《广西武鸣县敢猪岩洞葬出土玉石器的矿物学与岩石学特征》，见本书。
② 钱宪和：《古玉之矿物学研究》，《东亚玉器》，香港中文大学中国考古艺术研究中心，1998年。

及显微镜分析鉴定结果，表明用于制作工具的玉斧、凿、戈、璋的岩性也多属热变质岩，特别是加工较为精致的器物基本上都以透闪石岩（软玉）的矿物成分组成，有少量阳起石不同程度透闪石化①。其次，与广东博罗横岭山商周墓地出土管饰品的岩性也相一致，均为透闪石，且有白化现象②。这说明了此时期南方地区古人在选择和用于玉器加工的岩质及文化因素有着共同之处。

二、玉器的发现及特征

广西岩洞葬目前共发现24处（点），其中出土玉器的有岜旺、弄山、更洒、矮山、岜马山、敢猪、六桥、鹞鹰山、独山、富足等12处。由于部分岩洞葬曾在不同时期受到破坏，致使原来随葬品的真正数量已不得而知。现经发掘清理收集出土各种玉器共93件（小玉片饰另计）。现简述如下：

岜旺　3件，玉饰品。灰绿色玉石制成，含少量铁质矿物，通体磨光，制作精致。其中玦1件，为不规则扁平长方形，中孔为单向管钻而成，孔壁内外大小一致，边缘清晰规整。玦口从双向切割而成。坠饰2件。平面近扁平长方形，中间对穿一孔，采用实心锥形单面钻孔，孔外大内小，呈喇叭状。

弄山　4件，全为饰品，通体磨光，有玦、坠两种，为灰绿色玉石制成，含较多铁质矿物。其中玦3件，为不规则长方形及近梯形，通体磨光，2件为单向管钻孔，另1件为实心锥孔，玦口从一侧双向切割而成。坠子1件，淡绿色，平面近方形，采用实心锥形单面钻孔，呈喇叭状。

更洒　有玉凿、玉玦各1件。玉凿为灰绿色玉质，通体磨光，长条形，正面略隆起，背面平直，单面斜直刃，刃缘锋利。玉玦为圆环状，灰黄色，表面风化严重。

矮山　玉斧、玉锛、玉料各1件，小玉饰片128片。玉斧呈梯形，浅灰白色，有透明感，通体磨光，背面平，正面微呈弧形隆起，双面弧刃，局部还留有琢打痕迹。玉锛横断面呈三角形，背面右侧有一条长切割痕，单面凹刃，右侧磨光。玉料，长条形，一侧有一道切割磨痕。玉饰片128片，较完整的有125片，皆为规整的扁平圆形，中有小孔，磨制光滑，大小不一，最大的外径1.2，最小的外径0.35厘米，器体厚仅0.1～0.3厘米。

岜马山　玉戈、玉镯各1件，刻刀2件。戈为灰白色，通体磨光，极为精制，玉质坚硬，锋呈三角形，长援起脊，援两侧双面磨刃，方内较短，内后中部有一圆形穿。玉刻刀均为长条形，白色，石质坚硬，通体磨光，两端均有刃，上端四面磨成平刃，下端

---

①　四川文物考古研究所编：《三星堆祭祀坑》，文物出版社，1999年。

②　广东省文物考古研究所：《博罗横岭山——商周时期墓地2000年发掘报告》，科学出版社，2005年。

为单面斜直刃。镯为青灰色，质地坚硬，断面呈扁长方形。

敢猪岩　为所有岩洞葬中出土玉器数量、器型最多的一处，共有 54 件及小玉片串饰 1743 片。玉质为以透闪石为主的软玉类，器形有锛、凿等生产工具和玦、环、镯、璜、管饰和穿孔小玉片等装饰品，以装饰品为主。玉制的生产工具器体小，刃缘锋利，没有使用痕。

玉锛　3 件。2 件为上窄下宽的长条形，另 1 件近长方形，背面平，正面微隆起呈弧形，斜直刃，刃面呈三角形，器身磨光。

玉凿　4 件。分单面平刃和凹刃两种，其中单面平刃 2 件，1 件体细长，刃面呈梯形。另 1 件长方形，背面平，正面微隆起。凹刃玉凿 2 件，均为单面凹弧刃。1 件为长条形，背面呈弧形，正面微隆起。另 1 件器体短小，背面呈弧形，正面平，单面微凹弧刃。顶平直，一侧边有一道切割痕，通体磨光。

玉璜　1 件。豆青色，半圆环形，断面为扁平长方形，在一端内外各切割出一凹槽后穿一小孔而成，另一端残断。

玉镯　1 件。残存约五分之三，灰白色，圆形，断面为扁平长方形。

玉玦　4 件，其中 2 件均为两面扁平璧形，体薄，肉较宽，中间单面管钻孔，玦口窄，器表光滑。另 2 件青灰色，外周不规整，肉窄近似环形，两面扁平斜缘，单面钻孔，双面斜切割成外宽里窄玦口。

环　8 件。其中 6 件均为青灰色，大小有别，似为从小到大组合的两套，两面扁平，外斜缘，孔偏。另外 2 件外缘有四个等距外突边饰。

管饰　33 件，出土时集中放置在一起，原来应与小玉片是同一件串饰，有灰黑、青灰、乳白、灰白等色，以乳白、灰白两色为多。大小不同，均管状，孔多对穿而成，且多偏不居中。

穿孔小圆玉片　完整的有 1743 片，有灰白、青、淡青、乳白、黑等颜色，以淡青和青色为主；玉片体小且薄、规整、质硬，器表有光泽，均为圆形，中穿孔。大小、厚薄略有差异，绝大部分直径为 0.4～0.5、厚 0.09～0.1 厘米，最小的直径仅 0.29 厘米；最薄的厚度不足 0.05 厘米。

六桥　2 件玉玦，均黄白色，管状。

鹞鹰山　共出玉器 16 件，有生产工具和装饰品两大类，以装饰品为主。器形有锛、斧、环、钏、玦、管、珠等。

锛　3 件，有单肩和无肩二类。其中单肩锛为宽柄，肩在器体中部，斜微，单面弧刃。无肩的为上窄下宽的长条形，背面平，正面略呈弧形突起，单面平直刃，顶端下部对穿一圆孔。

斧　2 件。1 件为长方形，青色，背面平，正面略呈弧形突起，双面平直刃，通体磨光，留有明显琢痕。另 1 件上宽下窄舌形，用片状玉石磨光而成，器体下端近刃部处有一道切割后留下的凹痕。

管　1 件。青黄色，圆柱体，中穿一圆孔。

环　1 件。器体扁薄，一面有两周凹弦纹。

玦　4 件。其中 2 件为扁薄圆形。淡青色 1 件，肉较宽呈璧形，质地纯净、细腻、体薄透明呈脂状。另 1 件肉窄环形，质杂，外斜缘，极为规整。另 2 件横断面略呈半圆形。

另有横断面近“T”形的钏 1 件，圆形穿孔玉片 7 片，绿松石珠 3 粒。

独山　玉钏 1 件，浅黄色中夹杂乳白色，通体光滑，外缘宽而厚，内孔外缘有一凸脊，横断面呈“T”形。

富足　玉玦 1 件，青色，扁平圆形，外周不太规整，斜缘，缘外有四个等距“山”字形边饰。

此外，在南丹吾隘出土玉锛 1 件，宜州北牙出土玉锛 2 件。

从以上各岩洞葬出土玉器可见，数量及种类以武鸣县的敢猪、宜州的鹞鹰山为多。器类主要有生产工具和饰器两类，以饰品为主。表面颜色以透闪石岩质地的玉器为美，其质地细腻，坚韧，有的呈脂状，以白色、灰白为主。含阳起石透闪石岩的玉器表面颜色较杂，除白色、灰白外，间或成浅黄、微绿、红棕、灰色等。生产工具类选料考究，器形较小，制作精致，多数未见有使用痕迹，刃部锋利，多为通体磨光，有的器物保留有切割及修琢痕迹。器形有锛、斧、凿、刻刀等。斧、锛中形状有双肩、斜肩，平刃、斜刃等。装饰品类器形相对简单，以玉玦、玉环、玉管为主，玉玦以璧形玦为多，晚期有少数为管形玦或花边玦，其中以透闪石的玉玦、玉环最为精美。

三、出土玉器的制作工艺

广西岩洞葬出土玉器的制作工艺，应从广西史前石器加工技术延续发展而来。广西南部地区新石器时代晚期出土了大量制作精美的大石铲，其制作工艺已相当娴熟，这些石器制作技术为广西玉器制作工艺奠定了基础。玉器的制作工艺过程大致为：选料、打坯、切割、琢磨、成形、磨光、抛光等。即先将选好的玉料打制或切割成一定形状的粗坯，在扁平的石材上加沙蘸水，用木片或硬石片压擦，从两面切成沟状，然后截断，再琢打成形后放在大的砥石上加以蘸水砂研磨，制成光滑规整的玉器。总之，史前石器工艺的切割、打磨、钻孔三种主要工艺完全为早期治玉工艺承袭下来。这一制作过程在发现的玉器中均可见到所留下相关痕迹①。除以上主要制作程序外，玉石器加工技术中以

① 见本书图版二四，4；图版四八；6；图版六一，5 切割痕；图版六一，4 琢打痕；图版二五，1、4 穿孔痕。

钻孔技术难度最大，也是衡量早期玉器加工技术先进与落后的重要标准。从广西史前文化的石器制作技术可知，石器的钻孔技术早在属新石器时代早期的柳州白莲洞、桂林甑皮岩等遗址中就已出现，后又大量应用于各种骨、蚌器穿孔技术中，但此时所采用的均为实心锥形钻孔技术。至新石器时代晚期钻孔技术已发展成熟，并已普遍使用在玉器加工中，并且出现了管状技术。例如新石器时代晚期的马山县尚朗岭遗址中曾出土了石管3件、石芯2件、玛瑙串珠1件。石管最长达10厘米，从两端中间对穿而成，均呈圆锥形，且对接不正。石芯为圆饼形，上下留有两道旋钻孔痕迹，应是采用管钻技术从两面对钻加工而成①。这些玉管、石芯的发现为我们探讨商周时期玉器加工的钻孔技术提供了实物借鉴。从岜旺、弄山等早期岩洞葬出土玉玦的特征可知，广西先秦岩洞葬出土的玉环、玉玦，其制作工艺采用了两种钻孔技术，一种是实心锥形钻，从单面或双面对钻，采用此种钻法所钻出的圆孔一般均外口大内孔小，呈喇叭状。另一种是管钻技术，此种钻法的圆孔孔壁内外大小一致，边缘清晰规整②。其方法即用石钻、骨锥、木杆或竹管加砂蘸水，在石器的上部磨透打钻，或两者兼用。后期的玉环、玦、镯等器物大多都是采用管钻技术进行加工。不少学者根据各地考古发掘资料曾进行过研究，特别是近年来全国各地在发现众多先秦时期玉器的同时，还发现玉器加工的玉料及玉器加工工具，认为如此规整精制的各种玉环、玉玦、玉镯等器物其加工技术都应是采用了管钻技术完成。有学者对管钻技术进行研究后还认为，管钻技术其中包括了徒手管钻、弓管钻及辘轳机械管钻等多样不同的技术体系③。敢猪岩洞葬及元龙坡墓地出土大小不一、成套的玉玦、玉环、玉管、玉镯等，说明广西地区先秦玉器的加工也应采用了以上管钻加工技术，否则不可能制作出如此规整、精制的玉器。而且有可能同时采用了连续生产多环的加工方法④。此外武鸣敢猪及忻城矮山岩洞葬出土的串项饰除少数管、珠外，其中小玉片数量达1000多片，玉片内外直径大小虽然略有区别，但在同一颜色品种中其大小厚薄基本一致，最小的外径仅0.29厘米，最薄的厚度不足0.05厘米，对如此细薄的玉片，若进行单片加工难以完成，其外形及内孔也不可能如此统一规整。其加工方法可从武鸣元龙坡墓地中小玉片与内外径大小相同的小玉管同时出土现象可知，应是先将玉石磨制成管状后再进行逐片切割磨光而成。在如此细小、质脆的玉管中钻孔并切片磨光，即使当今加工技术已很发达的情况下，要加工出完整无损和两面很平的小玉片也极为不易。

---

① 广西壮族自治区文物工作队：《广西马山县六卓岭、尚朗岭新石器时代遗址发掘报告》，《广西考古文集》第二辑，科学出版社，2006年。

② 见本书图版二五，1、4。

③ 邓聪：《环状玦饰研究举隅》，《东亚玉器》，香港中文大学中国考古艺术研究中心，1998年。

④ 邓聪：《环珠江口考古之崛起》，《珠海文物集萃》，2000年。

总之，广西先秦时期的制玉工艺，在承袭史前磨制石器切割、打磨等工艺基础上有了更大的提高，钻孔及琢磨工艺更为进步，并已使用管状技术制造出器形规整、光洁精致的各种工具和装饰品。但是由于广西商周时期玉器工艺尚属发展阶段，也许治玉工艺与制石工艺并未完全脱离，很可能石玉匠还是在同一作坊内，玉人仍借用磨制石器工艺来治理玉器。所以在器形和装饰上仍较为简单，都为素面，未见装饰花纹，更未出现类似中原及其他地区的各种用于玉器加工的线雕或圆雕技术。

四、玉器的功用性能

考古资料证明，史前末期，随着物质的丰富，玉在原始人群的心目中早已不是特殊的石头，由于玉料的稀少和制器材料的硬度较高，且品质优秀、工艺难度大等原因，因此玉器在中国古代社会已深受氏族部落统治阶级喜爱。随着等级差别的产生，人们开始崇尚玉器，从生产工具、吊挂镶嵌、配套装饰的初级使用方式，演变为部落酋长、军事首领、巫觋显示地位、权力、祭祀天地、随葬入土等身份标志，并逐渐被巫术和原始宗教所利用而被神秘化。从弄山、敢猪、鹞鹰山出土的玉质工具特征可见，这些玉器不但数量多、一般器形都较小、并且制作工艺精美，大部分都没有使用痕迹，明显已不是实用工具，其真正功用更多的应是表现墓主人身份、权力、财富、贵贱的象征。除玉器之外，这些墓主人还有众多的陶、石、骨器等陪葬品，如此丰富的随葬品不应当是氏族部落中一般成员所能为之，更说明了墓主身份的特殊性。其次从良渚、红山文化中各种精美玉器多出自大中型墓葬这一现象说明，玉器在这一时期除具有以上几种功用外，还同时与原始宗教巫术有关。广西岩洞葬中出土的玉器是否也具有类似良渚、红山文化中原始宗教巫术的功用，虽然从出土玉器器型特征等尚未看出相关迹象，但从这些岩洞葬葬所选择所具有幽、秘、险的特征表明，其本身就已具有神秘的宗教色彩，这些采用岩洞作葬所的特殊埋葬方式，可说应是当时氏族部落中首领的“大墓”。广西地区新石器时代晚期出土大石铲中的一些现象，经学者研究表明，这些大石铲在其产生及发展演变过程中有的已不是实用生产工具，而更多是用于祭祀活动的礼器。再者，宜州鹞鹰山岩洞葬中出土两块卜骨、卜甲片中，有明显先钻后烧的痕迹，这应是原始的巫术占卜用具。在岜马山、敢猪还出土了不同数量的小石子，有学者据此与元龙坡237号墓中出土的石子考证认为应是占卜所用的筹码①。以上现象说明当时已经产生了原始宗教，从诸多研究证明此时期的社会政治多为政教合一，而这些部落中巫、政合一之类的人物把这种材质坚硬、品质稳定、色泽温润的自然物质视为天地之“精”、从爱玉并将玉视为财富及

① 郑超雄：《壮族文明的起源研究》，广西人民出版社，2005年。

身份高贵的同时，将玉作为宗教巫术的祭祀品最后随葬是完全可能的。原始的巫术与祭祀自然不可分开，玉器作为财富的象征用来作祭祀用器也应必不可少。正如古人风胡子云："玉，神物也。"巫觋率先以玉祀神，原始人祟神时向玉顶礼膜拜，于是制"器"（六器）以祀天地四方之神。以上情况说明，商周时期广西岩洞葬出土的玉器虽然仍保留原始社会的特征，但玉器已不再是实用工具，人们在对玉产生爱玉、崇玉之观念同时，并注入和包含了更高层次的价值观念和意识形态的内涵。但是类似中原的礼玉之风并没未盛行。

五、玉器的起源及相关问题

1. 玉器的起源与发展

考古发现证明，广西从新石器时代晚期已经出现玉器。古人类在漫长的生存发展中，从制作石器工具开始，不断熟悉积累各类岩石的知识。由于玉质地缜密、色彩鲜艳、光泽晶莹、沉重坚硬，这些玉石本身所具有天然美的基本条件，古人在进入新石器时代晚期后对玉有了明确认识，逐渐能区分出玉与石的差异，发现了玉的美丽，除用石头来制作劳动工具外，对玉石的认识从实用器物转向欣赏饰物，并知道用美丽玉器装饰自己，表现自我，此时玉已成为十分珍贵的物品。如新石器时代晚期广西那坡感驮岩、马山六卓岭、尚朗岭等遗址及都安北大岭墓葬中，出土一定数量的玉石工具及装饰品，其中有通体磨光的玉双肩斧、锛、凿、矛、镯、环、玦、玉片等，与以上遗址年代基本同一时期的弄山、岜旺岩洞葬，除出土与以上遗址相同特征的陶、石器外，也同时出土了玉饰品。在石制工具中，虽然器型仍较多保持原始的双肩石器的器型，但在石质的选择上已极为讲究，多采用质地更为坚硬、细腻、色泽多样的石材为原料，有的表面色泽甚至已接近玉器。由此说明，广西地区随着社会的进步及石器制作工艺的提高，玉器文化最迟在新石器时代晚期就已产生。只是由于玉器制作尚在初期阶段，因此玉器发现数量仍较少，器形较简单，主要以装饰品为主。至商周时期，玉器使用和制作发生了较大的变化。器形和数量开始增多，制作工艺更为复杂，如敢猪岩、岜马山及元龙坡等墓葬中出现了成套的玉制工具及玉环、玉玦、璜、镯等装饰品。玉质工具中已不见原始的双肩器，而是出现了制作规整、精致的条形玉锛（斧），并出现了弧形凹刃锛（凿）、玉戈等新器形。至春秋战国时期，尽管青铜器已大量使用，但玉器仍作为装饰品而存在。如武鸣独山、灵川富足春秋战国时期的岩洞葬中仍有装饰品出土。以上情况说明，广西地区的先秦玉器从新石器时代晚期开始，商周时期则是广西玉器制作的发展时期，玉器在当时已普遍流行，精美的器型与先进的制作工艺，早已超越了新石器时代玉器的含义。

2. 与其他先秦玉器文化的关系

除岩洞葬外，在广西同时期其他类型的墓葬中也出土了一定数量的玉器。两种墓葬的埋葬形式虽然不同，但是地域、年代及出土遗物都基本一致，因此，探讨它们相互之间的关系对全面了解整个广西地区这一时期的玉器文化面貌具有重要的意义。敢猪岩、岜马山等岩洞葬中出土的各种装饰品，在玉器材料使用、器形变化、制作工艺等方面，与那坡感驮岩及都安北大岭二期墓葬中出土的玉石工具及装饰品基本相同，与武鸣元龙坡西周春秋墓地出土大量已白化成套的玉环、玉玦、玉管及数量众多的玉片项饰等基本一致。敢猪、岜马山与元龙坡墓地两者都同在一个地域，虽然反映在玉器文化上有着许多共同特点，但岩洞葬中出土的各类玉质工具在元龙坡极少出现，取而代之的是各种青铜工具。元龙坡出土数量较多且成套的"T"形玉钏及管状玉玦在以上岩洞葬中却极少见到，这一现象应与年代的早晚有关。元龙坡出土的此类玉器，而在此后的春秋战国时期安等秩、平乐银山等战国墓葬中均可见到。由此说明，广西先秦时期两类墓葬虽然埋葬方式不同，但在玉器文化中有着诸多相同的文化因素和密切联系。

另外，从广西玉器的起源和发展过程中我们可以看到，玉器文化与其他文化因素一样，从新石器时代晚期开始，就已经与周边地区发生交流，并相互影响。玉玦是我国最早出现的玉器饰品，在距今8000年前的兴隆洼文化中已出现，到距今4000年前已广泛分布于我国广大地区的诸多文化中，在岭南地区的广东石峡文化中也已大量存在。而在广西地区，此前的各类文化遗存中却未见到此类器物出现，直至新石器时代末期的北大岭及岜旺、弄山岩洞葬中才见到少量的玉玦饰品。因此，可以说广西的玉玦是在外来文化因素影响下所产生的。但其造型为不规则的长方形或近梯形，与环型或璧型玉玦有明显的区别，可能是本地的器物特征。至商周时期，除玉玦外各类玉器开始同时增多，特别是在商文化因素的影响下，广西地区的玉器文化得到了更大的发展。过去有学者曾就广西地区商周时期的其他文化现象与商文化的关系进行过论述，但由于此前夏商时期玉器实物的发现相对较少，所以对广西先秦玉器与相邻地区相互影响的研究也就较少涉及。众多的考古资料证明，商代是华夏民族走向成熟的一个重要阶段。商灭夏建立商朝以后，在政治经济文化各方面继承夏朝成果的同时，与周边的方国之间已建立了密切的联系。相对发达的商文化对周边的方国的政治文化也同时产生了不同程度的影响。由于地域的远近、文明程度的高低，各地区所受到影响也各有差异。以敢猪岩为例，目前根据其出土遗物的特征并结合碳-14测年数据，其年代为距今3000多年，即商代中晚期。该岩洞葬中出土的遗物中所包含的各种文化因素最为丰富，如陶器中带耳的圈足器较多，陶豆在其他的岩洞葬中很少出现；在玉器方面大小不一成套的圆形玉环、花边玉环和扁圆形玉玦、玉镯以及铜戈等器物在以往的岩洞葬中也极少出现，在器型和制作工艺及玉料的使用上与周边相邻地区的湖南大溪、广东石峡等文化中出土的基本一致。再如与敢猪岩同时期的岜马山岩洞葬，其出土的玉戈与安阳殷墟、四川三星堆、广东石峡所出的石戈基本相似。敢猪岩出土的玉管及小玉片串饰与三星堆出土的大小、质地也基本相同。这些文化现象表明，广西地区在受商文化及其他文化因素影响的同时，玉器文化也由远及近间接的在商代中晚期与周边地区发生了更为密切的文化交流及相互影响。而在此之后的西周晚期至战国时期，这种交流与影响则更进一步，蒋廷瑜先生曾作论述，认为广西受到周边地区玉石文化的影响更为明显，其中有的器形应是受中原文化的影响所致①。特别是岩洞葬及元龙坡、安等秧、平乐银山岭、田东锅盖岭等土坑墓出土的被称为越式的花边玉玦等，与相邻地区的广东、湖南，越南等战国墓地中基本一致。尤其是鹞鹰山、独山岩洞葬及元龙坡墓群出土断面呈“T”形的玉钏（亦有称环、瑗、镯），在元龙坡出土数量最多，有的为成套出土，其造型与其他各地出土的基本一致。日本学者吉开将人根据越南出土的“T”型玉玦进行研究时也认为这类形制的玉器应是从北向南影响传布。“至公元前二千纪中后期与其他文化因素一起传播到包括越南北方广泛地区”②。在与广西相邻地区中，以湖南大溪文化、广东石峡文化等地发现的史前玉器文化年代最早最为丰富，由于地域上相邻更近的原因，因此广西地区先秦玉文化受以上地区直接或间接的影响应该是最早的。

综上所述，广西地区先秦时期玉器的发展，在同一区域内共性和个性并存，呈现出年代上的早晚和继承关系。同时，分析表明，广西地区玉器在起源与发展过程中与周边地区的文化交流与相互影响在原始社会末期至商代前期相互影响仍较少，大量的玉器文化因素还是传承了本地史前石器文化特征。自商代中晚期以后，随着广西地区与周边其他地区文化交流的逐步扩大和深入，尤其是青铜文化的产生以后，广西地区玉器制作工艺得到了明显的提高，玉器文化受到周边地区经济和文化的影响才更加广泛和深远。

① 蒋廷瑜：《广西先秦两汉玉器略说》，《东亚玉器》，香港中文大学中国考古艺术研究中心，1998年。

② 吉开将人：《论“T”字玉环》，《南中国及邻近地区文化研究》，香港中文大学中国考古艺术研究中心，1994年。

附录五 广西先秦岩洞葬人骨观察与鉴定

彭书琳

在广西目前发现的十余处先秦时期的岩洞葬中有10处出土有人体遗骸，其中龙州1处，靖西1处，武鸣5处，忻城1处，宜州2处。过去对出土人骸没有加以搜集、保护、修复和研究，发表报告一般只报道有多少个个体，年龄多大，对今后深入研究带来一定困难。虽然先秦岩洞葬中很难见到完整的人骨架，所获的人体遗骸又都是支离破碎的，但是仅仅这些残骨也是十分珍贵的资料，会给我们带来古人许多宝贵的信息，这些残缺不全的人骨，对研究这时期的人类体质特征，墓主人的年龄、性别、身高、病理和族属，都有重要参考价值。

现将这10处先秦时期岩洞葬出土的人骨观察、鉴别如下。

1. 龙州更洒岩洞葬

洞内的人骨很少且均碎烂，采集到的主要是人牙。经清洗，可看出人牙60枚，其中臼齿34枚、上前臼齿9枚、下前臼齿6枚、门齿9枚（上中门齿4枚、下中门齿3枚、侧门齿2枚）、犬齿2枚。这些牙齿普遍保存不好，齿上油脂光泽不亮，龋齿罹患率达30%左右。7枚中门齿舌面都呈铲形，具有典型的蒙古人种特征。根据这些牙齿的形态特征和牙齿的磨耗情况，分属10个不同个体：年龄在4～5岁、6～7岁、7～9岁的小孩3个；20～23岁的青年1个；25～30岁的壮年4个；35～40岁、40～45岁的中年2个。从年龄分布情况看，该洞古老居民的死亡年龄很低，平均25岁左右，多数人在30～50岁之间死去。

2. 靖西宾山岩洞葬

位于靖西县城东北1公里靖西中学校园内，山上有南北相通的大洞穴。上洞高出当地地平面约20米，由东西两侧石灰岩发育拱成一个南北相通的大洞。洞底宽6～8米，高2～9米。清康熙六年（1669年）该洞被建成一座寺庙，加盖天面，铺设地砖，原堆积层已全被破坏。1968年1月，靖西县在维修宾山上洞“宾山洞天”的寺庙天面搭架工作时，发现东面崖壁上有一支洞，高出大洞地面约6米，洞口正好被原寺庙的椽子所掩盖，还有钟乳石结晶垂下，敲掉钟乳石后，洞口呈圆形，洞口高0.55米，最宽处2

米，洞深 5 米，洞在水平上沿着大洞壁伸延。该支洞已多次被扰乱过，洞口散布着历次维修寺庙后废弃的碎瓦片、断砖块和一些硬陶片。距洞口 3 米深原为一凹处坑被华钙板封闭，人进去将钙板踩塌，近支洞东壁 4 米处有一上宽下窄深 0. 8 米的石缝。在石缝充填层内和下陷的钙华板层上出有人牙 20 枚和夹砂陶片。在钙华板之下的胶结层中出有石器残段和人的胫骨 2 节与蚌壳等。

20 枚人牙分别为：

（1）门齿 4 枚（标本编号为 Kj860/15、17、19、20 号），均为右侧。上下中门齿（15、20 号）和侧门齿（17、19 号）各 1 枚。中门齿舌面内卷，舌窝明显，呈铲形；侧门齿舌面不铲形。4 枚门齿齿冠切缘均磨去部分，齿质暴露。4 枚门齿为同一个体。

（2）左下第一前臼齿 2 枚（编号 Kj860/16、18 号），保存完好。16 号咬合面的颊尖齿质暴露。18 号咬合面未磨耗，齿根尚未长出，是一个 10 岁左右的小孩。

（3）前臼齿 4 枚（编号 Kj860/11、12、13、14 号），为上下两侧各 1 枚。上颌 2 枚（11、13 号），磨耗较轻，未暴露出齿质点；下 2 枚（12、14 号）咬合面的唇尖暴露齿质点。其中 11、13、14 号 3 枚牙齿属同一个体。

（4）第一臼齿 2 枚（编号 Kj860/4、6 号），分别为右、左上第一臼齿，为同一个体。齿冠保存完好，齿尖大部分磨去，齿质点暴露，且扩大，年龄为 35 ~ 40 岁。

（5）下第一臼齿 1 枚，（编者按号 Kj860/3 号），齿尖大部分磨去，齿质点扩大，估计年龄为 40 岁左右。

（6）二臼齿 3 枚（编号 Kj860/2、5、7 号），属同一个体。5 、2 号分别为左、右上第二臼齿，7 号为左下第二臼齿。2 号齿质点暴露；5、7 号磨耗相同，未暴露齿质点。从上看，两侧牙齿磨耗不同，其原因一是日常习惯用右牙，二是左侧上下牙齿（2、7 号）咬合面上有龋洞，不使使用。

（7）第三臼齿 4 枚（编号 Kj860/1、8、9、10 号），1、10 号为右上第三臼齿；8 和 9 号均左侧上、下第三臼齿。1 和 9、8 和 10 号为不同的 2 个个体。

以上 20 枚牙齿，根据牙齿的形态特征、尺寸大小、颜色和磨耗程度等，分属 4 个不同个体。

（1）标本编号 Kj860/18 是一个 10 岁左右的小孩；

（2）编号 Kj860/8、10、11、13、15、17、19、20 号共 9 枚为一个 30 ~ 35 岁的壮年；

（3）编号 Kj860/1、2、4、5、6、7、9 号共 7 枚为一个年龄约 35 岁的壮年；

（4）编号 Kj860/3、12、16 号共 3 枚为一个为 40 左右的中年。

从上得知该岩洞葬死者的死亡年龄很低，平均为 30 岁左右。

3. 武鸣岜马山岩洞葬

人骨有头盖骨 1 件、锁骨 1 件。头盖骨残片和锁骨，是否为同一个个体？因为骨骸太少，难以确定。锁骨较长且粗壮，其胸骨端关节面欠光滑，胸骨端下缘没有出现骨质增生现象；而且锁骨肩峰端面仍存在凹凸不平的小面。从一些专家对锁骨的观察与研究表明，人从 26 岁起在胸骨端下缘开始出现骨质增生；25 岁起锁骨肩峰端面的凹凸不平小面消失。根据锁骨的形态特征和锁骨胸骨端和肩峰端形态变化，该锁骨是一个年龄在 21 ~25 岁的青年男性。

4. 武鸣岜旺岩洞葬

人骨标本比较破碎，而且严重缺失，颅骨只有几片破碎的。经修补拼对，只有 WBT1 的 1 号人骨的肱骨、尺骨、胫骨和腓骨；WBT3 的 5 号的桡骨和洞后一男性的胫骨可供测量；另有部分的颅骨、上下颌骨碎片和牙齿等可供观察。观测结果如下：

（1）出土情况及性别、年龄鉴定（表一）

表一　岜旺岩洞葬人骨性别、年龄统计表

探方号 \ 年龄	性别		
	男	女	小孩
WBT1，1 号人骨	约 30 岁		
2 号人骨		约 40 岁	
3 号人骨	成 年		
WBT2，2 号人骨		中 年	
3 号人骨			小 孩
4 号人骨	25 ~30 岁		
WBT3，4 号人骨		约 25 岁	
5 号人骨	约 25 岁		
洞后采：1 号人骨	约 35 岁		
2 号人骨		55 ~60 岁	
3 号人骨	55 岁以上		
洞中部采：人骨		成 年	

WBT1：有 3 个个体。

1 号人骨：颅骨有顶骨、枕骨、枕乳突、左侧上颌骨；上肢骨有肱骨、尺骨、肩胛骨、锁骨；下肢骨有股骨、胫骨、腓骨、跟骨、跖骨、距骨、髋骨、膑骨；髋骨有髂骨、髋臼等部分；椎骨有寰椎、枢椎、腰椎等残段、碎片。可供测量的有肱骨、尺骨、胫骨。整个骨骼无论哪一部分都显得粗大、厚重，骨表肌脊和肌线发育；髋臼大，骶髂关节面较大而直立，坐骨大切迹窄而深；椎骨粗大等显示男性特征。左上颌附有7枚牙齿，上第一、二、三臼齿齿尖磨平，其中第一臼齿3个齿尖齿质点暴露，原尖齿质点且有扩大趋势，但未连成一片，年龄为30岁左右的男性。

2号人骨：有寰椎、枢椎、尺骨、桡骨、腓骨残段，牙齿4枚等。枕椎小，四肢长骨较短，纤细，骨表光滑。上第一、二臼齿齿质点扩大，其中第一臼齿齿质点互相连成一片。为一个40岁左右的中年女性个体。

3号人骨：有左右侧腓骨残段，骨粗大，骨壁厚，肌脊发育，估计为一成年男性。

WBT2：有3个个体。

2号人骨：有颅骨、下颌骨、肱骨、胫骨、腓骨、跟骨、趾骨残片。整个骨骼细小，骨壁薄，骨表光滑，下颌角较大，下颌角区呈内翻；骨质较疏松，下颏较向前突出，下颌角变大，齿槽因生前牙齿脱落，使齿槽突部分被吸收而萎缩消失等特征显示为已进入中年阶段的女性。伴出有猕猴肢骨和竹鼠牙齿。

3号人骨：有颅骨、肋骨、椎骨等破碎骨片。骨细小，壁极薄，为一小孩。

4号人骨：有枕乳突、腭骨、腓骨、髌骨等脚掌部分骨骼。枕乳突中等，表面粗糙；腓骨及跟骨、跗骨等均粗大；上腭大而长，附有16枚牙齿；第一、二、三臼齿齿尖磨平，其中第一臼齿齿质点暴露，是年龄为25～30岁的男性。

WBT3：5号人骨，有颅顶骨、锁骨、左肱骨、股骨和左右桡骨、髂骨残段碎片及上下牙齿12枚（M^3二枚，左M_1、M_2、M_3，右M_1、M_2，下左右侧前臼齿各1枚，上中门齿1枚）。经拼对修补，只有右侧桡骨可供测量。伴出有猕猴肱骨一条。整个骨骼粗壮，骨壁厚重，肌脊、肌线发育明显；下第一、二臼齿齿尖磨平，第一臼齿齿质点暴露，估计为一个25岁左右男性。

4号个体：只有左下第一、二臼齿各一枚。牙冠和牙根较细小，第一臼齿齿尖磨平，齿质点暴露，估计为一25岁左右的女性？

洞后人骨有3个个体。

1号人骨：有一条完好的右侧胫骨和两侧的跟骨、距骨和跗骨等。骨骼粗壮、长，肌脊发育明显，跟骨、跗骨、距骨均粗大，没有骨质疏松，估计为一约35岁壮年男性。

2号人骨：有下颌骨，其上附有15枚牙齿，及跟骨。下颌较小，较薄而轻，下颌角区外面光滑，呈内翻，颏部形状为尖形，下颌支较狭，牙齿细小等显示为女性特征。左下第一臼齿和右下第二臼齿颊侧齿质点扩大，互相连成一片；左第二臼齿齿冠部分磨去，齿质全部暴露，为一个55～60岁的老年女性。

3号人骨：有胸椎、跟骨、跗骨等。跟骨粗壮而较长，椎骨粗大，其关节面周缘有不规则的齿状骨质增生。估计为一个55岁以上的老年男性。

洞中部采：有两侧股骨、尺骨、右侧肱骨和枢椎、髌骨等残段。骨骼细小，骨壁薄，表面光滑。骨骼完全愈合。估计为成年女性。

从表一统计得知岜旺岩洞葬一共有 12 个个体人骨，其中男性 6 例，女性 5 例，小孩 1 例。

从死亡年龄分布来看，当时人们的平均寿命较短，大部分人在 30～45 岁之间死去。活到壮年和中年的最多，进入老年的少。

（2）形态特征

岜旺岩洞葬人骨中没有发现拔牙现象。WBT1 的 1 号、WBT2 的 4 号、WBT3 的 5 号等几例男性枕乳突较发达，属中等，其表面较粗糙；犬齿窝较明显，属中等；眶外侧下缘较圆钝；上中、外侧门齿舌面呈铲形；腭形呈抛物线形，硬腭面有不规则瘤状。

（3）身高推算

利用四肢长骨推算身高：为笔者采用已知几十例身高标本推算出来的公式进行计算。

WBT1 的 1 号人骨（男性）：

肱骨右侧最大长 31.0 厘米，身高 163.26 厘米。

尺骨左侧最大长 25.8 厘米，身高 163.13 厘米。

胫骨右侧最大长 36.0 厘米，身高 163.96 厘米。

腓骨左侧最大长 35.6 厘米，身高 163.50 厘米。

平均身高为 163.46 厘米。

WBT3 的 5 号人骨（男性）：

右侧桡骨最大长 26.6 厘米，身高 171.04 厘米。

洞后采男性骨骼，右侧胫骨最大长 36.4 厘米，身高为 164.80 厘米。

武鸣岜旺岩洞葬中的男性平均身高为 166.43 厘米。

（4）古病理

岜旺岩洞葬出土的人骨标本虽然不多，而且严重缺失，无法较全面了解古人遗骸上留下的病理及外伤痕迹情况，但在 WBT1 的 1 号个体的第二、三腰椎关节面周缘（图版七九，2），洞后 3 个体跟骨后端（图版七九，1）及 3 号个体胸椎疏松，棘突下缘均出现有不规则的齿状骨质增生。

5. 武鸣独山岩洞葬

内有人骨 1 具，头向正北，部分已腐朽，散乱不全，经鉴定，为一中年男性个体。

6. 武鸣弄山岩洞葬

该洞出土的人骨都较破碎，有四肢长骨、肋骨、锁骨残段，椎骨和指骨及牙齿等。

经鉴定分属 4 个不同个体，其中有 20 岁左右的女性青年，60 岁以上的老年男性各 1 个，35 岁左右的壮年男性 2 个。壮年中的 1 个个体与老年个体的腰椎椎体周缘出现不规则的齿状骨质增生（图版七九，4），而老年个体更为严重，第二、三节前部和第四、五节右侧部已连成桥，一块大骨片覆盖在两腰椎体侧面（图版七九，3）。

7. 武鸣敢猪岩洞葬

人骨数量较多，但都已破碎，而且绝大多数均被火烧过，骨呈黑色。初步鉴定如下（表二）：

表二　敢猪岩洞葬人骨性别、年龄统计表

编号	男性	编号	女性	编号	未成年
1 号人骨	45 ~ 50 岁	2 号人骨	50 岁以上	4 号人骨	3 ~ 4 岁
5 号人骨	约 30 岁	3 号人骨	55 岁以上	11 号人骨	5 ~ 6 岁
6 号人骨	25 ~ 30 岁	7 号人骨	约 25 岁		
12 号人骨	约 40 岁	9 号人骨	约 50 岁		
13 号人骨	约 45 岁	14 号人骨	约 30 岁		
16 号人骨	成年	10 号人骨	13 ~ 15 岁		
		8 号人骨	成年		
		15 号人骨	成年		

M1：4 个个体（编为 1 ~ 4 号）

1 号人骨：从四肢长骨粗壮，厚重，肌脊很发育，下颌高大，颏形为方形等特征显示为男性。从下颌骨所附着的 8 枚牙齿，其中左右两侧第一臼齿齿质点扩大，连成一片，年龄为 45 ~ 50 岁左右。

2、3 号人骨：只有 2 块左侧下颌和一些残段的肢骨，下颌体矮小，肢骨纤细，骨表光滑，应是女性。下颌附着的牙齿磨得很重，齿冠部分磨耗，齿质全暴露，牙槽已开始收缩，年龄为 55 岁以上。

4 号人骨：只有 2 枚乳第一臼齿，估计年龄为 3 ~ 4 岁。

M2：1 个个体（编为 5 号）

5 号人骨：长骨粗大，骨壁很厚，肌脊和肌线都很发育，第一臼齿牙尖磨平，齿质点已暴露，年龄为 30 岁左右的男性。

M3：1 个个体（编为 6 号）

6 号人骨：肢骨粗、厚、重，牙齿粗壮；右下第一臼齿齿尖磨平，齿质点暴露；第二下臼齿齿尖磨平，下门齿齿冠切缘磨平，为一个 25 ~ 30 岁的男性。左右上下中门齿和上侧门齿的舌侧均呈铲形。

M4：1个个体（编为7号）

7号人骨：有肢骨、肋骨、指骨、枕椎骨及牙齿等。骨都很细小。上下前臼齿齿尖磨平，齿质点暴露，为一个25岁左右的女性。右下第三臼齿咬合面中央有龋洞。

8号人骨：在M1附近，有锁骨和肋骨和四肢长骨残段。锁骨细、短，枕乳突小，四肢骨纤细、短，肋骨细小等特征，估计为一成年女性。

9号人骨：有下颌骨、肱骨、锁骨、肋骨等。整个骨骼很纤细，骨质疏松，齿冠部分磨耗，齿质全部暴露，为一个50岁以上女性。

10号人骨：有股骨、胫骨、腓骨残段。股骨头和大、小转子均未出现愈合，与股骨骨干脱离了，年龄估计在13～15岁的女性。

11号人骨：只有左下颌骨。牙槽内附着2枚还未萌出的中门齿，估计为一个5～6岁正在换牙的小孩。

12号人骨：有肢骨和下颌骨等。下颌骨很厚重、高大，表面粗糙，肢骨也显得粗大，骨壁厚；第一、二臼齿质点扩大，连成一片，年龄为40岁左右的男性。

13号人骨：只有下颌骨，其上附有部分牙齿。下颌骨较粗壮、厚重、高大，下颌区外表粗糙，呈外翻；患有牙周炎，在第一与第二臼齿之间的齿槽已收缩，为一个45岁左右的男性。

14号人骨：有下颌骨和残段的四肢长骨。下合骨轻薄，矮小，下颌区外表光滑，呈内翻；肢骨细小，骨壁薄，四肢骨的骨骺已完全愈合，估计为一个30岁左右的女性。

15号（M8出）人骨：肢骨中等粗，骨表光滑，肌脊不明显，可能为一成年女性。

16号人骨：有股、胫、肱骨等残段。骨呈黄色，没被火烧过，骨粗，肌脊发育，为一成年男性。

以上共有16个个体，其中男性6个，女性8个，未成年2个。

古病理：古人遗骸上留下来的病理在该岩洞葬人骨上出现不多，只见3例。如13号人骨在第一、二臼齿之间患有牙周病（图版七九，5）；7号人骨右下第三臼齿咬合面中央有龋洞；9号肢骨骨质疏松，锁骨胸骨端下缘有骨质增生。齿病有古老的历史，它随着人类生活方式的演变而变化。龋齿、牙周病及齿槽脓肿经常在古人类遗骸上发现。龋齿罹患率的高低可能和人类食用富含淀粉性食物有一定关系。最早龋病史可追溯到南方古猿。牙周病的病史也很久，在旧石器时代的山顶洞人颌骨上已有发现。

8. 忻城翠屏山岩洞葬

人骨有上颌骨一个，下颌骨四块，牙齿若干枚，经初步鉴定，这些人骨分属4个不同个体，即二男一女一婴儿。其中一男性30岁左右，另一男性约55岁，女性约40岁。

9. 宜州六桥岩洞葬

出土较多的人骨，从牙齿观察得知，起码有 2 个以上的不同个体。

10. 宜州鹞鹰山岩洞葬

出有很多个体的人骨，但比较破碎，有的颅骨被火烧过，由于人力、精力欠缺，一时无法将其清洗、处理后一一拼对、修补，只能暂时挑选其中的上、下颌骨和完好的尺骨 1 条、桡骨 1 条先行鉴定，选出来的上下颌骨，也无一完整者。鉴定的最好材料是颅骨，但颅骨只有 47 块碎片，最大的约 10 厘米，小的只有几厘米，缺失严重，找不到相邻部分，拼对不起来。经鉴定有 18 个不同个体，其中 1～2 岁的婴儿 2 个，男性 6 个，女性 7 个，不明性别的 3 个。骨骸年龄分布见表三。

在鉴定过程中发现鹞鹰山岩洞葬的人类遗骸中有拔牙的风俗，这是迄今为止在广西境内发现年代最早，有拔牙习俗的一群古代居民。在可供观察的 16 例成年标本中，明确施行过拔牙的有 9 例。拔牙个体中除 2 例不明性别外，其中 6 例为女性占女性 85.7%；1 例男性（占男性的 16.7%）下颌骨有拔牙现象。拔牙最年轻的一例是 18～20 岁。估计拔牙施行年龄仍和个体发育进入成年或性成熟期有关。鹞鹰山古人类拔牙的特点，不像其他地区（如广东河宕新石器时代居民）严格只限制拔上门牙，而是上、下都有拔除双侧或单侧的侧门齿和中门齿习俗（图版七九，6～8），至于在同一个体是否都要拔除左右上、下一对第二门齿，或只能拔除上或下左右一对第二门齿和中门齿习俗等，因无完整的人骨标本，尚不清楚。

从表三看出在 12 个成人下颌骨中有 5 例在下颌齿槽突内侧有发育程度不等的圆形或椭圆形的骨质隆起，有的在左右两侧，也有的只在左或右侧出现，其位置一般位于第一前臼齿和第二前臼齿之间的下方，少数也有位于犬齿与第一前臼齿之间或第二前臼齿下方，这种骨质隆起称为下颌圆枕。从目前资料看，下颌圆枕在不同种族间出现率不一样，现代蒙古人种较多地出现这种结构，如中国人占 70% 以上，而印第安人占 13%～62%，马来西亚人、美拉尼西亚人和黑人无下颌圆枕这种结构。

推算身高：根据男性尺骨（26.5 厘米）和女性桡骨（21.5 厘米）的最大长推算其身高分别为：男性 165.1 厘米，女性 157.8 厘米。

从以上的观察与鉴定，可以得到如下信息：

（1）广西已发现的先秦时期的岩洞葬 18 处，其中 10 处有人体遗骸。从年龄分布情况看，早期岩洞葬中古人的死亡年龄一般很低，虽然这些资料不能代表当时居民的全貌，但也说明了当时人们的平均寿命较短，活到青壮年和中年的最多，进入老年者很少。按性别观察，在壮、中年期死亡率男性高于女性；进入中年、老年期的又是女性较男性多。这种现象也说明当时生产力水平很低，人们的生活条件艰苦，营养不良，缺少医护条件，男性或繁重的劳动，或负有参加部落间械斗的义务，使大部分人在 30 ~ 50 岁之间死去。

表三　鹞鹰山岩洞葬人骨的年龄分布与拔牙观察表

墓号	性别	年龄（岁）	拔牙形态		下颌圆枕		备注
			左	右	左	右	
1	男	30 ~ 35	未拔牙		—	—	下颌骨较完好
2	男	40 ~ 45	未拔牙		—	位于 P_1 与 P_2 间下方	基本完好
3	男	约 30	未拔牙		位于 P_1 与 P_2 间下方	—	残留左侧下颌
4	男	20 ~ 25	未拔牙		—	位于 C 与 P_1 间下方	残留右侧下颌
5	男	约 55	未拔牙		—	—	残下颌骨
6	男	50 ~ 55	I_2	I_2	—	—	下颌残缺
7	女	25 ~ 30	?	I_2	—	位于 P_1 与 P_2 间下方	残缺下颌
8	女	55 ~ 60	未拔牙		位于 P_1 与 P_2 间下方	位于 P_2 下方	残缺下颌
9	女	35 ~ 40	I_2	I_2	位于 P_1 与 P_2 间下方	位于 P_1 与 P_2 间下方	残缺下颌
10	女	约 25	I_2	?	—	—	残缺下颌
11	女	约 35	未拔	I_1	—	—	残缺下颌
12	女	60 以上	I_2	I_2	—	—	残缺下颌
13	婴儿	2	—		—	—	残下颌
14	婴儿	1.5	—		—	—	只有顶骨片
15	女	18 ~ 20	?	I^2	—	—	残上颌
16	不明	40 ~ 45	I^2	?	—	—	残上颌
17	不明	45 ~ 50	I^2	?	—	—	烧过的残左上颌骨
18	不明	约 50	未拔牙		—	—	烧过的残上颌

（2）所见到的中门齿，舌面都呈铲形的，具有典型的蒙古人种特征。

（3）从病理上观察到，这批古人遗骸患有不同疾病，如龋齿、牙周病；胸椎、腰椎关节面周缘和锁骨肩峰端下缘、跟骨后端等均出现不规则的齿状骨质增生等骨关节病。

后　记

2003年夏季，我们在抢救性发掘武鸣县仙湖乡弄山岩洞葬期间，就萌生过将广西所发现的先秦时期岩洞葬资料进行整理研究、编写专题报告的想法，但由于种种原因，一直没能付诸实施。2006年8月，广西文物考古研究所组织了一个课题组对武鸣河流域先秦文化进行专题调查，作为课题组成员，我们在对1974年曾出土过1件商代铜戈的敢猪岩进行复查时，意外发现这是一处先秦时期的岩洞葬，并出土了较多的陶器、玉石器、骨器等随葬品，与以往发现的先秦时期的岩洞葬有许多不同之处。因此，发掘结束后，这一想法再次从我们的脑海浮现，可喜的是，在广西文物考古研究所、南宁市博物馆领导的大力支持下，这一计划得以付诸实施。

本书由李珍、黄云忠主持编写。其中黄云忠负责第二章第三、第七、第十二节和第三章第二节的撰写以及所有图表、图片的编排和审定工作。第二章的第五节由韦江、何安益执笔，第十五节基本摘录原发掘报告并略做修改，其余的章节由李珍执笔，最后由李珍统稿完成。绘图蒋新荣、蒋发姣，拓片黄云忠、谭发胜。摄影王梦祥，其中灵川水头村岩洞葬的器物由桂林市博物馆的孙明光拍摄，部分岩洞葬的全景、工作场景照片由李珍、黄云忠、何农林提供。此外，承蒙我所彭书琳研究员和广西地质矿产局邝国敦教授分别对部分人骨和玉石器进行鉴定。

在本书的资料整理和编写期间，广西文物考古研究所的领导和同仁都给予了大力的支持，南宁市博物馆张龙、黄强，桂林市博物馆唐春松，武鸣县文物管理所韦志贞，来宾市兴宾区文物管理所杨向东，忻城县土司衙门博物馆樊圣林，宜州市文物管理所李楚荣，灵川县文物管理所唐际红，大新县博物馆何农林，龙州起义纪念馆黄志光等单位和个人给予了很大的帮助；中国社会科学院考古研究所傅宪国研究员对本报告的编写给予了具体的指导，另外，科学出版社宋小军先生的辛勤劳动，使得本书能在很短的时间内顺利出版，在此我们一并表示衷心的感谢。

岩洞葬的调查和发掘是一项既艰苦又危险的工作，回想当初在岩洞葬发掘时系绳而下、弯腰而行、挑灯“日”战的岁月和调查时像猴子一样攀岩上下、两腿打飘的日子，以及发掘过程中的种种乐趣，在此书即将面世之际备感欣慰；同时因为时间紧、任务重，仓促之间难免出错，一些观点还不够成熟，受材料所限，无法对先秦岩洞葬文化进一步深入研究，留下的遗憾，只能留待日后有识之士来完成。

编　者

2007 年 7 月

图　　版

1. 洞口被封堵形状

2. 搬开石头后的洞口状况

岜旺岩洞葬洞口

图版二

1. 清理后墓葬面貌

2. 随葬品分布状况（局部）

3. 岩洞葬清理

岜旺岩洞葬发掘现场及墓葬清理后的状况

1. Aa 型（WBT1：13）

2. Aa 型（WB 采：02）

3. Aa 型（WBT2：01）

4. Ab 型（WBT2：06）

5. Ab 型（WBT1：30）

6. Ad 型（WBT1：29）

岜旺岩洞葬陶釜

图版四

1. Ba 型釜（WBT1：31）

2. Ba 型釜（WBT1：02）

3. Bb 型釜（WBT1：14）

4. Ba 型釜（WBT1：18）

5. Bb 型釜（WBT1：28）

6. A 型钵（WBT1：22）

岜旺岩洞葬陶釜、陶钵

1. Ab 型杯（WBT1：07）

2. Ab 型杯（WBT1：10）

3. Ab 型杯（WBT1：08）

4. Ab 型杯（WBT1：11）

5. Aa 型杯（WBT1：15）

6. Ba 型三足釜（WBT1：19）

岜旺岩洞葬陶杯、三足釜

1. Aa 型三足釜（WBT1：17）

2. Aa 型三足釜（WBT1：09）

3. Ae 型三足釜（WBT1：21）

4. Ab 型三足釜（WBT2：02）

5. Bc 型三足釜（WBT1：12）

6. A 型三足罐（WBT1：23）

岜旺岩洞葬三足陶器

1. Ca 型双肩斧（WBT1：03）

2. Ba 型双肩锛（WBT1：04）

3. Ba 型双肩锛（WBT1：25）

4. Ba 型双肩锛（WBT1：24）

5. Aa 型玉玦（WBT1：16）

6. 玉坠（WBT1：05、WBT1：06）

岜旺岩洞葬石器、玉器

图版八

1. 弄山岩洞葬远景
（箭头处为洞口）

2. 岩洞葬内随葬品分布状况

3. 岩洞葬内随葬品分布状况

弄山岩洞葬远景和洞内随葬品状况

1. 发掘现场

2. 发掘现场

弄山岩洞葬发掘现场

1. Ac 型（WL 支 4：12）

2. Ad 型（WL 支 4：21）

3. Ad 型（WL 厅：35）

4. Ad 型（WL 支 4：06）

5. Ad 型（WL 支 3：26）

6. Ad 型（WL 厅：50）

弄山岩洞葬陶釜

1. Ad型（WL厅：06）

2. Ad型（WL厅：26）

3. Ad型（WL支4：18）

4. Af型（WL支3：25）

5. Ae型（WL厅：10）

6. Ae型（WL支4：02）

弄山岩洞葬陶釜

1. Af 型（WL 支 3：27）

2. Ag 型（WL 支 4：05）

3. Ag 型（WL 厅：27）

4. Ag 型（WL 支 4：08）

5. Ag 型（WL 支 4：08）

6. Ag 型（WL 支 3：14）

弄山岩洞葬陶釜

1. Ba 型（WL 支 4：04）

2. Ba 型（WL 支 4：20）

3. Ba 型（WL 支 4：11）

4. Bb 型（WL 厅：25）

5. Bb 型（WL 厅：24）

6. Bc 型（WL 支 3：23）

弄山岩洞葬陶釜

1. Bd 型釜（WL 支 3：04）

2. Bd 型釜（WL 支 3：03）

3. Bd 型釜（WL 厅：29）

4. Bd 型釜（WL 厅：36）

5. A 型罐（WL 支 3：17）

6. B 型罐（WL 支 3：22）

弄山岩洞葬陶釜、陶罐

1. Ca型（WL支3：28）

2. Cb型（WL厅：33）

3. Cc型（WL支3：02）

4. Cc型（WL支3：13）

5. Cc型（WL支3：16）

6. Cd型（WL支3：29）

弄山岩洞葬陶罐

1. Ce型（WL厅：44）

2. Ce型（WL厅：28）

3. Ce型（WL支4：19）

4. D型（WL厅：13）

5. D型（WL厅：37）

6. D型（WL厅：31）

弄山岩洞葬陶罐

1. 圈足罐（WL厅：32）

2. 圈足罐（WL厅：04）

3. 圈足罐（WL厅：51）

4. B型杯（WL厅：34）

5. 陶碗（WL厅：30）

6. 陶圈足（WL支3：15）

弄山岩洞葬陶圈足器

图版一八

1. Ba型（WL支4：07）

2. Bb型（WL支3：24）

3. C型（WL支4：13）

4. E型（WL厅：05）

5. D型（WL支3：31）

6. A型（WL厅：08）

弄山岩洞葬陶钵

1. Ba 型三足罐（WL 支 3：06）

2. Ac 型三足釜（WL 支 3：05）

3. A 型壶（WL 厅：12）

4. A 型三足钵（WL 支 3：07）

5. Ad 型三足釜（WL 支 3：12）

弄山岩洞葬陶壶和三足器

1. B 型三足钵（WL 支 4∶16）

2. Be 型三足釜（WL 支 3∶09）

3. Bd 型三足釜（WL 支 3∶21）

4. Bd 型三足釜（WL 支 3∶20）

5. Bb 型三足釜（WL 支 4∶03）

6. Bc 型三足釜（WL 厅∶11）

弄山岩洞葬陶三足器

1. Aa型（WL厅：02）

2. Ab型（WL厅：14）

3. Ab型（WL厅：38）

4. Ab型（WL厅：19）

5. Ac型（WL厅：01）

6. Ad型（WL支3：01）

弄山岩洞葬双肩石斧

图版二二

1. B 型双肩斧 （WL 厅：03）

2. A 型单肩斧（WL 厅：22）

3. 无肩斧（WL 支 1：02）

4. D 型双肩斧（WL 厅：39）

5. 石碾槽（WL 支 4：01）

6. A 型刀（WL 支 1：07）

弄山岩洞葬石斧、石刀、碾槽

1. C 型双肩锛（WL 支 1：01）

2. A 型双肩锛（WL 支 4：10）

3. Bb 型双肩锛（WL 厅：23）

4. A 型单肩锛（WL 厅：15）

弄山岩洞葬石锛

1. A型（WL厅：18）

2. B型（WL支1：04）

3. C型（WL厅：45）

4. C型（WL厅：46）

5. C型（WL支1：03）

6. D型（WL厅：21）

弄山岩洞葬石铲

1. B 型玉玦(WL 厅：17)

2. Ab 型玉玦(WL 厅：40)

3. C 型玉玦(WL 支 4：17)

4. 玉坠（WL 支 3：18）

5. 蚌饰（WL 厅：48、WL 厅：49、WL 支 4：14）

6. 贝饰（WL 厅：20）

弄山岩洞葬玉器、蚌器

1. 歌寿岩岩洞葬远景（圆圈处为洞口）

2. Ad 型陶釜（DG：02）

3. Bb 型三足陶罐（DG：01）

4. E 型双肩石斧（DG：05）

5. A 型双肩石锛（DG：03）

歌寿岩岩洞葬远景及随葬品

1. 更洒岩洞葬远景（箭头处为洞口）

2. A 型陶罐（07LG：03）

3. A 型陶罐（07LG：05）

更洒岩洞葬远景及陶器

1. Cf 型（07LG：09）

2. Cf 型（07LG：01）

3. Cc 型（07LG：02）

4. Cf 型（07LG：07）

5. Cc 型（07LG：06）

更洒岩洞葬陶罐

1. E 型罐（07LG：10）

2. A 型簋（07LG·04）

3. B 型壶（07LG：08）

4. A 型簋（07LG：23）

更洒岩洞葬陶罐、壶、簋

图版三〇

1. D 型双肩锛（LG：17）

2. F 型双肩斧（07LG：20）

3. B 型玉凿（07LG：18）

4. Ba 型锛（07LG：13）

5. Ba 型锛（07LG：15）

6. Aa 型锛（07LG：19）

7. Aa 型锛（07LG：14）

8. Aa 型锛（07LG：16）

9. Da 型玉玦（07LG：21）

更洒岩洞葬玉石器

1. 岩洞葬远景（箭头处为洞口）

2. 洞口形状

3. Bf 型陶釜（XA：03）

4. F 型陶罐（XA：02）

5. Da 型陶纺轮（XA：11）

矮山岩洞葬远景及陶器

图版三二

1. Aa 型（XA：22）

2. Aa 型（XA：21）

3. Aa 型（XA：20）

4. Cb 型（XA：17）

5. Cb 型（XA：16）

6. Cb 型（XA：23）

矮山岩洞葬石斧

1. Cc 型双肩斧（XA：18）

2. D 型双肩斧（XA：27）

3. G 型双肩斧（XA：01）

4. B 型单肩斧（XA：25）

5. C 型单肩锛（XA：19）

6. Ab 型锛（XA：24）

矮山岩洞葬石斧、石锛

图版三四

1. 玉斧（XA：14）

2. 石矛（XA：28）

3. 玉锛（XA：13）

4. 玉料（XA：12）

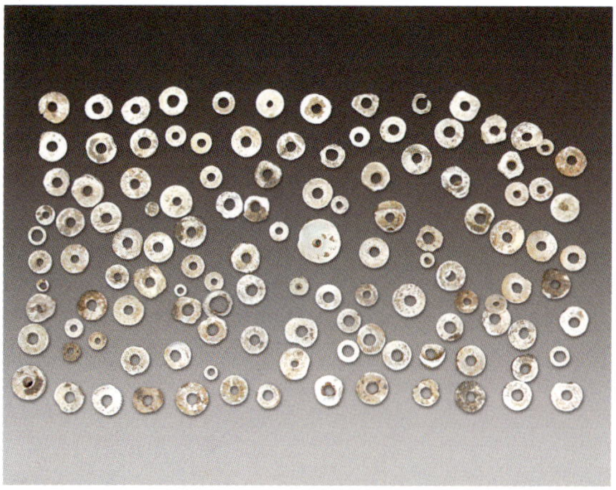

5. 穿孔玉片（XA：09）

6. 海贝（左三：XA：35）

矮山岩洞葬玉、石、贝器

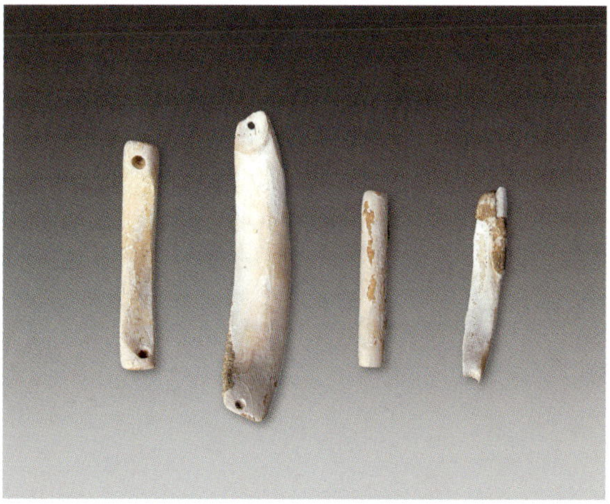

1. 骨管（左三：XA：04）、骨璜（左一：XA：05；左二：XA：06；左四：XA：08）

2. 骨针（上：XA：30；下：XA：29）

3. B 型铜铃（XA：15）

4. A 型铜铃（左：XA：36；右：XA：37）

5. 瓷四系罐（XA：43）

6. 瓷钵（XA：41）

矮山岩洞葬骨、铜、瓷器

图版三六

1. 翠屏山岩洞葬远景（箭头处为洞口）

2. 洞口形状

3. F型陶罐（XC：01）

翠屏山岩洞葬远景及随葬品

1. Cc 型壶（WBD4：01）

2. Ca 型壶（WBD2：03）

3. Cb 型壶（WBD2：04）

4. G 型罐（WBD2：05）

岜马山岩洞葬陶壶、陶罐

1. C 型陶釜（WBD6：05）

2. C 型陶纺轮（WBD6：02）

3. B 型陶杯（WBD6：04）

4. Ba 型陶纺轮（WBD2：01）

5. B 型石凿（WBD6：06）

6. 玉刻刀（左：WBD5：02；右：WBD3：02）

7. Ca 型石锛（WBD5：01）

岜马山岩洞葬陶器、石器、玉器

1. Aa 型凹刃石凿（WBD5：05）

2. Aa 型凹刃石凿（WBD6：01）

3. B 型凹刃石凿（WBD5：03）

4. 砺石（WBD4：02）

5. 玉戈（WBD5：04）

6. 小石子

岜马山岩洞葬玉、石器

1. 敢猪岩洞葬远景（箭头处为洞口）

2. 岩洞葬洞口

3. 发掘现场

敢猪岩洞葬远景及发掘现场

1. 敢猪岩洞葬清理后的全貌

2. 1号人骨架清理后的状况

敢猪岩洞葬清理后的状况

图版四二

1. 玉环出土时的情形

2. 玉玦出土时的情形

3. 玉石器出土时的情形

4. 墓中随葬的小石子（WG：16）

5. 墓中随葬的小石子（WG：56）

敢猪岩洞葬清理后随葬品的情形

1. Bb 型罐（06WG：01）

2. Ba 型罐（06WG：29）

3. B 型簋（06WG：117）

4. Bb 型陶纺轮（上一：06WG：05；上二：06WG：53；下一：06WG：04；下二：06WG：07）

敢猪岩洞葬陶器

1. G 型钵（06WG：112）

2. C 型杯（06WG：110）

3. Aa 型豆（06WG：51）

4. A 型盘（06WG：30）

敢猪岩洞葬陶器

1. Ca 型（06WG：78）

2. Ca 型（06WG：41）

3. Ca 型（06WG：74）

4. Ca 型（06WG：73）

5. Ca 型（06WG：23）

6. Ca 型（06WG：71）

敢猪岩洞葬石锛

1. Ca 型（06WG：77）

2. Ba 型（06WG：88）

3. Bb 型（06WG：66）

4. Bb 型（06WG：48）

5、6. E 型（06WG：61）

敢猪岩洞葬石锛

1. 凹刃锛（06WG：70）

2. 凹刃锛（06WG：69）

3. Ab 型凹刃凿（06WG：65）

4. B 型凿（06WG：45）

5. A 型凿（06WG：67）

6. A 型钺（06WG：75）

7. 小石子（06WG：16）

敢猪岩洞葬石器

图版四八

1. A 型锛（06WG：49）

2. A 型锛（06WG：72）

3. B 型锛（06WG：59）

4. B 型凿（06WG：26）

5. A 型凹刃凿（06WG：79）

6. B 型凹刃凿（06WG：68）

7. A 型凿（06WG：76）

敢猪岩洞葬玉锛、玉凿

1. Ea 型玦（WG：21）

2. Eb 型玦（左：06WG：20；右：06WG：22）

3. B 型环（06WG：40）

4. A 型环（左：06WG：58；中：06WG：36；右：06WG：38）

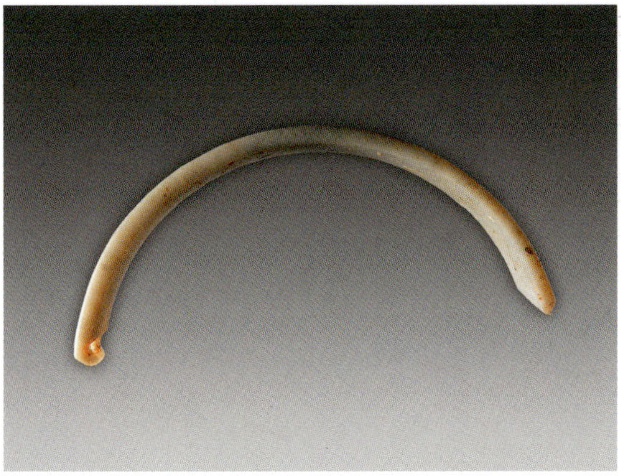

5. 玉璜（06WG：80）

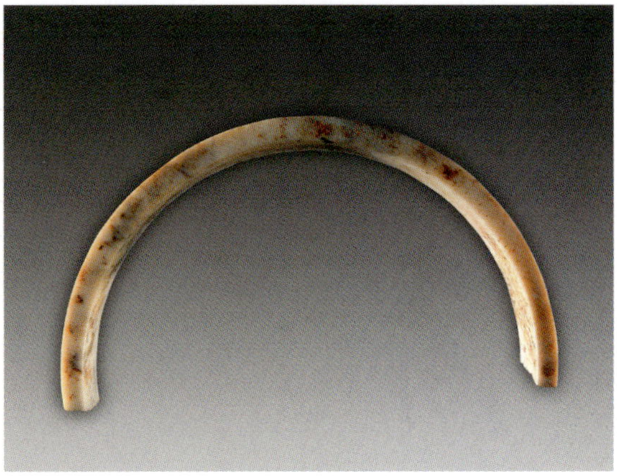

6. A 型镯（06WG：81）

敢猪岩洞葬玉器

1. 玉串饰（06WG：11）

2. 玉串饰（06WG：11）

敢猪岩洞葬玉串饰

1. 骨镞（06WG：50）

2. 骨锥（06WG：84）

3. 骨锥（06WG：83）

4. 牙璜（06WG：82）

5. 海贝（左：06WG：52；右：06WG：12）

6. 贝壳（06WG：31）

敢猪岩洞葬骨、贝器

图版五二

1. 岩洞葬远景（箭头处为洞口）

2. 洞口形状

六桥岩洞葬远景及洞口

1. Ea 型陶纺轮（YL：08）

2. Db 型玉玦 （左：YL：21；右：YL：22）

3. B 型凹刃石凿（YL：01）

4. 穿孔石器（YL：09）

5. 石锤（YL：17）

6. 残石锛（YL：13）

六桥岩洞葬陶器、玉器、石器

图版五四

1. Bc 型锛（YL：03）

2. Bc 型锛（YL：02）

3. Ba 型锛（YL：10）

4. I 型双肩斧（YL：14）

5. I 型双肩斧（YL：12）

6. I 型双肩斧（YL：20）

六桥岩洞葬石斧、石锛

1. B 型单肩斧（YL：07）

2. C 型钺（YL：06）

3. Bb 型钺（YL：04）

4. Ba 型钺（YL：05）

5. C 型刀（YL：16）

6. C 型刀（YL：19）

六桥岩洞葬石器

图版五六

1. 鹞鹰山岩洞葬远景（箭头处为洞口）

2. 岩洞葬近景

3. 调查工作现场

鹞鹰山岩洞葬远、近景及调查工作照

1. Da 型纺轮（YY：67）

2. Ea 型纺轮（YY：66）

3. Ea 型纺轮（YY：130）

4. A 型纺轮（YY：87）

5. Ea 型纺轮（YY：65）

6. Eb 型纺轮（YY：96）

7. 网坠（YY：86）

鸮鹰山岩洞葬陶纺轮、网坠

1. E 型双肩锛（YY：113）

2. E 型双肩锛（YY：129）

3. F 型双肩锛（YY：47）

4. Ab 型锛（YY：88）

5. Ab 型锛（YY：94）

6. Ab 型锛（YY：48）

鹞鹰山岩洞葬石锛

1. Ba 型锛（YY：122）

2. H 型双肩斧（YY：127）

3. H 型双肩斧（YY：114）

4. H 型双肩斧（YY：120）

5. 残石器（YY：124）

6. 纺轮（YY：115）

鹞鹰山岩洞葬石器

图版六〇

1.Ba 型钺（YY：49）

2. Ba 型钺（YY：52）

3. Ba 型钺（YY：50）

4. C 型刀（YY：131）

5. 穿孔石器（YY：132）

6. C 型刀（YY：95）

鹞鹰山岩洞葬石器

1. 单肩玉锛（YY：53）

2. 单肩玉锛（YY：123）

3. A 型玉锛（YY：128）

4. A 型玉斧（YY：125）

5. B 型玉斧（YY：44）

6. B 型凹刃石凿（YY：121）

鸮鹰山岩洞葬玉器、石器

图版六二

1. Ec 型玉玦（YY：56）

2. Ed 型玉玦（YY：57）

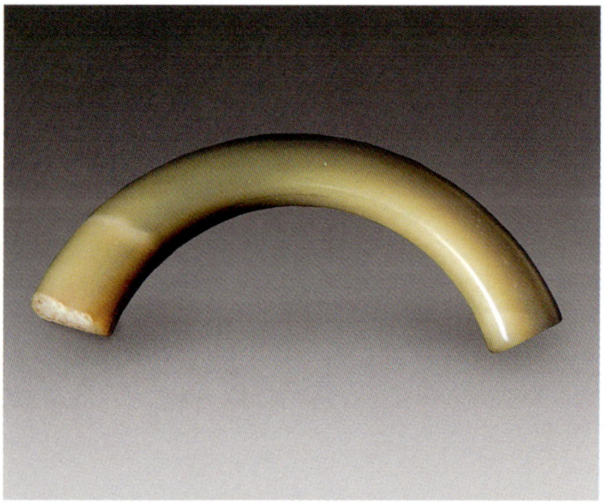

3. B 型玉镯（YY：54）

4. B 型玉镯（YY：55）

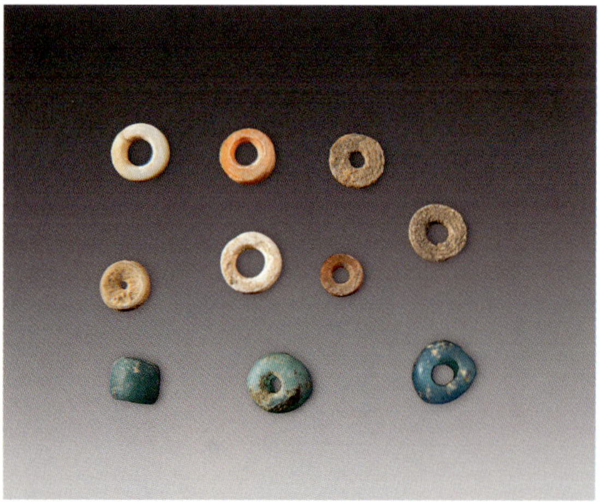

5. 绿松石珠、玉片

6. 玉管饰（YY：107）

鹞鹰山岩洞葬玉饰品

1. 骨锥（YY：83）

2. 骨笄（YY：75）

3. 骨矛（YY：84）

4. 骨针（左：YY：74；右：YY：76）

5. 骨镞（YY：71）

6. 残骨锥
（左：YY：79；中：YY：118；右：YY：78）

鸮鹰山岩洞葬骨器

图版六四

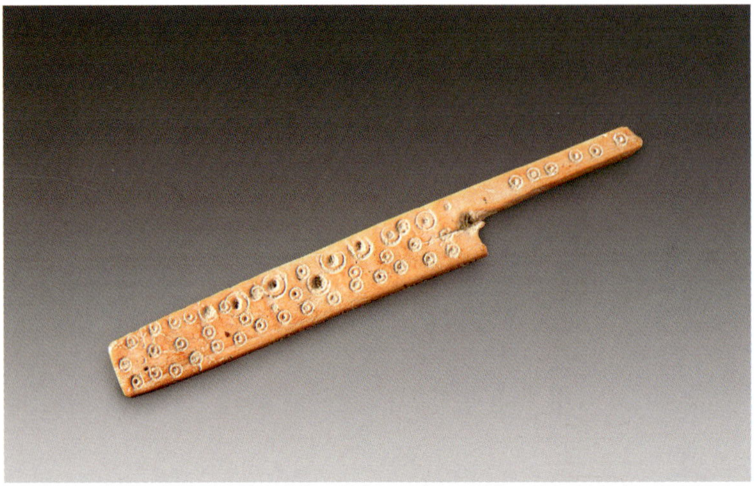

1. 卜骨（YY：77）

2. 卜甲（YY：81）

3. 海贝

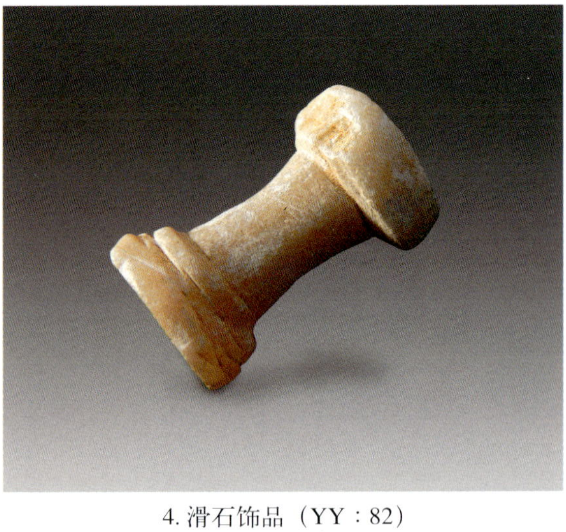

4. 滑石饰品（YY：82）

鸮鹰山岩洞葬骨器、海贝、滑石器

1. 古旺山岩洞葬远景（箭头处为洞口）

2. 洞口及墓葬位置（箭头处为墓葬位置）

3. B 型铜钺（LGW：04）

4. A 型铜钺（LGW：05）

5. A 型铜矛（LB：1）

古旺山岩洞葬远景、出土铜器及白面山岩洞葬铜器

图版六六

1. 独山岩洞葬远景（箭头指处为洞口位置）

2. E 型陶钵（WD：15）

3. Ab 型玉钏（WD：14）

独山岩洞葬远景及出土的陶、玉器

1. Aa型剑（WD：04）

2. Aa型剑（WD：06）

3. Aa型剑（WD：05）

4、5. C型矛及细部纹饰（WD：08）

6. B型矛（WD：09）

7. C型铜钺（WD：11）

独山岩洞葬铜器

1. Ba 型铜斧（WD：01）

2. Aa 型铜斧（WD：12）

3. Ba 型铜戈（WD：07）

4. A 型铜镞（WD：03）

5. 砺石（WD：13）

6. A 型刮刀（WD： 10）

独山岩洞葬铜器、石器

富足村岩洞葬洞口（箭头指处）

图版七〇

1、2. Ca 型矛及细部纹饰（LF：06）

3. Bb 型剑（LF：03）

4. 凿（LF：14）

5. Bb 型斧（LF：05）

6. Ac 型斧（LF：04）

富足村岩洞葬铜器

1. Ba 型铜戈（LF：07）

2. 砺石（LF：01）

3、4. B 型铜镞

5. B 型铜刮刀（LF：11）

6. Ee 型玦（LF：02）

富足村岩洞葬铜器、石器、玉器

图版七二

1. 水头村岩洞葬远景（箭头处为洞口）

2. 洞口形状

水头村岩洞葬远景及洞口

1. Ab 型斧（LS：07）

2. Ab 型斧（LS：06）

3.Cb 型矛（LS：02）

4. Bb 型戈（LS：03）

5. D 型钺（LS：05）

6. C 型剑（LS：01）

7. B 型刮刀（LS：08）

水头村岩洞葬铜器

1. 铜镦（LS：11）

2. 铜镈(LS：04)

3. Ca 型镞（LS：15）

4. 铜锥（LS：13）

5. 铜镦（LS：12）

6. 铜叉形器（LS：09）

7. 铜饰件（LS：10）

水头村岩洞葬铜器

1. 铜罍（HL：04）

2. 铜盉（HL：17）

龙中岩洞葬铜器

1. 铜牺尊（HL：15）

2. Ca 型铜斧（HL：07）

3. 环形器（HL：09）

龙中岩洞葬铜器

1. 叉形器

2. 钩形器（HL：02）

3、4. 铜龙头饰件（HL：18）

5、6. 铜兽头饰件（HL：03）

龙中岩洞葬铜器

1. Bb 型陶壶（龙州八角岩）

2. F 型陶罐（范家洞）

3. B 型玉锛（宜州北牙：01）

4. A 型玉锛（宜州北牙：02）

5. Ca 型石锛（武鸣敢刀）

6. A 型玉锛（南丹吾隘）

其他岩洞葬陶器、石器、玉器

1. 岜旺不规则的齿状骨质增生

2. 岜旺人骨病理及外伤痕

3. 弄山齿状骨质增生已连成桥

4. 弄山齿状骨质增生

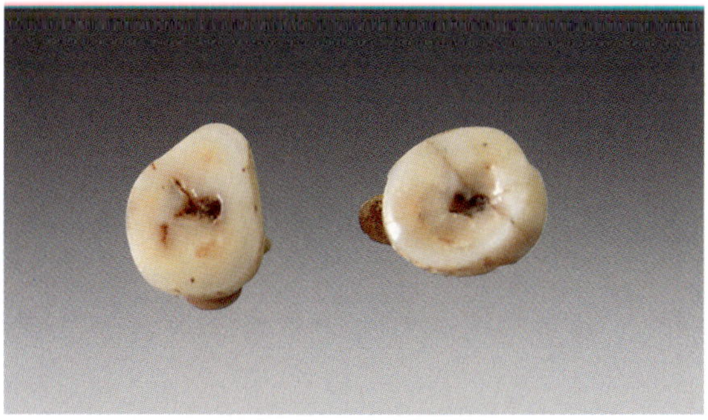

5. 敢猪13号人骨龋牙

6. 鹞鹰山18号人骨上的拔牙

7. 鹞鹰山16号人骨上的拔牙

8. 鹞鹰山9号人骨上的拔牙

先秦岩洞葬人骨病理及拔牙

图版八〇

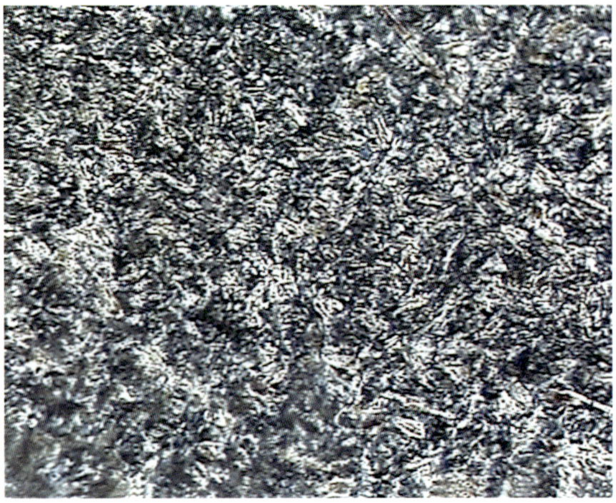

1. 敢猪 -27 20 × 10倍
（视域横向直径为 0.63mm）透射正交偏光

2. 敢猪 -28 40 × 10倍
（视域横向直径为 0.313mm）透射正交偏光

3. 猪 -42 20 × 10倍
（视域横向直径为0.63mm）透射单偏光

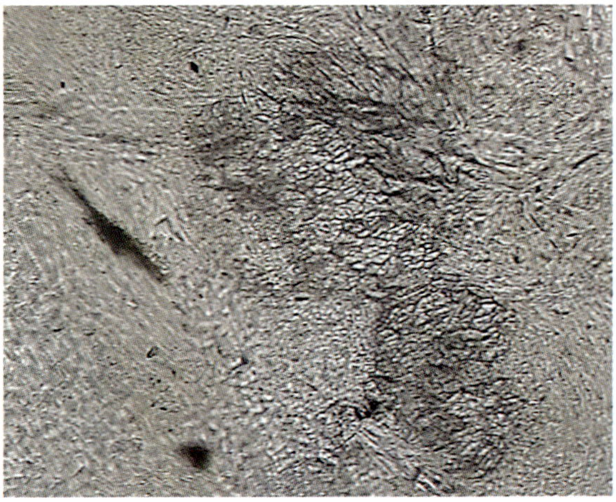

4. 猪 -42 10 × 10倍
（视域横向直径为1.275mm）透射正交偏光

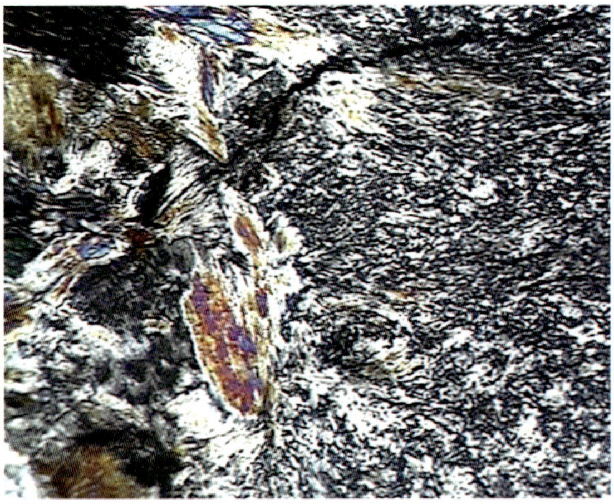

5. 敢猪 -54 10 × 10倍（视域横向直径为 1.275mm）透射单偏光部分矿物突起略高

6. 敢猪 -54 20 × 10倍
（视域横向直径为 0.63mm）透射偏光

敢猪岩洞葬部分玉石器薄片的显微镜照片